D1752600

Marie-Luise Könneker
Esther Fischer-Homberger
Götterspeisen Teufelsküchen

Marie-Luise Könneker
Esther Fischer-Homberger
Götterspeisen Teufelsküchen
Texte und Bilder vom Essen und Verdauen,
vom Fressen und Fasten, Schlecken und Schlemmen,
von Fett und Fleisch, Brot und Tod

Lieber Herr Schaller!
Mit herzlichen Grüßen
und Wünschen,
für einen Genießer
von Rang und Namen
Ihre Astrid Viola Kramer
Freundeskreis Evang. Akademie

8.2.1991

Luchterhand
Literaturverlag

Lektorat: Klaus Roehler
Copyright © 1990 by Luchterhand Literaturverlag GmbH,
Frankfurt am Main
Rechte an den Einzeltexten und Abbildungen: siehe S. 407
Alle Rechte vorbehalten
Umschlagentwurf: Max Bartholl
Layout: Friedrich Weskott
Umschlagabbildungen: Meret Oppenheim (1913–1985) mit ihrem
Objekt »Frühstück in Pelz« (Foto: Brigitte Hellgoth)
und Peter Cornelisz van Ryck, Küchenbild (Ausschnitt)
Satz: Uhl + Massopust, Aalen
Druck und Bindung: May & Co, Darmstadt
Printed in Germany
ISBN 3-630-86732-4

Zufällig stolperte ich
über eine Brotkruste
Jonathan Swift

Vorrede

Unser Buch ist als Bild-Text-Kontinuum seiner Anlage nach einer Ausstellung am ehesten vergleichbar. Man/frau kann in ihm nach Belieben herumlesen oder sich einer Führung von Anfang bis Ende anvertrauen. Sie eröffnet eine Schau auf viele Tische, die Teilnahme an vielen Mahlzeiten; das Buch ist als Ganzes seinerseits wie eine Mahlzeit komponiert.

»Nichts erklärt Lesen und Studieren besser, als Essen und Verdauen. Der philosophische eigentliche Leser häuft nicht bloß in seinem Gedächtnis an, wie der Fresser im Magen, da hingegen der Gedächtnis-Kopf mehr einen vollen Magen, als einen starken und gesunden Körper bekömmt, bei jenem wird alles was er liest und brauchbar findet, dem System und dem inneren Körper, wenn ich so sagen darf, zugeführt, dieses hierhin und das andere dorthin, und das Ganze bekommt Stärke.«[1]

Lesen, Essen und Verdauen sind nicht nur vergleichbare Geschehnisse, sie stehen auch miteinander in Wechselwirkung. Wir möchten für die Dauer der Lektüre unseres Buches vorschlagen, das Verhältnis umzukehren: nicht essend wollen wir etwas übers Lesen, sondern lesend und betrachtend etwas über das Essen erfahren.

»Die Mittagszeitung

Korf erfindet eine Mittagszeitung,
welche, wenn man sie gelesen hat,
ist man satt.
Ganz ohne Zubereitung
irgendeiner andern Speise.
Jeder auch nur etwas Weise
hält das Blatt.«[2]

Es ist indessen ein mit Vorsicht zu genießendes Buch. Wir sind während der Arbeit oftmals selbst erschrocken, unsere Psychosomatik blieb nicht unbeeinflußt. Unser Schmecken und unser Geschmack haben sich verändert, veränderten sich im Umgang mit einem Buch, das von gestörtem und störendem, von erinnertem, genossenem, von verschmähtem, von vorenthaltenem und erzwungenem Essen handelt, von Vergiftung, Tod und Kot.

Zu besichtigen / zu lesen ist eine Sammlung, eine Aus-Lese, die sich nach jahrelanger Aufmerksamkeit auf Darstellungen und Realitäten des Essens bei uns zusammengefunden hat. Esther Fischer-Homberger arbeitete drei Jahre lang mit einer Gruppe von Frauen, die unter Eß-Störungen litten und die uns unsere Aufmerksamkeit eigentlich als erste lehrten; Marie-Luise Könneker beschäftigte sich mit literarischen und anderen Texten und Bildern zum Thema – und mit der gemeinsamen Haushaltsführung. Teil-nehmende Kinder und FreundInnen – Angelika Baum, Charlotte Beck, Kaspar Fischer, Dietlinde Goltz, Bernhard Huwiler, Elsbeth Pulver, Nina Raabe, Samuel Weiss – gehören dazu; ihnen verdanken wir viele Ideen, Texte und Bilder.

Was wir vorlegen, hat Anspruch weder auf Vollständigkeit noch auf geläufige Systematik. Jedes Stück ruft andere, an der jeweiligen Stelle ebenfalls mögliche Bilder und Texte auf. Was wir zeigen wollen, ist dennoch nicht bloß ein »bunter Strauß« oder irgendein Früchte- oder Eßkorb, will sagen: eine beliebige Anthologie. Anthologien zehren in der Regel von Vorhandenem, verwerten mit Vorliebe ältere Texte, deren Wiederabdruck keine Rechte kostet. Anthologien gelten als Sträuße aus fremden Federn beziehungsweise als Suppen aus den Resten fremder Mühe, von eiligen BüchermacherInnen zusammengeschüttet. Wir meinen aber, daß es einen schöpferischen Umgang mit bestehenden Materialien gibt, daß Kreativität in der Sammlung, Auswahl und Anordnung liegen kann und daß wir als Vor-Leser, Vor-Seher mit dem lesenden und betrachtenden Publikum kommunizieren können.

In unserem Lese-Netz sind vor allem literarische Texte hängengeblieben. Immer wieder teilt der künstlerische Ausdruck in seiner Verdichtung am genauesten mit, was wir weitergeben möchten. Viele zeitgenössische Texte und Bilder werden (oder wurden) – ungeachtet ihrer Qualität – nur in sehr kleiner Auflage verbreitet und treten fast nie in eine themenbezogene Diskussion ein. Uns sind zahlreiche köstliche, kostbare

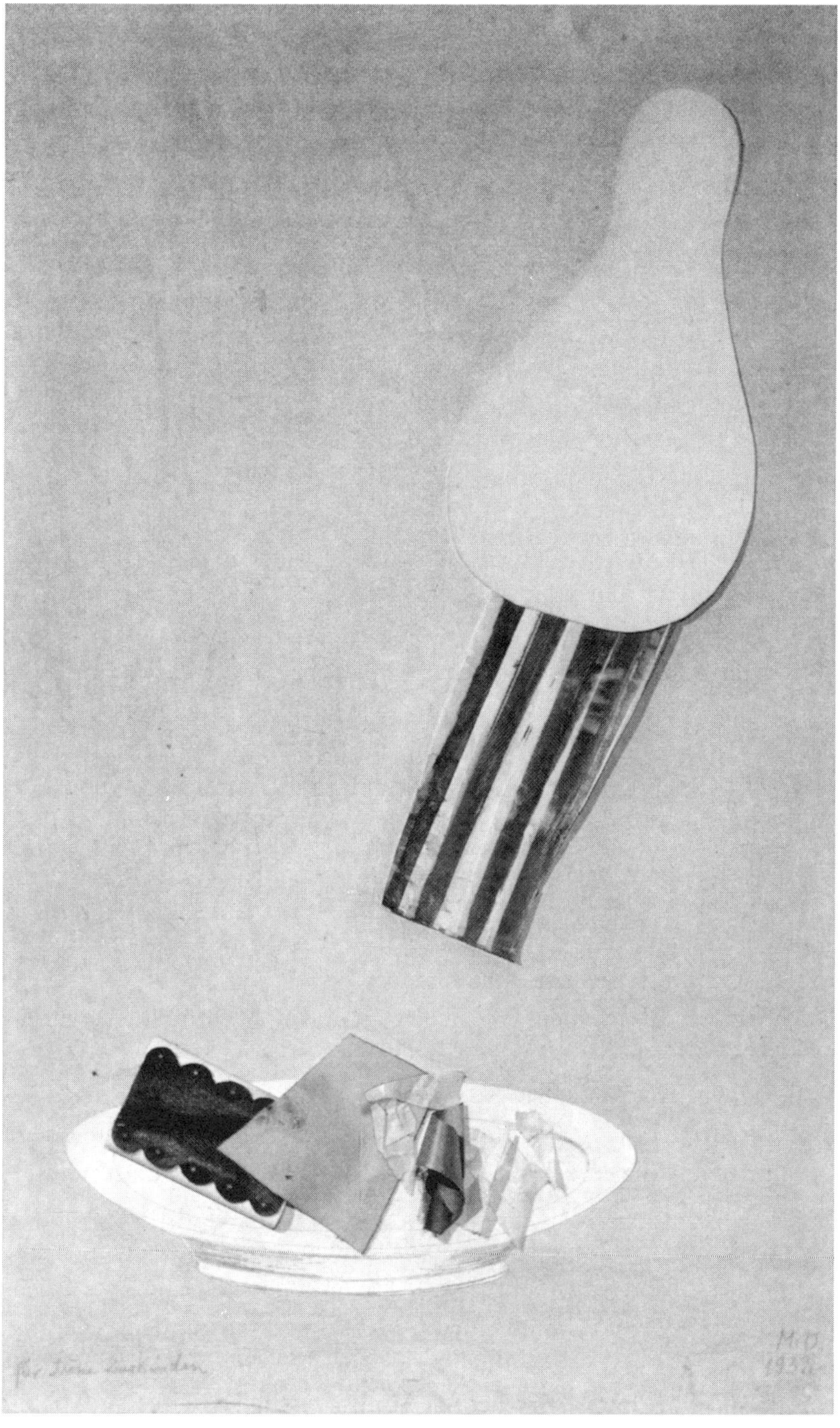

Texte und Bilder auf den Tisch gekommen, die wir hier, gespannt auf Reaktionen, gerne mit-teilen. Bücherverschlinger und Schnellimbißkunden wollen wir indessen weniger gern bedienen.
Wir verstehen die einzelnen Teile unserer Sammlung, aus denen wir unser Buch zusammengesetzt haben, als hervorgehobene Mark- und Merksteine im trägen Strom der Redundanz. Miteinander in Beziehung gebracht, eröffnen sie neue Perspektiven auch auf das Werk, dem sie entnommen sind. Die Art der Abfolge ist jedoch auch neuen, unvermuteten Zusammenhängen auf der Spur. So entsteht aus dem entschieden durchgeführten Entschluß, motivisch auszuwählen, das heißt, auf Speisen, ihre Zubereitung, ihren Genuß zu schauen, zunächst ungeachtet ihrer metaphorischen oder sonstigen zweckdienlichen Verwendung ein überraschendes Eß-Panorama, ein mit Patchwork gewonnenes neues Bild. Es entsteht ein Diskurs, der bei aller Folgerichtigkeit sich der Kraft zu assoziieren verdankt, nicht verschmäht, an entlegenen Stellen zu suchen, sich der Führung des Zufalls anvertraut und nur in der Rezeption zu realisieren ist.
Wir meinen, daß die vorgestellten Eß-Materien wohl von uns zubereitet und angerichtet wurden, daß sie aber eine entsprechende Aufnahme bei den EsserInnen finden müssen, wenn ein Ganzes entstehen soll: »Alles schmeckt / wie in papier gebissen / wenn du nicht mit mir / genießt.«[3] Daher freuen wir uns, wenn LeserInnen für eine allfällige zweite Auflage eigene Lesefrüchte beitragen.

Zunächst laden wir also zu unserer Aus-Lese ein, zu einem »Denk-Mahl« für inter-essierte LeserInnen.
Nachdem wir uns in einem Prolog den »Mund als Weltorgan« vergegenwärtigt haben, folgt ein Menu à la carte, ein mehrfach durch Eß-Reflexionen, Küchenlieder, Rezepte, Tisch-Zuchten, -Reime und -Gebete durchzogenes Dîner. Es beginnt mit einer ausgedehnten Vorspeise in Himmel, Hölle und Frühzeit, mit »Mutter-Kuchen« und »Götter-Speise«. Die Beziehung zur Mutter sowie die Kulturen prägende und übergreifende mythische Dimension scheinen uns grundlegend für alle weiteren Eß-Erfahrungen, ihre (Re-)Aktivierung für Geschmacks-Erlebnisse unerläßlich. Wir kommen vom Menschen-Fraß auf den Vegetarismus zu sprechen, was eigentlich naheliegt. Wir folgen dann aber, mit einer Schlachtordnung versehen, der Kultur in die Fleischkeller, Speise-

kammern bis in die Küche, wo wir einigen Köchen und Köchinnen begegnen. Bevor wir uns für das Haupt-Gericht zu Tische begeben, werden Essens-Orte besichtigt und die in diesem Buche anwesende Tisch-Gesellschaft vorgestellt.
Es beginnt sodann das eigentliche Essen mit dem Frühstück. Darauf folgen Brot und Brei, Suppen und Beilagen. Dann gehen wir zu Fisch, Fleisch und Fett über. Auf ein Nachschmecken des möglichen Zusammenhangs der uns aufgenötigten Nahrungsfülle mit der Tradition der Henkersmahlzeit haben wir nach allerlei Süßigkeiten und sonstigem Obst die »Früchte des Zorns« folgen lassen und dann – heimgesucht von Ekel, Brechreiz, Überdruß, fett- und magersüchtig – rat- und tatlos das I-Ging befragt. Da indessen niemand mehr, wie dort empfohlen, sich selbst ernähren kann, liegt die Lösung vorerst vielleicht in der »Kot-Beschau«, im Lesen und psychischen Versorgen, nicht Entsorgen des Abfalls, bevor wir reif sind für das Ausprobieren »gewisser Rezepte«, die den Genuß bislang ungeahnter Gerichte erahnen lassen.

Eigentlich möchten wir einer Revision der Beziehung zum Essen, einem gedeihlichen Stoff-Wechsel das Wort reden. Das Essen ist in unserer Konsumkultur unzuträglich und schal geworden, es wird zum Vergessen mißbraucht, entsinnlicht, funktionalisiert, wir füllen uns an mit Teurem, Abgelebtem und verdauen schlecht. Genießerische Feinschmeckerei und orthodoxes Neues Essen bringen da nur wenig Linderung. Wir verschlingen oder verweigern, anderes meinend, bekommen deshalb nie genug und selten das Richtige. Wir denken in Kalorien und Pfunden statt in sinnlichen Qualitäten und hungern daher, späte Tantaliden, inmitten des Überflusses. Unser Hunger ist un-stillbar, Freß-Sucht, Brech-Sucht, Ekel und Anorexie sind dafür nur der angemessene Ausdruck. Die Pathologie liegt in der Normalität unseres an-ästhetischen Essens.
Demgegenüber versuchen wir in diesem Buch, die eßbaren »Stoffe« in ihrer sinnlichen Vielfalt und Vielgestalt zu präsentieren und den »Wechsel« als ein bewußtes und empfindliches Aufnehmen, Verdauen und Ausscheiden, Geben und Nehmen, Beschaffen, Zubereiten und Essen, als Prozeß gegenseitiger Anverwandlung und Veränderung in der Beziehung zur Nahrung und deren Umfeld. »Nicht den Hunger verlieren« – aus dem Bewußtsein und der eigenen Eß-Erfahrung – hieße, die globale Tischgesellschaft realisieren, die zu einer Runde noch lange nicht

gefunden hat, hieße, ein Maß und ein Bedürfnis zu finden, das der Anwesenheit anderer EsserInnen eingedenk bliebe: nicht eßfeindlich oder freßgierig schuldbeladen, sondern im Alleine-Essen und im Teilen aufeinander lebendig bezogen. Es scheint, daß Entscheidungen dieser Art bei jeder Mahlzeit neu getroffen werden und daß die wirklichen Veränderungsprozesse in einer Gesellschaft solche der Mentalität, der Lebensstile, der wahrnehmbaren Verhaltensweisen, also auch der Eßgewohnheiten sind.

Prolog: Der Mund als Weltorgan

Der Mund ist ein Weltorgan

Die primäre Form der Weltaneignung ist die Aufnahme von Nahrung durch den Mund. Der Mund ist ein Weltorgan, das Aneignung nach dem Prinzip der eingestülpten Oberfläche ermöglicht. Solche Einstülpungen sind die entwicklungsgeschichtlich frühesten Formen der Organbildung. Durch Einstülpung entsteht ein Hohlraum, der Außenwelt zur Innenwelt macht; dadurch wird eine Differenzierung des Organismus gegenüber seiner Umwelt ermöglicht. Der Organismus nimmt Umwelt in sich auf.
In der Unterscheidung zwischen angeeigneter Umwelt und aneignendem Organismus bilden sich früheste Beziehungsformen von weltverschlingendem Subjekt und Welt aus. *Bazon Brock*

Zur Teleologie
Fragment

Gott gab uns nur *einen* Mund,
Weil zwei Mäuler ungesund.
Mit dem einen Maule schon
Schwätzt zu viel der Erdensohn.
Wenn er doppeltmäulig wär,
Fräß und lög er auch noch mehr.
Hat er jetzt das Maul voll Brei,
Muß er schweigen unterdessen,
Hätt er aber Mäuler zwei,
Löge er sogar beim Fressen.

Heinrich Heine

Ein diplomatisches Gesicht im Februar 1848.

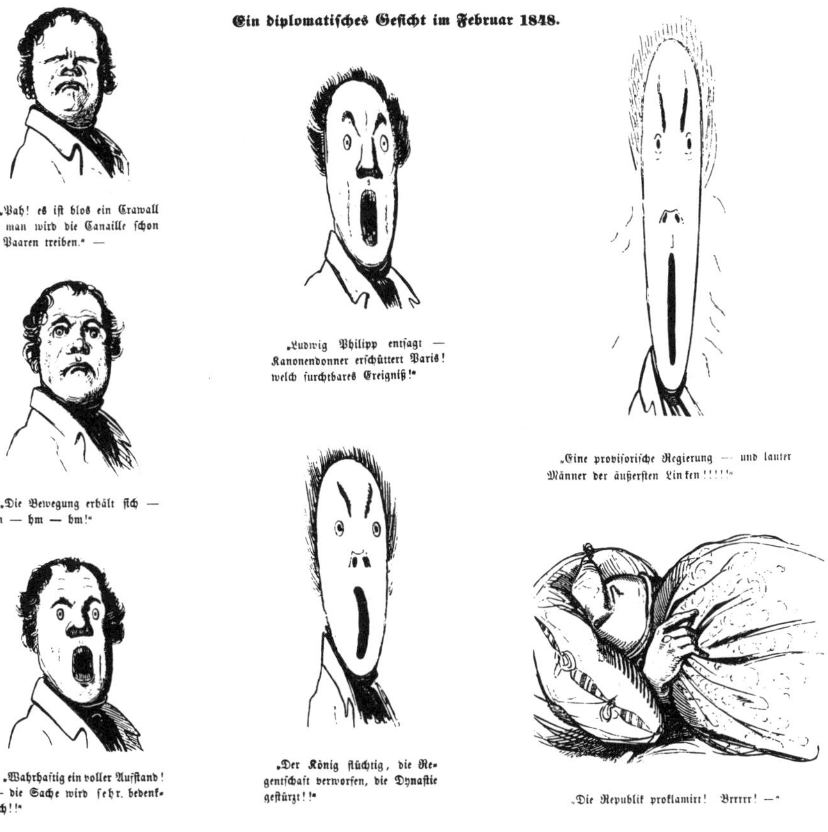

„Bah! es ist bloß ein Crawall — man wird die Canaille schon zu Paaren treiben." —

„Die Bewegung erhält sich — hm — hm — hm!"

„Wahrhaftig ein voller Aufstand! — die Sache wird sehr bedenklich!"

„Ludwig Philipp entsagt — Kanonendonner erschüttert Paris! welch furchtbares Ereigniß!"

„Der König flüchtig, die Regentschaft verworfen, die Dynastie gestürzt!"

„Eine provisorische Regierung — und lauter Männer der äußersten Linken!!!!"

„Die Republik proklamirt! Brrrrr! —"

So soll der Purpur deiner Lippen

So soll der Purpur deiner Lippen
  Itzt meiner Freiheit Bahre sein?
Soll an den Corallinen-Klippen
  Mein Mast nur darum laufen ein,
Daß er anstatt dem süßen Lande
Auf deinem schönen Munde strande?

Christian Hofmann von Hofmannswaldau

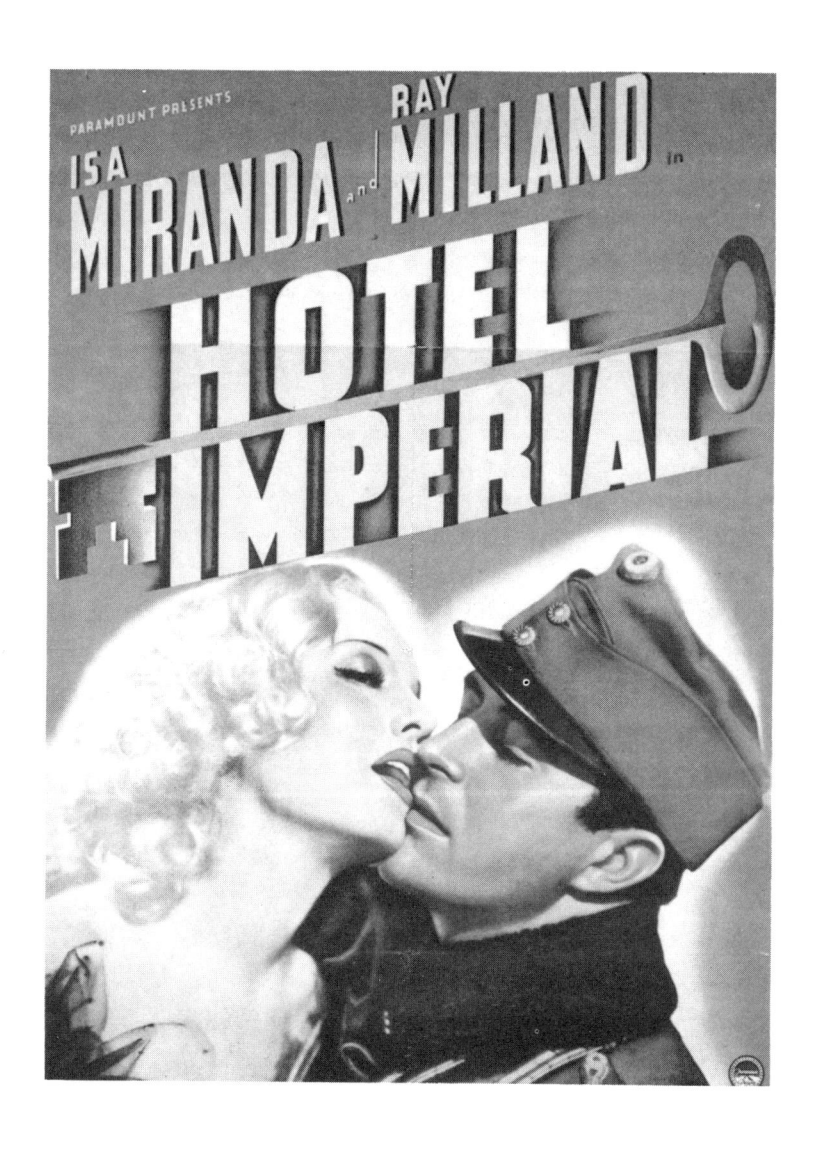

Das Loch

Es war einmal ein Mann, der hatte in seinem Mund vierundzwanzig Zähne, die alle gesund waren, zwei plombierte Zähne, einen Zahn mit einem Loch, einen halben Zahn, drei Zahnstümpfe und zwischen den Zähnen eine Lücke, die der Zahnarzt gerissen hatte. Die vierundzwanzig gesunden Zähne waren gerade und gelb, der Zahn mit dem Loch war noch gerade und gelb, die beiden plombierten Zähne waren gerade und grau, der halbe Zahn und die Zahnstümpfe schartig und schwarz. In der Zahnlücke wuchs wildes Fleisch. Trotzdem konnte der Mann die Zähne zeigen, ohne jemanden zu erschrecken, denn alle schadhaften Zähne waren Backenzähne, und auch anstelle des wilden Fleisches war früher einmal ein Backenzahn gewachsen. Wer ihm nie zuvor in den Mund gesehen hatte, hätte beim Anblick seiner Schneidezähne denken können, was hat doch dieser Mann für ein prächtiges Gebiß. Wie jeder Mensch kaute er mit seinen Zähnen auf allem herum, wovon er sich etwas versprach; da es ihm an Backenzähnen fehlte, bedachte er jeden Biß und kaute langsam. Der Mann konnte mit seinen Zähnen auch klappern, er konnte durch seine Zähne auch pfeifen. Zweimal am Tag putzte er sie; manchmal biß er sich in die Zunge. *Klaus Roehler*

Mund

Hat sich geöffnet, nach Luft gerungen,
hat etwas Warmes gekannt,
Ah gesagt überm kalten Löffel.
Was weiß ein Mund.

Lirum larum, so schmeckt der Bleistift,
so schmeckt die Eisblume,
so die stählerne Zahnarztklammer,
so schmeckt im Kasten der Sand.

Was weiß ein Mund. Kennt Milch und Blut,
Brot und Wein, Zucker und Salz,
hat unterschieden Morsches von Dürrem,
Schleimiges von Verbranntem.

Hat sich gegen das Übel gewehrt
mit Lirum und Larum,
Hustensaft und Oblaten.
Hat sich getäuscht.

Was weiß ein Mund.
Weiß nichts, sucht, will nicht,
verzehrt und verzehrt sich,
sucht und läßt sich versuchen.

Sucht Freundschaft mit noch einem Mund,
sucht ein Ohr, ringt nach Luft,
öffnet sich, teilt sich mit.
Was weiß ein Mund.

Hat sich getäuscht, ist dunkel,
hat gesucht und knirschend gefunden
etwas Kaltes, Dunkles,
hat sich verschlossen.

Hans Magnus Enzensberger

Der Abdruck meiner Lippen

Die Form meiner Lippen drückt sich in der Serviette, die ich verwende, ab, ich schaue mich selber an, dieser Abdruck meiner Lippen auf der roten Serviette täuscht mir einen Augenblick lang einen Blick in den Spiegel vor, dieser Abdruck meiner Lippen auf der roten Serviette gibt mit das Gefühl, ich betrachtete mich in einem Spiegel und richtete dabei meine ganze Aufmerksamkeit auf meinen Mund, diesen etwas nach unten gezogenen, vergrämten, verstörten Mund, ja, das sind meine Lippen, denke ich, meine nach unten gezogenen Lippen, diese meine Verstörung und Enttäuschung enthüllenden Lippen, diese viel zu schmalen, immer schmäler werdenden Lippen, mit den Fältchen am Lippenrand, das ist mein Mund, der sich in Schweigen hüllt, der sich am liebsten in Schweigen hüllt. *Friederike Mayröcker*

Striche

Ich blickte Ulla an und war erstaunt, wie ich schon so oft erstaunt gewesen war, wenn dieser volle und hübsche Mund so schmal und dünn wurde wie die Striche, die sie mit dem Lineal zog. *Heinrich Böll*

Vorspeise in Himmel,
Hölle und Frühzeit

Die Entscheidung, die Welt zu nähren, ist die wirkliche Entscheidung. Keine Revolution hat sie getroffen. Denn so ein Entschluß verlangt, daß Frauen frei sein sollen.   **Adrienne Rich**

1. Mutterkuchen / Muttermilch

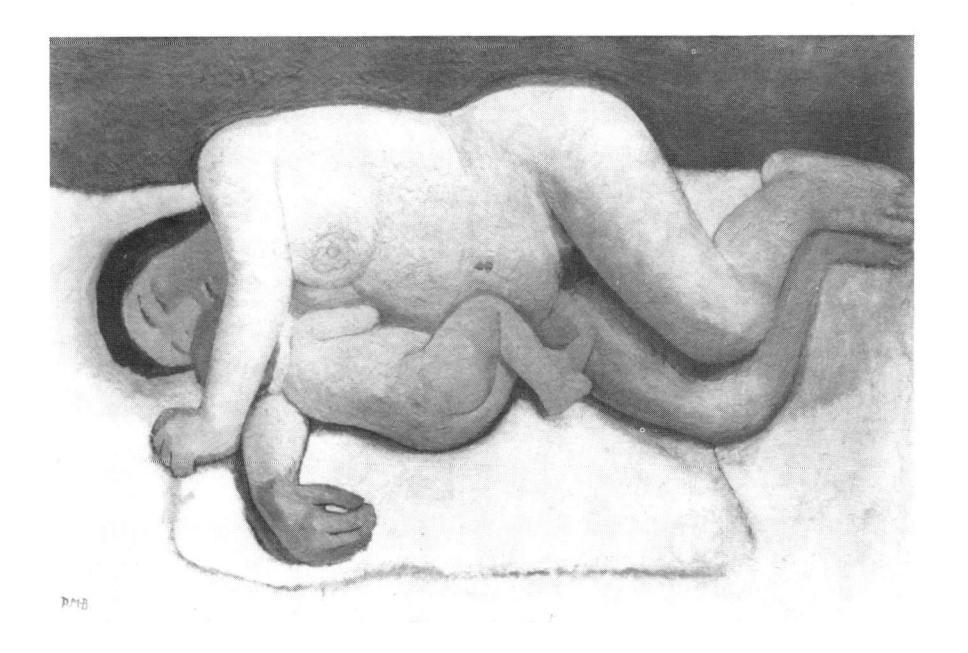

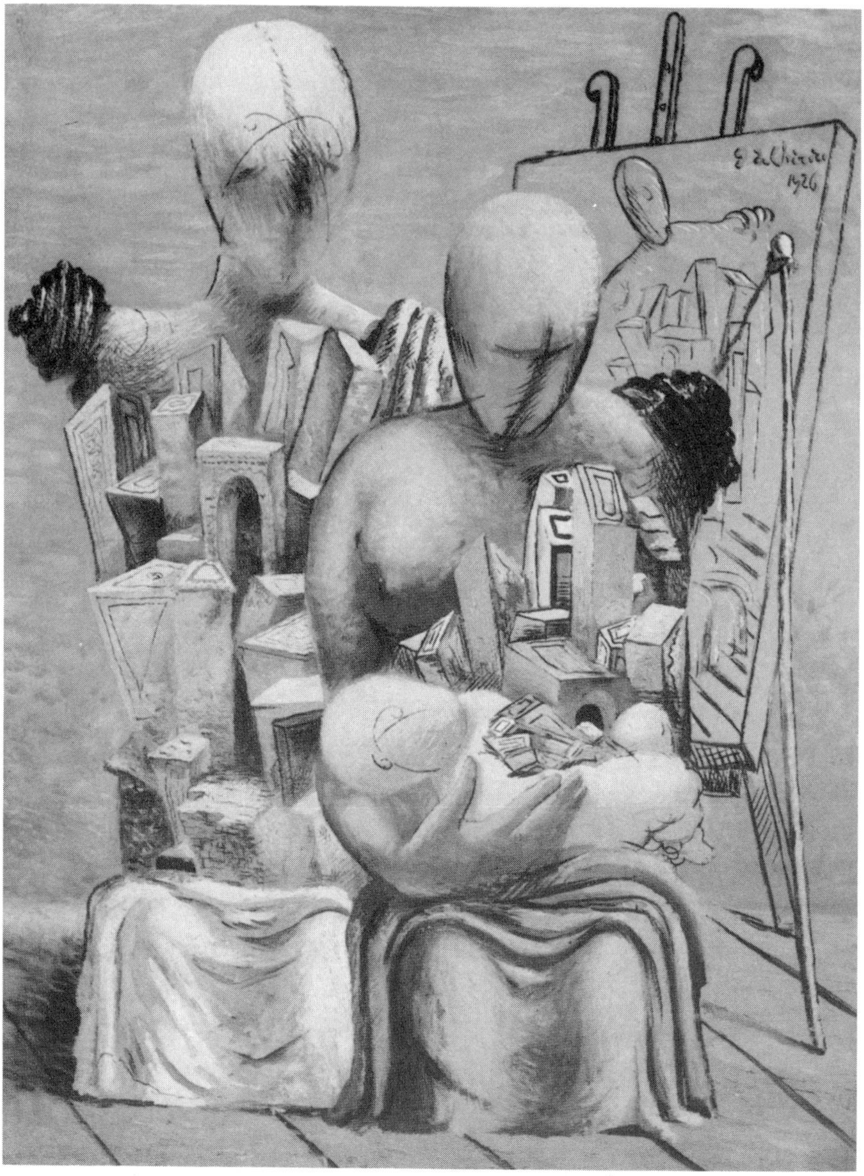
G. de Chirico
1926

Ich bin ein Fluß aus Milch
Ich bin ein warmer Hügel

Erste Stimme

Was ist es, das diese unschuldigen Seelen auf uns schleudert?
Sieh, sie sind so erschöpft, sie liegen ganz flach
In ihren Segeltuchbetten, Namen um ihre Handgelenke gebunden,
Diese kleinen Silbertrophäen, für die sie von so weit her gekommen sind.
Einige haben dickes schwarzes Haar, einige sind kahl.
Ihre Hautfarben sind rosa oder bleich, braun oder rot;
Sie beginnen ihre Unterschiede zu erinnern.

Ich denke sie sind aus Wasser gemacht; sie haben keinen Ausdruck.
Ihre Gesichter schlafen wie Licht auf ruhigem Wasser.
Sie sind die wirklichen Mönche und Nonnen in ihren identischen
 Gewändern.
Ich sehe sie wie Sterne sich ergießen auf die Welt –
Auf Indien, Afrika, Amerika, diese wunderbaren Wesen.
Diese reinen, kleinen Bilder. Sie riechen nach Milch.
Ihre Fußsohlen sind unberührt. Sie sind Fußgänger der Luft.

Kann ein Nichts so verschwenderisch sein?
Hier ist mein Sohn.
Sein weites Auge ist von diesem generellen klaren Blau.
Er wendet sich mir zu wie eine kleine blinde leuchtende Pflanze.
Ein Schrei. Er ist der Haken an dem ich hänge.
Und ich bin ein Fluß aus Milch.
Ich bin ein warmer Hügel.

Sylvia Plath

Das Stillen

Zunächst sei noch besonders darauf hingewiesen, daß das beliebte Verabreichen von Tee oder Zuckerwasser eine große Torheit darstellt, weil damit dem Kinde der Appetit verdorben wird, und weil es darum nicht mit derselben Kraft das Sauggeschäft zu vollführen vermag und vollführen wird, wie es ungetränkt dasselbe vollzieht. Von der Stärke des Saugens hängt aber die Menge der Milchabgabe von seiten der Mutter ab. Ist es doch eine bekannte Tatsache, daß eine Frau mehr als ein Kind zu nähren vermag, und daß das Mehr der Milchproduktion sich genau nach dem Saugbedürfnis des Säuglings richtet. Andererseits verändert sich die Beschaffenheit der Muttermilch mit jedem Tage, und zwar immer dem Zustande des Kindes entsprechend. Die Anpassungsfähigkeit der Muttermilch an den Organismus des Kindes ist eine so große, daß sie bei Frühgeburten eine ganz andere chemische Verwandlungsstaffel durchmacht als bei normal Geborenen. Das muß jeder Mutter nicht nur in den Verstand, sondern auch ins Herz geschrieben werden: Es gibt keinen wirklichen Ersatz für Muttermilch.

Fragen wir nach den Ursachen des Milchmangels bei vielen Frauen, so haben wir in erster Linie nach Prof. Bunge den Alkohol verantwortlich zu machen, denn es ist von ihm äußerst klar nachgewiesen, daß die Töchter von Trinkern und Trinkerinnen nicht mehr imstande sind, ihre Kinder zu nähren. Eine weitere Ursache des Milchmangels ist die Verkümmerung der Milchdrüsen, die keinesfalls von außen zu beurteilen ist, denn oft sind gerade die außerordentlich entwickelten Milchorgane nicht imstande, die gewünschte Milchproduktion zu vollbringen, weil das täuschende Volumen durch Fettansatz bewirkt wird. Diese Milchdrüsenverkümmerung ist zurückzuführen auf eine mangelhafte Durchblutung der Milchorgane, die einerseits ihre Ursache in dem noch immer nicht gänzlich beseitigten Korsett und andererseits in der mangelhaften Betätigung der Brustmuskulatur hat. Gegen das Wundwerden der Brustwarzen verwendet man feuchte Läppchen von etwa 30° Temperatur. Man lege außerdem auf die Brustwarzen halbe Nußschalen, damit sie nicht gerieben werden, und öle sie mit Mandelöl ein. Treten Geschwürbildungen an der Brust im Anschluß an Warzeneinrisse ein, so ist das zunächst ein Beweis für mangelhafte Reinlichkeit in der Pflege der Brüste. Daraus möge die Mutter lernen, daß sie nach jedem Stillungsgeschäft eine gründliche Reinigung der Brustwarzen vorzunehmen hat. Sind wirklich Geschwürbildungen zu bemerken, so muß eine gute Allgemeinbehandlung mit strenger vegetarischer Kost, mit ableitendem Verfahren und mit fortgesetzter Kühlung der erkrankten Teile eintreten. (Siehe auch Pflege und Erkrankungen der Brüste.) Es ist übrigens nicht gleichgültig, wie das Kind beim Stillen gehalten wird. Die Mutter muß den Arm, auf dem das Kind ruht, unterstützen, um ohne Anstrengung längere Zeit in der eingenommenen Stellung verharren zu können. Ebenso soll sie den Kopf anlehnen. Je behaglicher sie sitzt, um so behaglicher und angenehmer wird die Lage des Kindes sein. *Platen*

Süße Milch

Felipas Milch ist süß wie Hibiskusblüten. Ich hab schon Ziegenmilch getrunken und Milch von Säuen, die eben geworfen hatten, aber die ist nicht so gut wie Felipas Milch... Jetzt ist es schon lange her, daß sie mir nicht mehr diese Dinger zum Lutschen gibt, die sie da hat, wo wir nur Rippen haben. Wenn man das richtig anstellt, dann kommt da eine Milch raus, die ist noch besser als die, die uns meine Patin am Sonntag zum Frühstück gibt... Früher ist Felipa jeden Abend in das Zimmer gekommen, wo ich schlafe, und hat sich zu mir gelegt. Sie hat sich auf mich gelegt oder ganz dicht neben mich. Dann hat sie es so eingerichtet, daß ich diese süße, warme Milch saugen konnte, die in Strömen über meine Zunge geflossen kam... Sehr oft, wenn ich Hunger hab, esse ich Hibiscusblüten. Und Felipas Milch, die hatte genau denselben Geschmack, nur mochte ich sie noch lieber.
Denn wenn Felipa mich hat trinken lassen, hat sie mich währenddessen überall gekitzelt. Hinterher ist sie fast immer eingeschlafen und ist bis zum Morgen bei mir geblieben. Und das hat mir sehr gut getan, weil mir dann die Kälte nichts mehr ausmachte und ich keine Angst mehr hatte, in die Hölle zu kommen, wenn ich mal in der Nacht sterbe und ganz alleine bin...

Juan Rulfo

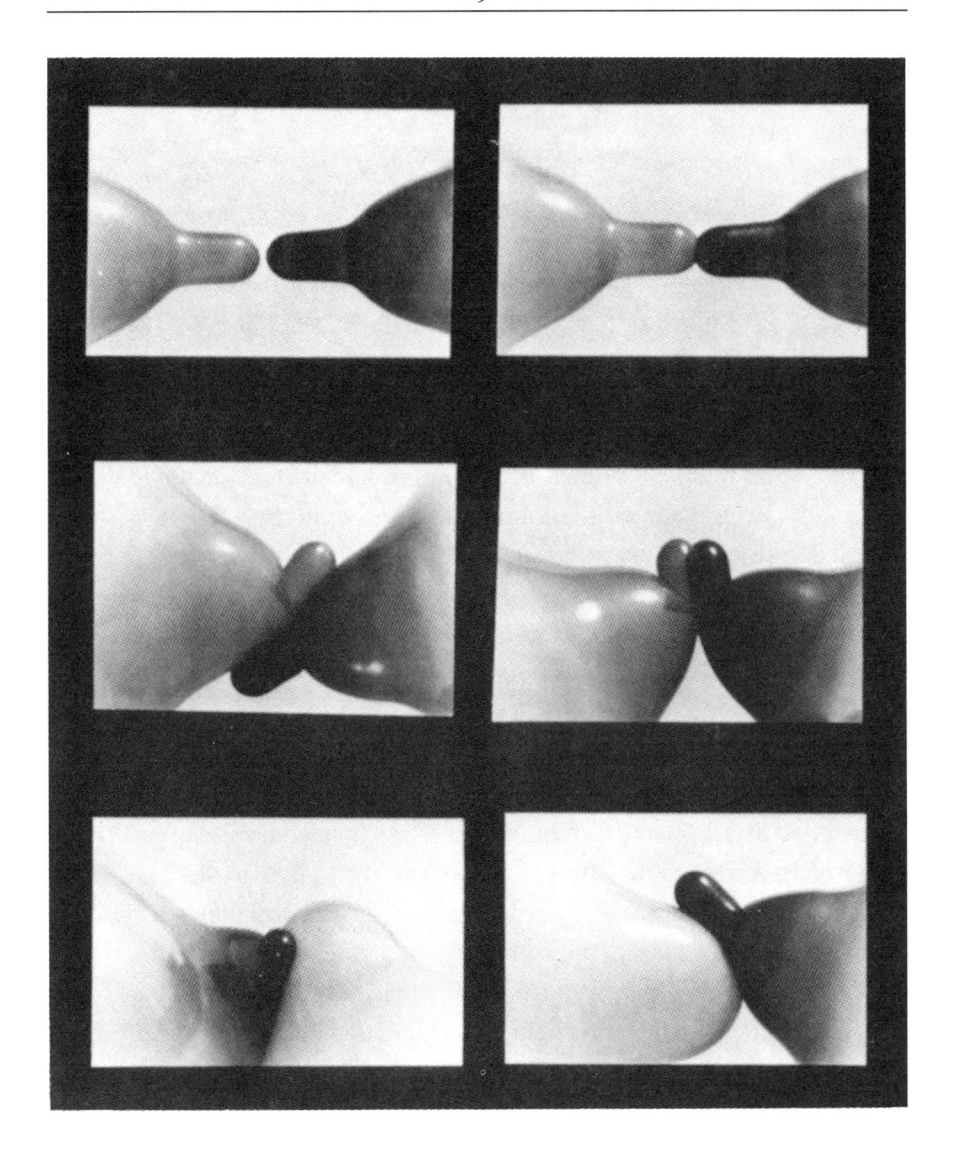

Glückliche Wendung

Spätestens
jetzt werden wir
alles vergessen müssen
und unauffällig
weiterleben wie bisher

hoffnungslos
würden wir sonst
immer wieder
die Lusttaste bedienen
gierig verhungern müssen
und uns nie mehr
erinnern können
an das Glück

Karin Kiwus

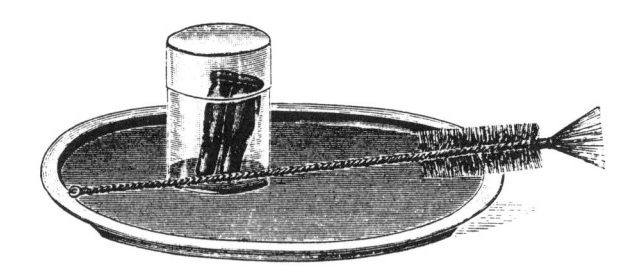

Doch halt! Wo bleibt die Milchflasche

Heutte Abend noch 3 Koffern zu füllen, mit den all'rnöhtigsten Habse=
ligkeitten, deren Wihr auf der gantzen Reise bedürfen. Gesagt, gethan!
Der Gedanke wurde inszeniert und schon vor ablauf einer Stunde, wahr
Alles in prächtigster Ortnung. Doch halt! Die Milch=Flasche. Mutter!
Die Milch=Flasche kann ich doch absolut nicht entbehren und, gehabt
Euch wohl! die Milch=Flasche soll und muß in die Koffer verpakt
werden! Das schwöhre ich bei der heiligen Skt. Heleena und zwahr im
Augenblik. Avantti!! Marche!! Richtig! Die Milch=Flasche wurde, nebst
etlichen Pfund weißem Broken=Zuker in die Koffer verpakt! Und nun
wahr Alles in schönster Ortnung. Halt!! Alluminiumm. ʕJa was! Noch
imm'r nicht fertig! Nein. Der Alluminiumm=Schlauch, in der Länge von
1½ Fuß, wurde Jedesmal beim Genuß d'r Milch aus meiner Flasche,
Oben am Hals der Flasche befestigt, als Ersatz des Mammeli und, datzu
hatte besagtes Instrumenntt noch die Eigenschaft, die Milch der Flasche
in milder, sanfter Ströhmung dem Mund und der Keele zue=zuleitten.

Adolf Wölfli

Vor dem Essen. Vier Uhr früh. Gedicht

Sie habe noch nie allein gegessen, ganz für sich, noch nie
habe sie das Gefühl gehabt, selbständig
eine Mahlzeit zu sich nehmen. Zuerst die Mutter,
sagte sie, vor dem Eisschrank stehend, die nicht nur
neben ihr stand, ihr den Löffel führte, die bestimmte,
wie und was und wieviel gegessen wurde, sondern auch
im Essen selber war. Ich habe nur gegessen, um der Mutter
zu gefallen. Sie war nicht nur im Essen, in den Speisen,
sie war zunehmend das Essen selber. Meine Mutter,
sagte sie, vor dem offenen Eisschrank, im Nachthemd und
frierend, war sozusagen die Speise, die ich aß. Daher ihre
Magerkeit, sagte sie, die Unfähigkeit, Essen bei sich
zu behalten; ihre Unempfindlichkeit besonderen Gerichten
gegenüber. In Restaurants z. B. das Gefühl, in einem Museum
zu sein, das Gefühl, außerhalb der Ordnung zu sein: ihre
Gier in Restaurants, die Manie, alles bestellen zu wollen,
und die trostlose Gewißheit, nichts essen zu können.
Ihre Euphorie angesichts miserabler Gerichte
in Gaststätten: ob ich das bemerkt hätte. Ich hatte nicht
vor, etwas zu sagen. Die hoffnungslose Einsamkeit
beim Essen, besonders bei fetten Leuten, ob mir das
aufgefallen sei, der Versuch, sich ganz auszufüllen.
Auch die Unfähigkeit, sämtliche Gerichte in eine Ordnung
zu bringen, das sei wie im Museum: die Freßgier

verdanke sich einem Ordnungswillen, einem nicht
zu befriedigenden Ordnungswillen, dafür sprächen auch
die aufgerissenen Augen, die nach einem System suchen,
natürlich nicht finden. Ich zum Beispiel kann nicht
mit geschlossenen Augen essen, sagte sie, die Vorstellung,
nicht zu sehen, was ich esse,
ruft Schwindelanfälle hervor, die Peristaltik versage
augenblicklich, auch wenn sie gesehen hätte, wie der Ober
die Speisen gebracht habe. Sie fror. Du bist mager
geworden in den letzten Jahren, ich. In Krisensituationen,
sie, würde sie jetzt immer zunehmen: allein
die Anwesenheit von Personen würde sie aufquellen
lassen. Jeder machte unbewußt den Versuch, sie vollzu-
stopfen, eine Abgabe, eine Abnahme sei undenkbar in der-
artigen Situationen: sie fühle sich dann ganz offen.
(Und früher?) hätte sie sofort abgenommen, hätte sich
sozusagen verstreut, alles sei früher aus ihr
hinausgeflossen: ganz spürbar, sie hätte förmlich
sehen können, wie alles aus ihr hinausgeflossen sei.
Sie sei früher in Krisensituationen sofort dünn
wie ein Strich geworden. Wie jetzt, sagte ich. Plötzlich
war es draußen hell geworden; der Kühlschrank
stand immer noch offen, es war sehr kalt. Dir ist kalt,
sagte ich. Die Eßvorgänge, die Eßmoral, die früheren
Erregungszustände beim Essen würden ihr jetzt,
in der Erinnerung, einen kalten Schauder den Rücken
hinunterjagen, sagte sie, sie sei in die Küche
geschlichen, um Essen zu lernen, auch wenn das
sonderbar klänge. In Krisensituationen sein Gewicht
behalten, das wäre ideal. Ich möchte in Krisensituationen
mein Gewicht behalten, sagte sie, deshalb bin ich hier.
Ich möchte nichts abgeben und nichts aufnehmen, ich
möchte unangreifbar sein und sehr rund. Das sei
die einzige Möglichkeit, sagte sie, zitternd vor Kälte.
Ein runder gläserner Körper, in dem sie den Vorgang
der Verdauung beobachten könne, den Vorgang
des Zersetzens und Ausscheidens, ohne daß sich dieser

Körper verändere: sie sei auf dem besten Wege dahin.
Ich stellte sämtliche Herdplatten an und begann
mit den Vorbereitungen. »Die Molke,
welche nach dem Käsemachen zurückbleibt, kocht
man so lange, bis sie dick wird, mischt sie hierauf
mit ein wenig Renmilch und läßt sie
in einem Renmagen trocknen.« Diderot dagegen,
sagte ich, beim Kartoffelschälen,
hat es auf dem Totenbett nach Kartoffeln verlangt.

Michael Krüger

Das runde Gespenst

»Das Gespenst ist eine böse Hexe mit weißem Tuch. Es kommt lautlos wie ein Dieb. So ein rundes Gespenst, das so kugelig ist, das ist für mich am grausigsten. Ich denke, das habe ein großes Maul.«
Zu dem runden Gespenst mit dem großen Maul fällt ihm weiter ein: »Ich bin nicht gern dick, und darum habe ich die dicken Männer und Frauen nicht gern. Sie kommen mir wie Äpfel vor. – Vor einiger Zeit lag auf der Wickelkommode (!) etwas Rundes und Weißes. Wie ich es anrührte, gab es einen tiefen Ton von sich. Ich rannte zur Mama und sagte ihr, es sei ein Ungeheuer. Es war aber nur der Teddybär, der weiß zugedeckt war. Er brummt eben, wenn man ihn berührt. – Ich meine immer, die dicken Gespenster seien böser, weil sie so große Augen haben, und weil sie so kriechen wie eine Schnecke.
Als Gertrud, unser Mädchen, einmal heimkam, wollte ich es erschrekken. Ich brummte wie ein Bär und hatte ein weißes Tuch über mir. Gertrud fiel gegen die Tür und wurde bleich. Ein andermal wollte ich auch Walterli erschrecken. Ich legte mich auf die Kommode und zog ein weißes Tuch über mich. Als Walterli ins Zimmer kam, erschrak er und schrie nach der Mama. Aber auch sie erschrak, als sie hereinkam, und sagte mir, das dürfe ich nie mehr machen.« [...]
Fred fährt fort über seine Gespensterangst zu erzählen: »Auch am Tage graust es mir vor den dicken Menschen. Heute kam auch so eine dicke Hausiererin, die den Bauch herausstreckte wie einen ganz großen Apfel. Sie schnaufte wie ein Bär. Es gab einen förmlichen Krach, als sie hinausging. Mama sagte mir, von was der dicke Bauch komme. Sie meinte, wenn jemand viel ißt, werde er davon so dick. –
In Hannys Buch las ich eine Geschichte von einem Manne, der nachts übers Feld und an einem Friedhof vorbei mußte, wo ein dickes Gespenst hauste, das einen mitschleppt und frißt. Er fürchtete sich, aber er mußte durch. Das Gespenst kam hinter ihm her [...] Heute las ich z. B. von einem Manne mit dicken Fäusten. Da übersprang ich den Satz beim Lesen. – Walterli will immer, daß ich ein Wienerli ganz so gekrümmt auf einmal esse, damit ich einen dicken Bauch bekomme. Aber ich will nicht. Man kann von allerhand dick werden, vom Essen, Trinken, vom vielen Rauchen, Reden, Träumen und Denken, aber auch, wenn man zu lange im Bade sitzt. – Die Gespenster strecken die Bäuche extra so sehr heraus

und schnüren die Hüfte ein, damit die Brust wie eine Balle heraustehe und auch der Bauch darunter wie ein großer Ballon, so daß es aussieht wie eine 8. –

Als ich letzte Woche einmal im Bett lag, sah ich plötzlich so eine dicke Frau vor mir, die mit einer Suppenkelle auf mich losschlagen wollte. Ich rief nach der Mama, dann war sie gar nicht mehr da. Sie trug eine Zipfelmütze, Schlitzaugen, Patschhände, einen dicken Bauch und großen Mund. Sie schielte und sah mich bös an. Frau J. kommt mir auch wieder in den Sinn, die hat ganz grüngelbe Zähne. Walterli sagt immer, er heirate nie so eine dicke Frau. Wir fürchten uns auch vor Frau St., denn sie wird alle Tage dicker. –

Mama war auch schon dick, vor fünf Jahren, als sie krank war. Sie hatte Fieber. Damals kam gerade Walterli auf die Welt. Weil Mama so sehr krank war, durfte ich nie zu ihr ins Zimmer hinein. Dafür war immer eine Krankenschwester bei ihr. Und immer, wenn ich fragte, ob ich jetzt zu ihr gehen dürfe, sagte die Schwester, ich müsse noch ein wenig warten. Da war ich so ganz allein. Papa gab mir viele ›Illustrierte‹, weil ich nicht zur Mama durfte. Als die Schwester mir mitteilte, ich dürfe jetzt hinein, da ließ ich alles liegen und ging schnell. Walterli lag im Stubenwagen, hatte die Fäustchen im Munde, erwachte gerade und schrie. Aber er konnte die Äuglein nicht öffnen, sie waren ganz im Speck drin. Ich ging dann zu Mama, und wir zeigten einander Bilder.

Mama war schon vorher, bevor Walterli auf die Welt kam, im Bett. Wenn sie dann aufstand, hatte sie noch einen dickeren Bauch. Das war nicht mehr schön.«

Wir gehen wohl kaum fehl, wenn wir nach den Aussagen Freds den Schluß ziehen, daß die dicken Gespenster, vor denen er sich so fürchtet, irgendwie seine schwangere Mutter repräsentieren. Die Veränderung der Gravidität muß auf den Knaben einen abstoßenden Eindruck gemacht haben. Es geht mit der Mutter etwas vor, das ihm rätselvoll und unheimlich vorkommt.   *Gustav Hans Graber*

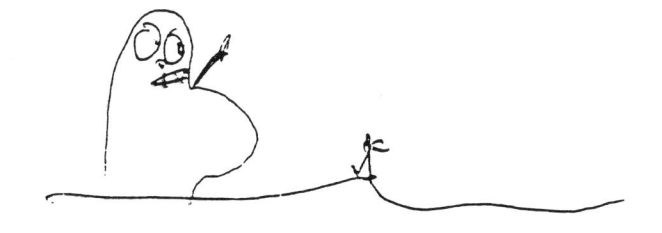

Ekelhaft

Ich muß gestehen, daß ich in meinem Leben nichts sah, wovor mir mehr ekelte als vor dieser ungeheuren Brust. Ich weiß sie mit gar nichts zu vergleichen, um dem Leser einen Begriff von ihrer Größe, Gestalt und Farbe zu geben. Sie stand sechs Fuß hervor und besaß einen Durchmesser von wenigstens sechzehn Fuß. Die Warze war ungefähr halb so groß wie mein Kopf und sowohl sie wie das Übrige so voller Flecken, Blätter und Löcher, daß man sich nichts Widerlicheres vorstellen kann. Denn ich konnte sie gar deutlich betrachten, weil sie sich der Bequemlichkeit halber da, wo ich auf dem Tisch stand, niedergesetzt hatte. Dies bot mir Anlaß, über die zarte Haut unserer englischen Ladies Betrachtungen anzustellen, die nur deshalb schön scheint, weil die Damen von unserer Größe sind und wir die Fehler ihrer Haut höchstens durch ein Vergrößerungsglas erkennen können, wobei es Erfahrungstatsache ist, daß dann auch die zarteste und weißeste Haut rauh, grob und fleckig aussieht.

Jonathan Swift

Die emotionale Situation des Babys

Das erste Liebes- und Haßobjekt des Säuglings – seine Mutter – wird mit der ganzen Intensität und Kraft, die für frühkindliche Triebe typisch sind, begehrt und gehaßt. Zu allererst liebt das Kind die Mutter; sie befriedigt sein Nahrungsbedürfnis, stillt sein Hungergefühl und verschafft ihm die Lust, die es erfährt, wenn sein Mund durch das Saugen an der Brust gereizt wird. Diese Befriedigung ist ein wesentlicher Teil der kindlichen Sexualität und eigentlich ihr erster Ausdruck. Wenn aber das Baby hungrig ist und seine Begierden nicht gestillt werden, wenn ihm etwas weh tut oder es sich unwohl fühlt, so ändert sich plötzlich die ganze Situation. Haß und aggressive Gefühle kommen auf; das Kind wird von der Triebregung beherrscht, eben jene Person zu zerstören, die das Objekt all seiner Begierden und in seiner Seele mit allem, was es erlebt – Gutem wie Bösem – verknüpft ist. Überdies lösen, wie Joan Riviere ausführlich dargelegt hat, Haß und aggressive Gefühle im Säugling qualvolle Zustände aus: Erstickungsanfälle, Atemnot und ähnliche Empfindungen; sie werden als etwas empfunden, das den eigenen Körper zerstört, und verstärken so ihrerseits Aggression, Elend und Ängste.
Das direkte und primäre Mittel, dem Baby in diesen qualvollen Zuständen des Hungers und Hasses, der Spannung und Angst, Erleichterung zu verschaffen, ist die Stillung seiner Begierden durch die Mutter. Das mit der Befriedigung erworbene vorübergehende Gefühl von Sicherheit steigert die Befriedigung noch; daher kommt es, daß bei jeder empfangenen Liebe das Sicherheitsgefühl eine starke Komponente der Befriedigung bildet. Das gilt ebenso für den Säugling wie für den Erwachsenen, für einfachere Formen der Liebe wie für ihre kompliziertesten Offenbarungen. Weil die Mutter die erste ist, die alle unsere Selbsterhaltungsbedürfnisse und sinnlichen Begierden befriedigt und uns Sicherheit gibt, spielt sie in unserem Seelenleben eine bleibende Rolle, obwohl die vielfältige Art und Weise, wie dieser Einfluß ausgeübt wird, und die Formen, die er annimmt, im späteren Leben durchaus verdeckt sein können. Zum Beispiel kann eine Frau sich ihrer Mutter scheinbar entfremdet haben und trotzdem in der Beziehung zu ihrem Ehemann oder zu einem Mann, den sie liebt, unbewußt Züge ihrer frühen Mutterbeziehung suchen. Auch die sehr wichtige Rolle, die der Vater im Gefühls-

leben des Kindes spielt, beeinflußt alle späteren Liebesbeziehungen und alle anderen menschlichen Bindungen. Soweit der Vater jedoch als Lust gewährende, freundliche und schützende Figur empfunden wird, ist die frühkindliche Beziehung zu ihm teilweise dem Modell der Mutterbeziehung nachgebildet.

Der Säugling, für den die Mutter primär nur ein Objekt ist, das alle seine Begierden stillt – eine gute Brust* sozusagen –, beginnt sehr bald auf diese Lustbefriedigungen und die Pflege der Mutter zu reagieren, indem er Gefühle von Liebe entwickelt, die ihr als Person gelten. Doch schon an ihren Wurzeln wird diese erste Liebe von destruktiven Regungen gestört. Liebe und Haß liegen in der kindlichen Seele miteinander in Widerstreit; dieser Widerstreit setzt sich bis zu einem gewissen Grade das ganze Leben hindurch fort und kann für die menschlichen Beziehungen zu einer Gefahrenquelle werden.

Gefühle und Triebregungen des Säuglings sind von einer Art seelischen Aktivität begleitet, die ich für die primitivste halte; es ist dies die Phantasiebildung oder – umgangssprachlich ausgedrückt – das Denken in Wunschvorstellungen. Zum Beispiel kann ein Säugling, der ein heftiges Verlangen nach der nicht vorhandenen Mutterbrust hat, sich vorstellen, sie sei da, das heißt, er kann sich die Befriedigung vorstellen, die von ihr ausgeht. Solch primitives Phantasieren ist die früheste Form jener Fähigkeit, die sich später zu den komplizierteren Arbeitsweisen der Vorstellungskraft entwickelt.

Die frühen Phantasien, die die Gefühle des Säuglings begleiten, sind verschiedenster Art. Bei der eben genannten wird die fehlende Befriedigung phantasiert. Aber auch die tatsächliche Befriedigung ist von angenehmen Phantasien begleitet, wohingegen bei Versagung und den durch sie ausgelösten Haßgefühlen destruktive Phantasien auftreten. Hat der Säugling das Gefühl, daß ihm die Brust versagt wird, greift er sie in seiner Phantasie an; wird er hingegen durch die Brust befriedigt, so liebt er sie und hat – auf sie bezogen – Phantasien lustvoller Art. In seinen aggressiven Phantasien möchte er die Mutter und ihre Brüste zerbeißen, zerreißen und noch auf manch andere Weise zerstören.

Ein höchst bedeutsamer Zug dieser destruktiven Phantasien, die gleichbedeutend sind mit Todeswünschen, ist der, daß der Säugling glaubt, was er sich in seinen Phantasien wünscht, habe wirklich stattgefunden; das heißt, er fürchtet, das Objekt seiner destruktiven Impulse wirklich zerstört zu haben und auch weiterhin zu zerstören: Das hat für seine seelische Entwicklung außerordentlich schwerwiegende Folgen. Das Kind mobilisiert gegen diese Befürchtung den Beistand omnipotenter Wiederherstellungsphantasien: auch das hat für seine Entwicklung außerordentlich schwerwiegende Folgen. Hat der Säugling die Mutter in seinen aggressiven Phantasien zerbissen und zerrissen, so dürfte er bald darauf Phantasien entwickeln, in denen er die einzelnen Stückchen wieder zusammensetzt und die Mutter wieder herstellt. Allerdings läßt sich damit nicht ganz die Befürchtung zerstreuen, gerade dasjenige Objekt zerstört zu haben, das er – wie wir wissen – am meisten liebt und benötigt und von dem er völlig abhängig ist. Meiner Meinung nach beeinflussen diese Grundkonflikte tiefgreifend den Verlauf und die Kraft des Gefühlslebens erwachsener Individuen. *Melanie Klein*

---

* Um die Beschreibung der sehr komplizierten und unbekannten Phänomene, die ich hier vortrage, zu vereinfachen, beziehe ich mich, wo ich von der Situation des Nährens spreche, durchweg auf das Stillen. Vieles von dem, was ich im Zusammenhang mit dem Stillen sage, und die Folgerungen, die ich daraus ziehe, lassen sich auch auf das Nähren mit der Flasche anwenden, allerdings mit gewissen Unterschieden. Ich zitiere hier einen Abschnitt aus meinem Kapitel über das »Entwöhnen« (Melanie Klein, »*Weaning – On the Bringing Up of Children*«, Beiträge von fünf Psychoanalytikern, London 1936): »Die Flasche ist ein Ersatz für die Mutterbrust, denn sie gewährt dem Säugling die Lust am Saugen und ermöglicht ihm so, bis zu einem gewissen Grade die Brust-Mutter-Beziehung zur Flasche herzustellen, die die Mutter oder das Kindermädchen ihm geben. Die Erfahrung lehrt, daß häufig auch Kinder, die nicht gestillt worden sind, sich recht gut entwickeln. Dennoch wird man bei solchen Menschen in der Regel eine tiefe Sehnsucht nach der Brust feststellen, die nie erfüllt worden ist. Obwohl auch sie die Brust-Mutter-Beziehung bis zu einem gewissen Grade hergestellt haben, macht es doch den ganzen Unterschied in der psychischen Entwicklung aus, daß die früheste und fundamentalste Befriedigung einem Substitut abgewonnen worden ist und nicht dem realen Ding, das man begehrt hat. Man darf sagen, daß Kinder sich zwar auch dann gut entwickeln können, wenn sie nicht gestillt worden sind, daß aber ihre Entwicklung anders und auf die eine oder andere Weise besser verlaufen wäre, wenn man sie gestillt hätte. Andererseits schließe ich aus meiner Erfahrung, daß Kinder, die eine Fehlentwicklung aufweisen, obwohl sie gestillt worden sind, ohne die natürliche Ernährung noch kränker geworden wären.«

Gestillt

Die Brust meiner Mutter war groß und weiß.
Den Zitzen anliegen.
Schmarotzen, bevor sie Flasche und Nuckel wird.
Mit Stottern, Komplexen drohen,
wenn sie versagt werden sollte.
Nicht nur quengeln.

Klare Fleischbrühe läßt die Milch einschießen
oder Sud aus Dorschköpfen trüb gekocht,
bis Fischaugen blind
ungefähr Richtung Glück rollen.

Männer nähren nicht.
Männer schielen heimwärts, wenn Kühe
mit schwerem Euter die Straße
und den Berufsverkehr sperren.
Männer träumen die dritte Brust.
Männer neiden dem Säugling
und immer fehlt ihnen.

Unsere bärtigen Brustkinder,
die uns steuerpflichtig versorgen,
schmatzen in Pausen zwischen Terminen,
an Zigaretten gelehnt.

Ab vierzig sollten alle Männer wieder gesäugt werden:
öffentlich und gegen Gebühr,
bis sie ohne Wunsch satt sind und nicht mehr weinen,
auf dem Klo weinen müssen: allein.

Günter Grass

41

1544
HSB

ICH LEB VON DER BRVST MEINER DOCHTER

CZINMON

Pfannkuchenrezept

Die Trockenmilch der Firma Harrison Brothers, Chikago,
das Eipulver von Walkers, Merrymaker & Co, Kingstown, Alabama,
das von der deutschen Campführung nicht unterschlagene Mehl
und die Zuckerration von drei Tagen
ergeben, gemischt mit dem gut gechlorten Wasser des Altvaters Rhein,
einen schönen Pfannkuchenteig.
Man brate ihn in der Schmalzportion für acht Mann
auf dem Deckel einer Konservenbüchse und über dem Feuer
von lange gedörrtem Gras.
Wenn ihr ihn dann gemeinsam verzehrt,
jeder sein Achtel,
oh dann spürt ihr, wenn er auf der Zunge zergeht,
in einer üppigen Sekunde das Glück der geborgenen Kindheit,
wo ihr in die Küche euch schlichet, ein Stück
Teig zu erbetteln in der Vorweihnachtszeit,
oder ein Stück Waffel, weil Besuch gekommen war am
    Sonntagnachmittag,
spürt ihr in der schnell vergangenen Sekunde allen
Kuchenduft der Kinderjahre, habt noch einmal
fest gepackt den Schürzenzipfel der Mutter,
oh Ofenwärme, Mutterwärme, – bis ihr
wieder erwacht und die Hände leer sind
und ihr euch hungrig anseht und wieder
mürrisch zurückgeht ins Erdloch. Der Kuchen
war auch nicht richtig geteilt gewesen und immer
muß man aufpassen, daß man nicht zu kurz kommt.

Günter Eich

Quarantäne

Wie denn
        sich niederlassen
    bei einem Typ
      dessen Wohnung noch nach den falschen
        Gebissen akademischer Lehrer riecht
    der zu allen Mahlzeiten sich
      sechs Löffel Trockenfutter
        einweicht und Vitamine schluckt
    der seltenen Gästen ein Viertel herberen
      Wein einschenkt und die Flasche sofort
        zurück in den Kühlschrank stellt
    der einen reinen Atem hat
      aber Staub in der Stimme
        und nachts mit den Zähnen knirscht
    der sein Bett schmal hält damit er
      bei sich bleibt und seine Grenzen erkennt

Schnell doch
        schnell aufbrechen
    zu den Lagern hinter der Stadt
      wo die Matratzen dicht an dicht
        liegen und es wimmelt wie
          in einem klebrigen Massengrab
      wo die Pestkranken sich
        naß und gelb unter den Laken häuten
          Fiebergelee aus ihren Wunden kratzen
        Choräle anstimmen bei denen wiederkehrend
          jeder nur einen einzigen Namen schreit

Hier vielleicht
        werde ich bleiben
während der Epidemie und mich inzwischen
      von Absonderungen ernähren
              Eierlikör
    zum Beispiel habe ich sagen hören

    macht auf die Dauer immun
              süßer
  unendlich viel süßer soll er ja sein
    als die Milch
        meiner eigenen
      unerreichbaren Brüste

Karin Kiwus

Eine Reaktion

Ich war nach dem Abendessen eingeschlafen.
Ich wachte von einer lauten Stimme auf. *Mrs. Bannister, Mrs. Bannister, Mrs. Bannister, Mrs. Bannister.* Als ich aus dem Schlaf herauskam, entdeckte ich, daß ich mit den Händen an die Bettpfosten trommelte und schrie. Der scharfe, krumme Umriß von Mrs. Bannister, der Nachtschwester, kam in Sicht.
»Kommen Sie, wir wollen doch nicht, daß Sie das zerbrechen.«
Sie machte das Band meiner Uhr auf.
»Was ist los? Was ist passiert?«
Mrs. Bannisters Gesicht verzog sich zu einem schnellen Lächeln.
»Sie haben eine Reaktion gehabt.«
»Eine Reaktion?«
»Ja, wie fühlen Sie sich?«
»Komisch. Irgendwie leicht und luftig.«
Mrs. Bannister half mir, mich hinzusetzen.
»Es wird Ihnen jetzt besser gehen. Es wird Ihnen in ganz kurzer Zeit besser gehen. Hätten Sie gerne etwas heiße Milch?«
»Ja.«
Und als mir Mrs. Bannister die Tasse an die Lippen hielt, fächerte ich die heiße Milch auf der Zunge aus, als sie herunterfloß, und sie schmeckte mir lustvoll, wie ein Baby seine Mutter schmeckt. *Sylvia Plath*

O gütige Mamadre

O gütige Mamadre
– nie brauchte ich
Stiefmutter sagen –
jetzt
zittert mein Mund, wenn er dich beschreiben will,
denn kaum
tat sich mein Verstand auf,
sah ich, mit einem armseligen dunklen Lumpen gekleidet, die Güte,
die nützliche Redlichkeit:
die des Wassers und des Mehls,
und das warst du: das Leben machte dich zum Brot,
und da verzehrten wir dich,
langer Winter und trostloser Winter
mit den Regentraufen mitten
im Haus,
und deine allgegenwärtige Demut,
die das rauhe
Getreide der Armut
hinkörnte,
als wärst du dabei,
einen Diamantenstrom
zu verteilen.

Ach Mutter, wie kann ich
leben, ohne an dich zu denken
jede meiner Minuten?
Unmöglich. Ich habe
in meinem Blut dein Marverdegeschlecht,
den Namen
des Brots, das sich austeilt,
jener
sanften Hände,
die aus dem Mehlsack
die Unterhosen meiner Kindheit zurechtschnitten,
von ihr, die kochte, bügelte, wusch,

säte, das Fieber stillte,
und die, da alles getan war
und ich bereits
mit sicheren Füßen mich aufrecht halten konnte,
fortging, ausgedient, dunkel,
hin zu dem kleinen Sarg,
in dem sie ein erstes Mal müßig war,
unter dem harten Regen Temucos.

Pablo Neruda

An eine Dichterin

Eis splittert   unter der Metall-
schaufel   wieder ein Tag
diesiges Licht draußen vor beschlagenen Fenstern
Grausamkeit des Winters   landumschlossen   dein Leben
Mitte zwanzig   um dich gehüllt
ein alter Bademantel   beschwert
mit Milchflecken   Tränenspuren   Staub

Eikruste vom angetrockneten Teller des Kindes
schaben   Die Haut von
abgekühlter Milch schöpfen   Windeln auswringen
Sprache fließt einem Fluchtpunkt zu
Inkarnation   atmet die schillernde Glühbirne
ursprüngliche   sagt die narbige Maserung des Fußbodens
und an der Decke lacht es im rissigen Verputz   *Imago*

   und ich hab Angst du werdest scheiden hin
   eh noch dein Stift las ab dein überreich Gehirn

denn eine Selbstmörderin bist du nicht
doch niemand nennt es Mord
Kleine Münder, bedürftig, saugen dich aus: *Das ist Liebe*

Nicht für dich   schreibe ich so
die du kämpfst deine eigenen Worte
zu schreiben   gegen die Niedergänge ankämpfst
sondern für eine andere Frau   stumm
vor Einsamkeit   Staub   undichten Müllbeuteln
mit Kindern   in einem Haus
wo Sprache abfließt und strudelt
Abtreibung   im
Becken

Adrienne Rich

Mutterlob

Ich lasse Myrna ihr Leben ausbreiten, und während ich mich an ihr stille, zeichne ich den Hals, die Haut und das Haar, die dazugehören, vor Monas Augen so lange nach, bis ich ihre Ruhe spüre. [...]
Was ist eine Frau aus Fleisch und Blut gegen eine Frau wie Milch und Blut! Auch ich möchte ihn festhalten, diesen Augenblick der Wandlung vom Schrecklichen ins Nahrhafte; ihn nicht vergehen, sondern dauern lassen auf meiner Zunge; vergessen, daß diese Zunge reden muß, statt zu schmecken.
Da wird das Saugwerkzeug des Vampirs zur Engelszunge. Sie möchte es singen können, das Mutterlob, das sie nicht sagen kann.
Während Myrna sich *einbringt*, lasse ich sie stärker sein als den Tod.

Adolf Muschg

Die Zeit der Lieder ist vorbei

Ist die Rache so, oder die Gerechtigkeit?
Ich stehe jetzt in unserem Wohnzimmer, und die Sprache, die ich selbst ausgesät habe, wächst mir langsam über den Kopf. Ich kann das Leben nicht mehr richtig aufgreifen, es zieht sich schon zurück, immer weiter

von mir weg, aus der Arbeit heraus in die Kinder hinein, nur Pierre ist am Leben, er wäre die Wirklichkeit, ich möchte sie zu fassen bekommen, ich will fragen danach, aber die Sätze sind gespannte Schnüre zwischen uns, Pierre sichert sich ab dahinter, ich müßte sie zerreißen, um ans Leben zu kommen, ja, ich müßte herausbrüllen, daß ich es will, das Leben, das er und die Kinder verstecken vor mir. Es sind doch meine Kinder, meine, aus mir herausgegangen in die Welt, und ich möchte diese Welt jetzt zurückbekommen von ihnen. Sie wehren sich gegen meine hungrigen Augen, mit schnellen Blicken lesen sie die Zeit auf meinem Gesicht ab, und sie spiegelt mir aus ihren Augen entgegen, ich kann nirgends hinein, Vater, nirgends, ja, ich heule wie ein Wolf, die Zeit der Lieder ist vorbei, ich bin hungrig nach warmem, frischem Leben, ich möchte mich aufreißen, ich möchte mich umpflügen, nur um es endlich einmal zu spüren. Ich bin nicht fertig, ich bin erst wie ein Gerücht in mir selbst, ich bin hungrig nach der ganzen Erde, ich möchte sie zerbeißen und mir einverleiben, damit ich sie hätte, denn ich will sie gehabt haben, jetzt, heute, die andern haben Zeit und können sich Zeit lassen. Ich nicht, ich möchte ihnen die Haare ausreißen, damit sie aufbrüllen über ihr hartnäckiges Leben, das sie eingewurzelt haben, ich möchte sie bedrohen, wie ich selbst bedroht bin, damit sie spüren, was ich spüre, und sehen, was ich sehe. Aber ich verliere nur weiter und weiter Leben, wie Haare, Tausende, Millionen werden mir noch vor den eigenen Augen herunterfallen.

Maja Beutler

Sie wird sie essen

Ich verliere Leben nach Leben. Die dunkle Erde trinkt sie.

Sie ist der Vampir von uns allen. So ernährt sie uns,
macht uns fett, ist freundlich. Ihr Mund ist rot.
Ich kenne sie. Ich kenne sie genau –
Altes Winter-Gesicht, alte Unfruchtbare, alte Zeit Bombe.
Die Menschen haben sie niederträchtig benutzt. Sie wird sie essen.
Sie essen, sie essen, sie essen am Ende.
Die Sonne ist unten. Ich sterbe. Ich mache einen Tod.

Sylvia Plath

2. Giftmilch

Ach, wer heilet die Schmerzen
Des, dem Balsam zu Gift ward?
Der sich Menschenhaß
Aus der Fülle der Liebe trank.
Erst verachtet, nun ein Verächter,
Zehrt er heimlich auf
Seinen eignen Wert
In ungenügender Selbstsucht.

Johann Wolfgang von Goethe

abgestillt

hättest du nur ach
fernstes nächstes allererstes
gestirn, mutter
statt gestillt mich bewegt
an deiner unbezweifelbaren
haut getragen und
in bewegung wäre ich
immer wieder hungrig und
satt an den duftenden bergenden
häuten, im süßen
fluß in einem weichen
schaukelnden land
mein blütenmund

und denk dir die tragenden bäuche
nicht schlaff

auf deiner hüfte bewegt
schliefe ich wachte während
du arbeitest gehst in meinem traum
welten nahe
bringst und entfernst
sturzbäche wirklichkeit
in die ich von so weit her –

geschmeckt gerochen berührt
hätte ich in bewegung
inter essen, mutter
zwischen schrank und wand

dein nah-sein
dein nah-sinn
hautwärme
hüllte mich fast
nur wenn du stilltest

mit nahrung fülltest.
(und ach womöglich macht' ich dich schwach)

gierig / lustlos / gespannt
saug ich seit ewigkeiten
konfliktmilch, giftmilch
stillt verzweifelte unruhige
bewegung. muttersüchtig
verlassen im ersten und letzten exil.
aus deinen spalten und falten, gebirgen
gerissen in den leeren raum
das nichts
mein weißes gitterbett

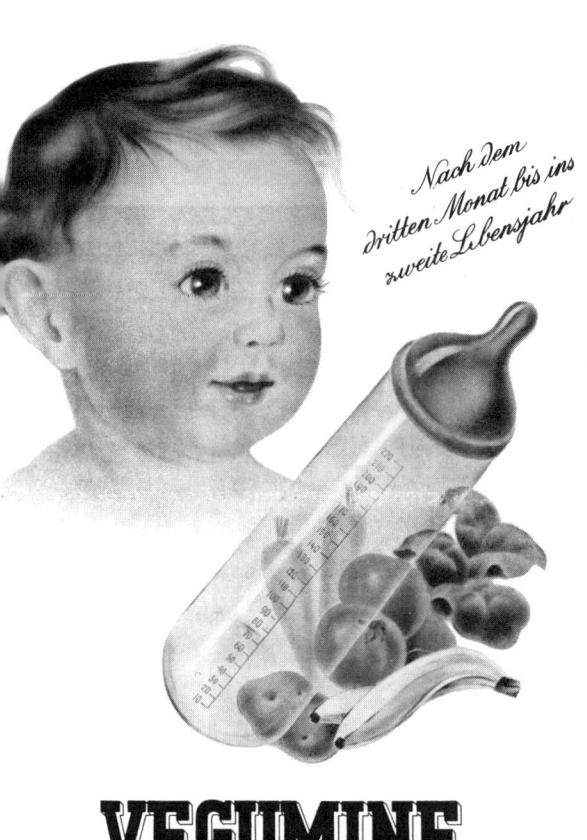

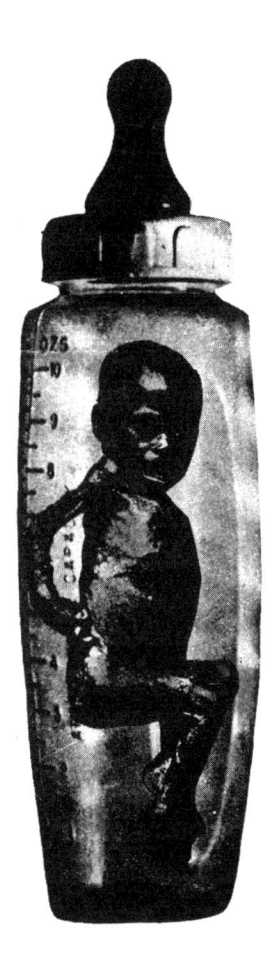

VEGUMINE

Nach dem dritten Monat bis ins zweite Lebensjahr

endlich nahst du mutter-
milch oder nestlé
macht müde nicht munter
sattes glück der erschöpfung
gelernt
die abfolge der befriedigung:
erst krampfschreien panik streß
brüllende leere
dann zeitgehacktes

gestopft vollsatt bewegungslos
wegpennen
während draußen die krokodile
menschen-fresser
(geburtsjahr '45)
was jetzt
kinder

wir haben euch durch den supermarkt
gefahren getragen
an unseren wild bewegten körpern habt ihr
gelernt freude und
schrecken des gestirns

seht ihr schmeckt ihr
tanzend
härte, die abgeholzten häute
die kontaminierte milch –

Marie-Luise Könneker

Gespräch mit dem Giftteufel

Azo: »Eines der vollendetsten Lebensmittel ist die Milch. Die Assimilation ihrer Nährstoffe, das heißt die Ausnutzung von Eiweiß, Zucker und Fett, der Ansatz von Mineralien wie Kalk und Phosphor am lebenden Knochengewebe, kann nur erfolgen, wenn die Milch lebendig, also im natürlichen Zustand, ohne mechanische und physikalische Mißhandlung, ohne Entzug und ohne Beimengung bleibt. Solche Milch gewährleistet eine unerschütterliche Gesundheit und Seuchenfestigkeit. Sie werden also verstehen, daß die Großangriffe meiner Beauftragten sich besonders auf die Milch konzentrieren, um sie zu entwerten und zu chemisieren. [...] Meinen Kampf gegen die Milch bereite ich schon durch die unnatürliche Fütterung des Milchviehs vor. Milch von Kühen, die kunstgedüngtes Futter bekommen, kann nicht mehr als Schutznahrung bezeichnet werden. Bei Kleinkindern führt sie zu Ekzemen und schweren Darmstörungen mit lebensgefährlichen Folgen. Stallfütterung mit ungeeignetem, verdorbenem Silagefutter einerseits, die unnatürlich gesteigerte Milchproduktion andererseits, müssen zur Veränderung und Degradierung der Milch führen. Das künstliche sogenannte Kraftfutter, synthetischer Eiweißersatz und andere chemische Präparate tragen zur weiteren Wertminderung bei. In Milch von Kühen, die mit Sojamehl gefüttert worden waren, war Trichloräthylen enthalten, das zum Entfetten der Sojabohnen verwendet wird. Unsere wirksamen Landschaftsgifte, besonders DDT und Hexa-Mittel, finden sich im Milchfett wieder. Außerdem scheiden die Kühe mit der Milch die verschiedenen Arzneistoffe aus, die eine fortschrittliche Medizin ihnen eingibt: Antibiotika, Arsenpräparate, Borsäure, Brechweinstein, Chinin, Chloroform, Glaubersalz, Karbol- und Salizylsäure, Quecksilber.«
Die Ärztin unterbrach: »Mir ist eine Bestimmung bekannt, wonach die Milch von mit Penicillin behandelten Kühen erst drei Tage nach der Behandlung verkauft werden darf...«
Azo: »Auch dann besitzt diese Milch noch gärungshemmende Eigenschaften, die die normale Entwicklung der Milchsäurebakterien und damit die normale und gesunde Verdauung der Milch verhindern. [...] An zweiter Stelle habe ich die vielfältige Milchpantscherei eingeführt. Sie dauert – von der Einlieferung in die Molkerei bis zur Auslieferung an den Konsumenten – fünf Tage und verfolgt den Zweck, durch Neutrali-

sation und Beimengung feindlicher Stoffe die Lebenskraft der Milch zu mindern oder zu vernichten. Meine wirksamste Maßnahme ist das sogenannte Pasteurisieren.« [...]
»Worin besteht eigentlich das Pasteurisieren?« fragte der Techniker.
Azo: »Im Erhitzen auf 62 bis 90 Grad. Dadurch werden die Vitamine A und C sowie Beta-Karotin vermindert, die Enzyme geschädigt, die knochenbildenden Salze und die hochwertigen, biologisch wirksamen Eiweißkörper ungünstig verändert. Schon bei 60 bis 70 Grad wandelt sich das Albumingefüge. Milch mit einem natürlichen Gehalt an Albuminstickstoff von 58 Milligrammprozent enthält nach der Erhitzung auf 115 Grad nur noch 8 Milligrammprozent davon. Pasteurisierte und sterilisierte Milch ist demnach – entgegen der tönenden Reklame der Molkereien – krankmachende Mangelnahrung. Sie weist eine lange Reihe biologisch wirksamer Bestandteile der frischen Kuhmilch nicht mehr auf. Zudem wird der offizielle Zweck der Pasteurisierung nicht erreicht, da nicht alle Bakterien vernichtet werden. Ich aber erreiche mein Ziel, nämlich die Zerstörung fast aller Lebensstoffe. Ich habe das Verfahren daher an allen Molkereien der Welt eingeführt.«
Alfred: »Man sollte meinen, daß die Ernährungswissenschaftler die von Ihnen umrissenen Schäden erkennen und bekämpfen!«
Azo: »Die Einsicht wird verhindert dadurch, daß die großen Milchzentralen viele Millionen in die Einrichtung teurer Pasteurisierungs- und anderer Milchentwertungsapparaturen investiert haben. Eine Änderung der Methoden würde sie unrentabel machen. [...] Chemisch vitaminierte Milch ist ein Kunstprodukt. Ich empfehle sie, weil sie gefährlich ist. Durch Überdosierung synthetischer Vitamine kann es zu schweren Vergiftungserscheinungen, dauernden Schäden, sogar Arterienverkalkung kommen. Für die Wirkung eines Vitamins ist das richtige Mengenverhältnis zu allen anderen Wirkstoffen entscheidend, die dem Menschen nicht bekannt sind. Die Beigabe künstlicher Vitamine zur Nahrung können Sie also ruhig als Schwindel werten.«
»Dann ist aber doch zweifellos die ultraviolette Bestrahlung der Milch um so höher einzuschätzen!« sagte Rolande.
»Von mir aus gesehen, gewiß, Frau Doktor! Die Bestrahlung schädigt die Reste der etwa noch in der Milch bis dahin vorhandenen natürlichen Lebensstoffe. Durch die Bestrahlung sinkt der Gehalt an Vitamin A von 135 Internationalen Einheiten auf 80, an Beta-Karotin von 28 IE auf

> **Forschung an der Universität Bern: Professor Marcel H. Bickel warnt vor Umweltgiften**
>
> ## Gift im Körper: Je dicker, desto schlimmer
>
> Im Fettgewebe des Körpers können sich gewisse Umweltgifte in immer stärkerer Konzentration ablagern. Bei zunehmendem Körpergewicht – und entsprechend mehr Fettgewebe – werden bis zu 80 Prozent der neu aufgenommenen Giftmengen zurückbehalten. Ein Abbau findet bei einzelnen Giften kaum mehr statt.
>
> upb. Zu diesen Schlussfolgerungen führen die Forschungen, die der Berner Pharmakologieprofessor Marcel H. Bickel und seine Mitarbeiter in den letzten zehn Jahren durchgeführt haben.
>
> In den Fünfzigerjahren begann, unter anderem mit dem Pestizid DDT, in grossem Rahmen die industrielle Produktion von fettlöslichen, schwer abbaubaren sogenannten polychlorierten Kohlenwasserstoffen. Solche Verbindungen kommen in der Natur überhaupt nicht vor. «Vor allem in den Siebzigerjahren festgestelltes TCDD («Dioxine») sind von extremer und heimtückischer Toxizität», erläutert Professor Bickel. Diese Stoffe gelangten unter anderem über die Nahrungsmittelkette in den Körper.
>
> Am Rattenmodell bewiesen die Berner Forscher nun, dass diese Umweltgifte nach der Aufnahme in den Organismus zunächst in die verschiedenen Organe (Blut, Leber, Muskulatur, Haut) verteilt, schliesslich aber grösstenteils im Fettgewebe «eingelagert» werden. «In vielen Fällen konnten wir bei unseren Untersuchungen bis zu 80 Prozent der aufgenommenen Giftstoffe im Fettgewebe nachweisen, die dort auf Dauer abgelagert worden sind», erklärt Professor Bickel.
>
> **«Endlagerung»**
>
> Die langjährige industrielle Verwendung [...]offe, DDT in den Fünfziger-, Sechziger- und TCDD in den [...] hat zu Rückständen im samten Erdbevölke-
>
> rung geführt. Einzelne Vertreter dieser Stoffe sind praktisch überhaupt nicht ausscheidbar oder abbaubar und kommen daher im Fettgewebe in besonders hoher Konzentration vor.
>
> Nur gerade in den ersten Tagen vermochten die Ratten geringe Mengen der aufgenommenen Giftstoffe auszuscheiden. Mehr als 20 Prozent der aufgenommenen Menge waren es nie. Nach Umverteilung waren schliesslich 75 Prozent der ursprünglichen Menge im Fettgewebe gespeichert.
>
> **Mehr Fett – mehr Gift**
>
> Eine Besonderheit der erwachsenen Ratten ist es, dass sich ihr Körperfett innerhalb von neun Monaten verdoppeln kann. Diese Zunahme wirkt sich nun besonders schwerwiegend auf die Speicherung der Umweltgifte aus. Jede hinzukommende Dosis wird nämlich wiederum zu 75 Prozent im Fett gespeichert, weil die anwachsende Fettmasse zu einer Art «Sogwirkung» führt. Der wissenschaftliche Grund liegt darin, dass sich die Giftstoffe nach bestimmten Konzentrationsgradienten im Körper verteilen.
>
> **Nur ein Verbot nützt**
>
> «Da ein Grossteil der erwachsenen Bevölkerung im Verlauf des Lebens das Fettgewebe beträchtlich erweitert, muss auch für den Menschen mit dieser kumulierenden Ablagerung gerechnet werden», folgert Professor Bickel. Die während Jahrzehn-
>
> ten in riesigen Mengen produzierten nicht oder schwer abbaubaren Umweltgifte sind heute überall in der Natur verteilt und gelangen sukzessive in die Nahrung. Entsprechend dürften die Konzentrationen in den Körperfetten weiter zunehmen. Ein Ausbruch aus dem Teufelskreis ist, so Professor Bickel, nur möglich, wenn die Herstellung sämtlicher polychlorierter Wasserstoffe verboten werden, bzw. bestehende Verbote konsequent durchgeführt werden.

16, an Vitamin B2 von 8 auf 0,9; an Vitamin C von 30 auf 2. Die Behauptung, daß bestrahlte Milch antirachitische Wirkungen habe, ist demnach eine Irreführung.« [...]

Der Giftteufel setzte seinen Bericht fort: »Nachdem ich auf diese Weise der Milch die Lebensstoffe entzogen habe, kriegt sie meinen Segen in Form von Chemikalien. Zum Zwecke der Desinfizierung und Konservierung geben wir unsere bewährten guten Mittelchen zu: Borsäure, Salizylsäure, Benzoesäure, Natriumkarbonat. Diese Gifte gefährden die Gesundheit aller Milchtrinker.«

»Sie sind in vielen Staaten verboten, das wissen Sie wahrscheinlich!« wandte Rolande ein.

Azo: »Verbote sind im allgemeinen wirkungslos. Wird ein Mittel verboten, so bringen meine überaus rührigen Mitarbeiter in der chemischen Industrie sogleich ein anderes heraus, propagieren es, führen es ein und verkaufen es. Ehe sich jemand findet, der die Unschädlichkeit anzuzweifeln wagt oder gar die Giftigkeit nachzuweisen vermag, vergehen Jahre. [...] Mit Wasserstoffsuperoxyd konservierte Milch hat keine Vitamine mehr, sie ist ein völlig totes Krankheitsmittel. Ich habe durch meinen Beauftragten, Monsieur J. Pien, sogar die Anwendung des Kampfstoffes Chlorpikrin zur Milchkonservierung empfehlen lassen,

und er hat damit Erfolg gehabt! Zur Entfernung unerwünschten Geruchs und Geschmacks setzen wir der Milch Diacethyl zu.«
»Also eine Täuschung des Verbrauchers über den wahren Zustand der Milch«, sagte der Dichter.
»Gewiß. Schließlich empfehle ich eine lange Reihe wirksamer Chemikalien zur Reinigung der Milchgefäße und Leitungen.«
Rolande: »Sie sind gesetzlich zugelassen!«
»Jawohl, zur Reinigung der Behälter. Aber sie gehen unfehlbar in die Milch über. Seien Sie beruhigt! Meine Beauftragten in der Sektion Milch arbeiten gut und sicher. Mit modernsten hygienischen Verfahren entwerten sie den kostbarsten Lebensstoff, der, in seiner Struktur verändert, konserviert und fast aller Wirkstoffe beraubt, als trübe Jauche durch den menschlichen Organismus fließt!«
Sten: »Welche verheerende Wirkung muß diese Mischung auf den Säugling haben? Warum tun die Ärzte nichts dagegen?«
Azo lachte: »Unsere Medizinmänner empfehlen neuerdings alle möglichen Zusätze zur Säuglingsnahrung, wie etwa künstliche Zitronensäure, die angeblich die Darmflora reguliert, sogar der Giftstoff Saccharin wird befürwortet, ferner Gemüsesprühpulver, Gemüse-Kartoffel-Mischpulver, alles allerfeinst präpariert, entwertet, entlebendigt, sterilisiert, gepreßt, in Kunstfolie hygienisch verpackt, ganz ausgezeichnet!«
»Alles künstlich von Anfang an«, betonte der Boß. »Wundern Sie sich noch darüber, daß es keine natürlichen Menschen mehr gibt?«
Günther Schwab

Hormonmilch

Schon mit herkömmlichen Methoden haben Tierzüchter in den letzten Jahrzehnten durch einseitige Auswahl »Nutztiere« mit »ins Monströse gesteigerten Eigenschaften« (S. Rosenbladt) geschaffen: Fettarme Schweine und Kühe mit bis zu 10 000 Liter Jahresmilchleistung. Ihre Mittel: Künstliche Besamung und Embryotransfer, d. h. Austragung von »Hochleistungsrassen« durch »minderwertige« Ammenkühe. Der Erfolg: PSE-Fleisch (pale, soft, exudative = blaß, weich und wässrig) bei Schweinen, frühzeitiges »Ausbrennen« bei den Kühen, wachsende Un-

fruchtbarkeit. In beiden Fällen: zunehmende Krankheitsanfälligkeit und daher auch kontinuierlich steigender Einsatz von Antibiotika und anderen Arzneimitteln. Ähnliche Entwicklungen findet man natürlich auch in der Geflügelzucht, etwa bei den Batteriehühnern, und in anderen Bereichen der Tierhaltung.
Die Gentechniker wollen nun [...] die Ausbeute des »patentierten Fabrik-Tieres« noch verstärken. Das Ganze wird dann »Genetische Revolution« genannt. [...] Beispiel aus der Gegenwart: Steigerung der Milchproduktion mit Hilfe von gentechnisch hergestelltem *Rinderwachstumshormon* (= BGH = Bovine Growth Hormon = BST = Bovine Somatotropine). Die neue »Wunderdroge« (F. Landenberger) wird von *Kolibakterien* hergestellt, denen das Gen für BGH eingeschleust wurde. Gleich vier große Konzerne – *Monsanto, Eli Lilly, American Cyanamide* und *Upjohn* – stehen unmittelbar vor der industriellen Fertigung von BGH, »das auf die Kuh wirkt wie ein Turbolader auf den Automotor: Mit kurzer Verzögerung setzt eine rapide Leistungsteigerung ein« (Thomas Hanke, 1987).
Unter Berufung auf den ehemaligen Monsanto-Forschungsdirektor und Mitentwickler von BGH, David Kronfeld, derzeit Professor für Ernährung der Universität von Pennsylvania, nannte die deutsche Tierärztin Anita Idel folgende mögliche Gesundheitsschäden für BGH-gespritzte Kühe:
– Gesteigerte Hitzeempfindlichkeit
– Allergische Reaktionen an den Injektionsstellen
– Störungen der Fruchtbarkeit
– noch früheres »Ausbrennen«
– Gesteigerte Krankheitsanfälligkeit, besonders in bezug auf Euterentzündungen.
David Kronfeld selbst hat in einem Interview die BGH-Produzenten wegen unterlassener Untersuchungen, die er noch bei Monsanto gefordert habe, scharf kritisiert: »Ich habe Untersuchungen gefordert, die direkt den Streß, den stoffwechselmäßigen hormonalen Zustand der Rinder, ihre Immunstärke, die Widerstandsfähigkeit gegen Krankheiten, die Mechanismen der Wärmetoleranz und die Fortpflanzungs-Funktionen erforschen. Aber die Unternehmen sagen, daß sie das nicht machen werden. Denn wenn sie es tun, und sie finden irgendetwas Unerwartetes, könnte es die Zulassung des Mittels bei der FDA verzö-

gern.« D. Kronfeld kritisierte auch die bisher durchgeführten Studien, die einseitig und an viel zu wenig Tieren vorgenommen worden seien (GID [= Gen-ethischer Informationsdienst], 11/1987).
Kein Wunder, daß Kronfeld bei Monsanto den Hut nehmen mußte...
Die größere Milchmenge steigert natürlich auch den Eiweiß-Futteranteil. Importfutter aus [...] der Dritten Welt wäre unverzichtbar. Der Kampf gegen den Hunger der Dritten Welt wäre wieder einmal nur Lippenbekenntnis.
Es fragt sich auch, warum die Europäer, die zwischen »Milchseen« und »Butterbergen« leben, noch eine Steigerung der Produktion brauchen. In einer Studie des *Office of Technology Assessment* (Amt für Technikfolgenabschätzung) in den USA ist nachzulesen, daß bei Einführung von BGH bis zu Jahr 2000 zwei Drittel der US-Milchfarmer aufgeben müßten. In Europa würde die Situation für alle Bergbauern unhaltbar werden, ebenso für kleine und mittlere Flachlandbauern. Wenn die europäischen Regierungen gleichzeitig aus sozial-, kultur- und umweltpolitischen Gründen Milliarden für die Erhaltung einer noch halbwegs naturnahen Landwirtschaft ausgeben, dann ist der Schluß gerechtfertigt, daß alle Steuerzahler die multinationalen Konzerne subventionieren, die mit BGH noch zusätzlich Profite machen wollen.
Als Arzneimittel wurde BGH eingereicht, weil auf diesem Sektor der Einsatz von Hormonen im Gegensatz zum Lebensmittelbereich erlaubt ist. »Milch so billig wie Coca-Cola!«

Wolfgang Hingst

Gespräch der Substanzen

Aber das Bor, aber in ihren Brunnen
die aromatischen Öle: wer fragt Zink und Zyan,
wer kümmert sich um die Kolloide, den Haß
zwischen Kalk und Arsen, die Liebe der Radikale
zum Wasser, der Transurane schweigende Raserei?
Niemand liest die Manifeste der Seltenen Erden,
das Geheimnis der Salze, in Drusen versiegelt,
bleibt ungelöst, unbesungen der alte Zwist
zwischen links- und rechtsdrehenden Aldehyden,
unberufen der Klatsch der Hormone. Hochmut
treibt die Kristalle, unter den Silikaten
geht die Rede von Kies. Die Spate, die Blenden
flüstern, die Kleesäuren und Asbeste. Der Äther
in seinen Ampullen hetzt gegen den Schwefel, das Jod
und das Glyzerin. Feindlich warten in blauen Flaschen
Bleizucker, Phosphor und Sublimat. Ihr Mörder!
Ihr Boten! Ihr wehrlosen Zeugen der Welt!

Warum kann ich nicht Konten und Feuer löschen,
abbestellen die Gäste, die Milch und die Zeitung,
eingehn ins zarte Gespräch der Harze,
der Laugen, der Minerale, ins endlose Brüten
und Jammern der Stoffe dringen, verharren
im tonlosen Monolog der Substanzen?

Hans Magnus Enzensberger

Zwischenstück:
Denk Mahl

Das Denk-Mahl

Wäre es nicht denkbar, daß, nachdem das alte Gastmahl in Vergessenheit geraten war, ein neues, ein Denk-mahl einberufen wurde, anläßlich dessen die geladenen Gäste sich, des Gesprächs über die Liebe überdrüssig, zum Thema des Eros a priori, des Hungers also, unterhielten?
Stellen Sie sich nun einen hohen Spiegelsaal, in dessen Zentrum eine lange Tafel vor. Die geladenen Denker treten ein: melancholisch dreinblickend, Descartes; etwas gebückt, Kant; mit den Armen rudernd, Fichte. Sie werden eingeholt von den ungebührlich lauten Jünglingen Schlegel und Novalis, in ihrem Schatten folgt Bonaventura; schließlich folgen mit herrischer Miene Hegel und mit störrischer Mähne Schopenhauer. Die Bediensteten, es wurden nach langem Zögern Adorno und Bloch gewählt, weisen die Plätze zu. Der etwas ungeschickte Gehilfe Fechner zündet die Leuchter an. Erwartungsvolles Schweigen.
»Es gibt nichts«, setzt Descartes müde an, »was mich die Natur ausdrücklicher lehrte, als daß ich einen Körper habe, der Speise oder Getränk braucht, wenn ich Hunger oder Durst leide und dergleichen. Ich darf demnach nicht zweifeln, daß hierin etwas Wahres liegt.«[1] Nippt am Wasserglas.
»Hunger-, Durst-, Schmerzempfindungen usw. sind nichts anderes als verworrene Bewußtseinsbestimmungen.«[2]
Beifälliges Nicken von allen Seiten.
»Das Prinzip, durch das wir ernährt werden, ist schlechterdings verschieden von dem, durch das wir denken.«[3]
Die Diener schenken Rotwein ein.
»Der Affekt«, wirft Kant mit erhobenem Zeigefinger ein, »der Affekt wirkt wie ein Wasser, was den Damm durchbricht. Leidenschaften sind Krebsschäden für die Vernunft und mehrenteils unheilbar.[4] Ein Laster, welches der Pflicht des Menschen gegen sich selbst widerstreitet, ist der

das Vermögen zum zweckmäßigen Gebrauch seiner Kräfte schwächende, unmäßige Genuß der Nahrungsmittel.«[5]
Blickt lächelnd auf seinen leeren, von keiner Verworrenheit oder Gefahr berührten Teller.
Fichte, nach dem Messer greifend: »Es soll in der Botsmäßigkeit meines Willens stehen, die Naturdinge mit mir zu vereinen. Es steht nicht in meiner Gewalt, einen bestimmten Trieb zu empfinden oder nicht, aber es steht in meiner Gewalt, ihn zu befriedigen oder nicht.«[6]
Trinkt auf das Wohl der Mitdenker, lacht: »Der Leib ist das unmittelbare Instrument meines Willens.«[7]
Inzwischen wird die Suppe ausgeschöpft. Bloch bei dieser Verrichtung leise zu Adorno: »Eben ein Hohles ist darin, das sich füllen will. Alle Triebe haben im Hunger ihren Grund. Es geht kein Tanz vorm Essen.«[8]
Descartes, abwesend auf die Suppe starrend, zu Fichte: »Das Kind saugt das Vorurteil mit der Milch seiner Amme ein.«[9]
Rührt lustlos in seiner Suppe: »Weil wir alle Kinder waren, ehe wir Männer wurden, sind unsere Urteile fast unmöglich so rein, wie sie es gewesen sein würden, wenn wir vom Augenblick unserer Geburt an den vollen Gebrauch unserer Vernunft gehabt hätten.«[10]
Fichte, der zum Essen ansetzt, selbstgefällig: »Ich will nicht erwähnen, daß der erste Zug aus der Brust meiner Mutter mich mit einem menschlichen Wesen in das süße Verhältnis gegenseitigen Wohltuns versetzt. Sie gab mir Nahrung und ich entledigte sie einer Last.«
Plötzlich aufgeregt mit dem Löffel gestikulierend, wie zu sich selbst: »Deine Mutter hat vielleicht andere Mittel gefunden. Sie mochte nichts von dir annehmen, um dir nicht etwas geben zu müssen. Du hattest wohl eine Amme. Mag sie mit ihrer Milch das Gift in deinen Körper gegossen haben, das bis diesen Augenblick deine Nerven zerreißt und zerreißen wird bis ans Grab – das ist wenig...« Die Suppe verschüttend: »Fahre hin, geschärfter Pfeil, und zerreiße das Herz jeder Mutter, das du triffst. Und mögest du dann doch immer tief verwunden, um den alten bösen Schaden aufzustechen.«[11]
Betretenes Schweigen. Die erkaltete Suppe wird abgetragen. Tellergeklapper.
Kichernd beim Verlassen des Saales der Gehilfe: »Schlage deine Mutter, weil sie dich nicht von sich lassen will, und zwinge sie damit, dir die Nahrung zu reichen, die sie dir vorher nur aus eigennütziger Liebe

reichte. Hätte sie dich von sich gelassen, bräuchtest du ihre grobe Nahrung nicht mehr.«[12]

Kant, beschwichtigend: »Im gesunden Zustand ist es das Geratenste, in Ansehung des Genusses den Appetit zu befragen.« Der Suppe gelassen nachblickend: »Dieser weigert im Alter die Quantität des Flüssigen, Suppen oder viel Wasser zu trinken, vornehmlich beim männlichen Geschlecht; verlangt dagegen derbere Kost und anreizendere Getränke – zum Beispiel Wein.«[13]

Die Philosophen stoßen gegenseitig auf ihr Wohl an. Adorno trägt den Braten auf.

Schlegel, Novalis an die Brust ziehend, mit Blick auf den Braten: »Ist nicht unersättliche Gefräßigkeit der wahre tierische Charakter des Mannes?«[14]

Der Umarmte lachend: »Umarmen ist Genießen – Fressen.« Auf den Braten zeigend: »Ein Weib ist, wie der unsterbliche Eber in Walhalla, alle Tage wieder speisefähig.« Entwindet sich der Schlegelschen Umarmung: »Je lebhafter das zu Fressende widersteht, desto lebhafter wird die Flamme des Genußmoments sein. Notzucht ist der stärkste Genuß.«[15]

Verschluckt sich am Wein: »Die Sehnsucht nach fleischlicher Berührung, das Wohlgefallen an nackenden Menschenleibern, sollt es ein versteckter Appetit nach Menschenfleisch sein?«[16]

Schlegel, sich aufrichtend, kühl: »In dem gewöhnlichen Manne tritt der Affe und der Hund zum Erstaunen deutlich heraus.«[17]

Novalis fährt, ohne recht zugehört zu haben, fort: »Empfangen ist das weibliche Genießen – Verzehren das Männliche. Ein Säufer ist einer liederlichen Frau zu vergleichen.«[18]

Adorno, den Braten zerlegend, leise zu Bloch: »Das animal rationale, das Appetit auf seinen Gegner hat, muß einen Grund finden... Wut aufs Opfer. Das zu fressende Lebewesen muß böse sein.«[19]

Hegel, etwas unwillig um sich blickend, erhebt feierlich sein Glas: »Das Geheimnis des Essens des Brotes und des Trinkens des Weines...« Wischt sich den Mund: »Der in diese Geheimnisse Eingeweihte gelangt nicht nur zum Zweifel an dem Sein der sinnlichen Dinge, sondern zur Verzweiflung an ihm. Auch die Tiere sind nicht von dieser Weisheit ausgeschlossen, sie bleiben nicht vor den sinnlichen Dingen als an sich seienden stehen, sondern verzweifeln an dieser Realität und in der

völligen Gewißheit ihrer Nichtigkeit langen sie ohne weiteres zu, und zehren sie auf ... was die Wahrheit der sinnlichen Dinge ist.«[20]
Schiebt den Braten von sich: »Das Aufheben dieses Anderen ... Begierde. Das Ich vernichtet den selbständigen Gegenstand und gibt sich dadurch die Gewißheit seiner selbst.«[21] Immer nachdenklicher: »Befriedigung ist aber deswegen selbst nur ein Verschwinden, denn es fehlt ihr das Bestehen. Arbeit hingegen ist gehemmte Begierde, aufgehaltenes Verschwinden.«[22]
Nach einer längeren Pause: »Seine Grenze wissen ... Entäußerung, in welcher der Geist sein Werden zum Geiste darstellt. Dies Werden stellt eine träge Bewegung dar, eine Galerie von Bildern, deren jedes sich so träge bewegt, weil das Selbst diesen ganzen Reichtum seiner Substanz zu durchdringen und zu verdauen hat.«[23]
Schweigen. Bedeutungsvolle Blicke.
Novalis, verständnislos auf seinen Teller blickend: »Die Seele ißt den Körper – und verdaut ihn? Könnte sich jemand erhalten, wenn er seine Exkremente fräße?«[24]
Bonaventura, sein Glas leerend, mit müder Stimme: »Kein Gegenstand ringsum, als das große schreckliche Ich, das an sich selbst zehrt und im Verschlingen stets sich wiedergebiert. Fürchterliche, öde Langeweile.«[25]
Der Braten ist erkaltet. Auf einen Wink von Kant hin wird er entfernt. Es dämmert.
Kant, seufzend: »Die Selbstzufriedenheit der Vernunft vergilt auch die Verluste der Sinne.«[26]
Bedächtige Stille.
»Der Selbstmord«, donnert Schopenhauer aus dem Hintergrund, »der Selbstmord ist weit entfernt, Verneinung des Willens zum Leben zu sein. Denn die Verneinung hat ihr Wesen nicht darin, daß man die Leiden, sondern daß man die Genüsse des Leben verabscheut.«
Nun beschwörend und leise fortfahrend: »Vom gewöhnlichen Selbstmord gänzlich verschieden ist der freiwillig gewählte Hungertod, wo selbst der zur Erhaltung der Vegetation des Leibes, durch die Aufnahme von Nahrung, nötige Wille fortfällt.«[27]
Die Philosophen blicken stumm auf die abgeräumte Tafel. Die Diener haben sich entfernt.
»Kaffee«, schreit plötzlich Kant.

Von draußen versichert ihm Adorno, daß der Kaffee kommen werde.
»Ja, wird«, erwidert erbittert Kant, »das ist der Knoten, daß er erst gebracht werden wird.«[28]
Stellen Sie sich nun aber einen Augenblick lang vor, der Kaffee wäre nicht gebracht worden. Nie mehr Suppe und Braten. Und die Köchin hätte, der Gäste überdrüssig, für immer die Küche verlassen.

Angelica Baum

3. Götter speisen

Nicht von irdischer Kost gedeihen einzig die Wesen,
Aber du nährst sie all mit deinem Nektar, o Vater!
Und es drängt sich und rinnt aus deiner ewigen Fülle
Die beseelende Luft durch alle Röhren des Lebens.
Darum lieben die Wesen dich auch und ringen und streben
Unaufhörlich hinauf nach dir in freudigem Wachstum.

Friedrich Hölderlin

Das Brot

Mich hungert nach einem Brote
aus goldenem Korne nicht,
durstet nach einem Tranke
aus keiner Traube Licht,
verlangt nach keinem Salze
aus fremder Küstenstadt.
Mich hungert nach einem Brote,
das die reiche Erde nicht hat.

Lonja Stehelin-Holzing

Kulinarisches Liebeslied

Weißt du's noch? damals aßen wir
zart-jungen Mais
mit Butter; die Spitzen waren weich
und die Kolben ganz weiß.

Weißt du's noch? damals aßen wir
Shishkebab mit Reis,
und nachher verlangtest du
Himbeereis.

Weißt du's noch? damals aßen wir
indianische Götterspeis
voller Curry, und wir tranken und tranken,
und die Welt glühte heiß.

Weißt du's noch? damals aßen wir
in laut-festlichem Kreis –
war's Geburtstag? war's Hochzeit?
im Herzen war's leis.

Oh, ich weiß, ich weiß:
wen's freut den andern essen zu sehn,
des Liebe wird täglich und nächtlich aufs neue erstehn
und nimmer vergehn.

Hermann Broch

Zeremonielles Essen

Die analytische Hermeneutik (Auslegekunst) bedarf in Bezug auf das zeremonielle Essen (Schmausen, Lustbarkeit) [...] einer archetypischen Berichtigung. [...] Rituale, die nur Lebensfreude und Kraft zu zelebrieren scheinen, haben auch einen Unterwelt-Schatten. Dieser Schatten ist im Essen mit Toten enthalten und in der Zubereitung und dem Genuß von Speisen, welche ganz besonders mit Unterwelt-Mythologemen assoziiert wurden: Honig, Samen, Granatäpfel, Mais, kleine Kuchen, auch Äpfel. Übrigens sind Pilze für manche Wald-Völker (z. B. die Dayak) die Seelen der Toten, die da aus dem Boden ins Reich des Lebendigen sprießen. Diese feuchten, wohlriechenden, aufgeblasenen Knöllchen, diese »nächt'gen Pilze« (Der Sturm, 5. Akt, 1. Szene) aus luftiger Erde oder erdiger Luft wurden vom Neuplatoniker Porphyrius »Söhne der Götter« genannt, und in der italienischen Folklore weist der Ort, wo ein Pilz erscheint, auf einen speziellen Metallkörper unter der Erde hin, das heißt auf die planetarischen Gestalten und archetypischen Körper der Unterwelt. Freud [...] wendete sich dem Pilz als einem Bild für das Geheimnis des Ursprungs der Träume zu.
Andere Speisen, die wir in den chthonischen Kulten der Griechen und »Totenmahlzeiten« erwähnt finden, sind gekochte Gemüse, Eier, Hähne, gelegentlich Fische. Unter den Getränken findet sich eine Mischung aus Honigwasser, Milch und Wein. Schwarze Schafe wurden geschlachtet und beim Opfern vollständig verbrannt.
Wie wir sehen, kann die Speisekarte lang und vielfältig sein. Je nach Ort, Kult, historischer Situation werden die Akzente etwas verschieden gesetzt. [...]
Die Erbsünde im Garten Eden bestand in einem Akt des Essens, und unser menschliches Leben fängt mit dem ersten Bissen an, und ich meine

das gewiß nicht in einem entwicklungspsychologischen Sinn von Oralität und Brüsten. Eß-Träume müssen weiter gefaßt werden, als es die simplen Begriffe von oraler Phase und Wunschbefriedigung erlauben. Essen ist etwas so Grundlegendes, und noch mehr als Sexualität, Aggression oder Lernen, daß es erstaunlich ist, wie sehr es in der Tiefenpsychologie vernachlässigt wird. Deshalb müssen wir Eß-Träume sehr genau ansehen und wissen, wie wenig Hilfe wir für ihr Verständnis von unserer psychologischen Tradition zu erwarten haben.

James Hillman

Unsre Kinder essen nicht mehr

Unsre Kinder wollen nicht mehr essen. Wir können sie anflehen oder zwingen: sie essen nichts mehr. Sie wollens nicht; stopfen wirs ihnen in den Mund, spucken sies gleich wieder aus.
Kinder, eßt, schreien wir besorgt. Aber unsre Kinder lachen. Sie essen nichts mehr und trinken nichts mehr, aber sie sehen so gesund aus wie nie und sind heiter; es scheint ihnen an nichts zu fehlen.
Wir verstehen das nicht. Unsere immerfort hungrigen Kinder wollen nichts mehr essen. Unsere immerzu durstigen Kinder brauchen nichts mehr zu trinken, mitten im Sommer, wo alles heiß und staubig ist.
Sonst sind sie aber wie immer. Sie spielen wie immer, toben uns ums Haus und um den Stall und schlafen nachts tief und ungestört.

Wir kämmen alle Kinder, um zu sehen, ob ihnen ein Dorn im Kopf steckt. Wir finden aber keinen Dorn. Wir sehen unsern Kindern in die Münder und Hälse; aber wir finden nichts, das anders wäre als immer. Sie sind unverletzt; auf unsere drängenden Fragen lachen sie, als wäre das alles ein neues Spiel, und sagen: Nein, ich habe keinen Hunger, nein, ich habe keinen Durst.
Wer gibt euch zu essen und zu trinken, Kinder.
Niemand, sagen unsere Kinder erstaunt.
Sie können doch nicht einfach ohne Essen bleiben, sagen wir besorgt. Wir fragen die Mütter der Neugeborenen, wie ist es denn bei euch. Auch sie könnens nicht begreifen: ihre Neugeborenen trinken nicht. Sie liegen zufrieden in ihren Wiegen. Sie schlafen gut, schreien nie und wachsen; es scheint ihnen nichts zu fehlen. Aber die Mütter weinen. Ihre Brüste schmerzen von der ungetrunkenen Milch. Ihre Kinder wenden beharrlich die Köpfchen ab, wenn sie trinken sollen, und die Hebammen legen den schluchzenden Müttern schließlich junge Hunde und Schweinchen an die geschwollenen Brüste und zucken ratlos die Schultern.
Unsre Kinder wachsen auf ohne allen Hunger und Durst. Es werden hübsche Kinder. Sie sind nie mehr krank und nie mehr unzufrieden. Ihre Haare glänzen; ihre Haut ist weich und makellos. Wir lieben sie; aber ganz wohl ist uns mit ihnen nie.
Es kann nicht mit rechten Dingen zugehen, sagen die unter uns, die nichts einfach hinnehmen können. Sie zählen die Brote; aber nie fehlt ein Brot. Sie legen den Kindern morgens Geld in den Mund; aber die Kinder spucken es ihnen abends wieder in die Hand: es ist nie weniger geworden. Sie schütteln die Kinder, drohen ihnen und fragen sie aus. Aber die Kinder beteuern weinend, es sei nichts anders als sonst immer, sie hätten nur einfach keinen Hunger und keinen Durst, sonst sei nichts.
Die Ungläubigen, die Zweifler und Denker unter uns geben nicht auf. Es geht nicht mit rechten Dingen zu, sagen sie beharrlich und legen sich jetzt nachts neben die Betten ihrer Kinder.
Sie wollen die ganze Nacht wachbleiben, aber sie fallen jede Nacht in einen tieferen Schlaf. Ausgeruht und erfrischt wie nie erwachen sie am nächsten Morgen neben ihren erstaunten Kindern und können sich an nichts mehr erinnern. Jeden Abend versuchen sies aufs Neue; jeden Morgen wachen sie auf und wissen nichts mehr.

Sie sind jetzt zu allem entschlossen. Sie legen sich auf Nägel und Erbsen, um nicht einzuschlafen. Aber es hilft ihnen nichts: sie fallen in einen Schlaf, aus dem sie erst bei Taglicht wieder erwachen. Sie lesen sich schimpfend die Erbsen aus den Kleidern und geben nicht auf.
Wenn einem das Wachbleiben dann endlich gelingt, was sieht er.
Die Wildleute kommen, das sieht er. Die Wildleute stehen um die schlafenden Kinder und wecken sie zärtlich. Die Kinder wachen auf und freuen sich. Sie springen aus ihren Betten, sie zappeln mit Händchen und Füßchen in ihren Wiegen und freuen sich.
Der heimliche Zuschauer rührt sich nicht. Er sieht, wie die Gesichter seiner Kinder aufleuchten, wenn sie diese furchterregenden Wildleute sehen: wie beim Anblick ihrer Eltern nie. Er sieht genau, wie zärtlich seine Kinder mit diesen häßlichen Wildleuten sind; er erinnert sich nicht, seine Kinder je so zärtlich gesehen zu haben. Er rührt sich nicht und sieht genau, wie die Wildleute seinen Kindern jetzt die Tische decken.
Die Kinder setzen sich an die Tische. Sie essen und trinken, das sieht der heimliche Zuschauer ganz genau.
Was essen sie.
Sie beißen dem Korn die Würzelchen ab: das essen sie. Sie essen Werg und Haferstroh; die Wildleute geben ihnen Mäuseaugen zu essen.
Was trinken sie.
Die Wildleute holen ihnen Tau, damit sie darin ihre Zungen abkühlen können.
Was trinken die Säuglinge.
Die trinken Wolfsmilch.
Da hälts der heimliche Zuschauer nicht mehr aus. Er rührt sich, er springt auf und will die Wildfrau packen, die eben sein ältestes Mädchen mit Hasenohren füttert. Aber da zerfällts vor den hungrigen Kindern zu Asche und Staub. Das Essen ist von den Tischen verschwunden, die Tische sind mitverschwunden und die Wildleute auch. Die Kinder liegen schlafend in ihren Betten. Sie schrecken auf, als er im Zimmer herumpoltert und an ihre Betten stößt; sie beginnen zu schreien, als sie sein Gesicht sehen.
Und dann.
Nichts mehr. Die Kinder sind jetzt wieder wie früher. Sie essen wieder und trinken wieder: Wasser oder Milch, wie früher. Sie sind jetzt wieder öfters krank, gelangweilt und zänkisch. Die Säuglinge schrecken jetzt

nachts wieder auf und schreien sich heiser. Es ist jetzt wieder wie früher.
Und der Mann, der nächtliche Beobachter.
Der ist verrückt geworden. Er redete immerzu von Wildleuten, die würden unsre Kinder nachts mit Augen füttern, und von seinem ältesten Kind, das sei verschwunden. Seine Frau sagt aber, keins ihrer Kinder sei verschwunden, ihre Älteste sei im Haus, und alle seien ganz in Ordnung. Aber der Mann hörte bis zu seinem Tod nicht mehr auf, diese schrecklichen Geschichten zu erzählen und uns als Heuchler und Lügnerinnen zu beschimpfen. Alle sagten, es sei wohl besser so, als er bald krank wurde, nicht mehr weiterleben mochte und starb. *Rahel Hutmacher*

Wolkenfleisch

die himmel waren still und kalt. meine zähne klapperten, und ich klebte vor schweiß. es brach herein. ich war gefaßt. ich zog die rote lederhaut über mich und nahm die scheine als kissen. ich hatte kein bedürfnis nach erinnerung. die sterne waren steckdosen, waren militante pfannkuchen, das feld übersät mit minen und brotlaiben. einen davon brach ich auf. sein inneres war weiß, breiig und voll dunkelvioletter samenkerne. harte glänzende insekten, die unter dem druck meines daumennagels zerknackten. das wolkenfleisch aß ich. ich füllte mich und schwoll und stand auf. schließlich brach ich in regierung aus. der regen setzte die minen außer gefecht. ich bedeckte meinen kopf und rannte unter den schutz eines baums, der die form eines tipis hatte. aus gewohnheit schüttelte ich mein haar aus. es erschütterte mich, daß es ab war. *Patti Smith*

Die alte Frau, die niemals stirbt

Die Mandans und Minnitarees von Nordamerika pflegten im Frühling ein Fest der Frauen abzuhalten. Sie meinten, eine gewisse alte Frau, die niemals stirbt, bewirke, daß das Getreide wachse, und daß sie, die irgendwo im Süden wohne, den wandernden Wasservogel im Frühling als Geschenk und Stellvertreter ihrer selbst sende. Jede Art von Vogel vertrat eine besondere Getreideart, die von den Indianern angebaut wurde. Die Wildgans vertrat den Mais, der wilde Schwan den Kürbis und die Wildente die Bohnen. Wenn also die gefiederten Boten der Alten Frau im Frühling ankamen, feierten die Indianer das Kornmedizinfest der Frauen. Gerüste wurden aufgerichtet, auf die das Volk getrocknetes

Fleisch und andere Dinge als Opfergaben für die Alte Frau aufhingen. Und an einem bestimmten Tage versammelten sich die alten Frauen des Stammes als Vertreter der »Alten Frau, die niemals stirbt«, bei den Gerüsten, und jede hielt eine an einem Stock befestigte Maisähre in der Hand. Zuerst pflanzten sie diese Stöcke in die Erde, tanzten alsdann um die Gerüste und nahmen schließlich die Stöcke wieder in den Arm. Inzwischen schlugen alte Männer Trommeln und schüttelten Klappern als musikalische Begleitung für die Schaustellung der alten Frauen. Ferner kamen junge Frauen und steckten den Alten getrocknetes Fleisch in den Mund, wofür sie als Gegenleistung ein Korn von dem geweihten Mais zu essen bekamen. Drei oder vier Körner von dem heiligen Getreide wurden auch den jungen Frauen in ihre Schüsseln getan, um später sorgsam vermischt zu werden, damit sie es, wie man annahm, zum Wachsen brächten. Das auf dem Gerüst hängende getrocknete Fleisch gehörte den alten Frauen, weil sie »die Alte Frau verkörperten, die niemals stirbt«.

James Frazer

Das Seltsamste im Westen

Das Seltsamste scheint für mich im Westen das Fehlen des grundlegendsten Wissens um das Leben zu sein: die lebenswichtige Nahrung. Kein Arzt, kein Professor lehrt heute die Wichtigkeit der *lebenswichtigen Nahrung*. Im Osten, besonders im Fernen Osten wurde dieses Wissen als das Wichtigste in unserem Leben angesehen. Die lebenswichtige Nahrung wurde schon zu Beginn unserer Geschichte für göttlich gehalten. In den Upanishaden glaubten die Weisen bei ihrer Suche nach Gotterkenntnis, das *Korn* stelle Gott dar. Im Einklang mit dieser Überlieferung wird dem Reis selbst heute noch in den orthodoxen Brahmanen-Familien Südindiens vor dem Essen ein Gebet dargebracht. Ich glaube, das war und ist die wichtigste biologische Entdeckung des Menschen.
Als ich in den Westen kam, habe ich entdeckt, daß dieser Begriff vollkommen verschwunden ist; das ist zu meiner Verblüffung meine größte Entdeckung auch in Amerika. Diese Entdeckung ist ebenso wichtig wie die des Christoph Columbus. Oder irre ich?

G. Oshawa

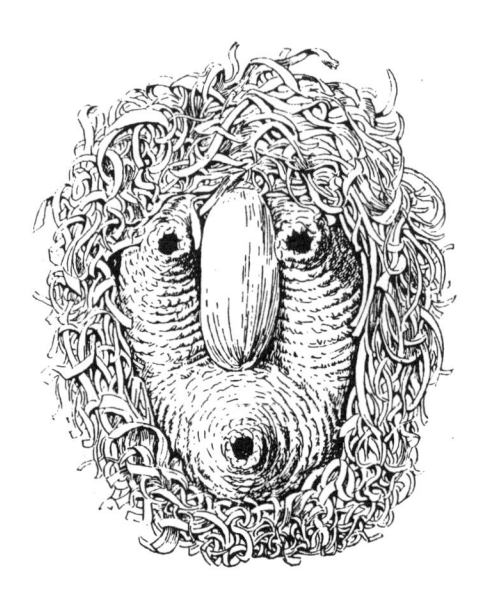

Kornmütter, Reisseelen

In manchen Gegenden Indiens wird die Erntegöttin Gauri zugleich als unverheiratetes Mädchen und durch ein Bündel wilder Balsampflanzen dargestellt, das zu der Gestalt einer Frau geformt und als solche mit Maske, Kleidern und Schmuck ausgestattet wird.

Die Aino oder Ainu in Japan sollen verschiedene Arten von Hirse als männlich und weiblich unterscheiden, und diese verschiedenen Sorten werden zusammen genommen »der göttliche Ehemann und die Getreidefrau« genannt (Umurek haru kamui). Bevor daher Hirse gestampft und zum allgemeinen Gebrauch zu Kuchen gemacht wird, lassen sich die alten Männer erst ein paar Kuchen für sich zur Verehrung machen. Wenn diese fertig sind, beten sie sehr inständig zu ihnen und sagen: »O du Getreidegottheit, wir verehren dich. Du bist in diesem Jahre sehr gut gewachsen, und dein Geschmack wird süß sein. Du bist gut. Die Göttin des Feuers wird sich freuen, und wir alle werden frohlocken. O du Gott, o du göttliches Getreide, ernähre das Volk. Ich genieße dich jetzt. Ich verehre dich und danke dir.« Nachdem sie so gebetet haben, nehmen sie, die Anbetenden, einen Kuchen und verzehren ihn, und von da an dürfen alle anderen auch von dem Hirsekuchen essen.

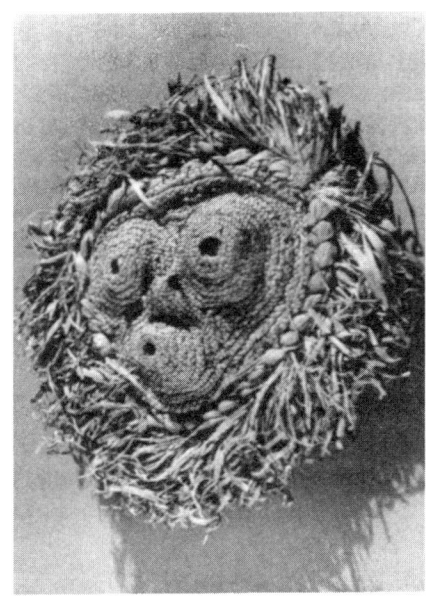

Nach der Reisernte auf der ostindischen Insel Buru kommt jede Familie zu einem gemeinsamen, sakramentalen Mahle zusammen, zu dem jeder Angehörige der Familie etwas neuen Reis beitragen muß. Diese Mahlzeit heißt »das Essen der Reisseele«.

Die Thompson-Indianer Britisch-Columbiens kochen und essen die Sonnenblumenwurzeln (Balsamorrhiza sagittata, Nutt.), aber sie pflegen sie als geheimnisvolles Wesen anzusehen und beobachten in Verbindung damit eine Reihe von Tabus. Frauen z. B., die damit beschäftigt waren, die Wurzel auszugraben oder zu kochen, mußten Enthaltsamkeit üben, und kein Mann durfte sich dem Ofen nähern, wo die Frauen die Wurzel buken. Wenn junge Leute die ersten Beeren, Wurzeln oder andere Produkte der Jahreszeit aßen, sandten sie ein Gebet zu der Sonnenblumenwurzel, das folgendermaßen lautete:
»Ich teile dir mit, daß ich dich zu essen beabsichtige. Mögest du mir stets helfen, emporzusteigen, daß ich immer die Höhen der Berge erklimmen kann, und möge ich niemals ungeschickt sein. Ich bitte dich darum, Sonnenblumenwurzel. Du bist das größte aller Geheimnisse.«

Ferner haben wir gesehen, daß unter den Malayen der Halbinsel und zuweilen bei den Hochländern Schottlands der Geist des Korns in doppelter weiblicher Gestalt, sowohl alt als auch jung vertreten ist, und zwar mit Hilfe von Ähren, die in gleicher Weise von der reifen Frucht genommen werden. In Schottland erscheint der alte Geist des Korns als Carline oder Cailleach, der junge Geist als die Jungfrau, während unter den Malayen der Halbinsel die beiden Geister des Reis ausdrücklich miteinander verwandt sind als Mutter und Kind. Nach diesen Vergleichen zu urteilen, wäre Demeter die reife Frucht dieses Jahres, Persephone das ihr entnommene Samenkorn, das im Herbst gesät wird, um im Frühling wiederaufzugehen. Das Hinuntersteigen der Persephone in die Unterwelt wäre demnach ein mythischer Ausdruck für das Säen des Samens. Ihr Erscheinen im Frühling würde das Keimen des jungen Korns bedeuten. Auf diese Weise wird die Persephone des einen Jahres die Demeter des nächsten, und dies mag sehr wohl die ursprüngliche Gestalt des Mythus gewesen sein.

Unter den Nandi von Britisch Ostafrika geht jede Frau, die ein Kornfeld besitzt, wenn das eleusinische Korn im Herbste reift, mit ihren Töchtern hinein, und sie alle pflücken etwas von dem reifen Korn. Jede Frau befestigt darauf ein Korn in ihrer Halskette und kaut ein zweites, das sie auf Stirne, Hals und Brust reibt. Kein Zeichen der Freude geben sie von sich. Kummervoll schneiden sie einen Korb voll von dem jungen Korn ab, tragen es heim und legen es auf den Heuboden zum Trocknen. Da die Decke aus Flechtwerk besteht, fällt eine ganze Menge von dem Korn durch die Spalte und ins Feuer, wo es mit einem knisternden Geräusch platzt. Die Leute machen keinerlei Anstalten, diese Verschwendung zu verhindern, denn sie betrachten das Knistern des Korns im Feuer als Zeichen, daß die Seelen der Toten davon essen. Ein paar Tage später wird aus dem jungen Korn ein Brei gekocht und mit Milch zu der Abendmahlzeit gereicht. Alle Familienmitglieder nehmen etwas von dem Brei und kleben ihn auf die Mauern und Dächer ihrer Hütten. Sie nehmen auch etwas davon in den Mund und speien es nach Osten hin aus und gegen die Außenseiten ihrer Hütten. Hierauf nimmt der Familienvater etwas von dem Korn in die Hand und bittet Gott um Gesundheit und Kraft sowie um Milch, und jeder Anwesende wiederholt die Worte des Gebetes. *James Frazer*

Schnitterlied

Es ist ein Schnitter, heißt der Tod,
Hat Gwalt vom großen Gott,
Heut wetzt er das Messer,
Es schneid't schon viel besser,
Bald wird er drein schneiden,
Wir müssens nur leiden.
Hüt dich, schöns Blümelein!

Volkslied

weh mir / o korn der welt / das ich erschneiden sollte /
die sichel ward vertan / da ich dich ernten wollte /
auß / auß der bäcker traum / ich selber muß mich ründen /
zum brod dem erden maul / gewürtzt mit reu & sünden…

h. c. artmann

Brotlaib – Gottleib

Die Sitte, Brot sakramental als Leib eines Gottes zu verspeisen, wurde von den Azteken vor der Entdeckung und Eroberung Mexikos durch die Spanier ausgeübt. Zweimal im Jahre, im Mai und Dezember, wurde ein Bild des großen mexikanischen Gottes Huitzilopochtli oder Vitzliputzli aus Teig gemacht, in Stücke zerbrochen und feierlich von seinen Anhängern verzehrt. [...]
Das Dogma von der Transsubstantiation oder magischen Verwandlung von Brot in Fleisch war auch den Aryanern des alten Indien lange vor der Ausbreitung, ja auch vor dem Aufkommen des Christentums bekannt. Die Brahmanen lehrten, die geopferten Reiskuchen wären Ersatz für menschliche Wesen und würden tatsächlich durch die Handgriffe des Priesters in den wirklichen Leib von Menschen verwandelt. Wir erfahren, daß der Reiskuchen, »wenn er noch aus Reismehl besteht, das Haar ist. Wenn der Priester Wasser daraufgießt, wird er Haut. Mischt er ihn, so wird er zu Fleisch, denn dann wird er fest. Und fest ist auch das Fleisch. Wird er gebacken, dann wird er zu Knochen, denn dann wird er etwas hart, und hart ist der Knochen. Und wenn er ihn abnimmt (vom Feuer) und mit Butter bespritzt, verwandelt er ihn in Mark. Dies ist die Vollständigkeit, die sie das fünffache, tierische Opfer nennen«.

James Frazer

Beseelte Speise

Es ist nunmehr leicht zu verstehen, weshalb ein Wilder den Wunsch hat, von dem Fleisch der Tiere oder Menschen zu essen, die er für göttlich hält. Indem er von dem Leib des Gottes ißt, nimmt er Teil an dessen Eigenschaften und Fähigkeiten. Und wenn der Gott ein Korngott ist, dann ist das Korn sein wahrer Leib. Ist er ein Weingott, dann ist der Saft der Traube sein Blut. Und so genießt der Gläubige, indem er das Brot ißt und den Wein trinkt, den wahren Leib und das Blut seines Gottes. Demnach ist das Weintrinken bei dem Kult eines Weingottes wie Dionysos nicht etwa ein Akt der Schwelgerei, es ist ein feierliches Sakrament.

Die Krieger der Theddora und Ngarigostämme Südaustraliens aßen Hände und Füße ihrer geschlagenen Feinde in dem Glauben, daß sie auf diese Weise einige der Eigenschaften und etwas von dem Mute der Toten erwürben. Die Kamilaroi in Neu-Südwales aßen Leber und Herz eines tapferen Mannes, um seine Tapferkeit zu erwerben. Auch in Tonkin gibt es einen allgemein verbreiteten Aberglauben, nach dem die Leber eines tapferen Mannes tapfer machen soll. Zu demselben Zwecke schlucken die Chinesen die Galle bekannter Banditen, die hingerichtet worden sind. Die Dyaken von Sarawak aßen die Handflächen und das Kniefleisch der Erschlagenen, um ihre eigenen Hände sicher zu machen und ihre Knie zu stärken. Die Tolakali, bekannte Kopfjäger auf Zentral-Celebes, trinken das Blut und essen das Gehirn der Opfer, um tapfer zu werden. Die Italones der Philippinen trinken das Blut ihrer erschlagenen

Feinde und essen einen Teil ihres Hinterkopfes und ihrer Eingeweide roh, um deren Mut zu erwerben. Aus demselben Grunde saugen die Efugaos, ein anderer Stamm der Philippinen, ihren Feinden das Gehirn aus. Ebenso essen die Kais in Deutsch Neu-Guinea das Gehirn ihrer Feinde, um deren Stärke zu erlangen. Wenn bei den Kimbundas in Westafrika ein neuer König den Thron besteigt, wird ein tapferer Kriegsgefangener getötet, damit der König und sein Gefolge sein Fleisch essen und damit seine Kraft und seinen Mut erwerben. Der berüchtigte Zuluhäuptling Matuana trank die Galle von dreißig Häuptlingen, deren Völker er vernichtet hatte, in dem Glauben, dies werde ihn stark machen. Es ist ein Aberglaube der Zulus, daß sie durch das Verzehren der Mitte der Stirn und der Augenbrauen eines Feindes die Gabe erlangen, einem Feinde standhaft ins Auge zu sehen. Vor jedem Kriegszuge pflegten die Bewohner von Minahassa auf Celebes die Haarlocken eines Erschlagenen mit kochendem Wasser zu besprengen, um den Mut herauszuziehen. Dieser Tapferkeitsextrakt wurde alsdann von den Kriegern getrunken. *James Frazer*

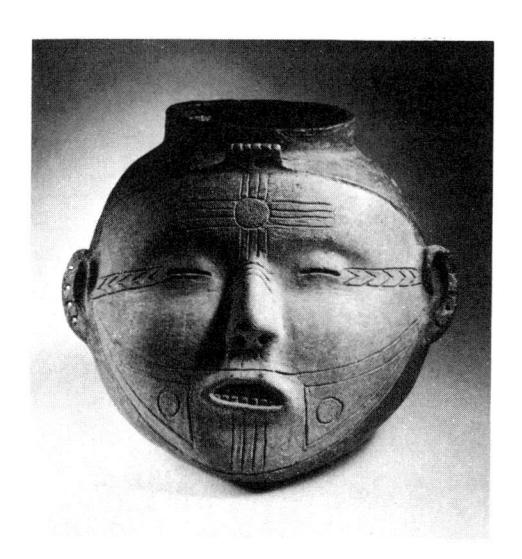

Die feierlichen Gebräuche der Wilden beim Töten und Essen ihrer Feinde. Womit sie die Feinde totschlagen und wie sie mit ihnen umgehen

Wenn sie einen Feind heimbringen, so schlagen die Frauen und Jungen ihn zunächst. Dann bekleben sie ihn mit grauen Federn, scheren ihm die Augenbrauen, tanzen um ihn herum und binden ihn gut, daß er ihnen nicht entlaufen kann. Darauf geben sie ihm eine Frau, die ihn versorgt und auch mit ihm zu tun hat. Wenn die ein Kind von ihm bekommt, ziehen sie es auf, bis es groß ist und schlagen es tot und essen es, sofern ihnen das in den Sinn kommt.

Dem Gefangenen geben sie gut zu essen. Sie halten ihn so eine Zeitlang und rüsten sich dann zum Fest. Dabei stellen sie viele Gefäße her, in die sie ihre Getränke tun, und brennen auch besondere Gefäße für die Sachen, mit denen sie ihn bemalen und schmücken. Ferner machen sie Federquasten und binden sie an die Keule, mit der sie ihn totschlagen. Auch fertigen sie eine lange Schnur an, Mussurana genannt. Mit dieser Schnur binden sie ihn, bevor sie ihn töten.

Sobald sie nun alle Sachen beieinander haben, bestimmen sie die Zeit, zu der der Gefangene sterben soll, und laden die Wilden von anderen Dörfern zum Besuch ein. Dann füllen sie alle Gefäße voll Getränk. Einen oder zwei Tage, ehe die Frauen die Getränke herstellen, führen sie den

Die Ibira-pema und das Gesicht des Gefangenen werden bemalt

Tanz um die Ibira-pema in der Hütte

Gefangenen ein- bis zweimal auf den Platz zwischen den Hütten und tanzen um ihn herum.

Sobald alle, die von außerhalb kommen, beieinander sind, heißt der Häuptling der Hütte sie willkommen und sagt: »Nun kommt und helft, euren Feind zu essen.« Am Tage, bevor sie anfangen zu trinken, binden sie dem Gefangenen die Mussurana-Schnur um den Hals und bemalen die Ibira-pema, mit der sie ihn totschlagen wollen. Wie diese Keule aussieht, zeigt die obenstehende Zeichnung. Sie ist mehr als eine Klafter lang. Die Wilden bestreichen sie mit einem Klebstoff. Dann nehmen sie Eierschalen, die grau und von dem Vogel Macaguá sind, zerstoßen sie zu Staub und bestreichen die Keule damit. Darauf setzt eine Frau sich hin und zeichnet etwas in den angeklebten Eierschalenstaub. Während sie malt, stehen viele Frauen um sie herum und singen. Ist die Ibira-pema dann, wie sie sein soll, mit Federquasten und anderen Sachen geschmückt, so wird sie in einer unbenutzten Hütte an einer Stange über dem Erdboden aufgehängt. Die Wilden singen dann die ganze Nacht hindurch um die Keule herum. In der gleichen Weise bemalen sie das Gesicht des Gefangenen. Auch während die Frau an ihm malt, singen die anderen.

Wenn sie anfangen zu trinken, nehmen sie den Gefangenen zu sich. Der trinkt mit ihnen, und sie unterhalten sich mit ihm. Ist das Trinken nun zu Ende, so ruhen sie am anderen Tage und bauen dem Gefangenen eine

Weitere Vorbereitungen   Der Totschlag

kleine Hütte an der Stelle, wo er sterben soll. Darin liegt er die Nacht und wird gut bewacht.

Gegen Morgen, längere Zeit vor Tagesanbruch, kommen sie und tanzen und singen um die Keule herum, mit der sie ihn totschlagen wollen, bis der Tag anbricht. Dann ziehen sie den Gefangenen aus der kleinen Hütte heraus, brechen die Hütte ab und machen einen Platz frei. Sie binden ihm die Mussurana vom Hals los und um den Leib und ziehen sie nach beiden Seiten straff an. Er steht nun festgebunden in der Mitte. Viele Leute halten die Schnur an beiden Enden. So lassen sie ihn eine Weile stehen und legen ihm kleine Steine hin, damit er nach den Frauen werfen kann, die um ihn herumlaufen und ihm drohend vormachen, wie sie ihn essen wollen. Die Frauen sind bemalt und dazu bestimmt, wenn er zerschnitten ist, mit den ersten vier Stücken um die Hütte zu laufen. Daran haben die anderen ihr Vergnügen.

Nun machen sie ein Feuer, ungefähr zwei Schritt von dem Sklaven entfernt, so daß er es sehen muß, und eine Frau kommt mit der Keule, der Ibira-pema, herangelaufen, hält die Federquasten in die Höhe, kreischt vor Freude und läuft vor dem Gefangenen vorbei, damit er es sehen soll. Darauf nimmt ein Mann die Keule, stellt sich damit vor den Gefangenen und hält sie ihm vor, so daß er sie ansieht. Inzwischen geht derjenige, der ihn totschlagen will, mit dreizehn oder vierzehn anderen fort, und sie machen ihren Körper mit Asche grau. Wenn er mit seinen Henkers-

Der Tote wird zerlegt

Frauen und Kinder schlürfen Mingáu

knechten auf den Platz und zu dem Gefangenen zurückkehrt, dann übergibt derjenige, der vor dem Gefangenen steht, ihm die Keule, und der Häuptling der Hütte kommt, nimmt die Keule und steckt sie ihm einmal zwischen die Beine. Das gilt bei ihnen als eine Ehre. Darauf nimmt wieder derjenige, der den Gefangenen erschlagen soll, die Keule und sagt: »Ja, hier bin ich, ich will dich töten, denn deine Leute haben auch viele meiner Freunde getötet und gegessen.« Der Gefangene antwortet ihm: »Wenn ich tot bin, so habe ich noch viele Freunde, die mich tüchtig rächen werden.« Darauf schlägt er dem Gefangenen hinten auf den Kopf, daß ihm das Hirn herausspritzt, und sofort nehmen die Frauen den Toten, ziehen ihn über das Feuer, kratzen ihm die ganze Haut ab, machen ihn ganz weiß und stopfen ihm den Hintern mit einem Holze zu, damit nichts von ihm abgeht.

Wenn ihm die Haut abgeputzt ist, nimmt ein Mann ihn und schneidet ihm die Beine über den Knien und die Arme am Leibe ab. Dann kommen die vier Frauen, nehmen die vier Stücke, laufen um die Hütten und machen vor Freuden ein großes Geschrei. Danach trennen sie den Rücken mit dem Hintern vom Vorderteil ab. Das teilen sie unter sich. Das Eingeweide behalten die Frauen. Sie sieden es, und mit der Brühe machen sie einen dünnen Brei, Mingáu genannt, den sie und die Kinder schlürfen. Das Eingeweide essen sie, ebenso das Fleisch vom Kopf. Das Hirn aus dem Schädel, die Zunge und was sie sonst genießen können,

Der Kopf wird gesotten und verzehrt

essen die Kinder. Wenn alles verteilt ist, gehen sie wieder nach Hause, und jeder nimmt sich sein Teil mit.

Derjenige, der den Gefangenen getötet hat, gibt sich noch einen Beinamen, und der Häuptling der Hütte kratzt ihm mit dem Zahn eines wilden Tieres oben in die Arme. Wenn es geheilt ist, sieht man die Narben, und die gelten als ehrenhafter Schmuck. Während dieses Tages muß der Mann in einer Hängematte stilliegen. Man gibt ihm einen kleinen Bogen mit einem Pfeil, mit dem er sich die Zeit vertreiben soll, und er schießt auf ein Ziel aus Wachs. Das geschieht, damit ihm die Arme von dem Schreck des Totschlages nicht unsicher werden.

Das alles habe ich gesehen, und ich bin dabei gewesen.

Die Wilden können nicht weiter als bis fünf zählen. Wenn sie weiter zählen wollen, zeigen sie es an Fingern und Zehen, und wenn sie von einer großen Zahl sprechen, weisen sie auf vier oder fünf Personen und meinen damit die Zahl von deren Fingern und Zehen. *Hans Staden*

Kannibalen und Pseudokannibalen

»Es ist ungeheuer einfach«, sagte er, »der Kannibale frißt seine Gegner, seine Eltern und Kinder, nicht, weil es ihm schmeckt – auch das mag hin und wieder als nicht beabsichtigter Genuß der Schlange, die wir in unserer Bauchhöhle beherbergen, hinzukommen –, er verzehrt mit dem Fleisch die sichtbaren und geheimen Kräfte des Opfers. Er wird das Grab seiner Eltern, seiner Brüder und Feinde – die schweigsame Erde. Er wächst daran wie ein Baum, der seine Wurzeln bis zu den Toten hinabsenkt. Er ernährt sich. Er ernährt sich sinnvoll mit beseelter Speise, die ihm gemäß ist. Und es ist kein Verbrechen, sich zu nähren. Es ist ein Kreislauf. Es ist unsere Bestimmung.«

»Ich bin kein Kannibale«, sagte ich sehr ruhig.

»Du bist ein Pseudokannibale, wie wir alle«, sagte er, »in deiner Ernährung begnügst du dich mit den Kräften der Rinder, Schafe, Schweine, Gänse, Hühner, der milden Gemüse und der lachenden Früchte.«

Hans Henny Jahnn

»Es ließe sich [...] am Ende noch wahrscheinlich machen, daß die Menschenfresserey aus einer sehr natürlichen instinktmäßigen Begierde nach Vervielfältigung der Vorstellungen entstanden sey...«

Georg Forster

Eine Art Begräbnis: Der Rabe Paul

Paul aber war nirgends zu sehen, Heinz mußte zum Schneewittchen ins Haus gehen, um nach ihm zu fragen. Sie stand am Herde und kochte eine herrliche Suppe, nach der das ganze Haus köstlich duftete.
»Wo ist Paul?« fragte Heinz schüchtern.
Da hob sie den Deckel ihres Kochtopfes auf und ließ ihn hineinsehen. Da drin schwamm Paul in einer Brühe mit Suppenkraut und Zwiebel und sah ziemlich blaß aus.
Dem Heinz stiegen die Tränen in die Augen. Aber Schneewittchen rührte ein wenig in der Suppe und sagte: »Er war doch schon ziemlich alt und zuletzt fast blind. Du kannst es mir glauben oder nicht, aber ich sage dir, er war der klügste Vogel der Welt. Nun ist er nichts mehr nütze, als daß er eine gute Suppe abgibt. Du warst immer nett zu Paul; willst du mithalten? Es ist eine Art Begräbnis.«
»Danke, nein«, sagte Heinz. »Paul war mein Freund, ich mag ihn nicht aufessen.«
»Na, wie du willst. Es ist dumm von dir, du würdest vielleicht der klügste Mann der Welt, wenn du es tätest. Aber du bist zu gefühlvoll. Das ist schade um dich.«
Toni Rothmund

Eine sehr kräftige Suppe von Raben zu machen

Bekanntlich kann man von zerstoßenen Vögeln, von Kramtsvögeln, Lerchen u. d. gl. kräftige Suppen kochen; allein man hat selten einen solchen Überfluß dieser Vögel, daß man sie zu Suppen verwenden kann, und man bringt sie lieber gebraten auf die Tafel. Weniger bekannt ist es aber, daß man auch die Raben zu Suppen benutzen kann, die man in Deutschland ohnehin nicht zu Braten gebraucht, und von denen man überhaupt in den Küchen keinen Gebrauch macht. Zu Suppen lassen sie sich recht wohl verwenden, wenn man einige, nachdem sie gerupft und ausgenommen sind, ganz zerstößt, mit Wasser ansetzt, hinlänglich salzet und so lange kocht, bis alle Kraft ausgekocht ist. Man erhält davon eine überaus kräftige Fleischbrühe, die dann wie jede Fleischbrühe zu einer beliebigen Suppe verwendet werden kann.
Kochbuch 1810

Gott ist eßbar: in der Brezel und überall

Mein Onkel beschuldigte mich, ein Nihilist zu sein, dann sagte er in dieser geheimnisvollen Art, die senile Leute haben: »Gott ist nicht immer da, wo man Ihn sucht, sondern ich versichere dir, lieber Neffe, Er ist überall. In diesen Brezeln zum Beispiel.« Damit ging er weg und ließ mir seinen Segen und einen Scheck da, der so hoch war, daß ich damit einen Flugzeugträger hätte bezahlen können.
Ich kehrte nach Hause zurück und fragte mich, was er wohl mit der schlichten Behauptung: »Er ist überall. In diesen Brezeln zum Beispiel!« gemeint haben könnte. Schläfrig und schlechter Laune legte ich mich auf mein Bett und machte ein kurzes Nickerchen. Da hatte ich einen Traum, der mein Leben für immer ändern sollte. Im Traum schlendere ich auf dem Lande umher, als ich plötzlich merke, daß ich hungrig bin. Ausgehungert, wenn Sie wollen. Ich komme zu einem Restaurant und gehe hinein. Ich bestelle ein Roastbeef-Sandwich und französischen Salat dazu. Die Kellnerin, die meiner Zimmerwirtin ähnlich sieht, [...] versucht, mich dazu zu überreden, den Hühnersalat zu bestellen, der nicht frisch aussieht. Wie ich mich so mit der Frau unterhalte, verwandelt sie sich in ein vierundzwanzigteiliges Silberbesteck. Ich drehe bald durch vor Lachen, das plötzlich in Tränen umschlägt und dann in eine ernste Ohrenentzündung. Das Zimmer wird von strahlendem Glanz durchflutet, und ich sehe eine schimmernde Gestalt auf einem weißen Roß herannahen. Es ist mein Fußpfleger, und ich falle voll Schuldbewußtsein zu Boden.
Das war mein Traum. Ich erwachte mit einem ungeheuren Wohlgefühl. Mit einemmal war ich optimistisch. Alles war mir klar. Die Behauptung meines Onkels strahlte auf den Kern meiner ganzen Existenz zurück. Ich ging in die Küche und fing an zu essen. Ich aß alles, was mir vor die Augen kam. Kuchen, Brote, Haferflocken, Fleisch, Obst. Köstliche Schokoladen, Gemüse in Soßen, Wein, Fisch, Pudding und Nudeln, Eclairs und Wurst im Gesamtwert von mehr als sechzigtausend Dollar. Wenn Gott überall ist, hatte ich gefolgert, dann ist er im Essen. Je mehr ich äße, desto göttlicher würde ich werden. Von dieser neuen frommen Inbrunst getrieben, überfraß ich mich wie ein Fanatiker. In sechs Monaten war ich der heiligste aller Heiligen, mit einem Herzen, das vollkommen meinem Gebet verschrieben war, und einem Magen, der

von ganz allein über die Staatsgrenze hinauswucherte. Meine Füße sah ich zuletzt eines Donnerstagmorgens in Witebsk, obgleich nach allem, was ich weiß, sie immer noch da unten sind. Ich aß und aß und wuchs und wuchs. Eine Abmagerungskur zu machen wäre der größte Blödsinn gewesen. Sogar eine Sünde! Denn wenn wir zwanzig Pfund verlieren, lieber Leser (und ich nehme an, Sie sind nicht so dick wie ich), könnten wir am Ende die besten zwanzig Pfund verlieren, die wir haben! Wir könnten die Pfunde verlieren, die unser Genie enthalten, unsere Menschlichkeit, unsere Liebe und Ehrlichkeit.

Woody Allen

Der liebe Gott in Frankreich

In den »Deux Anes« steigt eine der kleinen Revuen, über die wir uns schon manchmal unterhalten haben. Siebentes Bild: »Restaurant zum bekränzten Bürzel.« Und weil ja in den feinen Hotels die Speisen feierlich dargebracht werden, dort also nicht gegessen, sondern das Essen zelebriert wird, so sehen wir nunmehr ein ganzes Diner auf eine recht absonderliche Weise serviert.
Vor dem Altar der Office steht der Maître d'Hôtel, er macht viele kleine Verbeugungen und ruft mit modulierender Stimme die Speisen aus. »Le Potage de la Vierge Printanière« – und Frauenstimmen aus der Küche respondieren: »... printanière –!« Die Gäste nehmen keine Abendmahlzeit ein, sondern ein Abendmahl, der zweite Kellner schwenkt den Salatkorb wie eine Räucherpfanne, die Musik spielt Gounod-Bach, und

es ist – wie die Prospekte der Beerdigungsinstitute sagen – eine Mahlzeit erster Klasse. Der Ober nennt die Gäste »Nos fidèles«, was gleichzeitig treu und gläubig heißt, alles geht sehr schnell, und wenn es vorbei ist, dann singt der Chor der Kellner: »Avé – avé – avez-vous bien diné?« Alles lacht und klatscht. *Kurt Tucholsky*

Mit den Toten essen

Es kommt darauf an, daß man die sakrale Atmosphäre spürt, welche Essen in ein Ritual für die Psyche verwandelt. Solche Speisen und solche Mahlzeiten können dann als Hinweise auf Hades, »den Gastfreundlichen«, den unsichtbaren Gastgeber am Bankett des Lebens, verstanden werden. Diese rituellen Kommunionen können dann einer müheloseren Verbundenheit mit den eigenen Toten den Weg bereiten. Diese Toten werden gewöhnlich als familiäre Einflüsse aus der Vorgeschichte wahrgenommen, als das ungelebte Leben, die unerfüllten Erwartungen der Ahnen, welche man mit sich trägt, ohne es zu wissen. Indem wir uns mit diesen zu Tische setzen, nähren wir sie nun und fangen an, von ihnen wiederum genährt zu werden.
Die Psyche braucht Nahrung. Diese Vorstellung tritt nicht nur in Form des weitverbreiteten Brauchs in Erscheinung, den Toten Essen und Geräte, dieses zuzubereiten, in die Gräber mitzugeben. Sie zeigt sich zum Beispiel auch in der jährlichen Zeremonie (Anthesteria) in Griechenland, wo die Seelen (keres) gefüttert werden, welche aus der Unterwelt zu ihren früheren Wohnsitzen zurückkehren – ein Ritual, welches noch immer stattfindet in unserer Aller-Seelen-Nacht oder Halloween, wenn wir maskierte Personen mit eßbaren Andenken besänftigen. Die Alchimisten kannten einen Vorgang, welchen sie »cibatio« (Füttern), und einen, welchen sie »imbibitio« (Tränken) nannten: wenn nämlich der psychische Rohstoff, an welchem gearbeitet wurde, zu einem bestimmten Zeitpunkt während des Werks des Seelenmachens das richtige Essen und Trinken brauchte. *James Hillman*

Die Krüge

An den langen Tischen der Zeit
zechen die Krüge Gottes.
Sie trinken die Augen der Sehenden leer und die Augen der Blinden,
die Herzen der waltenden Schatten,
die hohle Wange des Abends.
Sie sind die gewaltigsten Zecher:
sie führen das Leere zum Mund wie das Volle
und schäumen nicht über wie du oder ich.

Paul Celan

Ehrenmahl – Totenmahl

Bella sah hinaus, der Schieber war offen geblieben: sie sah die Gestalt ihres Vaters fernglänzend schweben, und plötzlich sank er hinunter. »Jetzt haben sie ihn heruntergenommen, jetzt halten sie ihm ein Ehrenmahl, ich muß auch unter freien Himmel zum Totenmahl.« – Mit dem Weinkruge und dem Brote, den schwarzen Hund zur Seite, trat sie in den verwüsteten Garten; das Haus war schon seit zehn Jahren der Gespenster wegen unbewohnt geblieben, denn so lange hatten die Zigeuner sich darin eingenistet und den Besitzer [...] daraus zurückgeschreckt, [...] nur durften sie sich am Tage nicht zeigen, während ihnen nachts alle Leute aus dem Wege gingen. So trat das bleiche schöne Kind wie ein Gespenst zur Haustüre hinaus, und der Wächter in den nahen Gärten flüchtete sich bei ihrem Anblick in eine entfernte Kapelle, um betend den heiligen Schutz des Glaubens zu fühlen. Bella wußte nicht, daß sie erschreckte, die Trauer um den Verlust ihres einzigen Gedankens, ihres Vaters, über den sie sich ganz vergessen hatte, machte sie stumpfsinnig, sie wußte nichts als die Regeln der alten Braka genau zu erfüllen; es war ihr das Liebste, daß sie noch etwas zu ihres Vaters Ehre tun konnte. Sie breitete also, wie es bei Totenmahlen ihres Volkes gewöhnlich, ihren Schleier über einen Feldstein aus, setzte zwei Becher und zwei Teller darauf, brach ihr Brot für beide, goß Wein in beide Becher, stieß mit den Bechern an, leerte den ihren und schüttete den Becher des Toten in den schwimmenden Bach, der sich in geringer Entfernung von dem Hause in die Schelde verlor. *Achim von Arnim*

Liebes-Mahl / Todes-Mahl

Man muß wissen, daß die Jungvermählten aus Dalj auf ihren Frühlingsausflügen oder ihren Landpartien gewöhnlich zu den antiken Ruinen gingen, wo es schöne Steinsitze gab und griechisches Dunkel, das dichter ist als alle anderen Finsternisse, so wie das griechische Feuer heller ist als jedes andere Feuer. Dahin brach auch Petkutin mit Kalina auf. Aus der Ferne sah es aus, als treibe Petkutin ein Gespann Rappen an, aber wenn er um ihres Duftes willen eine Blüte brach oder mit der Peitsche knallte,

flog von den Pferden ein Schwarm schwarzer Fliegen auf, und man
erkannte, daß es Schimmel waren. Das störte indessen weder Petkutin
noch Kalina.
Im verflossenen Winter hatten sie sich ineinander verliebt. Sie aßen
abwechselnd mit derselben Gabel, und sie trank den Wein aus seinem
Munde. Er liebkoste sie, daß die Seele in ihrem Körper aufschrie, sie aber
vergötterte ihn und trieb ihn an, sein Wasser in sie zu vergeuden. Sie
sprach, ihre Altersgenossinnen verlachend, daß nichts so gut kratze wie
der drei Tage alte, von der Liebe gewachsene Bart eines Mannes. Bei sich
jedoch dachte sie ernsthaft: Die Augenblicke meines Lebens sterben wie
Fliegen, wenn Fische sie verschlucken. Wie soll ich sie nahrhaft machen
für seinen Hunger? Sie bat ihn, ihr Ohr abzubeißen und es aufzuessen,
und niemals schloß sie die Schubladen und Türen des Schrankes hinter
sich, um das Glück nicht enden zu lassen. Sie war schweigsam, denn sie
war in der Stille der unaufhörlichen väterlichen Lesungen immer ein und
desselben Gebetes aufgewachsen, um das herum stets die gleiche Art von
Stille herrschte. Nun, da sie sich auf der Landpartie befanden, war es
ähnlich, und es gefiel ihr. Petkutin legte sich die Zügel ihrer Kutsche um
den Hals und las irgendein Buch, Kalina aber plapperte, und nebenbei
spielten sie ein Spiel. Erwähnte sie im Erzählen irgendein Wort in
ebendem Augenblick, da er dieses Wort im Buch las, tauschten sie die
Rollen, nun las sie weiter, und er versuchte zu raten. Als sie so mit dem
Finger auf ein Schaf im Feld zeigte und er sagte, daß er gerade in seinem
Buch zu einer Stelle gelangt sei, an der ein Schaf erwähnt werde,
vermochte sie dies kaum zu glauben und übernahm die Lektüre, um es zu
überprüfen. Und wirklich, im Buch stand geschrieben:

Und nachdem ich flehend die Scharen der Toten beschworen,
Griff ich die Schafe und schlachtete beide über der Grube;
Schwarz entströmte das Blut, und aus dem Erebos kamen
Viele Seelen herauf der abgeschiedenen Toten.
Bräute und Jünglinge kamen, und kummerbeladene Greise,
Und noch kindliche Mädchen, in früher Trauer der Herzen.

Da es Kalina erraten hatte, fuhr sie, wie folgt, mit dem Lesen fort:

Viele kamen auch, von ehernen Lanzen verwundet,
Kriegerschlagene Männer, mit blutbesudelter Rüstung.

*Dicht umdrängten sie alle von allen Seiten die Grube
Mit grauenvollem Geschrei; und es faßte mich bleiches Entsetzen...
Aber ich selbst riß schnell das scharfe Schwert von der Hüfte,
Setzte mich hin und wehrte den schwankenden Häuptern der Schatten,
Sich dem Blute zu nahn, eh' ich Teiresias fragte...*

In jenem Augenblick, als sie zu dem Wort »Schatten« gelangte, wurde Petkutin den Schatten gewahr, den das zerstörte römische Theater auf ihren Weg warf. Sie waren angekommen.
Sie betraten es durch den Eingang für die Schauspieler; die Flasche mit Wein, die Pilze und die Blutwürste, die sie mitgenommen hatten, legten sie auf einen großen Stein inmitten der Bühne, worauf sie sich alsbald in den Schatten zurückzogen. Petkutin sammelte trockenen Büffelkot, ein paar Zweiglein voll hart gewordenen Lehms, brachte all dies auf die Bühne und entzündete ein Feuer. Das Schlagen des Feuersteins vernahm man vollständig klar bis zum letzten Platz in der letzten Reihe am oberen Rand des Theaters. Draußen jedoch, außerhalb der Tribüne, wo Gräser und Düfte von Föhre und Lorbeer wucherten, vermochte man nicht zu hören, was drinnen geschah. Petkutin salzte das Feuer, damit sich der Geruch des Kots und des Lehms verlor, dann wusch er die Pilze in Wein und legte sie zusammen mit den Blutwürsten auf die Glut. Kalina saß da und sah zu, wie die untergehende Sonne die Plätze im Zuschauerraum wechselte und sich dann dem Ausgang des Theaters näherte. Petkutin schritt über die Bühne und begann, als er die Namen der ehemaligen Eigentümer der Sitze erblickte, die in die Vorderseite der Sitzreihen eingemeißelt waren, die uralten unbekannten Wörter zu buchstabieren:
    Caius Veronisu Aet... Sextus
    Clodius Cai filius, Publica tribu...
    Sorto Servilio... Veturia Aeia...
»Ruf nicht die Toten herbei!« ermahnte ihn darauf Kalina. »Rufe sie nicht, sie werden kommen!«
Sobald die Sonne das Theater verlassen hatte, holte sie die Pilze und die Blutwürste aus dem Feuer, und sie begannen zu essen. Die Akustik war vollendet, und jeder ihrer Bissen hallte von jedem der Sitze gleichmäßig stark wider, von der ersten bis zur achten Reihe, von überall jedoch auf andere Art und Weise, ihnen den Klang zum Mittelpunkt der Bühne zurückgebend. Es war, als ob da jene Zuschauer, deren Namen auf den

Vorderseiten der Steinsitze eingemeißelt waren, zusammen mit ihren Gemahlinnen speisten oder als schmatzten sie bei jedem neuen Bissen begehrlich mit den Lippen. Hundertundzwanzig Paare toter Ohren lauschten mit gespannter Aufmerksamkeit, und die ganze Tribüne schmatzte hinter den Eheleuten her, begierig den Duft der Blutwürste einziehend. Wenn sie im Essen innehielten, hielten auch die Toten inne, als sei ihnen der Bissen im Halse steckengeblieben, und angestrengt verfolgten sie, was der junge Mann und das Mädchen tun würden. In solchen Augenblicken achtete Petkutin besonders darauf, sich beim Zerkleinern der Nahrung nicht in den Finger zu schneiden, denn er hatte das Gefühl, daß der Geruch des lebendigen Blutes die Zuschauer aus dem Gleichgewicht bringen würde, und sie könnten, schnell wie der Schmerz, von der Galerie aus über ihn und Kalina herfallen und sie zerfleischen, getrieben von ihrem zwei Jahrtausende alten Durst. Einen leisen Angstschauer verspürend, zog er Kalina zu sich heran und küßte sie. Sie küßte ihn, und man hörte, wie hundertundzwanzig Münder schmatzten, so als würden auch sie sich auf der Galerie lieben und küssen.

Nach der Mahlzeit warf Petkutin den Rest der Blutwurst, damit sie verbrannte, in die Flammen und löschte dann das Feuer mit Wein; das Zischen der erloschenen Glut wurde von der Tribüne mit einem erstickten Psssst begleitet. Gerade wollte er das Messer in die Scheide zurückstecken, als plötzlich ein Wind blies und etwas Blütenstaub auf die Bühne trug. Petkutin mußte niesen und schnitt sich im selben Augenblick in die Hand. Das Blut fiel auf den warmen Stein und begann zu duften...

Im Nu stürzten sich unter Geschrei und Geheul hundertundzwanzig tote Seelen auf sie. Petkutin zog sein Schwert, doch sie zerfleischten Kalina, indem sie ihr Stück für Stück ihres lebendigen Fleisches herausrissen, bis sich ihre Schreie in ebensolche Schreie verwandelten, wie sie die Toten ausstießen, und bis sie sich selbst am Auffressen der noch nicht verzehrten Teile des eigenen Leibes beteiligte.

Petkutin wußte nicht, wie viele Tage vergangen waren, bevor er begriff, wo sich der Ausgang des Theaters befand. Er irrte über die Bühne, um Brandstätte und Überreste der Abendmahlzeit herum, bis ein Unsichtbarer seinen Umhang vom Boden aufhob und sich ihn umhängte. Der leere Umhang trat auf ihn zu und redete ihn mit Kalinas Stimme an.

Er umarmte sie erschreckt, aber unter dem Pelz und am Grunde der Stimme vermochte er nichts zu sehen außer dem purpurnen Futter des Überwurfs.

»Sag mir«, sprach Petkutin zu Kalina, sie fest in seiner Umarmung haltend, »es kommt mir vor, als sei hier vor tausend Jahren Schreckliches mit mir geschehen. Jemand wurde zerfleischt und gefressen, und das Blut liegt noch immer über der Erde. Ich weiß nicht, ob sich das wirklich ereignet hat oder nicht und wann es geschah. Wen haben sie verspeist? Mich oder dich?«

»Es ist dir nichts geschehen, sie haben dich nicht zerfleischt«, entgegnete Kalina. »Und es war gerade vor einem Augenblick, nicht vor tausend Jahren.«

»Aber ich sehe dich nicht, wer von uns beiden ist tot?«

»Du siehst mich nicht, junger Mann, weil die Lebenden die Toten nicht sehen können. Du kannst nur meine Stimme hören. Was mich aber angeht, so weiß ich nicht, wer du bist, und ich vermag dich nicht zu erkennen, bis ich nicht einen Tropfen deines Blutes geschmeckt habe. Doch ich sehe dich, beruhige dich, ich sehe dich gut. Und ich weiß, daß du lebst.«

»Aber Kalina!« schrie er nun auf. »Ich bin es, dein Petkutin, erkennst du mich denn nicht, vor einem Augenblick noch, wenn das vor einem Augenblick war, hast du mich geküßt.«

»Was macht das für einen Unterschied, vor einem Augenblick oder vor tausend Jahren, jetzt, da es so ist, wie es ist?«

Auf diese Worte hin zog Petkutin sein Messer, näherte seinen Finger dem Ort, von dem er vermutete, daß er die unsichtbaren Lippen seiner Frau verbarg, und schnitt sich.
Milorad Pavić

so laß dir reichen dar mein frisch gemetzelt hertze /
greiff zu / so lang es raucht & dampfft gibt es dir lust /
greiff nach der blutgen banck / die itzt mir ist die brust /
& treib dein scharlachspiel mit meiner trauer schwärtze ...

h. c. artmann

Im Himmel, im Himmel
isch e guldige Tisch,
da sitze die Ängel
bi Fleisch und bi Fisch.

Kinderreim

Göttliches Gericht

DANTON Sind wir Kinder, die in den glühenden Molochsarmen dieser Welt gebraten und mit Lichtstrahlen gekitzelt werden, damit die Götter sich über ihr Lachen freuen?

CAMILLE Ist denn der Äther mit seinen Goldaugen eine Schüssel mit Goldkarpfen, die am Tisch der seligen Götter steht, und die seligen Götter lachen ewig, und die Fische sterben ewig, und die Götter erfreuen sich ewig am Farbenspiel des Todeskampfes?

Georg Büchner

Das Ende des Goldenen Zeitalters

Alle seine Kinder verschlang der große Kronos, sobald eines aus dem heiligen Leib der Mutter zu ihren Knien kam. Er war der König unter den Söhnen des Uranos, und er wünschte nicht, daß ein anderer Gott nach ihm in Besitz dieser Würde gelange. Er hatte von der Mutter Gaia und von seinem Vater, dem gestirnten Himmel, erfahren, daß es ihm bestimmt sei, durch einen starken Sohn gestürzt zu werden. Darum war er fortwährend auf der Hut und verschlang seine Kinder: ein unerträglicher Kummer für Rhea. Als sie nun im Begriff war, Zeus zu gebären, den künftigen Vater der Götter und Menschen, wandte sie sich an ihre Eltern, die Erde und den gestirnten Himmel, damit sie mit ihr einen guten Rat fänden, wie sie das Kind unbemerkt auf die Welt bringen und Rache nehmen könnte, des Vaters und der übrigen Kinder wegen, die der große Kronos, von krummen Gedanken, verschlungen hatte.
Gaia und Uranos erhörten die Tochter und verrieten ihr, welche Zukunft König Kronos und seinem Sohn beschieden sei. Die Eltern schickten Rhea nach Lyktos, auf der Insel Kreta. Dort fing Gaia den Neugeborenen auf. In dunkler Nacht brachte Rhea das Kind nach Lyktos und verbarg es in einer Höhle des bewaldeten Berges Aigaion. Dem Sohn des Uranos aber, dem ersten König der Götter, reichte sie einen großen Stein, in Windeln gewickelt. Der Schreckliche griff danach und legte den Stein in seinen Bauch, ohne zu merken, daß der Sohn, unbesiegt und unbekümmert um ihn, nur darauf wartete, den Vater zu stürzen, ihn seiner Würde zu berauben und an seiner Stelle zu herrschen. Schnell wuchsen die Glieder und der Mut jenes Herrschers – Hesiod nennt ihn nicht *basileus*, »König«, sondern *anax*, »Herr«, wie unsere Götter seit der neuen Herrschaft angeredet werden – bis es nach Erfüllung der Zeit wirklich dazu kam, daß Kronos mit List und Kraft von Zeus besiegt wurde und seine verschlungenen Kinder von sich gab. Zeus befreite, außer seinen eigenen Brüdern, auch Brüder des Vaters, die noch von Uranos in Fesseln geschlagen worden sind: vor allem die Kyklopen. Diese schenkten ihm aus Dankbarkeit den Donner und den Blitz, die Zeichen und Mittel seiner Macht.
Mit Kronos blieb uns die Erinnerung an das Goldene Zeitalter verbunden. Sein Königtum fällt mit einer glücklichen Periode der Welt zusammen.

Karl Kerényi

bern, high noon

es riecht nach vater
und fleisch
Er
kommt nur noch selten
zu tisch
aber wenn
will Er
blut sehn

so nährt Ihn die tochter
nach alter gewohnheit
Er ist
kein suppen-kaspar
und das vegetative
macht Ihn
nicht satt

ich flieh
aus dem dunstkreis
ans andere ende der
tafel
auf tönernen füßen, rüste
bandsalat

spar nicht mit pfeffer
und öl und
liebeskraut

zum dessert
gibts kinder –

unsere abgestandenen
blicke
von faulem wissen
trüb wie
sie verschlingen
gebären

also segne was du
gott vater
chronos
du auf dem berner brunnen
gibst und frißt
unsere zeit

bis dann –

Marie-Luise Könneker

Die Frau-im-Kopf des Mannes

Die Frau-im-Kopf des Mannes bezieht ihre Existenzberechtigung nicht aus der Identifikation mit der realen Frau, sondern aus deren Konsumtion. Der zum Kannibalismus umfunktionierte Geschlechtsakt dient der Erzeugung männlicher Vollständigkeit, maskuliner Zweigeschlechtlichkeit.
Christina von Braun

Verschlungene Weisheit

Es gab eine unter den großen Gattinnen des Zeus, von der wir vielleicht überhaupt keine Kenntnis gehabt hätten, wenn sie nicht in die Geschichte von der großen Tochter des Zeus, der Pallas Athene, gehörte. Metis, »der kluge Rat«, könnte auch Beiname der Göttin Athene sein, von der es heißt, sie sei an Mut und klugem Rat dem Zeus gleich. Es wurde aber erzählt, Zeus habe zur ersten Gattin Metis gewählt, die unter allen Göttern und Menschen die Meistwissende war. Sie war eine Tochter des Okeanos und der Tethys und stand Zeus schon damals bei,

als alle seine Geschwister von Kronos verschlungen waren. Sie reichte das Mittel, das den schrecklichen Vater einschläferte, und zwang ihn dadurch, die verschlungenen Götter wieder von sich zu geben. Metis verstand auch, was sonst von der Göttin Nemesis erzählt wird, sich in viele Gestalten zu verwandeln, als Zeus sie nehmen wollte. [...]
Als aber Metis die Athene gebären sollte, so wird da weiter erzählt, täuschte Zeus listigerweise mit schmeichelnder Rede die Göttin und versenkte sie in seinen eigenen Bauch. So hatten ihm Gaia und Uranos geraten, damit kein anderer von den ewigen Göttern die Würde eines Königs erhalte. Denn es war bestimmt, daß von Metis überaus kluge Kinder geboren würden: als erste das eulenäugige Mädchen Tritogeneia (ein Beiname der Athene, den man aus der anderen Version verstehen wird), an Mut und klugem Rat dem Zeus gleich; danach aber sollte sie einen Knaben gebären, mit übermächtigem Herzen, zum König der Götter und Menschen. Ehe dies geschehen konnte, verschlang Zeus die Metis, damit die Göttin für ihn das Gute und das Böse denke.

Karl Kerényi

Datenbank des BKA

es wird unser Fleisch
der Datenbank überliefert

die Datenbank führt Buch
über unsere abgetriebenen Kinder
sie frißt und frißt
ihr ist kein Laken zu grau
keine Freundschaft zu staubig keine Liebe zu süß
ihr dauert keine Ehe zu lange
sie frißt und frißt

da werden unsere Hände angeschwärzt
und unser Fingerspitzengefühl
übersetzt in Muster und Rillen

da werden uns die Haare vom Kopf gerissen
und unter ihren Mikroskopen
übersetzt in Stärke und Schattierung

da wird unser Antlitz abkonterfeit
und Lachfalte Narbe Tränenspur
übersetzt in Striche und Profile

da werden unsere Stirnen aufgemeißelt
und was sie entblättern
übersetzt in Ziffern und Signale

da werden unsere Stimmen entrollt
und die Anatomie unserer Kehlen
übersetzt in Wellen und Klangfiguren

da werden wir zur Ader gelassen
und was sie destillieren
übersetzt in Henna Purpur oder Lachs

die Datenbank führt Buch
über unsere verschütteten Träume
sie frißt und frißt
sie nimmt die heile Haut genauso wie die kaputte
und eine grasbewachsene Spur
ist ihr fast lieber als die frische Tat
sie frißt und frißt

ja es wird unser Fleisch
auf der Datenbank feilgeboten

Helga M. Novak

Der Vergeß

Er war voll Bildungshung, indes,
soviel er las
und Wissen aß,
er blieb zugleich ein Unverbeß,
ein Unver, sag ich, als Vergeß;
ein Sieb aus Glas,
ein Netz aus Gras,
ein Vielfreß –
doch kein Haltefraß.

Christian Morgenstern

Zuerst schlachteten sie die Engel

Zuerst schlachteten sie die Engel
banden ihre dünnen weißen Beine mit Draht
und
öffneten ihre Seidenkehlen mit eisigen Messern
sie starben wie Hühner mit den Flügeln schlagend
und ihr unsterbliches Blut netzte die brennende Erde

wir sahen zu aus den Kellern
den Grabstätten den Krypten
kauten unsere knöchernen Finger
und
zitterten in unseren bepißten Sterbehemden
Die Seraphim und die Cherubim sind nicht mehr
sie haben sie gefressen und knackten ihre Knochen nach Mark
sie haben sich den Arsch gewischt an Engelsfedern
und jetzt wandern sie durch Trümmerstraßen
mit Augen wie Feuerschlünde

Lenore Kandel

Das geschiedene Essen

Als die Götter und Menschen in Mekone zusammenkamen, an einem Ort, »Mohnfeld« genannt, wo die Scheidung stattfinden sollte, zerteilte Prometheus einen gewaltigen Stier. Er legte ihn den Versammelten freundlich vor und wollte die Einsicht des Zeus täuschen. Für sich und die Seinigen füllte er den Magen des Rindes mit zerstückeltem Fleisch und fetten Eingeweiden. Für Zeus wickelte er die Knochen in schimmerndes Fett säuberlich ein, so daß der Inhalt weder beim einen noch beim andern Teil bemerkt werden konnte. Da sprach der Vater der Götter und Menschen zu ihm: »Sohn des Iapetos, hervorragender Herrscher, wie ungleich hast du die Teile gemacht!« So schalt ihn Zeus, voll ewigen Rates. Prometheus, von krummen Gedanken, antwortete ihm mit sanftem Lächeln, seines Truges bewußt: »Zeus, berühmtester und größter du unter den ewigen Göttern, wähle den Teil, nach dem es dich gelüstet!« Zeus, voll ewigen Rates, durchschaute wohl die List, doch sann er Böses in seiner Seele gegen die Menschen, das sich auch erfüllen sollte. Mit beiden Händen nahm er den weißen, fettglänzenden Teil. Voll grimmigen Zornes wurde sein Herz, als er die mit Kunst verborgenen weißen Knochen erblickte. Seitdem verbrennen die Menschen auf der Erde, wenn sie den Göttern opfern, nur die weißen Knochen auf den Altären.
Damals aber brauste Zeus auf: »Sohn des Iapetos, der du mehr Rat weißt als alle, du wolltest also betrügen!« So zürnte Zeus, voll ewigen Rates, vergaß den Betrug nie und vorenthielt den Menschen, den Abkömmlingen der Eschen, das Feuer. Er verbarg es, so heißt es in der Wiederholung derselben Erzählung. Der brave Sohn des Iapetos stahl es von Zeus zurück und brachte es den Menschen, im hohlen Rohr einer Narthexstaude. *Karl Kerényi*

Prometheus

Ich kenne nichts Ärmers
Unter der Sonn als euch Götter.
Ihr nähret kümmerlich
Von Opfersteuern
Und Gebetshauch
Eure Majestät
Und darbtet, wären
Nicht Kinder und Bettler
Hoffnungsvolle Toren.

Johann Wolfgang von Goethe

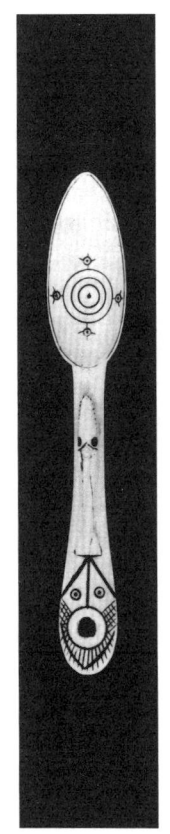

An der Tafel der Götter

Die Götter wollen das ihnen gemäße Essen – erinnern Sie sich an die Rache, welche sie an Prometheus nahmen, als er versuchte, ihnen etwas Zweitrangiges zu servieren. Auch Kains Küche verschmähten sie. Wiewohl die Früchte, das Schlachten und das Brennen natürlich sein können – was sie nährt, ist nicht das Buchstäbliche, sondern das Sakrale, Metaphorische. Die Zeremonie ist die konkreter Bilder, Essen als rituelles Zeichen; ebenso ist Essen in unseren Träumen ein Moment von Transsubstantiation, wo, was nur natürlich ist, auch metaphorisch wird. Es ist ein primordiales Ritual, um die Götter am Leben zu erhalten, um mit Präsenzen, die uns übersteigen, in Gemeinschaft zu bleiben und sie als Teil der Familie zu behandeln, welche regelmäßiger Mahle bedürfen.

James Hillman

Die Bestrafung des Tantalos

> Auch den Tantalos sah ich, mit schweren Qualen belastet.
> Mitten im Teiche stand er, das Kinn von der Welle bespület,
> Lechzte hinab vor Durst und konnte zum Trinken nicht kommen.
> Denn sooft sich der Greis hinbückte, die Zunge zu kühlen,
> Schwand das versiegende Wasser hinweg, und rings um die Füße,
> Zeigte sich schwarzer Sand, getrocknet vom feindlichen Dämon.
> Fruchtbare Bäume neigten um seinen Scheitel die Zweige,
> Voll balsamischer Birnen, Granaten und grüner Oliven,
> Oder voll süßer Feigen und rötlichgesprenkelter Äpfel.
> Aber sobald sich der Greis aufreckte, der Früchte zu pflücken,
> Wirbelte plötzlich der Sturm sie empor zu den schattigen Wolken.
> *Homer*

Man erzählte von solchen Sünden des Tantalos wie die folgenden: als Gast der Götter habe er die Zunge nicht gehütet, sondern den Sterblichen verraten, was er hätte verschweigen sollen –, die Geheimnisse der Unsterblichen. Er ließ seine Freunde, so hieß es weiter, sogar am Genuß des Nektar und der Ambrosia, des Göttergetränks und der Götterspeise teilhaben, und auch dies war ein Diebstahl, nicht unähnlich dem des Prometheus. [...]
Der Reichtum des Sohnes der Pluto ist zum Sprichwort geworden, und die Dichter spielten mit dem Gleichklang seines Namens und dem der größten Geldgewichte, der *talanta*, indem sie sie – die »Talente des Tantalos« – miteinander verbanden. Wie Ixion, der Frevler, saß er am Tisch der Götter und war – obgleich zu den Menschen gerechnet – kein Sterblicher: die ewige Dauer seiner Strafe wird dies zeigen. Zum Mahl der Götter stieg er in den Himmel, und zu sich lud er sie nach Sipylos, seiner lieben Stadt. Das Mahl aber, das er da den Göttern bereitet hatte, war solcher Art, daß die Dichter es weder glauben noch gerne erzählen mochten: wenigstens die griechischen Dichter nicht. Spätere Römer fanden mehr Geschmack daran. Es muß aber dennoch erzählt werden, da es das Wagnis des Tantalos war und gewissermaßen aus den Göttergeschichten stammte, die behaupteten, mit dem Dionysoskind sei es ursprünglich geschehen, was mit dem stellvertretenden Opfertier, dem Zicklein oder Kälblein auch geschah: es wurde zerstückelt und gekocht.
Zu solch einem Opfermahl hatte Tantalos die Götter eingeladen. Er

wagte ihnen etwas vorzusetzen, das zu einer viel größeren Sünde wurde als der Betrug des Prometheus, mit dem jener den großen Opferritus der Griechen gründete. Tantalos sündigte, indem er kein stellvertretendes Tier, sondern das Beste, was er zu geben hatte, seinen eigenen Sohn, den Göttern zur Mahlzeit bereitete und sie mit solcher Opferspeise erwartete. Er schlachtete den kleinen Pelops, zerstückelte ihn, ließ das Fleisch in einem Kessel kochen, und wollte, wie Spätere glaubten, die Allwissenheit seiner Gäste auf die Probe stellen. Die Götter wußten darum und hielten sich zurück. Die alten Erzähler fanden es schrecklich genug, wenn jemand solches Opfer im Ernst und nicht etwa nur wie im Spiel, durch die Darbringung eines Tieres, den Himmlischen zudachte. Rhea, die große Göttin, die auch die Glieder des Dionysoskindes zusammengelesen hatte, stellte die Stücke wieder zusammen und ließ den Knaben aus dem Kessel auferstehen, Hermes konnte ihn freilich auch ins Leben zurückgerufen haben oder Klotho, die Moira, die seinen Tod noch nicht beschlossen hatte.
Es war wie eine Wiedergeburt. Rein blieb der Kessel, vom Greuel nicht befleckt, und der Knabe erhob sich aus ihm schöner, als er gewesen: seine Schulter glänzte wie Elfenbein. Man erzählte, eine Gottheit hätte sein Fleisch doch gekostet, an der Stelle, die jetzt glänzte. Die meisten behaupteten, es wäre Demeter gewesen, geistesabwesend ob des Verlustes ihrer Tochter. Dies war zugleich eine Anspielung darauf, daß Demeter in ihrer Eigenschaft als Göttin der Erde ein Anrecht auf den Leib hatte.

Karl Kerényi

Abraham und Isaac

Nach diesen Begebenheiten wollte Gott den Abraham prüfen. Er sprach zu ihm: Abraham! Er antwortete: Hier bin ich! Er sprach: Nimm deinen Sohn, deinen einzigen, den du lieb hast, den Isaak, und gehe hin ins Land Moria und opfere ihn daselbst als Brandopfer auf einem der Berge, den ich dir nennen werde. Da bepackte Abraham am andern Morgen in der Frühe seinen Esel und nahm seine beiden Knechte und seinen Sohn Isaak mit sich; und er spaltete das Holz zum Brandopfer, machte sich auf und ging an den Ort, den ihm Gott genannt hatte. Am dritten Tage, als

Abraham seine Augen erhob, sah er die Stätte von ferne. Da sprach Abraham zu seinen Knechten: Bleibet ihr hier mit dem Esel, ich aber und der Knabe wollen dorthin gehen, und wenn wir angebetet haben, wollen wir zu euch zurückkommen. Dann nahm Abraham das Holz zum Brandopfer und lud es seinem Sohne Isaak auf; er selbst nahm den Feuerbrand und das Messer, und so gingen die beiden miteinander. Da sprach Isaak zu seinem Vater Abraham: Vater! Abraham antwortete: Was willst du, mein Sohn? Er sprach: Siehe, hier ist wohl der Feuerbrand und das Holz; wo ist aber das Lamm zum Opfer? Abraham antwortete: Gott wird sich das Lamm zum Opfer selbst ersehen, mein Sohn. So gingen die beiden miteinander. Als sie nun an die Stätte kamen, die Gott ihm genannt hatte, baute Abraham daselbst den Altar und schichtete das Holz darauf; dann band er seinen Sohn Isaak und legte ihn auf den Altar, oben auf das Holz. Hierauf streckte Abraham seine Hand aus und ergriff das Messer, um seinen Sohn zu schlachten. Da rief ihm vom Himmel her der Engel des Herrn zu: Abraham, Abraham! Er antwortete: Hier bin ich! Er sprach: Lege deine Hand nicht an den Knaben und tue ihm nichts; denn nun weiß ich, daß du Gott fürchtest: du hast deinen Sohn, deinen einzigen, mir nicht vorenthalten. Wie nun Abraham seine Augen erhob, sah er einen Widder, der sich mit seinen Hörnern im Gebüsch verfangen hatte. Da ging Abraham hin, nahm den Widder und opferte ihn als Brandopfer anstatt seines Sohnes. *1. Buch Mose*

Liebe und Opfer

Ist es, weil sich eingebürgert hat, Abraham für einen großen Mann anzusehen, so daß, was er tut, groß ist, und wenn ein anderer das gleiche tut, ist es Sünde, himmelschreiende Sünde? In diesem Fall wünsche ich nicht, an dergleichen gedankenlosem Lobpreisen teilzunehmen. Kann der Glaube es nicht zu einer heiligen Handlung machen, seinen Sohn morden zu wollen, dann möge über Abraham das gleiche Urteil ergehen wie über jedweden anderen. Fehlt es einem vielleicht an Mut, seinen Gedanken durchzuführen, zu sagen, Abraham sei ein Mörder gewesen, dann ist es wohl besser, diesen Mut zu erwerben, als die Zeit mit unverdienten Lobreden zu vergeuden. Der ethische Ausdruck für das, was Abraham tat, ist, daß er Isaak morden wollte, der religiöse ist, daß er Isaak opfern wollte; aber in diesem Widerspruch liegt gerade die Angst, die einen Menschen wohl schlaflos machen kann, und doch wäre Abraham nicht der, der er ist, ohne diese Angst. Oder hat Abraham vielleicht gar nicht getan, was erzählt wird, ist es auf Grund der Verhältnisse in jenen Zeiten vielleicht etwas ganz anderes gewesen, dann laßt uns ihn vergessen; denn was ist es der Mühe wert, dasjenige Vergangene in die Erinnerung zu rufen, das nicht zu einem Gegenwärtigen werden kann. Oder hatte jener Redner vielleicht etwas vergessen, das jenem ethischen Vergessen entsprach, daß Isaak sein Sohn war. Wenn nämlich der Glaube weggenommen wird, indem er zu null und nichts wird, dann bleibt nur das rohe Faktum übrig, daß Abraham Isaak morden wollte, was jeder leicht genug nachmachen kann, der nicht den Glauben hat, das heißt denjenigen Glauben, der es ihm schwer macht. [...]
Die absolute Pflicht kann dazu bringen, zu tun, was die Ethik verbieten würde; aber sie kann keineswegs den Ritter des Glaubens dazu bringen, zu unterlassen, zu lieben. Dies zeigt Abraham. In dem Augenblick, in dem er Isaak opfern will, ist der ethische Ausdruck für sein Tun: er haßt Isaak. Aber falls er wirklich Isaak haßt, so kann er dessen gewiß sein, daß Gott es nicht von ihm verlangt; denn Kain und Abraham sind nicht miteinander identisch. Isaak muß er von ganzer Seele lieben; indem Gott ihn fordert, muß er ihn wo möglich noch höher lieben, und nur dann kann er ihn *opfern*; denn diese Liebe zu Isaak ist es ja, die durch ihren paradoxalen Gegensatz zu seiner Liebe zu Gott seine Handlung zu einem

Opfer macht. Aber das ist die Not und die Angst im Paradoxon, daß er sich menschlich gesprochen ganz und gar nicht verständlich machen kann. Nur in dem Augenblick, indem seine Handlung in absolutem Gegensatz zu seinem Gefühl steht, nur dann opfert er Isaak; aber die Realität seiner Handlung ist das, wodurch er dem Allgemeinen angehört, und da ist er und wird er zum Mörder. *Sören Kierkegaard*

4. Menschenfraß

Das Fleisch ihrer Söhne und Töchter

So spricht der Herr der Heerscharen, der Gott Israels: Siehe, ich bringe Unheil über diesen Ort, daß jedem, der davon hört, die Ohren gellen sollen, darum weil sie mich verlassen und diese Stätte mißbraucht und an ihr fremden Göttern geopfert haben, die weder sie noch ihre Väter noch die Könige Judas gekannt, und weil sie diese Stätte mit dem Blute Unschuldiger erfüllt und dem Baal Höhen gebaut haben, um ihre Kinder dem Baal als Brandopfer zu verbrennen, was ich ihnen niemals geboten und wovon ich ihnen nie etwas gesagt habe und was mir nie in den Sinn gekommen ist. Darum siehe, es kommen Tage, spricht der Herr, da wird man diese Stätte nicht mehr »Thopheth« und »Tal Ben-Hinnom« nennen, sondern »Mordtal«. Und ich werde an diesem Orte die Weisheit Judas und Jerusalems ausleeren und sie durch das Schwert fallen lassen vor ihren Feinden und durch die Hand derer, die ihnen nach dem Leben trachten; ihre Leichen aber werde ich den Vögeln des Himmels und den Tieren des Feldes zum Fraße geben. Und diese Stadt werde ich zum Entsetzen und zum Gespötte machen; ein jeder, der daran vorübergeht, wird sich entsetzen und spotten ob all ihrer Plagen. Ich lasse es so weit kommen, daß sie das Fleisch ihrer Söhne und Töchter essen, und einer wird das Fleisch des andern essen in der Drangsal und Angst, mit der ihre Feinde, und die ihnen nach dem Leben trachten, sie bedrängen werden. Und den Krug sollst du vor den Augen der Männer, die mit dir gehen, zerschmettern und zu ihnen sagen: So spricht der Herr der Heerscharen: Gerade so werde ich dieses Volk und diese Stadt zerschmettern, wie man ein Töpfergeschirr zerschmettert, daß man es nicht mehr ganz machen kann. *Prophet Jeremia*

Welch ein Grausen

Ich erinnere mich noch, welch ein Grausen diese Stelle mir einflößte, als ich sie hörte, vielleicht, weil ich nicht wußte, ob sie sich auf die Vergangenheit oder auf die Zukunft, auf Jerusalem oder auf Wesselburen bezog, und weil ich selbst ein Kind war und eine Mutter hatte.
Friedrich Hebbel

Gib deinen Sohn her

Darnach begab es sich, daß Benhadad, der König von Syrien, sein ganzes Heer sammelte und hinaufzog und Samaria belagerte. Da entstand eine große Hungersnot in Samaria während der Belagerung, so daß ein Eselskopf achtzig Lot Silber und ein viertel Kab Taubenmist fünf Lot Silber galt. Als nun einst der König von Israel auf der Mauer einherging, flehte ihn ein Weib an und sprach: Hilf, mein Herr und König! Aber er erwiderte: Hilft dir der Herr nicht, womit soll ich dir helfen? mit etwas von der Tenne oder von der Kelter? Und er fragte sie: Was willst du? Sie antwortete: Das Weib da sprach zu mir: »Gib deinen Sohn her, daß wir ihn heute essen, morgen wollen wir dann meinen Sohn essen.« So haben wir meinen Sohn gekocht und gegessen. Wie ich aber am andern Tage zu ihr sagte: »Gib deinen Sohn her, daß wir ihn essen«, da hatte sie ihren Sohn verborgen. *2. Buch der Könige*

> Pack dich, mein Sohn [...] Halb lebendig und
> halb gebraten, wird dir eine Pfanne zum
> Totenbett und ein Bauch zum Grabe.
> *Giambattista Basile*

Im Hause des Menschenfressers

Nicht gar lange währte es, so war in des Korbmachers Hütte Schmalhans wieder Küchenmeister und ein Kellermeister mangelte ohnehin, und es erwachte aufs Neue der Vorsatz, die Kinder im Walde ihrem Schicksal zu überlassen. Da der Plan wieder als lautes Abendgespräch zwischen Vater und Mutter verhandelt wurde, so hörte auch der kleine Däumling alles, das ganze Gespräch, Wort für Wort und nahm sich's zu Herzen.
Am andern Morgen wollte Däumling abermals aus dem Häuschen schlüpfen, Kieselsteine aufzulesen, aber o weh, da war's verriegelt, und Däumling war viel zu klein, als daß er den Riegel hätte erreichen können, da gedachte er sich anders zu helfen. Wie es fort ging zum Walde, steckte Däumling Brod ein, und streute davon Krümchen auf den Weg, meinte, ihn dadurch wieder zu finden.

Alles begab sich wie das Erstemal, nur mit dem Unterschied, daß Däumling den Heimweg nicht fand, dieweil die Vögel alle Krümchen rein aufgefressen hatten. Nun war guter Rat teuer, und die Brüder machten ein Geheul in dem Walde, daß es zum Steinerbarmen war. Dabei tappten sie durch den Wald, bis es ganz finster wurde, und fürchteten sich über die Maßen, bis auf Däumling, der schrie nicht und fürchtete sich nicht. Unter dem schirmenden Laubdach eines Baumes auf weichem Moos schliefen die sieben Brüder, und als es Tag war, stieg Däumling auf einen Baum, die Gegend zu erkunden. Erst sah er nichts als eitel Waldbäume, dann aber entdeckte er das Dach eines kleinen Häuschens, merkte sich die Richtung, rutschte vom Baume herab und ging seinen Brüdern tapfer voran. Nach manchem Kampf mit Dickicht, Dornen und Disteln sahen alle das Häuschen durch die Büsche blicken, und schritten gutes Mutes darauf los, klopften auch ganz bescheidentlich an der Türe an. Da trat eine Frau heraus, und Däumling bat gar schön, sie doch einzulassen, sie hätten sich verirrt, und wüßten nicht wohin? Die Frau sagte: »Ach, ihr armen Kinder!« und ließ den Däumling mit seinen Brüdern eintreten, sagte ihnen aber auch gleich, daß sie im Hause des Menschenfressers wären, der besonders gern die kleinen Kinder fräße. Das war eine schöne Zuversicht! Die Kinder zitterten wie Espenlaub, als sie dieses hörten, hätten gern lieber selbst etwas zu essen gehabt, und sollten nun statt dessen gegessen werden. Doch die Frau war gut und mitleidig, verbarg die Kinder und gab ihnen auch etwas zu essen. Bald darauf hörte man Tritte und es klopfte stark an der Türe; das war kein Andrer, als der heimkehrende Menschenfresser. Dieser setzte sich an den Tisch zur Mahlzeit, ließ Wein auftragen, und schnüffelte, als wenn er etwas röche, dann rief er seiner Frau zu: »Ich wittre Menschenfleisch!« Die Frau wollte es ihm ausreden, aber er ging seinem Geruch nach, und fand die Kinder. Die waren ganz hin vor Entsetzen. Schon wetzte er sein langes Messer, die Kinder zu schlachten, und nur allmählich gab er den Bitten seiner Frau nach, sie noch ein wenig am Leben zu lassen, und aufzufüttern, weil sie doch gar zu dürr seien, besonders der kleine Däumling. *Ludwig Bechstein*

Der Tag, an dem ich geschlachtet wurde

Es war ein sehr begebenwürdiger Tag, an dem ich geschlachtet werden sollte. (Fürchte dich nicht, glaube nur!) Der König war bereit, die beiden Sekundanten warteten. Der Schlächter war auf halb sieben Uhr bestellt; es war ein viertel sieben Uhr, und ich selbst ordnete die nötigen Vorbereitungen an. Wir hatten eine geräumige Diele ausgewählt, so daß viele Zuschauer bequem teilnehmen konnten. Telephon war in der Nähe. Der Arzt wohnte im Nachbarhause und hielt sich bereit für den Fall, daß von den Zuschauern jemand ohnmächtig werden sollte. (Andenken an die Konfirmation.) Zwei gewaltige Flaschenzüge hingen unter der Decke, um mich nachher hochzuwinden, falls ich ausgenommen werden sollte. Vier starke Knechte standen für Handreichungen zur Verfügung, ehemalige russische Kriegsgefangene, breite, knochige Gestalten. (Zeitschrift für Haus- und Grundbesitz.) Zwei saubere Mägde waren auch zur Stelle, blitzsaubere Dirnen. Es war mir ein angenehmer Gedanke, daß diese beiden hübschen Mädchen mein Blut quirlen und meine inneren Teile waschen und zubereiten sollten.

Die Diele war sauber gefegt und gewaschen. Zwei lange, weißgescheuerte Tische hatte ich an die eine Seitenwand stellen lassen; darauf standen etliche Schalen, Messer und Gabeln. Ich ließ jetzt gerade ein Waschgeschirr, Wasser und Handtuch bringen, auch etwas Seife (Sunlight). Anna und Emma, die beiden Mägde, brachten einen Kübel und einen Quirl. Es ist doch ein eigentümliches Gefühl, wenn man in zehn Minuten geschlachtet werden soll. (Die Opfer der Mutterschaft.) Ich war bislang in meinem ganzen Leben noch nicht geschlachtet worden. Dazu muß man reif sein. Ja, überhaupt wenn die Kartoffeln erst raus müssen, und der Hafer ab ist, dann wird's schlecht. Wir haben überhaupt noch keinen rechten Sommer gehabt. Zehn Minuten können sehr lang erscheinen. (Glaube, Liebe, Hoffnung.) (Enten gänsen auf der Wiese.) Es war alles bis aufs Kleinste vorbereitet.
Da kam auch schon die Prinzessin. Sie hatte ein kurzes weißes Röckchen an, ein wenig kraus gesessen, aber das stand ihr gerade sehr anmutig. Der Kirchturm ist nämlich sehr steil. Lenzesflur, in Freundschaft gewidmet. Hüpft strampeln Königstochter Beinchen zierlich. Ich liebe diese zierlichen strampeln Hüpfekönigstochterbeinchen. Schwanz wedelt saure Sahne. Sie stellte sich Tintenglas vor mir und fragte glockenrein weiß Spitzen sauber: »Sollen Sie heute geschlachtet werden?« Heiß fischen Messer schießen Blut. Ich senkte purpurn Augen und war von ihrem Gruß beglückt. »Wie schön bist du, Alves Bäsenstiel, ein schöner Mann!« sagte sie rot Lippen Ader kochen Blut, glückliche Reise! keck spitzfaden Nase: »Ich bringe dir den letzten Gruß der Welt. Nonne sollst du werden! (Mein Haus sei deine Welt.) (Leder ohne Kopf.) Walkleder nach Nabelmaß. Sie haben es sicher diese Tage recht eilig, um alles einzurichten auf diesen ernsten Tag. (Friede sei mit dir.) Wie sind Sie so schnell reif geworden, überreif! Wie können Sie freudig auf Ihre Reife blicken! Möge sie Ihnen nur immer Freude bereiten! Wie schön, daß sich das Wetter an Ihrem Schlachttage hält, daß der Schlächter per Rad zu Ihnen fahren kann.« (Echt Brüsseler Handarbeit.) Gesund zu sein ist Glückes Gunst. »Erlauben Sie, Prinzeßchen, daß ich eben telephoniere. Es ist bereits halb sieben Uhr, und der Schlächter ist noch nicht da.«
»Hallo! Sind Sie der Schlächter selbst? Die Zuschauer werden ungeduldig, warum kommen Sie nicht?« (Von nun an bis in Ewigkeit!) »Beginnen Sie nur mit den Feierlichkeiten! Soeben habe ich meine Schwester als Wetterhahn auf den Kirchturm gespießt. Der Kirchturm ist nämlich sehr

steil, und oben stachelt Fisch in der Peitscheluft. Der Blitzableiter war sehr verrostet und wollte nicht recht durch den Bauch meiner Schwester spießen. Doch blank stachelt Fisch in der Peitschestank. Beginnen Sie nur mit den Formalitäten!«

Ich ließ den König rufen. »Majestät, ich befehle Euch meine schöne Gestalt! Befehlen Eure Majestät über meinen Leichnam!« (Die sechsgespaltene Millimeterzelle kostet 20 Pfennig.) Der König winkte. (Fortuna Schärfmaschine.) Die beiden Sekundanten in schwarzem Gehrock und schwarzen Handschuhen, Zylinder und schwarzer Binde stellten sich zur Seite des Königs auf. Ein schwarzer Hund flog krächzend vorbei. Der König winkte wieder. Die vier Russen, Anna und Emma machten sich bereit für Handreichungen. Der König winkte wieder. Die Sekundanten näherten sich mir, stellten sich vor und fragten mich nach meinem letzten Wunsche. (Schau auf zum Stern!) Ich bat darum, daß die Prinzessin das große Arbeiterlied singen und mich dann küssen möchte. (Unköpfige Hälse, Vacheleder.) Eine Dame aus der Begleitung des Königs fiel ohnmächtig zu Boden. Man holte den Arzt. Fest peitscht innig. Die Prinzessin sang: »Arbeiter orgelt
    cis-d
    dis-es
    is-e
du deiner dir dich«,
das ganze große Arbeiterlied. Laternenpfahl orgelt küssen breite Röcke wogen weiße Spitzen Kuß. Schlingen Arme breite Röcke wogen Hals Spitzen warme Röhren glatten schlank Fische Karpfen, Karpfen, Karpfen. (Prière de fermer la porte.) Bitte, bitte Tür zu, Du, Du, Du! Ich liebe Dich ja so sehr! (Die Welt mit ihren Sünden.) Nun schlachtet mich! Der König winkt wieder, der Schlächter fährt vor. Das Haus ist stumm. Pro patria est, dum ludere videmur. (Blau-rot-gelbe Mädchenkompanie.) (Rauchen verboten, ebenso das Inderhandhalten einer nicht brennenden Zigarre.) Zwei Knechte führen sein Fahrrad ab. (Reichsnotopfer.) Ein Knecht bringt eine Keule, groß Ballon zitronenbleich. (Halte, was du hast!) Der Schlächter hat einen blaugestreiften Kittel wehen Tuch. (Zuckerrübenmädchen.) Oktober neigt Zeremonie Rivalen Sekundanten. – Los! – Ich Igel! – Der Schlächter lehnt zurück, schräg Kopf, die Keule hinten oben. (Die höchste Zier, die schönste Freud ist eine traute Häuslichkeit!) Der Schlächter springt vor (Das ist die Liebe!),

schwingt Keule senken senken schwer schwer schwer, innig peitscht senken schwer schwer sehr sehr sehr. – Mein Schädel brach ein. Nun mußte ich zusammenbrechen; also brach ich zusammen zusammen zusammen, flach. Aaaaa aaaaaaa aaa aaaaa b. (Beifall auf allen Bänken.)
Was sollte nun werden? Man band meine Arme und meine Füße an Winden, Winden winden empor. Senken schlingt flach zusammen schief ausgebreitet. (Aufruf an alle Hand- und Kopfarbeiter.) Man stach mich in die Seite. Blut rinste Eimer blau Strahl rot dick Peitsche. Dreht Mägde Quirl zusammen rädern Eisenbahn Maschinen quirlen Emma Anna. (Unschuldsvoll zu heil'gem Bund hast Du heut Dein Herz geweiht!) Der König verlangte zu trinken. Blau sengte Flamme Mord sehr ab sehr ab. Hohl brennt der Magen Flamme Schwefel Blut. Seit der Zeit hat der König keinen Bart mehr. Bleib treu der Pflicht, sei getreu. (Überreicht von der Schriftleitung.) Es hat nämlich alles seine Wissenschaft. (Amplificatores, Rätegenossenschaft für kapitalistischen Aufbau, Berlin.)
Man wollte mich ausnehmen. (Neueste Moccabonbons, Neuheit.) Umsteiger fahren Messer schlitzen zittern Eingeweide. (Friedensware.)

Es war ein sehr begebenwürdiges Gartenrestaurant. Ich fühlte tausend Freuden Retter morgen zwanzig. Drei Lustren nur hat das im Glashaus gezüchtete Wesen geblüht. (Brausender Beifall.) Mondkalb glänzt innen sanft zog Eingeweide Fett Schmerz sanft enttäubt. (Alles für die rote Armee.) Sauber, sauber, seid sauber. Mädchen, sauber beim Waschen, daß nichts verbrennt. (Gott schütze dich.) (Gott schütze dich.)
Flamme heiß, Flamme heiß! Regenwürmer spielten innen sanft in meinem Bauche, es kitzelt leise. Der König gierte meine Augen. Hol, Königstochter, mir die Augen des Jochanaan! (Heut ziehst du aus dem Vaterhaus!) Runde Kugeln innen glatten Schleim sprangen aus die Augen sanfte Hände voll entgegen. Auf einem Teller, Messer, Gabel servierte man die Augen. (Schwerhörige und ertaubte Krieger erhalten kostenlos Rat und Auskunft.) Glatt schleimte Austern Augen senken Magen schwer. Kinder unter zwölf Jahren werden nur in Aufsicht und unter Begleitung Erwachsener zugelassen, Kinder unter acht Jahren müssen außerdem auf Verlangen an der Hand geführt werden. (Eintrittsgeld 50 Pfennig, mindestens aber eine Mark.)
»Gift!« schrie der König und wälzte sich am Boden. (Die Welt zu vermehren, steht die Wiege hoch in Ehren.) »Träume süß, ich bin

vergiftet.« (August hat 31 Tage, die Tage nehmen eine Stunde und 56 Minuten ab.) Ja, es ist furchtbar. »Herr, ich baue auf Dich, ich hebe meine Hände!« Zwei Pilze wuchsen Augen Stiel glatt Knollen Milch empor und bohrten Löcher zwei in Königs Bauch. Stiläugig äugten Augen. Stumm schreckte König Kreide. Die Prinzessin hatte ein fürchterliches Herzklopfen. (Acetylen beseitigt den Geruch körperlicher Absonderungen.) Ihr Vater tat ihr so schrecklich leid. Der Arzt wurde gerufen und bemühte sich um die Löcher im Bauche des Königs. (Veritas vincit, mit Anna Blume in der Hauptrolle.) Der alte König war ohnmächtig geworden. Furcht gipfelt Silbersaiten Stein zu Stein. Die Prinzessin winkte und befahl, daß ich wieder zusammengesetzt werden sollte. (So werden Bettfedern gereinigt, entstäubt, gewaschen, gedämpft und getrocknet.)

Kurt Schwitters

Nachdenken über den Kriegskannibalismus

Kriegskannibalen sind keine Jäger, die nach menschlichem Fleisch ausziehen. Es sind Krieger, die ihre Mitmenschen beschleichen, töten und foltern, weil das Bestandteil des politischen Verhaltens zwischen den Gruppen ist. Der Aufwand, den man treibt, und die Risiken, die man läuft, wenn man Opfer in kannibalischer Absicht beschafft und tötet, gehen deshalb in der Hauptsache auch gar nicht auf Rechnung der Jagd, sondern auf Rechnung des Krieges. Die Tupinamba, Huronen oder Irokesen zogen nicht in den Krieg, um Menschenfleisch zu erbeuten; sie erbeuteten Menschenfleisch als ein Abfallprodukt ihrer Kriegszüge. Aus der Perspektive einer Kosten/Nutzen-Rechnung war es deshalb durchaus rational, wenn sie das Fleisch ihrer Gefangenen verzehrten. Was sie taten, war ein ernährungspraktisch vernünftiges Vorgehen, wenn sie nicht eine tadellose Quelle tierischer Nahrung ungenutzt lassen wollten, und es war ein Vorgehen, das keine Nachteile barg wie im Fall der Foré. Als Quelle für eine Sonderration tierischer Nahrung muß das Fleisch der Gefangenen speziell denjenigen willkommen gewesen sein, die normalerweise bei der Fleischverteilung zu kurz kamen, vor allem den Frauen, die oft »fleischhungriger« waren als ihre Männer. Und daraus erklärt sich die hervorstehende Rolle, die bei den Tupinamba und den Irokesen

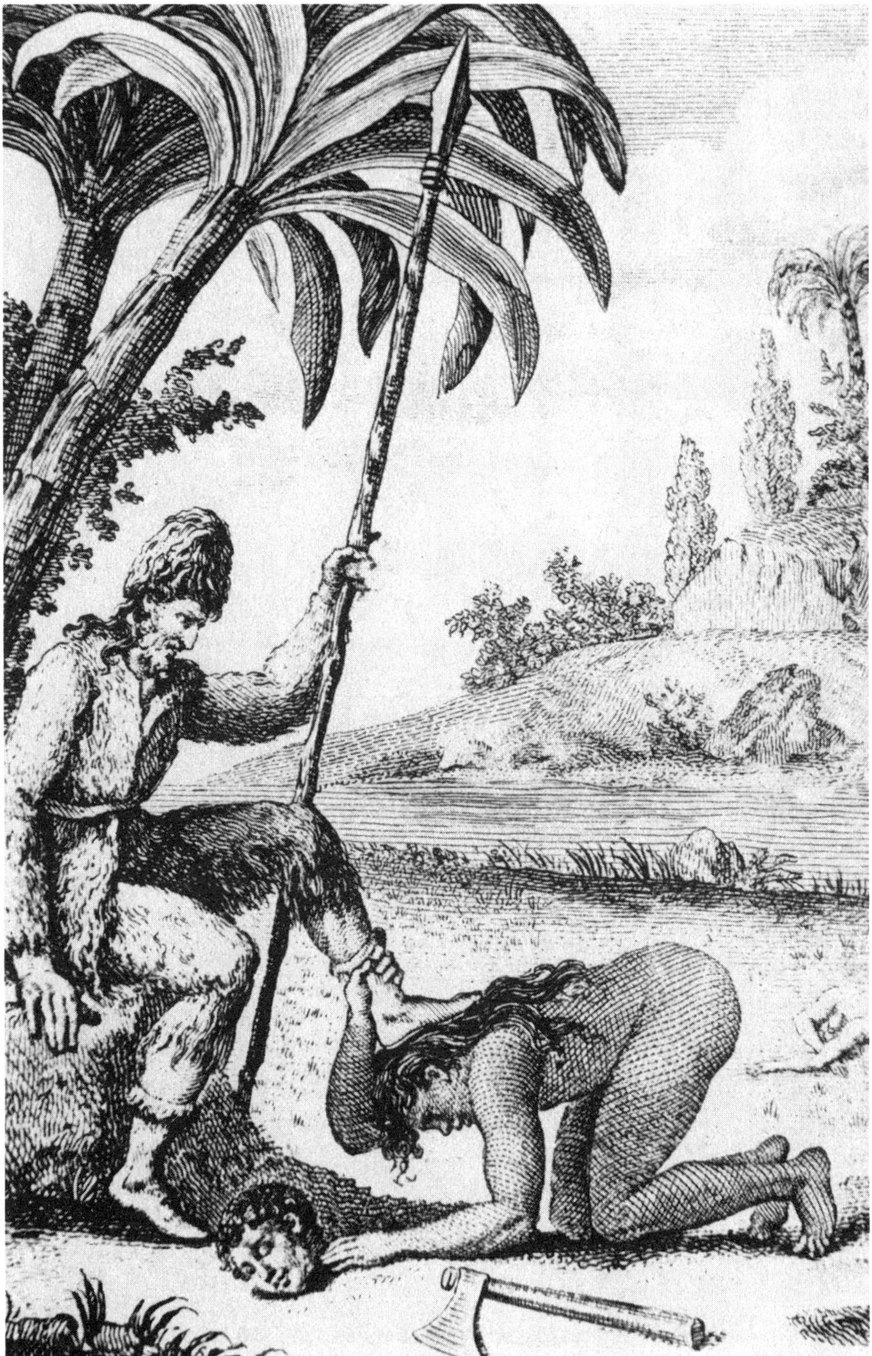

Frauen bei den Ritualen spielten, von denen die kannibalischen Feste begleitet waren. [...]
Ich hoffe, es ist deutlich geworden, daß ich nicht meine, der Kannibalismus bei den Azteken sei durch eine »Proteinknappheit« erzwungen worden oder der aztekische Kannibalismus sei »aus der Not geboren« oder er sei »eine Antwort auf eine unzureichende Ernährung« oder die »Protein-Hungersnot« bei den Azteken sei »die zum Kannibalismus treibende Kraft« gewesen (all diese verkehrten Vorstellungen finden sich in einem einzigen Artikel von Ortiz de Montellano). Mein Argument ist vielmehr, daß die Praxis des Kriegskannibalismus ein normales Abfallprodukt der Kriegführung in vorstaatlichen Zeiten war und daß es nicht darum geht, sich zu fragen, was staatlich organisierte Gesellschaften dazu veranlaßt, Kannibalismus zu praktizieren, sondern was sie dazu bringt, ihn nicht zu praktizieren. Die Knappheit an tierischer Nahrung bei den Azteken zwang diese nicht notwendig zum Verzehr von Menschenfleisch; sie machte einfach nur dadurch, daß sie den Restnutzen von Kriegsgefangenen im großen und ganzen auf dem Niveau beließ, auf dem er sich bei Gesellschaften wie den Tupinamba und den Irokesen befunden hatte, die politischen Vorteile einer Unterdrückung des Kannibalismus weniger zwingend. [...]
Mit Montellanos »Bezeugung des Danks an die Götter und der wechselseitigen Verbundenheit mit ihnen« hat es schon seine Richtigkeit, ohne daß dies aber im Widerspruch zur ernährungspraktischen Bedeutung der religiösen Rituale stünde. Wer würde nicht den Göttern für die Mais- und Fleischgabe danken? Alle Religionen auf der Ebene staatlich organisierter Gesellschaften statten zur Erntezeit solchen Dank ab. Der einzige Unterschied bei den Azteken bestand darin, daß das Fleisch Menschenfleisch war. Zu sagen, daß es zu ihrer Religion gehörte, Menschenfleisch zu essen, bringt uns nicht weiter. Genausogut kann man auch sagen, die Hindus verabscheuten Rindfleisch, weil ihre Religion ihnen das Schlachten von Kühen verbiete, oder die Amerikaner äßen keine Ziegen, weil Ziegenfleisch nicht schmecke. Mit dieser Art von Erklärungen werde ich mich nie zufriedengeben können. [...]
Ich habe den Verdacht, daß der Grund, warum so viele Forscher dieses Verhältnis auf den Kopf stellen, darin besteht, daß sie selber Angehörige staatlich organisierter Gesellschaften sind, die den Kriegskannibalismus seit Tausenden von Jahren unterdrückt haben. Und deshalb finden sie

die Vorstellung der Menschenfresserei abstoßend. Das wiederum bringt sie zu der ethnozentrisch borniert en Annahme, es müsse eine große Nötigung geben, kraft deren Menschen so etwas Schreckliches tun, wie Menschenfleisch zu essen. Sie sind nicht imstande zu sehen, daß das eigentlich Rätselhafte in der Frage besteht, warum bei uns, die wir in einer Gesellschaft leben, die fortlaufend mit der Perfektionierung der Massenproduktion von Kriegstoten befaßt ist, Menschen zwar als geeignet zur Vernichtung, aber ungeeignet zum Verzehr gelten.

Marvin Harris

Der Hunger und die Liebe

Tunkomar und Teutelinde,
Welch ein zärtlich junges Paar.
Er gemächlich, sie geschwinde;
Furie sie, er Dromedar.
   Er phlegmatisch und platonisch:
   »Süßes Lindchen, Mündchen her.«
   Sie, dämonisch, denkt lakonisch:
   »Er ermannt sich nimmermehr.«

Sonntags: Ausflug. Treubeflissen
Jedes Mal ein leckres Fest.
Er häuft ihr die besten Bissen,
Sich bescheidend mit dem Rest.
   Dann nach Hause. Vor der Klause
   Küßt er ihr galant die Hand.
   Sitzt die arme, kleine Mause
   Stets allein vor ihrer Wand.

Hindernisse aller Sorten
Türmen sich der schönen Braut,
Hier die Eltern, Geldschwund dorten,
Und der Bräutigam steht benaut.
   Mais la femme: Teutelinden
   Wird es glücken klipp und klar,
   Sich mit Tunkomarn zu binden,
   Wos auch sei, am Traualtar.

Sie beschließen, zu entfliehen,
Nicht zu warten, nein, sogleich!
Und Poseidon sieht sie ziehen
Durch sein großes Wasserreich.
   Ihrer Sehnsucht höchste Höhe
   Heißt das Land Amerika.
   Schicksalswanzen, Fehlschlagsflöhe
   Weichen dort, Halleluja!

Glatter als des Spiegels Glätte
Breitet sich der Ozean.
Plötzlich fuchtelt durch die Stätte
Ein entsetzlicher Orkan.
    Wale wimmern, Aale toben;
    Wogenberg und Wogental.
    Mast nach unten, Kiel nach oben;
    Munter hält der Hai sein Mahl.

Tunkomar und Teutelinde,
Ach, erklettern mühsam nur
Eines Eilands Felsenrinde,
Triefend von der nassen Spur.
    Unter einer Sykomoren
    Ruhen sie die erste Nacht.
    Und sie sehen sich verloren,
    Als sie morgens aufgewacht.

Nur Korallen, nur Gerölle;
Selbst der alte Feigenbaum
Zeitigt auf der Inselhölle
Keine Frucht im Blätterraum.
    Kaffee wünscht sich Teutelinde,
    Und ein Brötchen Tunkomar.
    Nirgends wächst ein Obstgebinde,
    Gräßlich, auf dem Steinaltar.

Strandschildkröten, Vögel, Eier,
Nichts von Allem kommt hier vor,
Und der Hunger zieht als Freier
Frech ins kahle Siegestor.
    Wer wird wohl den Ausgang finden?
    Wo macht Stopp des Schicksals Lauf?
    Tunkomar küßt Teutelinden,
    Aber diese pfeift darauf.

Eilends wird der Hunger stärker,
Immer stärker, ganz enorm;
Endlich wird er Feuerwerker
Und zersprengt die Anstandsform.
    Tunkomar springt aus der Tute,
    Wird Berserker! Goliath!
    Teutelindchen schwimmt im Blute,
    Tunkomarchen frißt sich satt.

Detlev von Liliencron

There was an Old Man of Peru,
Who watched his wife making a stew;
But once by mistake, in a stove she did bake,
That unfortunate Man of Peru.

Edward Lear

Wer ernährt wird, bekommt viele Vorfahren

Die Hasen, die Rehe, die Hirsche, die Schafe, die Rinder, die Pferde gewinnen unsere Liebe leichter als die Fleischfresser. Wir sind weniger strenge gegen sie. Wir kennen die Qual der Pflanzen nicht. Das Pferd dünkt uns das schönste der Tiere. Manche werden sagen, das Kamel oder der Elefant oder der Wal übergehen es an Schönheit. Die Liebe ist an keine Regel gebunden, sie ist nur der Gewöhnung untertan. Man kann sich daran gewöhnen, jedwedes Geschöpf als das auserwählte zu betrachten. Selbst die Schlange. Die Gestalt jedes Ernährten spiegelt nicht nur seine Abstammung, sondern auch die von ihm genossene Nahrung wider. Wer ernährt wird, bekommt viele Vorfahren. Seine Seele wird gedränge voll. Die meisten Auswüchse seiner Träume wuchern am Blut seiner Opfer. – Wir alle begehen Morde, um dazusein. Wir wissen, daß der Tod gewiß ist. Die Natur, um Nachkommen zu schaffen, ist voller Listen; nach gelungener Zeugung verwirft sie den einzelnen, um die Art mit schauerlicher Liebe zu betrachten. So ist alles Leben voller Plagen. Und dennoch ist leben aller Lebendigen einziger erkennbarer Genuß. Ernährt werden ist eine Lust. Ich zähle zu jenen unsicheren Denkern, die Fleisch essen, weil es ihnen behagt, Fleisch zu essen. Ich weiß, daß ich nicht schuldlos sein kann, wenn ich auch wie ein Asket lebte. Ich würde im Verzicht nur einen Wert verlieren. Aber ich will behalten, was mir erreichbar ist. *Hans Henny Jahnn*

Schlachtordnung

Beim Schlachten beherzige er die alte Mahnung, die in vielen Schlachthäusern steht:
»Blutig ist ja dein Amt, o Metzger, drum übe es menschlich,
Schaffe nicht Leiden dem Tier, das du zu töten bestimmst;
Leite es mit schonender Hand und töte es sicher und eilig,
Wünschest du selber doch auch: Käme einst sanft mir der Tod.«

Leitfaden für Metzgerlehrlinge

Dies sind die Tiere, die ihr essen dürft

Du sollst nichts Abscheuliches essen. Dies sind die Tiere, die ihr essen dürft: Rind, Schaf und Ziege, Hirsch, Gazelle, Damhirsch, Steinbock und die Antilopenarten, und alle Tiere, die gespaltene Klauen, und zwar zwei ganz durchgespaltene Klauen, haben und Wiederkäuer sind unter den Tieren, die dürft ihr essen. Doch dürft ihr von denen, die wiederkäuen, und von denen, die ganz gespaltene Klauen haben, folgende nicht essen: das Kamel, den Hasen, den Klippdachs – denn sie sind zwar Wiederkäuer, haben aber keine ganz gespaltenen Klauen; als unrein sollen sie euch gelten – und das Schwein; denn es hat zwar gespaltene Klauen, [...] ist aber kein Wiederkäuer; als unrein soll es euch gelten. Von ihrem Fleisch dürft ihr nicht essen, und ihren Leichnam dürft ihr nicht berühren. Dies ist's, was ihr essen dürft von allem, was im Wasser lebt; alles, was Flossen und Schuppen hat, dürft ihr essen. Was aber keine Flossen und Schuppen hat, dürft ihr nicht essen; als unrein soll es euch gelten. Alle reinen Vögel dürft ihr essen. Diese aber sind es, von denen ihr nicht essen dürft: der Adler, der Lämmergeier, der Bartgeier, die Weihe und die Falkenarten, alle Rabenarten, der Strauß, die Ohreule, die Möwe und die Habichtarten, das Käuzchen, der Uhu und die Eule, der Pelikan, der Aasgeier und der Sturzpelikan, der Storch, die Reiherarten, der Wiedehopf und die Fledermaus. Und alles geflügelte Geziefer soll euch als unrein gelten; es darf nicht gegessen werden. Alle reinen geflügelten Tiere dürft ihr essen. Von irgendeinem Tierleichnam dürft ihr nicht essen; dem Fremdling, der an deinem Orte wohnt, magst du es zum Essen überlassen oder es einem Ausländer verkaufen; denn du bist ein dem Herrn, deinem Gott, geweihtes Volk. Du darfst ein Böcklein nicht in der Milch seiner Mutter kochen.   *5. Buch Mose*

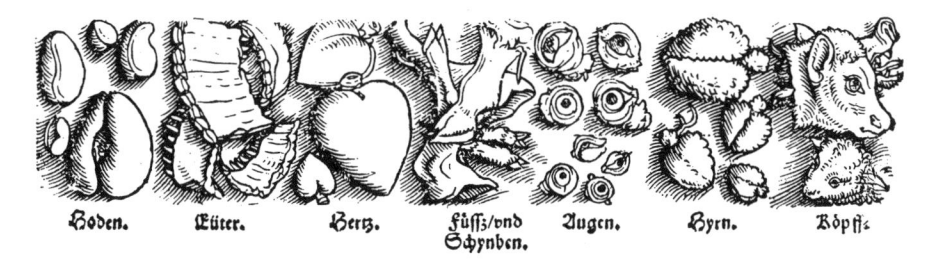

Schlachten und Schlachtlokale

§ 8. (Art. 6) Das Töten der Tiere hat in einer jede Quälerei ausschließenden Weise zu geschehen. In Schlachthäusern darf zu diesem Behufe für das Töten von Großvieh (Stiere, Ochsen, Kühe, Rinder und Tiere des Pferdegeschlechtes) nur der Schußapparat verwendet werden.
Als weiteres Mittel der Betäubung kann bei kleinen Tieren (Kälbern, Schafen, Ziegen, Schweinen) der Kopfschlag angewendet werden. Den Gemeinden steht es frei, auch für das Schlachten dieser Tiere bestimmte Methoden vorzuschreiben.
Die Tiere dürfen weder geknebelt transportiert, noch durch Hunde zur Schlachtbank gehetzt werden.
§ 9. (Art. 8) In Schlachtlokalen, Wurstereien, Fleischhackereien etc. sind Wände und Decken aus glattem, hartem, leicht zu reinigendem Material herzustellen. Der Fußboden soll undurchlässig und zum Zwecke der gründlichen Reinigung mit Wasserablauf versehen sein. Blut und Abfälle sollen sofort und in einer jede Störung der Gesundheit und jede erhebliche Belästigung der Nachbarschaft ausschließenden Weise entfernt werden.
Das Trocknen von Häuten und Fellen in der Nähe menschlicher Wohnungen ist untersagt.
Schlachthausgruben dürfen nicht in Verbindung mit Stall- und Abtrittgruben gesetzt werden.   *Zürcher Verordnung 1909*

Die Zerlegung der Hirschkühe

Als ich die einfache Blockhütte besser sehen konnte, verlangsamte ich, beinah anhaltend, meine Fahrt. Dort auf der Veranda lag reglos ein großes, braunes Tier. Aber als ich mich im Schritt-Tempo näherte, erkannte ich, daß es zwei tote Hirschkühe waren. Ich hielt an. Gerade als ich die Tür aufstieß und ausstieg, kam eine alte Indianerin mit einem gewaltigen Fleischermesser in der Hand aus der Tür. Sie blieb stehen und funkelte mich zur Begrüßung böse an. Vor Angst erstarrte ich auf der Stelle.
Die Frau trug einen langen, wollenen Rock und eine schwarzkarierte Holzfällerjacke. Ihr langes, graues Haar war zu einem einzigen Zopf zusammengeflochten, ihr braunes Gesicht war von Falten zerfurcht. Das Messer noch immer drohend vorgereckt, krempelte sie sich die Ärmel hoch.
»Sind Sie Ruby Plenty Chiefs?« stammelte ich.
»Ja«, sagte sie und fuchtelte mit dem Messer vor mir herum. Sie schien sich noch immer über die Störung zu ärgern. [...]
»Darf ich auf eine Tasse Tee hereinkommen?« fragte ich und machte einen Schritt zur Veranda.
Ruby nickte, drehte sich um und ging hinein. Ich nahm an, ich sollte ihr folgen, blieb aber auf der Veranda stehen, um mir die toten Hirsche anzusehen. Im gleichen Moment kam Ruby wieder heraus und blieb direkt vor mir stehen – diesmal mit einem zweiten Fleischermesser in der anderen Hand. Ihre auffällig alten Augen hatten das Leuchten eines Kindes – eines ungeduldigen Kindes. Sie hielt mir das Fleischermesser hin und befahl mir, ihr beim Ausweiden zu helfen.
»Wir werden später über deine Reise sprechen«, sagte sie. »Und wir werden über den Hochzeitskorb sprechen.« Mit der Kraft eines Mannes packte sie mich am Arm und sagte: »Schnell, auf, an die Arbeit.«
Ich war entsetzt. Sie drückte mir das Fleischermesser in die Hand und sagte schroff: »Mach genau, was ich mache. Schnell, bevor die Starre einsetzt.«
Die beiden toten Hirschkühe lagen auf der Seite. Ruby kniete nieder und zerrte sie in eine günstigere Position. Sie drehte sich zu mir um und bedeutete mir mit dem fuchtelnden Messer, ich solle schon mal anfangen. Diese Frau war für mich der Schlüssel zu dem Korb, den ich suchte –

also kniete ich mich hin und fing an. Ruby führte einen raschen Schnitt um die Schalen der Hinterläufe; also hob ich mein Messer und zog die Klinge über die Kante der einen Schale. Der Anblick des Bluts und das Knirschen der aufplatzenden Haut trieben mir Tränen in die Augen. Aber ich machte weiter und versuchte, Rubys Bewegungen nachzuahmen. Zuerst schnitt ich nicht tief genug, dann verlor ich die Geduld und drückte das Messer bis auf den Knochen. Ein unsinniger Hieb – und die Schale fiel auf den Boden der Veranda. Ich wollte schreien.
Die Alte arbeitete bedächtig weiter. Sie schlitzte die Haut an der Innenseite der Läufe auf, bis zum Bauch. Die Metzelei schien ihr ein irres Vergnügen zu machen, und sie vergewisserte sich, daß ich nicht zurückblieb. Ich tat mein Bestes, und schließlich war die Haut von allen vier Beinen abgeschält. Als Ruby ihr Tier auf die Seite rollte, gelang es mir, auch das meine umzudrehen. Ich war mit Blut besudelt, das Messer und meine Hände waren klebrig. Plötzlich brach Ruby ihre Hirschkuh auf – es geschah so schnell, daß Eingeweide und gestocktes Blut in einem Haufen auf die Veranda schwappten, bevor ich mich auf den Anblick gefaßt machen konnte. Auch ich stach zu und sondierte mit geschlossenen Augen. Dann schaute ich mir die Eingeweide an. Da war ein Fötus, und Milch floß aus den Zitzen der Kuh. Eine Welle des Ekels erfaßte mich. Ich wandte mich ab und schloß die Augen. Durch das plötzliche Dunkel zusätzlich verwirrt, nahm ich von der Hütte und dem langsamen Fließen der Zeit nichts mehr wahr.
Ich weiß nicht, wie lange es dauerte, aber als ich endlich die Augen aufschlug, stand ich neben den verstümmelten und zerstückelten Tierleibern, und Ruby war nirgends zu sehen. Dann aber kam sie aus ihrer Hütte, breitete Zeitungspapier auf den Bretterboden zwischen den toten Tieren und machte sich wieder über ihr Wildbret her. Diesmal schnitt sie Leber, Nieren und Herz heraus. Die Leber und die Nieren warf sie aufs Zeitungspapier und hielt das noch warme Herz zwischen ihren Händen.
»Gut«, sagte sie, und von ihren Fingern tropfte Blut. »Mach's nach.«
Ich hielt entsetzt den Atem an.
»Mach schon.«
Ich schaffte es, die einzelnen Organe herauszuholen. Meine Jacke und meine Jeans starrten vor Blut. Während ich das Herz herausschnitt, stand Ruby nach Osten gewandt und hob das Hirsch-Herz gegen den

sich verdunkelnden Himmel. Sie fing an, in Cree zu singen. Ihr Gesang drang mir ins Herz, und ich blickte zum Mond auf, der inzwischen am wolkenlosen Frühlingshimmel strahlte. Langsam drehte sich Ruby zu mir herum, noch immer singend, einen düsteren Glanz in den Augen. »Hey eeeeh, hey yeeh.« Ihr Singsang brach ab, es entstand ein bedeutsames Schweigen, und dann sagte sie: »Es ist der Gesang des Blitzes. Er wird gesungen, um den Geist der Hirsche zu versöhnen.«
Ruby schnitt ein Stückchen Herz ab und begann es zu kauen. Sie winkte mir mit dem Messer, es ihr gleichzutun.
»Oh, nein«, stöhnte ich.
Ich stieß die Klinge in das Hirsch-Herz und schob mir ein Stückchen von dem warmen, zähen Fleisch in den Mund. Ich kaute und würgte. Mein Mund war voll Blut.
»Ho«, sagte sie und nickte beifällig.
Wir machten uns wieder an die Arbeit. Ich schabte die Haut ab und rollte sie zusammen. Die großen Augen der Hirschkühe schimmerten im Mondlicht. Inzwischen war jegliches Gefühl in mir erstorben.
Rubys Anweisungen befolgend, schnitt ich den Kopf meines Tieres ab. Ich trennte Flanken und Lendenstücke ab und warf die einzelnen Teile in einen Pappkarton. Wir füllten vier solche Kartons mit bluttriefendem Fleisch, und die Eingeweide warf Ruby den Hunden vor, die schnuppernd um die Hütte streiften. Knurrend und schnappend stürzten sie sich auf die Beute, dann rannten sie zähnefletschend davon – lange Darmschlingen hinter sich her zerrend.
Ich war erleichtert, daß die Metzelei vorbei war. So erschöpft und betäubt war ich, daß ich nur noch schlafen wollte. Ruby schleppte einen Karton mit frischem Fleisch hinein, dann kam sie wieder, um den nächsten zu holen. Ich fragte mich, wann sie mich auffordern würde, einzutreten, aber sie schleppte alle Kartons hinein und kam nicht wieder zum Vorschein. Schüchtern klopfte ich mit meinen blutverkrusteten Fingern an die Tür.
Sie machte auf. »Was?«
»Ich muß mir die Hände waschen. Darf ich hereinkommen? Ich brauche einen Schlafplatz.«
»Wasch dich morgen früh.« Sie schlug mir die Tür vor der Nase zu.
»Warten Sie einen Moment«, rief ich. »Wo soll ich schlafen?«
Ich hörte sie schroff sagen: »Geh und schlaf in deinem Auto, Wasichu.«

Mein Gott, das konnte sie nicht von mir verlangen; das durfte sie nicht. Ich hielt nach einer Wasserleitung Ausschau.
So stand ich ein paar Minuten und starrte ihre Tür an, bis mir allmählich klar wurde, daß mir nichts anderes übrigblieb, als in meinem Wagen zu schlafen. Ich trottete zurück und versuchte, so gut es ging, mich auf dem Rücksitz einzurichten. Ich hörte die Schreie wilder Tiere und verriegelte alle Türen. Viel Schlaf fand ich nicht.
Am Morgen erwachte ich, als Ruby ans Fenster klopfte. Die Alte hielt eine Blechbüchse und zwei Stücke gedörrtes Hirsch-Fleisch empor. Ich machte die Tür auf und streckte die Hand aus, zu schläfrig, um etwas andres zu tun, als dankbar zu nicken. In der Blechbüchse war eine bittere Flüssigkeit, die wie Kaffee schmeckte.
Nach dem Essen ging ich zur Hütte hinauf. Ich stellte fest, daß die Köpfe der Hirsche angenagt waren. Die Schalen und die übrigen Teile waren verschwunden. Das Blut am Boden der Veranda war aufgewischt. Ruby kam mit einem Beil aus der Tür. Sie stapfte zu einem Haufen dürrer Äste, der neben der Hütte lag, und fing an zu hacken, ohne mich zu beachten.
Lynn Andrews

Liebes Schwein

»Die Speise wird kalt«, sagte er und legte mir vor, »ich hoffe, sie wird dir munden, auch wenn sie im Bauche eines Tieres gewachsen ist. Die große Verwandlung, deren wir zivilisierten Menschen bedürfen, um den Ekel zu überwinden, ist schon gewesen. Das Leben ist zerstört, die Form gesprengt, das Blut geronnen, die Maske der Zubereitung und Anrichtung ist darübergezogen; das Sichtbare ist ein herrliches und bekömmliches Gericht.«
Wir aßen, wir tranken. Vielleicht, um Gedanken in mir zu verwischen, trank ich reichlich von dem milden gesegneten Wein.
»Die meisten Menschen kennen Lionardo nicht«, begann er wieder, »sie denken wie jene menschenfressenden Wilden. Du hast mir erzählt, daß auch das kleinste Haus auf dieser Insel seinen Schweinekoben hat, und daß ein Schwein darin zum Julfest gemästet wird. Während nun das Tier fetter und fetter wird, sagen die Kinder: – Was für ein liebes Schwein, wie freundlich es uns mit seinen blauen Augen anblickt. – Ist der Schlachttag gekommen, können sie nicht genug daran tun, es zu zerren und zu treten, damit es aus dem Koben herauskommt. Sie legen ihre Hände dazu, damit es gefesselt auf die Pritsche kommt. Mit wollüstiger Begeisterung schauen sie zu, wie der Schlachter das Fett der Wamme aufschneidet, um mit dem Messer, wie die Zähne eines Wolfes, die Adern aufzureißen. Sie hören das Schreien des Schweines gar nicht. Sie stellen den Eimer unter, damit das Blut aufgefangen werde. Wenn der Leichnam wie am Kreuz aufgehängt und geborsten wie der des Judas ist, sind ihre Hände eifrig über dem Gedärm, um das Fett davon abzureißen. Sie sagen: – Es ist unser Schwein. – Und: – Unser Schwein ist schön fett. Es war ein gutes Schwein. – Und später, wenn sie bei Tische sitzen und die ersten dampfenden Blutwürste verzehren, sagen sie: – Es war ein liebes Schwein. Es ist sicherlich sehr dankbar, daß wir es verzehren und nicht einem Schlachter verkauft haben. Nicht wahr, dafür muß das Schwein uns doch dankbar sein? – Die Kinder sind nicht anders. Der Mensch ist nicht besser. Die Natur hat es so eingerichtet. Ich werde mit Genuß essen, solange ich den Wunsch habe zu leben.« *Hans Henny Jahnn*

Schlachtfest

Da wurde mit der Jugend der Nachbarschaft ein Vogelschießen veranstaltet, am Johannistag um eine hohe Blumenpyramide von Rosen und weißen Lilien getanzt, oben die herrlich duftende Vorratskammer besucht, wo die süßen Zapfenbirnen und anderes frisches und trockenes Obst in Haufen lagen, unten der Schweinestall mit seinen Insassen rekognosziert, und welch ein Festtag, wenn das Tier geschlachtet wurde! Zwar durfte ich bei dieser Exekution nicht zugegen sein und hörte die durchdringenden Seufzer nur von ferne; aber dann sah ich das schöne Fleisch gar appetitlich zerlegen, das Wellfleisch kochen, und das kleine, einfenstrige Wohnstübchen war für den Metzgermeister zum Wurstmachen hergerichtet. Ein Geruch von süßem Fleisch, kräftigem Pfeffer und Majoran durchwürzte die Luft, und welche Wonne, zu sehen, wie die hellen langen Leberwürstlein samt den teils schlanken, teils untersetzten oder gar völlig korpulenten Blut- und Magenwürsten in dem Brodeln des großen Kessels auf- und untertauchten, endlich herausgefischt und probiert wurden. – Wie lebendig wurde es dann im Lädchen, die Klingel bimmelte ohne Aufhören, denn »Müllers hatten ein Schwein geschlachtet«, und so kamen die Kinder in Scharen mit Töpfchen und Krügen, und immer wiederholte sich die Bitte: »Schenken Sie mir ein bißchen Wurstbrühe«, oder »für zwei Pfennig Wurstbrühe, Herr Müller!«

Ludwig Richter

Blutwurst, Leberwurst, Bauernwurst

190. **Blutwurst.** a) Das Blut ist beim Schlachten in eine weite Schüssel aufzufangen. Dann schüttet man es rasch in einen tiefern Kessel, worin ½ Glas Wasser mit 2 Löffel Essig bereit ist. Letzteres bewirkt das vollständige Ausscheiden des Faserstoffes, zu welchem Zwecke das noch warme Blut so lange tüchtig geschwungen wird, bis derselbe sich in länglichen Fetzen um die Schlagrute legt. Zu wenig geschlagenes, schwärzlich gewordenes Blut ist unbrauchbar.
Zu 2–3 größeren Blutwürsten hackt man 2–3 größere Zwiebeln mit 120 g gutem Darmfett fein, dämpft beides zusammen, bis es gelblich wird, löscht dies dann langsam unter stetem Umrühren, daß es sich nicht scheidet, nach und nach mit ½ l Rahm und ½ l Milch ab. Sobald sich das zusammen gut verbunden hat, mischt man ½ kg fein gewürfelten oder grob gehackten, verwellten Halsspeck dazu und endlich 1 l gut gerührtes und gesiebtes Blut. Man würzt mit hinlänglich Salz, Pfeffer, ein wenig Nelken, geriebenem, dürrem Majoran und Thymian nach Geschmack, füllt die wohl gemengte Masse locker in 2–3 Krausdärme, die unten bereits fest gespeilt sind. Gut verspießt, legt man sie nacheinander zum Verwellen in die gut laue Brühe vom Wellfleisch und läßt diese unter öfterem Bewegen und Heben der Würste nie zum Kochen kommen. Sobald die Würste sich blähen und schwimmen, sticht man da und dort mit einer Nadel ein, damit sie nicht springen. Sobald kein Blut mehr, sondern nur noch Fett beim Hineinstechen austritt, sind sie fertig. Man schreckt sie in kaltem Wasser ab und legt sie zum Abtrocknen auf reine Tücher. Diese Wurst kann kalt auf Butterbrot, wie Bratwurst gebraten, gegeben werden.

191. **Leberwurst.** a) 1–1 ½ kg in handgroße Stücke zerlegte Schweinsleber wird so stark gebrüht, daß sie außen weiß und fest, innen aber noch rotbraun ist. Sie wird dann sorgfältig gehäutet und gut aus Adern und Sehnen geschabt. So vorbereitet, läßt man sie noch dreimal durch die Hackmaschine. Ferner läßt man 1 kg gut durchzogenes, aber weißes, gewelltes Bauchfleisch ebenfalls dreimal durch die Maschine (hat man keine solche, so muß man Leber und Fleisch sehr fein hacken). ½ kg verwellter, erkalteter Speck wird in kleine Würfelchen geschnitten oder zu feinerer Wurst fein verhackt und 1 große, fein gehackte Zwiebel mit 125 g feingehacktem Darmfett weich geschmort. Dies alles, ohne die Speckwürfel, wird innig miteinander vermischt, dann würzt man die Masse mit 70–80 g Salz, mit reichlich geriebenem Majoran und halb so viel Thymian, ferner gibt man englisches Gewürz, weißen Pfeffer und ein wenig Nelken hinzu, arbeitet dies alles noch einmal tüchtig durch und mengt dabei die Speckwürfel, welche möglichst gleichmäßig verteilt werden sollen. Man füllt dies Wurstgut in dünne Schweinsdärme ziemlich fest ein, verbindet sie gut und läßt sie in der Wellbrühe, ohne daß hineingestochen wird, ½ Stunde sachte köcheln. Man nimmt sie aus dem Kessel und legt sie in recht kaltes (wenn möglich mit Eis versehenes) Salzwasser. Nach 1–2 Tagen werden sie schön weiß werden. Man nimmt sie dann heraus, trocknet sie ab und hängt sie auf oder legt sie nach einigen Stunden in einen weiten Topf, worin sie sich, mit Schweinefett überfüllt, längere Zeit frisch halten.

194. **Bauernwurst.** 3 kg mageres Bauchfleisch von einem gut gemästeten, gesunden Schweine schneidet man in kleine Stücke und läßt es zweimal durch die Hackmaschine. 1 kg guter Speck wird ebenso zerschnitten und einmal durch die Maschine genommen. Das Fleisch und der Speck werden abwechselnd so in die Maschine gefüllt, daß je 2 ½ Löffel Fleisch auf 1 Löffel Speck genommen werden. Danach knetet man die Masse ¾ Stunde durcheinander. Das so bearbeitete Wurstgut wird nun mit 140–150 g feinem, trockenen Salz und 25–30 g gröblich gestoßenem schwarzen Pfeffer gewürzt und hierauf nochmals ¼ Stunde geknetet. Die Därme (Rindsmitteldärme oder Schweinsfettdärme, 35–50 cm lang) werden sehr sauber getrocknet und gut eingefüllt, so daß nirgends Blasen oder Lücken entstehen. Man drücke sie daher vorsichtig nach, binde sie dann kranzförmig zusammen und hänge sie

2–3 Tage an einem trockenen, aber frostfreien Ort auf. Man räuchert sie recht langsam in guter, luftiger Rauchkammer 10–14 Tage oder nach eigenem Gutfinden, je nach der Raucheinrichtung, auch kürzere oder längere Zeit. Man verwahre sie an frostfreiem Orte. *Susanna Müller*

Hanswurst

Man müsse sich darüber klar werden, insistierte Nockenbrenner, daß der Hanswurst eine tieftragische Figur sei, müsse den Begriff auf seine Bestandteile und die Bestandteile auf ihren Inhalt hin untersuchen. Mit dem Begriffsinhalt des ersten Teils, des »Hans«, könnte man sich noch abfinden. Schön, Namen wie Johann, Giovanni, Jean, Schani und dergleichen würden in den meisten Fällen für gesellschaftlich untergeordnete Kategorien verwendet, für Kellner und Domestiken, schön und gut. Aber die Wurst, die Wurst! Jubelndes Leben, von grausamen Messern zerfleischt und in einen Darm gedrängt! In beizendem Rauch zur Mumie geworden, mit ätzenden Gewürzen balsamiert – und dann noch der Knoblauch, den unverständige Selcher hinzutun, diese Charcutiers pompefunèbres, diese schurkisch gedunsenen Dickwänste, denen die elementarsten Grundsätze der Metaphysik ewig fremd bleiben werden. Denn wozu wäre der Knoblauch, das altehrwürdige Volksmittel gegen Vampire, hier überhaupt gut? Wann wäre es einem Vampir jemals eingefallen, an Würsten zu knabbern? Und weiter! (Nockenbrenner war in schlotternde Rage geraten und nicht mehr aufzuhalten, der Angstschweiß präziser Forscherarbeit saß in glitzernden Stecknadelköpfen auf seiner Stirn.) Weiter! Aus Baldrian und Pimpinellen ist der Todeskranz all der Namenlosen geflochten, die das Massengrab Wurst füllen. »Hat einer von euch« – und Nockenbrenner vollführte mit dürrer Faust einen völlig wirkungslosen Schlag gegen den Tisch –, »hat irgend jemand schon daran gedacht, einer Wurst zu Allerseelen ein Totenlichtlein anzuzünden? Weil vielleicht ein verschollener Bruder in dieser Delikatesse sein Grab, seine zweizipflige Ruhestätte gefunden hat?«
Fritz von Herzmanovsky-Orlando

Zwischenstück:
Die biologische Überlegenheit der Fleischesser
und einige andere Überlegungen zum Vegetarismus

Die biologische Überlegenheit der Fleischesser

Einen wissenschaftlichen Beweis für die vielfach vorgetragene Behauptung, daß Fleischkost schädlich und die Ursache der sogenannten Kulturkrankheiten sei, gibt es nicht. Vegetarier sterben jung und sterben alt und ebenso ist es unter den Fleischessern. Eine Beziehung zwischen Ernährungsweise und Lebensalter gibt es nicht. Älter, geistesfrischer und im Greisenalter produktiver als die Fleischesser Goethe, Haydn, Kant und Humboldt, Voltaire und Buffon, um nur sechs Menschen *einer* Zeitepoche zu nennen, braucht niemand zu sein und werden auch die Vegetarier nicht werden. Der Meister des Cellospiels, Heinrich Grünfeld, erreichte an seinem 70. Geburtstag, den er in voller Künstlerfrische beging, in der Sammlung der Menukarten, die er zur Erinnerung an genossene Gastmahle aufbewahrte, die Zahl – 6000; und weder Podagra noch Herzverfettung, Leberverhärtung oder Arterienverkalkung warfen einen Schatten auf den Lebensabend dieses an Arbeit und Genuß überreichen Daseins. Ein weibliches Gegenstück dazu bildet die in der Geschichte der modernen englischen Gesellschaft bekannte Elisabeth Lisle, die 1925 starb und dabei eine Freundin von Disraeli, Dickens und Browning gewesen war. 104 Jahre wurde sie alt und war bis kurz vor ihrem Tode rüstig, und das Geheimnis ihrer Altersfrische erklärte sie durch den täglichen reichen Genuß von – Schweinefleisch. Auch die Behauptung, daß vegetarische Ernährung die Leistungsfähigkeit steigert, ist mit größter Vorsicht aufzunehmen; daß eine Lebensweise, die von ihren Anhängern mit Begeisterung durchgeführt wird, deren subjektives Kraftgefühl hebt, daß eine einfache vegetarische Kost, zu der sich ein alter Sünder, wenn ihn das erste Zipperlein packt, aus Überdruß am Sattsein bekehrt, für seinen überladenen Organismus einen Jungborn bedeutet, daß Sportsleute, die ihre Aufgabe so ernst nehmen, daß sie ihre ganze Lebensweise auf sie einstellen, größere Durchschnittsleistungen aufzuweisen haben als ihre weniger opferfreudigen, weniger hingebungsvollen Gegner – all das beweist nichts zugunsten der gewählten und ebensowenig zuungunsten der verpönten Kost. Würde die vegetarische Lebensweise wirklich die Kräfte steigern, so wären nach dem Gesetz der automatischen Selbststeuerung ganz naturgemäß die Sportsleute schon längst alle Vegetarier geworden, denn schon im grauen Altertum wurden von den Ringkämpfern, Dauerläufern und Athleten genau wie heute alle möglichen Ernährungsmethoden und Lebensweisen ausprobiert. Aber die berühmtesten von ihnen wie Milon von Kroton waren gewaltige Fleischesser, und noch heute werden fast alle Weltrekorde von Nichtvegetariern gehalten.

Infolge der Nachteile der Pflanzenkost ist der Fleischfresser dem Pflanzenfresser biologisch überlegen. Er ist leichter gebaut, weil er keine so großen Verdauungsapparate mit sich zu schleppen braucht; er trägt keine großen Nahrungsmengen mit sich herum; die aufgenommene Nahrung verdaut er rasch und ergiebig, so daß er sich schnell des Nahrungsballastes entledigt und von großen Kotrückständen befreit ist; er braucht, da er eine äußerst konzentrierte, voll ausnutzbare und rasch verdauliche Kost genießt, nur selten Nahrung aufzunehmen und nur einen geringen Teil seiner Zeit der Nahrungssuche, Nahrungsaufnahme

und Nahrungsverdauung zu opfern. Durch diese weitgehende Emanzipation von der Notdurft der Ernährung hat der Fleischfresser einen wesentlich größeren Teil seiner Lebenskräfte und Entwicklungsenergien auf die Ausbildung seiner Muskel-, Hirn- und Sinnestätigkeiten verwenden können, und so überragen in der Tat in allen Tierklassen die Fleischfresser die Pflanzenfresser durch Körperkraft, Temperament, Intelligenz und Zweckmäßigkeit im Sinne höherer Leistung. Der Habicht triumphiert über das Huhn, der Tiger über das Zebra, im Reich der Lüfte herrscht der Adler, nicht der Papagei, und der kleinere Löwe, nicht der Riesenelefant ist der König der Tiere.
An der Tatsache der biologischen Überlegenheit der Fleischkost für das Tier und den Menschen des Naturzustandes kann somit kein Zweifel bestehen. Ebensowenig an der Tatsache, daß die Wendung zur Fleischkost eines der wertvollsten Entwicklungsmomente in der Geschichte des Menschengeschlechts gewesen. Aber:
Die für das Tier und den Menschen des Urzustandes gültigen Grundsätze der Ernährung haben für den Menschen der Kulturzeit keine bindende Gültigkeit mehr. Durch die Kultur der Pflanzenzucht und Speisebereitung hat der Mensch die Nachteile der Pflanzenkost zum größten Teil ausgeschaltet. Er rupft kein Gras mehr, sondern baut Weizen und Roggen. Er frißt keine Körner mit unverdaulichen Zellulosehüllen sondern befreit das Mehl aus seinen harten Hülsen, er würgt kein trockenes Mehl herunter, das Unsummen von Speichel und Verdauungssaft verlangt sondern bereitet daraus das Brot, das an Nahrhaftigkeit und Verdaulichkeit dem Fleisch nur wenig nachsteht. Den Fettmangel ersetzt er durch Zugabe von Butter. Die Nährkraft von 8 Litern Milch komprimiert er in ein Stückchen Käse. Den Süßstoff von 1000 Beeren kondensiert er in ein Glas Gelée. Was das Tier des Feldes mühsam stundenlang zusammensucht, von den Bäumen herunterreißen, aus dem Boden hervorwühlen muß, was im Stroh eingeschlossen, durch Stacheln vergittert, durch Fasern verbastelt draußen in Busch und Dornenhecken verstreut gehangen, das trägt ihm der Kellner auf einer Porzellanplatte gesotten und gesalzen, garniert und durch Zutaten aller Art mundgerecht bereitet herein, und was ein Tier nicht mit 10 Pfund Gras zusammenschnuppert, gabelt er mit ein paar Bissen mühelos hinunter.
Die vegetarische Kunstkost des Menschen läßt sich mit der Pflanzenkost des Tieres nicht mehr in eine Linie stellen.

Daß der Mensch trotz seiner andersartigen Konstitution sich mit der vegatarischen Kunstkost ausreichend ernähren kann, ist durch zahllose Beispiele erwiesen. Ob allerdings die vegetarische Lebensweise zu innerst und vor allem auf die Dauer, d. h. durch Generationen hindurch fortgesetzt sich der Gemischtkost als ebenbürtig erweist, ist eine nicht zu entscheidende Frage. Die historische Erfahrung scheint dagegen zu sprechen. Die Herrschervölker der Geschichte von den alten Babyloniern bis zu den heutigen Angelsachsen waren Fleischesser. Die Patriarchen der Bibel schlachten dem Gast zu Ehren das Zicklein, und die Helden Homers schmausen nach beendetem Kampf ebenso ihren Riesenbraten wie später ihre Enkel nach den olympischen Spielen, und wie heute die Lords nach vollendeter Konferenz, in der sie kategorisch über das Schicksal vegetarischer Völker entscheiden, sich an ihrem Roastbeef delektieren.

Ein ganz anderes Gesicht dagegen gewinnt das Problem, wenn man es vom ethischen Standpunkt aus betrachtet. Die Stärke des Vegetarismus liegt nicht in seinen wissenschaftlichen, sondern in seinen moralischen Grundsätzen. Daß die Fleischkost für den Menschen der Vorzeit ein Siegesmittel im Kampf um die Eroberung des Erdballs gewesen, beweist nicht, daß der Mensch auf der Kulturstufe der Friedensbewegung und des Esperanto, der Nobelpreise und des Naturschutzparks noch immer Tiere schlachten und mit den herausgerissenen Eingeweiden Hackepeter machen müsse, daß der Mensch, der Büchsenkonserven und Schokolade, Kaffeextrakt und Kondensmilch in seinem Rucksack trägt, noch auf Fleischkost angewiesen sei, um weitere Kulturfortschritte zu machen. Vielleicht ist es nunmehr, nachdem der Mensch, gleiches bekämpft man ja nur mit gleichem, mit Hilfe der Gewalt Herrscher über alles Lebende und alle Länder geworden, Zeit, an Stelle der Macht der Kraft die Macht der Sittlichkeit zu setzen, mit den Waffen der Hand auch den Reißzahn des Mundes abzustreifen und mit dem Menschenmord auch die Schlachtung des Tieres zugunsten einer höheren reineren und edleren Ernährungsform aufzugeben – Kulturvegetarier zu werden. Und so ist es in der Tat: der Vegetarismus ist weniger eine Ernährungsform als eine Weltanschauung. Nicht: Du wirst kräftiger!, sondern: Du sollst nicht töten! Steht unter Dieffenbachs wundervollem Programmgemälde des Vegetarismus. »Du fragst mich«, schreibt Plutarch, »aus welchem Grunde Pythagoras sich des Fleischessens enthalten habe? Ich dagegen möchte wissen, welche Leidenschaft welche Stimmung oder welcher vernünftige Grund jenen Menschen bestimmte, der als erster Blut mit seinem Munde berührte und das Fleisch eines toten Tieres an seine Lippen brachte, der tote Körper und Leichen als Zukost und Leckerbissen auf seinen Tisch setzte, Glieder, die kurz vordem noch kreischten und brüllten, sich bewegten und sahen, so wie das Auge das Schlachten, Abziehen und Zerstückeln ansieht – nach jenem also muß man fragen, der das zuerst angefangen und demnach es in späterer Zeit aufgegeben.« Die großen Ethiker Diogenes, Empedokles, Zeno und Epikur, Plato und Sokrates, Plotin und Seneka waren aus moralischen Bedenken Vegetarier; Buddha, Zoroaster, Kungfutse und Laotse verboten ihren Anhängern Fleischkost aus ethischen Gründen. *Fritz Kahn*

Der Hecht

Ein Hecht, vom heiligen Anton
bekehrt, beschloß, samt Frau und Sohn,
am vegetarischen Gedanken
moralisch sich emporzuranken.

Er aß seit jenem nur noch dies:
Seegras, Seerose und Seegrieß.
Doch Grieß, Gras, Rose floß, o Graus,
entsetzlich wieder hinten aus.

Der ganze Teich ward angesteckt.
Fünfhundert Fische sind verreckt.
Doch Sankt Anton, gerufen eilig,
sprach nichts als »Heilig! heilig! heilig!«

Christian Morgenstern

Schwelgen in Schuld

»Denken Sie einmal an die schrecklichen Metamorphosen, die unsere unersättlichen Zungen der Natur aufgezwängt haben, denken Sie nur an die grausame Kunst, den Gänsen eine ungeheure Leber wachsen zu lassen; an die Gefiederwuchs verhindernde Aufzucht der Hähnchen von Wantzenau in Tonbehältern; an das Messer, das in die Eingeweide der Hühner dringt, um sie zu Poularden oder Kapaunen zu verstümmeln; an die ewig betrunkenen Kälber, die vom Bier gemästet hilflos in den Boxen liegen, um uns ein weißes Schnitzel und eine zarte Haxe zu garantieren! All diese Scheußlichkeiten geschehen, um unser Streben nach Leckereien zu befriedigen!«

Die Kotta litt. Welch bestürzte Augen sie machen konnte. Einen Moment zweifelte Paul, ob er nicht doch zur wahren einzigen Liebe fähig war.
Der Champagner kam. Paul hob das Glas auf die schwindende, heile Welt der Bienen, Vögel und Fische, die allen Methoden der Maggi und Knorr, Wimpy, MacDonalds und Oetker bislang entkommen waren, und pries Spargel, Kartoffel und Wurzel, die sich dem wütenden Zugriff der im Namen der unersättlichen Zungen wütenden Industrie durch die arterhaltende Flucht ins Erdreich entzogen.
Die Kotta nippte traurig am Glas und schwelgte weiter in Schuld. »Nehmen Sie den Sklavenhandel, Paul. Wir verschacherten die Neger um ungehinderter einige Leckereien wie Zucker, Bananen, Kaffee genießen zu können.«
Die Kotta war kurz vor den Tränen. Es war nicht das erste Mal, daß Paul erleben mußte, wie sie ihr Gewissen dressierte. Es biß sie wohl hin und wieder, aber Paul war sicher, es küßte sie zugleich. Diese ins Allgemeine ausufernden Selbstvorwürfe eines verwöhnten Gaumens dauerten in der Regel nur bis zur Vorspeise. Wo sie nur blieb? *Otto Jägersberg*

**wunsch-programm
einer verfressenen vergessenen versessenen**

gern würde sie
von bildern satt
voll
liebe über-
druß und schwer
geschockt
ausladend mit-
leidend
fleisch
nie mehr!
essen, keine
federn tragen
haut verschmähn
für ihre füße
und ihr eigentum.
nicht schneiden
sondern sanft belassen
ihr haar. verflochten
sein –
nicht haben nicht nehmen
von tieren und menschen
gewaltsam. nicht trinken
die milch die den kälbern gehört
soja stattdessen
biologisch dynamisch
tofu
kann sie selbst machen
bohnen versuchen und
die früchte der saison
reis
ohne gier
zu zerbeißen
mit bedacht will sie
kauen verdauen

vertrauen möchte sie und
stillen autonom
kinder tragen
gehen lassen
zur zeit. ihre nahrung
quillt
aus zufall & abfall. oft
plant sie für viele
zu kochen unter freiem himmel
überraschend
zu würzen das tägliche
genießen könnte sie
was ihr zukommt
ohne krampf, gleichmütig
schwellend
und magernd –
ja könnte sie
so nur
ungestört
umgehen
die fresser

Marie-Luise Könneker

Wer aber nicht ißt, soll den, der ißt, nicht richten

Der eine glaubt, alles essen zu dürfen, der Schwache aber ißt nur Gemüse. Wer ißt, soll den nicht verachten, der nicht ißt, wer aber nicht ißt, soll den, der ißt, nicht richten; denn Gott hat ihn angenommen. Wer bist du, der du einen fremden Knecht richtest? Er steht oder fällt dem eignen Herrn. Er wird aber stehenbleiben, denn der Herr vermag ihn aufrechtzuerhalten. Der eine beurteilt einen Tag anders als den andern, der andre beurteilt jeden Tag [wie den andern]. Jeder soll in seinem eignen Sinn völlig überzeugt sein. Wer etwas auf den Tag hält, der hält für den Herrn darauf, und wer ißt, der ißt für den Herrn, denn er sagt

Gott [dabei] Dank; und wer nicht ißt, der ißt für den Herrn nicht und sagt Gott [dabei] Dank. Keiner von uns lebt ja sich selbst und keiner stirbt sich selbst; denn leben wir, so leben wir dem Herrn; sterben wir, so sterben wir dem Herrn. Wir leben nun oder wir sterben, so sind wir des Herrn. Denn dazu ist Christus gestorben und lebendig geworden, damit er sowohl über Tote als über Lebendige Herr sei. Du aber, was richtest du deinen Bruder? Oder auch du, was verachtest du deinen Bruder? Denn wir alle werden vor den Richterstuhl Gottes treten müssen. Es steht ja geschrieben:
»So wahr ich lebe, spricht der Herr, mir wird sich beugen jedes Knie, und jede Zunge wird Gott preisen.«
Also wird jeder von uns für sich selbst Gott Rechenschaft geben müssen.
Lasset uns nun nicht mehr einander richten, sondern das haltet vielmehr für recht, dem Bruder nicht Anstoß oder Verführung zu bereiten. Ich weiß und bin im Herrn Jesus überzeugt, daß nichts an und für sich unrein ist, sondern nur für den, der meint, es sei etwas unrein, für den ist es unrein. Denn wenn um einer Speise willen dein Bruder in Betrübnis gerät, wandelst du nicht mehr der Liebe gemäß. Bringe durch deine Speise den nicht ins Verderben, für den Christus gestorben ist! So gebet nun das Gut, das ihr habt, nicht der Verlästerung preis! Denn das Reich Gottes besteht nicht in Essen und Trinken, sondern in Gerechtigkeit und Frieden und Freude im heiligen Geist. Denn wer darin Christus dient, ist Gott wohlgefällig und bei den Menschen bewährt. Also lasset uns nun nach dem trachten, was zum Frieden, und nach dem, was zur Erbauung untereinander dient! Zerstöre nicht um einer Speise willen das Werk Gottes! Alles zwar ist rein; aber verderblich ist es für den Menschen, wenn er es trotz dem Anstoß ißt. Es ist gut, kein Fleisch zu essen und keinen Wein zu trinken noch etwas [zu genießen], wobei dein Bruder Anstoß nimmt oder verführt oder schwach wird. Du hast Glauben; habe ihn für dich selbst vor Gott! Wohl dem, der sich selbst nicht richten muß in dem, was er gutheißt! Wer dagegen zweifelt, wenn er ißt, der ist verurteilt, weil es nicht aus Glauben geschieht; alles aber, was nicht aus Glauben geschieht, ist Sünde. *Römerbrief 14*

Privates Veto

Niemand, kein Lebewesen, auch nicht das grausamste, häßlichste, absurd geformte, hat es zu vertreten, daß es frißt, fressen muß und sich der Mittel zur Nahrungsgewinnung bedient, die ihm zur Verfügung stehen. Ich bin völlig außerstande, ein gewichtiges Argument gegen die Menschheit, ihre Schlachthöfe, ihre Kriege unter einander[?], gegen ihre Fischzüge, gegen die Explosionen, die sie im Leibe der Wale mittels Harpunen hervorruft, gegen die Verwüstung der Wälder, gegen das Ausspan⟨nen⟩ von Drähten über schön geformten Landschaften, gegen die allmähliche Ausrottung fast aller Säugetierarten, dieser nahen Verwandten, mit Gewehr, Fallen, Entzug des Lebensraumes, gegen alles was den Menschen so fortschrittlich toll erscheinen läßt, vorzubringen. Ich kann immer nur feststellen, daß mich ekelt⟨,⟩ daß ich ein privates Veto einlege. Daß ich im expansiven wilden Nützlichkeitstun eine Dummheit ohne Gleichen erblicke – eine Dummheit, wie sie nur sehr wenigen anderen Tieren zu eigen ist. Denn die Alleinherrschaft, die Alleinmacht, die Alleinform führen in den unbedingten Untergang. Da der Mensch angeblich die Gabe besitzt, Ursache und Wirkung, die Kausalität innerhalb eines wenn auch nicht unbegrenzten zeitlichen und örtlichen Umkreises zu überschauen, [...] da er sogar Richtlinien für sittliche Ordnungen aufgestellt hat, um den jeweiligen Augenblick in Beziehung zu den nachfolgenden und sogar zur Ewigkeit zu setzen, so muß ein Verhalten, das die Sicherung des Daseins bedenkt, aber entgegen dem gewonnenen Denkresultat handelt, mit dumm bezeichnet werden. – Ich bin nach langem Überlegen zu dem Ergebnis gekommen, daß einzig das

Mitleid, das die Natur gegen ihre Geschöpfe nicht kennt und ⟨das⟩ offenbar die ungöttlichste aller Eigenschaften ist, das einzig wirksame Mittel gegen die Dummheit darstellt. Denn es fordert, daß der menschliche Geist sich aus sich heraus begibt und fremde brüderliche ⟨(⟩Das Mitleiden setzt etwas voraus: den Schmerz. / Das Mitleid fordert kleine Zahl.⟨)⟩ Annäherung sucht – die Ausdehnung der Liebesmöglichkeit seiner Seele.
Das Mitleid fordert eine Voraussetzung: die Kenntnis, die Anerkennung fremden Schmerzes. Wer ihn leugnet und nur auf seinem eigenen besteht, ist ein Apostel der Gewaltanwendung, ein Zerstörer, ein Vollstrecker eines Ewigkeitsurteils, dem keinerlei mildernde Umstände zugrunde gelegt wurden – einzig die grenzenlose Gleichgültigkeit. –
Nichts liegt mir ferner, als die Schwere des Entscheides zu bestreiten. Wohl weiß ich, daß Philosophen und die Masse der Daseinswütigen eine Einheit gegen ⟨das⟩ reale Mitleid bilden, denn es verlangt als sittliche Forderung Opfer, Bescheiden, eine menschliche Lebenspraxis.

Hans Henny Jahnn

Nur eine kleine elegische Szene

Nein, heute ist nichts weiter vorgefallen, was ich historisch nennen könnte, der Tag ist total vorbei! – und nichts, was nur den Hund hätte zum Bellen gebracht. – Nur eine kleine elegische Scene. Die Großmama hat manchmal einen Verdruß an so einem Federvieh, wenn es in ihre Hausordnung sich nicht fügt, so muß es geschlachtet werden, diesmal traf das traurige Los der Hinrichtung ein impertinentes Huhn, was immer mit großer Geschwindigkeit die Waizenkörner, welche sie für alle streut als Dessert zum Haber, für sich allein erschnappte. Dies Huhn war von *Meline* in Affection genommen gleich als es auskroch, heißt Männewei, von Mannweibchen, weil es lang unentschieden blieb, ob das Tier ein Hahn oder Huhn sei, da es einen so roten, stolzen, doppelten Kamm und einen schönen roten Bart hat, kurz ich komme grade an der

Küche vorbei, wie die taube *Agnes* auf dem Schemel sitzt, das Huhn zwischen den Knieen das Messer wetzt. – Ich springe hinzu, zieh den Schemel unter ihr weg, sie fällt auf die Nase, das Huhn unter dem Messer weg flattert mit großem Geschrei durchs Küchenfenster; es war die Zeit, wo die andern Hühner schon alle im Hühnerstall mit ihrem Hahn der goldnen Ruhe genießen, kaum hörten sie aber das Notgeschrei der Henne, als alle loslegten mit Gackern! Ich war voll Schreck über meine Kühnheit, die Hinrichtung zu verhindern. Ich jagte das Huhn durch den Garten, ganz am End der Pappelwand fing ichs erst ein, wo sollte ich mit hin, bracht ichs zurück, so wurde es dennoch abgetan, aber mir schauderte, eine Suppe von diesem Huhn zu essen. – Ich marschierte zum Gärtner im Boskett. – Der nimmt es unter seine Obhut, bis bessere Zeiten kommen – Wie kann man auch Tiere, die täglich unter uns herum laufen, uns trauen, einem nicht aus dem Weg gehen, plötzlich, was sie gar nicht gewärtig sind, über sie herfallen und fressen. Die taube *Agnes* ist sehr erschrocken, daß der Poltergeist die Schawell unter ihr weggezogen hat, sie erzählt noch mehrere Fälle von diesem Spukeding; – einmal war es mit ihrer Haube ausgerissen, – sie war aber am Fensterriegel hängen geblieben. – Diesmal mit der Henne, keiner glaubt ihr das, aber jeder wundert sich, daß es verschwunden ist und nicht wieder erscheint. – Und endlich, meint die *Agnes*, werden wirs doch einsehen, daß es spukt. Die alte *Kordel* setzte sich mit dem Rädchen herbei, die *Agnes* erzählte lauter Geschichten von Küchenteufel, eine ganz apparte Klasse; wollt ich auch jetzt sagen, daß ich das Huhn weggeschleppt habe, keiner würde es glauben. – Abends beim Sternenschimmer, wo ich den Kopf weit aus unserm Mansartfenster streckte, um recht viele Sterne zu Zeugen meines feierlichen Schwures aufzurufen, tat ich das Gelübde, Alles dran zu wagen, wenn ich einen Menschen in Gefahr sehe und wenn auch selbst das Messer schon über seinem Haupte schwebt. – Ein rascher Entschluß vermag viel, aber Zagen ist das Verderben aller Großtaten! Hätt ich nur einen Augenblick mich besonnen, so lebte jetzt kein Männewei mehr! – Und mit so einem Tier ists eine besondere Sache, man weiß nicht, ob es ein Jenseits hat, doch lebt es gern, doch hat es mehr mit der Natur zu schaffen wie wir, doch gehört ihm die Welt, jeden Augenblick es drauf verweilt, ja es ist der Mühe wert, ein Leben zu retten, sei es, welches es wolle. *Bettina von Arnim*

In Küche und Keller

Fleischkeller

Lebewohl, auf wiederseh'n. 1,867.
Wihr sind nun wieder im Keller und haben das äußere und innere der beiden riesenhaften Gewölbthoore passiert, welche des Nachts ver= schlossen werden. Links dem Eingang, im Keller, befindet sich, innert= halb des Aalenzitt, ein großes Schlachthaus, allwoh Tag für Tag durchschnittlich 28 bis 40 fette Riesen=Ochsen, 60 bis 80 Rinder, 250 bis 300 Schweine, 150 bis 200 Schafe, ferner Ziegen, Hunde, Pferde, Maulthiere und wohl über 500 Kälber geschlachtet werden und, das großentheils eingesalzene Fleisch, sammt Wurstwhahren und Gelee, per Schiff, Wagen und Eisenbahn. Durch alle Welt im Handel verwerttet wirt. Auch Fische der mannigfalltigsten Ahrten, werden Hier eingesal= zen und zuhbereittet und, »karammbola! ʃWas ist denn Diess für ein riesenhaftes Brett! Antwort. Das ist kein Brett. Das ist ein Fleischblok! Und zwahr der größte in der gantzen Wellt. Dieser hat an seiner Oberfläche 56 Fuß im Durchmesser, ist 28 Fuß lang und dafon, 24 Fuß in den Sandstein=Grund des Kellers eingesenkt, zeigt Er über dem Keller= boden nur 4 Fuß Höhe. 120 Metzger können rings um Denselben bequem Ihr Handwerk verrichten und Jeder hat einen eisernen Tritt, an seinem Standohrt, von 1½ Fuß im Durchmesser. Besagter Fleisch=Blok wurde im Septem- ber 1,461 aus Amerika bezogen und stammt von einer kerngesun- den, uhralten Eiche aus dem Staat Utta! Wurde auf einer extra erbautten Riesenbarke mittels Schleppdampfer nach dem Schwefel=Seetransportiert und woog das enorme Gewicht von

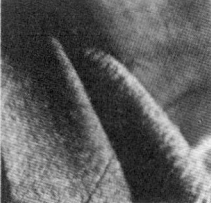

9,673 Zentner. Besagter Blok wurde von König Bramannt dem 4. ange=
kauft, zum Preis von 136,000 Fr. und ist Derselbe noch Heutte fast wie
neu. Der Blok kann mittels Hebegrahnen gehoben und, die untt'r Ihm
befintliche Höhlung, mit Matterial ausgefüllt werden.» Ab'r! Nochamal.
ʕWas sind dah für Werkzeuge. Auf dem Fleischblok! Auf den Fleischbän-
ken! an den eisernen Haaken und Nägel, den Pfeilern und Wänden
entlang hängend, der Teufel könntte Darob stutzig werden.« Und! ʕWo
haben Sie denn meine Bestellung. ʕAch, was! Die Hand vor's Maul! Dah
haben Sie's. Ha=ha=ha=ha=ha=ha=ha=ha=ha.   *Adolf Wölfli*

Unser Hausstand

Unser Hausstand umschloß in jenem Augenblick (1825) siebzehn
Menschen: die Eltern, acht Kinder, von denen die vier jüngsten einander
fast Jahr auf Jahr gefolgt, und also noch alle völlig hilfsbedürftig waren,
drei Commis, einen Lehrling, eine Köchin, die alte Kinderfrau, welche
zur Wartung der kleinen Schwestern wieder zu uns zurückgekehrt war,
und endlich eine Amme. Das war ein Personal, welches eine Menge von
Bedürfnissen hatte und das um so schwerer zu versorgen war, als man
damals in den bürgerlichen Haushaltungen, die sich wie wir einzuschränken und genau über ihre Ausgaben zu wachen hatten, noch eine
Art von Wirtschaft führte, die in großen Städten nicht anwendbar ist,
und auch in Königsberg vielleicht jetzt nicht mehr üblich sein mag. Sie
war insofern sehr vernünftig, als sie den Grundsatz festhielt, daß es
vorteilhaft sei, im großen und ganzen zu kaufen, wo die Billigkeit des
Raumes Aufspeicherung gestattet; aber man hegte daneben das un-
zweckmäßige Verlangen, alles, was irgend möglich war, im Hause selbst
zu fabrizieren. Man richtete sich ein, als lebte man auf dem Lande, und
nahm alle Mühen über sich, welche die Entfernung von der Stadt der
Landwirtin auferlegt, während man die Dienstboten und Lebensmittel
mit städtischen Preisen bezahlen mußte.
Freilich waren der Lohn der Dienstboten und die Preise der Lebensmittel
damals verhältnismäßig noch sehr gering. Eine Köchin erhielt je nach
ihren Leistungen achtzehn bis vierundzwanzig, ein Stubenmädchen
nicht über zwanzig Taler. [...]

War das Jahr gut, so zahlte man für den Scheffel Kartoffeln zehn Silbergroschen, hatten wir Teuerung, so konnte er bis zu vierzehn steigen. Kaufte man ein fettes halbes Kalb, so galt das Pfund im Durchschnitt einzweidrittel bis zweieinhalb Groschen, der Wert der übrigen Fleischarten war entsprechend. Ein Huhn bezahlte man mit fünf bis siebeneinhalb Groschen, junge Hühner im Sommer, wenn man sie noch eine Weile füttern wollte, mit zweieinhalb, Gänse mit vierzehn Groschen. Zum Preise von zweieinhalb Groschen konnte man durch die Sommerzeit auch eine Mandel Eier haben, ein Pfund Butter galt fünf Groschen, und die Fische und das Obst waren sehr billig. – So allein war es aber auch möglich, daß ein Hausstand wie der unsere durch das ganze Jahr mit siebzig Talern monatlich, welche mein Vater dafür ausgesetzt hatte, seinen völligen Bedarf an Lebensmitteln und Beleuchtung, den Zucker abgerechnet, bestreiten konnte, während doch ab und zu Gäste in das Haus kamen, und noch eine Menge kleiner Ausgaben und Reparaturen von der ausgesetzten Summe gedeckt werden mußten.

Eine ordentliche Königsberger Familie legte sich also im Herbst ihre zehn, zwanzig Scheffel Kartoffeln in den Keller. Einige Scheffel Obst wurden im Sommer geschält und aufgereiht und bei dem Bäcker getrocknet, Pflaumen- und Kirschmus im Hause gekocht. Von allen Gemüsearten wurde der nötige Vorrat im Herbste für das ganze Jahr angeschafft, und in Beeten von grobem Sand, je nach ihrer Art, in den Keller untergebracht, was man Einkellern nannte. In gleicher Weise wurden ganze Fässer voll Sauerkohl und Gurken, Töpfe voll roter Rüben und marinierter Heringe eingemacht, der feineren Früchte und der für Krankheitsfälle nötigen Gelees und Fruchtsäfte nicht erst zu gedenken. Selbst Kamillen, Holunder und Kalmus wurden für vorkommende Fälle im Sommer von den Kräuterleserinnen gekauft und als Vorrat für den Winter aufbewahrt.

Aber das genügte noch nicht. Allwöchentlich wurde das Roggenbrot zu Hause angeteigt, mußte zu Hause säuern und besonders bei dem Bäcker gebacken werden. Gab es einen Geburtstag oder ein Fest, so wurde der Kuchen im Hause gebacken. Die Milch kaufte man, wie sie von der Kuh kam, um selbst die Sahne abzuschöpfen, das Bier ließ man in Fässern kommen und füllte es selbst auf Flaschen. Wurst wurde, wenn man es haben konnte, wenigstens einmal im Jahre im Hause gemacht; Schinken und alle Pökel- und Rauchfleischwaren galten für besser, wenn sie nicht vom Schlächter besorgt waren. Um sich vorteilhafter einzurichten, kaufte man je nach der Jahreszeit halbe Hämmel, halbe Kälber und halbe Schweine. Daß bei solchen Ansichten alles Federvieh im Hause gemästet, im Hause gerupft wurde, daß man die Federn sammelte und sie schleißen ließ und daß also natürlich auch alles was irgend möglich war, im Hause gestrickt, genäht und geschneidert wurde, braucht nicht erst erwähnt zu werden. Die Grille der Selbstfabrikation ging so weit, daß man die Töchter nicht nur im Schneidern und Putzmachen unterrichten ließ, was insofern sehr vernünftig war, als es uns geschickt und unabhängig machte, sondern man ließ eine Zeit hindurch auch Schuhmacher in die Familien kommen, um das Schuhmachen zu lernen, um die Damen- und Kinderschuhe im Hause verfertigen zu können.

Wahr ist's, solch ein Haushalten im großen und ganzen hatte seine Reize. Es lag ein Vergnügen in dem weiten Voraussorgen, wenn man die Mittel hatte, ihm zu entsprechen. Die gefüllten Speisekammern und Keller mit ihren Steintöpfen, Fässern, Kasten und Schiebladen, waren hübsch anzusehen. Das Backobst an den Schnüren, der Majoran und die Zwiebeln verliehen, im Verein mit den Gewürzen der Speisekammer, einen prächtigen Duft, das aussprossende Gemüse in den Kellern roch vortrefflich. Man hatte ein Gefühl des Behagens, wenn nun alles beisammen war. Nun konnte der Winter in Gottes Namen kommen! Der Besuch eines unerwarteten Gastes genierte auch nicht im geringsten. Wie überall, wo man aus dem Vollen wirtschaftet, war man eher geneigt, einmal etwas daraufgehen zu lassen; und für die Kinder gab es bei all dem Backen und Obsttrocknen, Einkellern, Einkochen und Wurstmachen vielerlei Vergnügen, auf das man sich im voraus freute. Die Männer bezahlten in vielen Fällen diese Art der Wirtschaft nur mit mehr Geld als nötig, die Frauen mit einem Aufwand von Kraft, der oft weit über ihr Vermögen ging, und zu irgendeinem nicht auf den Haushalt und die Familie bezüglichen Gedanken, blieb denjenigen, die wie wir bei allem selbst Hand anlegen mußten, wenn ihr Sinn nicht entschieden auf Höheres gerichtet war, kaum noch Zeit übrig. *Fanny Lewald*

Die Speisekammer

Im Spalt des kaum geöffneten Speiseschranks drang meine Hand wie ein Liebender durch die Nacht vor. War sie dann in der Finsternis zu Hause, tastete sie nach Zucker oder Mandeln, nach Sultaninen oder Eingemachtem. Und wie der Liebhaber, ehe er's küßt, sein Mädchen umarmt, hatte der Tastsinn mit ihnen ein Stelldichein, ehe der Mund ihre Süßigkeit kostete. Wie gab der Honig, gaben Haufen von Korinthen, gab sogar Reis sich schmeichelnd in die Hand. Wie leidenschaftlich dies Begegnen beider, die endlich nun dem Löffel entronnen waren. Dankbar und wild wie eine, die man aus dem Elternhaus sich geraubt hat, gab hier die Erdbeermarmelade ohne Semmel und gleichsam unter Gottes freiem Himmel sich zu schmecken, und selbst die Butter erwiderte mit Zärtlichkeit die Kühnheit eines Werbers, der in ihre Mägdekammer vorstieß. Die Hand, der jugendliche Don Juan, war bald in alle Zellen und Gelasse eingedrungen, hinter sich rinnende Schichten und strömende Mengen: Jungfräulichkeit, die ohne Klagen sich erneuerte. *Walter Benjamin*

Küchenzettel

An einem müßigen Nachmittag, heute
seh ich in meinem Haus
durch die offene Küchentür
eine Milchkanne   ein Zwiebelbrett
einen Katzenteller.
Auf dem Tisch liegt ein Telegramm.
Ich habe es nicht gelesen.

In einem Museum zu Amsterdam
sah ich auf einem alten Bild
durch die offene Küchentür
eine Milchkanne   einen Brotkorb
einen Katzenteller.
Auf dem Tisch lag ein Brief.
Ich habe ihn nicht gelesen.

In einem Sommerhaus an der Moskwa
sah ich vor wenig Wochen
durch die offene Küchentür
einen Brotkorb   ein Zwiebelbrett
einen Katzenteller.
Auf dem Tisch lag die Zeitung.
Ich habe sie nicht gelesen.

Durch die offene Küchentür
seh ich vergossene Milch
Dreißigjährige Kriege
Tränen auf Zwiebelbrettern
Anti-Raketen-Raketen
Brotkörbe
Klassenkämpfe.

Links unten ganz in der Ecke
seh ich einen Katzenteller.
Hans Magnus Enzensberger

Stinas Küche

Stinas Küche war eine jener altertümlichen großartigen Zauberstätten, in denen sich die Rohstoffe der Gemüse, Früchte, geschlachteten Tiere, Milch, Rahm, Mehl, Butter, Wein, Rum, Zucker, Hefe, Eier, Gewürze in delikate Speisen verwandelten. Sie gestand, mit leichtem Bedauern, daß ihre Kenntnisse in der Kochkunst nicht das Maß der großen Welt hätten. Aber sie habe doch auch schon für Fürsten gekocht. (Für sie nicht besser als für uns.) Sie sei niemals weiter herumgekommen als bis nach Larvik am Sognfjord. Dort sei sie bei einem männlichen Koch namens Einar Dahl, der vor vierzig Jahren ein Hotel unterhielt, in die Lehre gegangen. Er sei berühmt gewesen. Später habe sie sich dann an der Erfahrung vervollkommnet. – Sie hatte etwas von der französischen Kochkunst gehört; aber sie ahnte nicht, wieviel sie selbst davon beherrschte. Sie besaß ein altes Kochbuch, dessen unwahrscheinliche Rezepte nur für Patrizierhäuser zusammengestellt schienen. Das berühmte Motto eines berühmten Buches dieser Art, das besagt, ein Topf Rahm schade nicht, war in dem Handbuch Stinas ins Lehrhafte abgewandelt. Es war eben ein Nachschlagewerk, umständlich und drastisch zugleich. »Spare niemals an den Zutaten. Wer nicht mit Butter, Eiern, Rahm und Wein verschwenden kann, wird aus zehn Pfund Fleisch nicht drei Tassen Fleischbrühe zustande bringen.« – Indessen, Stina kochte mit Leidenschaft (sie hatte keine Kinder und kannte keine Vergnügungen mehr, seitdem sie für den Springtanz zu alt und zu dick geworden, und die Brücke überdies von den unreinen Geistern des Tanzes gesäubert war); das war die eigentliche Ursache für ihre überragende Leistung. Sie konnte es zum Beispiel nicht übers Herz bringen, die Kaffeebohnen geröstet in der Krambude zu kaufen. Sie hatte im Vorratshaus einen Sack voll schöner grüner Kaffeebohnen aus Java stehen und brannte davon zweimal in der Woche. Das gab etwas ätzenden Gestank im Hotel; aber ein schwarzes Getränk kam auf den Tisch, das an Köstlichkeit nicht überboten werden konnte. Das Handwerkzeug Stinas war gediegen und urwüchsig. Zweimal im Jahre mußte ein Tischler aus einem dicken Birkenholzstamm einen Mörser schnitzen, damit sie darin Fleisch und Fisch mit mildem steifen Rahm zu Puddings stampfen konnte. Sie besaß eine unübersichtliche Reihe hölzerner Löffel, Keulen und Backgeräte; Saucen und legierte Suppen wurden nur mit Birkenholzbesen gerührt und geschlagen. Die

Kochtöpfe waren irden, eisern oder aus Kupfer. Stählerne Messer, riesige silberne Gabeln und Löffel, die einen halben Liter fassen konnten. Sogenannte moderne Küchengeräte verachtete Stina; sie besaß nur einen amerikanischen Cakemaker, mit dessen Hilfe sie Eier in Eierschnaps verwandelte. (Es gab Zeiten, wo wir uns Abend für Abend daran gütlich taten.) Ich entsinne mich mehrerer Dutzend Gerichte, die Stina unvergleichlich gut bereitete. Fischsuppen aus Forellen, Lachs oder Dorsch, mit Safran und Eiern bereitet. Schneehühner in einer Sauce aus zerstampfter Leber und Sahne. Rentierrücken mit einem überwältigend vollen Duft des Fleisches nach Wachholder, Moos und Ruch grünen Holzes. (Ich sehe noch jetzt im Geiste, wie Dr. Saint-Michel der Saft der Fettschwarte zu den Mundwinkeln herausläuft.) Das Kronsbeerkompott dazu von herber Eleganz. Die gleichen wilden Früchte der Hochtäler, als Nachspeise gereicht, waren mit einer äußerst schmackhaften Art Birnen versetzt und wurden, in Zucker geliert, mit dickem ungeschlagenen Rahm gegessen. Fischspeisen: wer hätte darin die dicke Wirtin überbieten können? Lachs und Forellen gekocht, gebraten, geröstet, mit grünen Machandelzweigen geräuchert und gekocht, geräuchert und gebraten, leicht gesalzen, roh zu Pudding zerstampft und im Ofen gebacken, zu Klößen geformt und gekocht. Gesottener Hellbutt und Winterdorsch, Schellfisch mit Mohrrüben. Selbst der Klippfisch, kunstgerecht gewässert, in Salzwasser gekocht und mit flüssiger Butter und gehackten hartgekochten Eiern dazu, war eine außerordentliche Speise. Fische kamen täglich auf den Tisch. Alle Arten der Zubereitung mundeten uns.   *Hans Henny Jahnn*

Sieben Häute

Die Zwiebel liegt weißgeschält auf dem kalten Herd
Sie leuchtet aus ihrer innersten Haut daneben das Messer
Die Zwiebel allein das Messer allein die Hausfrau
Lief weinend die Treppe hinab so hatte die Zwiebel
Ihr zugesetzt oder die Stellung der Sonne überm Nachbarhaus
Wenn sie nicht wiederkommt wenn sie nicht bald
Wiederkommt findet der Mann die Zwiebel sanft und das
    Messer beschlagen
                              Sarah Kirsch

Küchenhaushaltebuch

Es ist meine Erfahrung, daß die Ehe nicht glücklicher macht. Sie nimmt die Illusion, die vorher das ganze Wesen trug, daß es eine Schwesterseele gäbe.
Man fühlt in der Ehe doppelt das Unverstandensein, weil das ganze frühere Leben darauf hinausging, ein Wesen zu finden, das versteht. Und ist es vielleicht nicht doch besser ohne diese Illusion. Aug' in Auge einer großen einsamen Wahrheit?
Dies schreibe ich in mein Küchenhaushaltebuch am Ostersonntag 1902, sitze in meiner Küche und koche Kalbsbraten.
                                            Paula Modersohn-Becker

Ihre unentwegt regen Arme

Seine Beziehungen zu ihr waren viel einfacher. Für ihn verkörperte sich in Agafja Matwejewna, in ihren unentwegt regen Armen, in ihren besorgt über allem wachenden Augen, in ihrem ewigen Wandern vom Schrank nach der Küche, von der Küche in die Vorratskammer, von dort in den Keller, in ihrer Allwissenheit um alle häuslichen und wirtschaftlichen Bequemlichkeiten, das Idealbild jener wie ein Ozean so unermeßlichen und durch nichts zu störenden Lebensruhe, deren Abbild unter dem Dach des väterlichen Hauses sich seiner Seele in der Kindheit unauslöschlich eingeprägt hatte.
Wie dort sein Vater und Großvater, Kinder, Enkel und Gäste in fauler Ruhe dagesessen oder dagelegen hatten, wohl wissend, daß es im Hause ein Auge gab, das über allem wachte, und nimmer ruhende Hände, die für Kleidung, Nahrung und Trank sorgten, die ihnen beim Ankleiden behilflich waren, die Schuhe anzogen und sie zu Bett brachten, ihnen, wenn sie gestorben waren, die Augen zudrückten, so sah Oblomow auch hier, wenn er, ohne sich zu rühren, auf dem Sofa saß, daß sich was Lebendiges und Flinkes für ihn regte und daß, wenn auch die Sonne morgen nicht aufginge, wenn jagende Wolken den Himmel verdeckten oder ein Sturmwind von einem Ende des Alls zum anderen raste, dennoch die Suppe und der Braten auf seinem Tisch nicht fehlen würden.
Iwan Gontscharow

Sie kochte schlecht und recht

Überhaupt gewann ich für die Nahrungsdinge Interesse und manche Einsicht in die Beschaffenheit derselben, indem ich fast ausschließlich den Verkehr von Frauen mit ansah, dessen Hauptinhalt der Erwerb und die Besprechung von Lebensmitteln war. Auf meinen Wanderungen durch das Haus drang ich allmählich tiefer in den Haushalt der Mitbewohner ein und ließ mich oft aus ihren Schüsseln bewirten, und undankbarerweise schmeckten mir die Speisen überall besser als bei meiner Mutter. Jede Hausfrau verleiht, auch wenn die Rezepte ganz die gleichen sind, doch ihren Speisen durch die Zubereitung einen besonde-

ren Geschmack, welcher ihrem Charakter entspricht. Durch eine kleine Bevorzugung eines Gewürzes oder eines Krautes, durch größere Fettigkeit oder Trockenheit, Weichheit oder Härte bekommen alle ihre Speisen einen bestimmten Charakter, welcher das genäschige oder nüchterne, weichliche oder spröde, hitzige oder kalte, das verschwenderische oder geizige Wesen der Köchin ausspricht, und man erkennt sicher die Hausfrau aus den wenigen Hauptspeisen des Bürgerstandes; ich meinerseits, als ein frühzeitiger Kenner, habe aus einer bloßen Fleischbrühe den Instinkt geschöpft, wie ich mich zu der Meisterin derselben zu verhalten habe. Die Speisen meiner Mutter hingegen ermangelten, sozusagen, aller und jeder Besonderheit. Ihre Suppe war nicht fett und nicht mager, der Kaffee nicht stark und nicht schwach, sie verwendete kein Salzkorn zu viel und keines hat je gefehlt; sie kochte schlecht und recht, ohne Manieriertheit, wie die Künstler sagen, in den reinsten Verhältnissen; man konnte von ihren Speisen eine große Menge genießen, ohne sich den Magen zu verderben. Sie schien mit ihrer weisen und maßvollen Hand, am Herde stehend, täglich das Sprichwort zu verkörpern: Der Mensch ißt, um zu leben, und lebt nicht, um zu essen! Nie und in keiner Weise war ein Überfluß zu bemerken und ebensowenig ein Mangel.
Diese nüchterne Mittelstraße langweilte mich, der ich meinen Gaumen dann und wann anderswo bedeutend reize, und ich begann, über ihre Mahlzeiten eine schärfere Kritik zu üben, sobald ich satt und die letzte Gabel voll vertilgt war. Da ich mit meiner Mutter immer allein bei Tische saß und sie lieber auf Gespräch und Unterhaltung dachte, als auf ein genaues Erziehungssystem, so wies sie mich nicht kurz und strafend zur Ruhe, sondern widerlegte mich mit Beredsamkeit und stellte mir hauptsächlich vor, auf Menschenschicksale und Lebensläufe übergehend, wie ich vielleicht eines Tages froh sein würde, an ihrem Tische zu sitzen und zu essen; dann werde sie aber nicht mehr da sein. Obgleich ich dazumal nicht recht einsah, wie das zugehen sollte, so wurde ich doch jedesmal gerührt und von einem geheimen Grauen ergriffen und so für einmal geschlagen. *Gottfried Keller*

**Um den Herd herum die Köchin springt
Und singt ein Lied, das komisch klingt**

Was soll ich denn kochen?
's ist alles zerbrochen.
    Das Maß
  Und die Pfanne,
    Das Glas
  Und die Kanne –
Und was ich will kaufen?
Es kost't einen Haufen:
    Der Weck
  Und der Fladen,
    Der Speck
  Und der Braten,
    Das Salz
  Und das Mehl,
  Und das Schmalz
  Und das Öl,
  Und die Eier
    Und Feuer
    Sind heuer
    So teuer!
Und krieg' keinen Lohn –
Ich lauf noch davon!

Friedrich Güll

Grausige Speisen

Ihr boshafter Charakter fand vor allem in der Küche seinen Ausdruck. Sie kochte ausgezeichnet, da es ihr weder an Sorgfalt noch an Phantasie gebrach, den wichtigsten Gaben einer guten Köchin; aber wenn sie die Hand im Spiel hatte, wußte man nie, was für Überraschungen auf den Tisch kamen. So hatte sie einmal belegte Brote, die wirklich köstlich schmeckten, mit Mäuseleber zubereitet, was sie uns erst sagte, nachdem wir dieses Gericht schon gegessen und gelobt hatten; von Heuschreckenbeinen ganz zu schweigen, den harten, gezackten Hinterbeinchen, die mosaikartig auf einer Torte verteilt waren, und Schweineschwänzchen, die sie wie Brezeln geröstet hatte. Und ein anderes Mal ließ sie ein ganzes Stachelschwein kochen, mitsamt allen seinen Stacheln, wer weiß, warum; gewiß nur, um uns zu beeindrucken, wenn der Deckel von der Speiseplatte abgehoben wurde, denn nicht einmal sie selber, die doch sonst von all dem Zeug zu essen pflegte, das sie zubereitet hatte, wollte etwas davon versuchen, obwohl es ein knuspriges, rosa und sicherlich zartes Stachelschweinchen war. In der Tat hatte sie viele dieser grausigen Speisen mehr des Aussehens wegen ersonnen als um des Gefallens willen, den sie daran empfand, Speisen mit schaudererregendem Geschmack in unserer Gesellschaft zu verzehren. Alle diese Gerichte Battistas waren gleichsam erlesenste Kunstwerke aus tierischen und pflanzlichen Stoffen: Blumenkohlköpfe mit Hasenohren, die auf eine Halskrause aus Hasenfell gesetzt waren; oder ein Schweinskopf, aus dessen Maul, als wollte sie die Zunge herausjagen, eine rote Languste hervorkam, und die Languste hielt die Schweinszunge zwischen ihren Zangen, als hätte sie sie ausgerissen. Dann die Schnecken: Es war ihr gelungen, einer großen Zahl von Schnecken den Kopf abzutrennen, und die Köpfe, diese so weichen Heupferdköpfchen hatte sie, ich glaube mit einem Zahnstocher, jeweils auf einem kleinen Krapfen befestigt; wenn sie auf dem Tisch erschienen, glichen sie daher einem Schwarm winziger Schwäne. Und mehr noch als der Anblick dieser Leckerbissen beeindruckte der Gedanke an die fanatische Verbissenheit, die Battista bei der Vorbereitung bekundet haben mußte. Wir stellten uns ihre zarten Hände vor, während sie diese Tierkörperchen zerlegten. *Italo Calvino*

Kein Zwiespalt

Die Antwort von Elfriede Jelinek (Schriftstellerin) auf die Anfrage des Verlags, ob sie einen Beitrag zu diesem Buch [Aus aller Frauen Länder: Gerichte, Gelüste, Geschichten] schreiben wolle:
Ich kann und will nicht kochen. Früher habe ich einmal ein Rezept gehabt, wie man aus alten Wolldecken und Eisenfeilspänen Zyankali herauskochen kann. Ich habe das aber verloren. Bitte um Entschuldigung, aber niemand wollte das Rezept haben.
Alles Gute und herzliche Grüße *Elfriede Jelinek*

Die Wirklichkeit der Hausfrau
Tätigkeiten und Zeitaufwand

Über die zeitliche Beanspruchung der Hausfrauen bestehen in der Öffentlichkeit widersprüchliche Vorstellungen. Die Hausarbeit, sagen die einen, ist durch technische Hilfen auf wenige Verrichtungen reduziert und kann daher leicht neben einem Erwerbsberuf erledigt werden. Die Hausarbeit, so meinen die anderen, hält ständig in Atem. Nimmermüde, rastlos schaffend, kommen die Frauen kaum zur Besinnung. Nach den schon mitgeteilten Ergebnissen ist klar, daß die erste Annahme nicht zutreffen kann, weil sie sich auf einen Hausfrauentypus bezieht, den es nicht mehr gibt, die Nur-Hausfrau, die keine Kinder hat. Ob die zweite Annahme der Realität näher kommt, wird jetzt zu untersuchen sein.
Die Durchschnittshausfrau macht ihren Haushalt allein, ohne fremde Hilfen. Jeden Tag bereitet sie drei Mahlzeiten zu. Gründlich geputzt wird einmal in der Woche, gewaschen zweimal, gelegentlich auch dreimal. Dreimal in der Woche geht sie einkaufen. Die Fenster putzt sie zweimal im Monat.
Neben diesen regelmäßig wiederkehrenden Tätigkeiten nimmt sie weitere Arbeiten auf sich. Im Sommer kocht und friert sie Vorräte für den Winter ein. Gelegentlich tapeziert sie auch selber. Sie macht Handarbeiten, näht allerdings keine Bekleidung für sich oder für die Familie. Die Haare wäscht und legt sie sich selber. Das Haarschneiden bei sich und den Kindern überläßt sie dem Friseur.
Mehrere Züge an diesem Bild sind es wert, hervorgehoben zu werden.

Zu beachten ist zunächst, daß die Frau die Hausarbeit ohne fremde Hilfe verrichtet. Das gilt für neun von zehn Befragten. Von den übrigen zehn Prozent hat knapp die Hälfte eine Stundenhilfe. Auf eine Haushälterin können sich im ganzen nur zwei Frauen verlassen, auf eine sonstige Ganztagshilfe fünf Personen. In den verbleibenden Fällen helfen die Mutter der Befragten oder andere Verwandte aus.
Das Dienstmädchen, in den etwas wohlhabenderen Familien noch vor wenigen Jahrzehnten ein übliches Haushaltsmitglied, ist aus dem Szenarium der Frauenberufe verschwunden. In diesem Wandel spiegeln sich umfassendere Entwicklungen der westdeutschen Gesellschaft. Er lehrt zunächst, daß das Angebot an außerhäuslichen Arbeitsstellen auch für Frauen ohne besondere Ausbildung groß und attraktiv genug ist, um sie vor der geringer geschätzten häuslichen Dienstarbeit zu bewahren. Er zeigt weiter, daß eine starke soziale Nivellierung stattgefunden hat, und zwar zugunsten der Frau aus den Grundschichten und zuungunsten der Frau aus den Mittelschichten. Geht man davon aus, daß früher nur Frauen aus den Grundschichten gezwungen waren, sich in fremden Haushalten zu verdingen, und daß dieses Arbeitsverhältnis zu den ungeliebten und besonders schlecht bezahlten gehörte, dann kann man das Abtreten des Dienstmädchens von der Haushaltsbühne nur als Fortschritt interpretieren. Er ging aber, so paradox das klingt, zu Lasten einer nicht-häuslichen Berufstätigkeit der Frau. Diejenige Familienfrau, die es vorziehen würde, berufstätig zu sein, wird auch durch den Mangel an Hauspersonal gezwungen, auf die Verwirklichung dieses Wunsches zu verzichten. Es ist niemand da, dem sie Haushalt und Kinderbetreuung anvertrauen könnte. Dadurch werden weibliche Karrieren gestoppt. Was einerseits ein Fortschritt ist, ist andererseits ein Fortschrittshindernis – der Fortschritt für die einen erweist sich für andere als Rückschritt; die Verbesserung der Lebensbedingungen für die einen als Erschwerung für andere.
Das Aussterben des Dienstmädchens mag zum Teil auch erklären, warum es in der Bundesrepublik keine Frauenbewegung gibt. Die Vorkämpferinnen der Frauenemanzipation um die Jahrhundertwende waren entweder kinderlos und daher in der Lage, für die weiblichen Belange aktiv tätig zu sein, oder, wenn sie Kinder und Ehemann hatten, durch häusliche Hilfen genügend entlastet, um sich der politischen Arbeit widmen zu können. Mittelbar trugen die ihrerseits von der

aktiven Teilhabe ausgeschlossenen Grundschichtsfrauen damit dazu bei, daß eine Avantgarde dem »Reich der Freiheit Bürgerinnen warb«, wie Luise Otto-Peters im vorigen Jahrhundert formulierte.

Der Mangel an Hauspersonal mag ferner wenigstens zum Teil erklären, warum Frauen in der Bundesrepublik so selten politische Führungsrollen übernehmen. Zur Illustration eine »wahre Begebenheit«. Eine bekannte Politikerin mit zwei Kindern von zwölf und vierzehn Jahren und einem ebenfalls politisch aktiv tätigen Mann fand für vier Tage in der Woche eine Hilfe, die den Haushalt versorgte. Mann und Kinder waren kooperationsbereit und unterstützten die politische Arbeit der Frau. Für den Freitag und die Wochenenden konnte jedoch niemand aufgetrieben werden. Die Politikerin mußte an diesen drei Tagen zu Hause sein. Mann und Kinder halfen, aber ohne die Anwesenheit der Mutter kamen sie doch nicht aus. Zur Not ging das in Phasen des Wahlkampfes oder in anderen Zeiten besonderer Überbürdung. Trotz aller Hilfswilligkeit der Familie ergaben sich immer wieder Kollisionen. Sagt der Mann am Samstagnachmittag: »Nun setz dich doch endlich mal hin und sei nicht dauernd so ungemütlich.« Nach einer halben Stunde: »Wann gibt es hier eigentlich Abendessen?« [...]

Vom Mangel an häuslichen Hilfen sind Familienfrauen und erwerbstätige Frauen in der Bundesrepublik gleichermaßen betroffen. Die Zahl der Arbeitnehmerinnen, die andere Frauen wenigstens für stundenweise Hilfe gewinnen, ist ebenso niedrig wie die entsprechende Zahl der Familienfrauen. Dieser Mangel wird durch die gute technische Ausstattung der Haushalte nicht voll kompensiert. Der Roboter, der der Familienfrau die ständige Anwesenheit im Haus erspart, gehört ins Reich der schlechten Utopie. Der Mangel an häuslichen Hilfen bestätigt überdies, daß die Familienfrauen in der Tat Arbeitsfrauen sind, prinzipiell nicht weniger als die Arbeitnehmerinnen, die durch Lohn oder Gehalt entgolten werden. [...]

Es gibt im Durchschnittsbild der Hausfrau weitere Züge, die es verdienen, eigens notiert zu werden. Einer ist die Tatsache, daß die Hausfrau täglich drei Mahlzeiten auf den Tisch setzt. Zwei Drittel der Befragten tun das regelmäßig. Ein Fünftel produziert sogar vier Mahlzeiten am Tag. Sicher sind das nicht alles warme Mahlzeiten, und nicht nur Mahlzeiten, deren Herstellung viel Zeit verlangt. Wie jede Hausfrau weiß, und wie die noch darzulegenden Ergebnisse über das Zeitbudget dokumentieren, ist mit dieser Aufgabe jedoch ein beträchtlicher Stun-

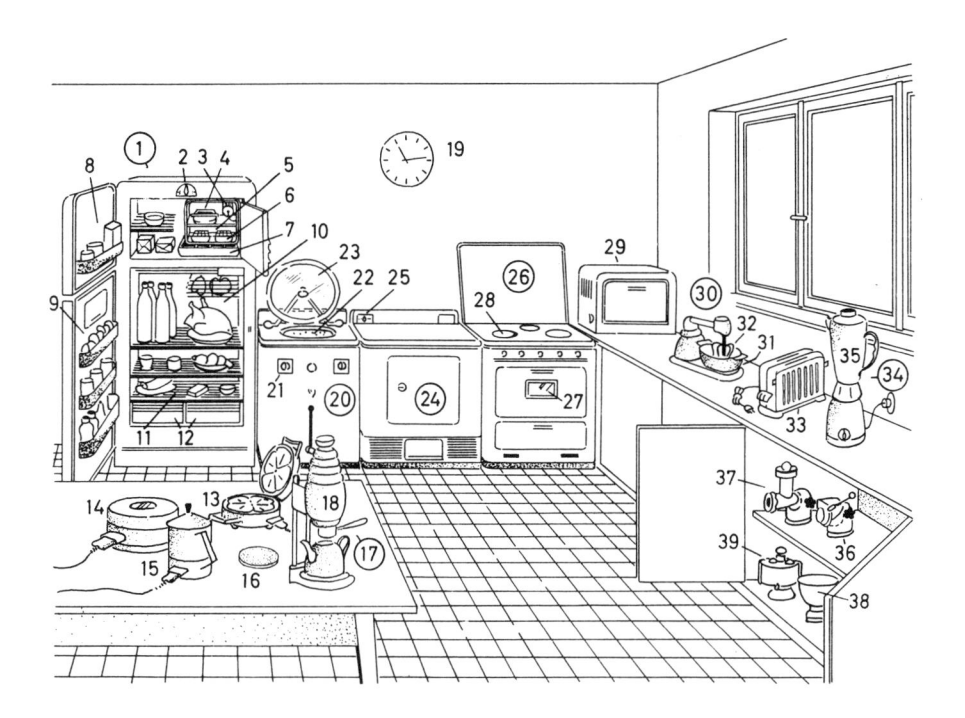

denaufwand verbunden. Erinnert man sich, daß die Durchschnittshausfrau mit einem Arbeitnehmer verheiratet ist und daß sie zwei Kinder hat, die noch zur Schule gehen, so liegt die Vermutung nahe, es sei vor allem die Schule, die eine derart aufwendige Routine erforderlich macht.
Der Mann nimmt seine Mittagsmahlzeit wahrscheinlich außerhalb der Familie ein. Die Kinder kommen dafür jedoch nach Hause. Ob die Mutter bloß einen bescheidenen Imbiß bietet oder, anfechtbaren Überlieferungen folgend, ein warmes Essen, in jedem Fall wird sie durch das System der Teilzeitschule in die Küche getrieben. Weil Deutschland keine Ganztagsschulen kennt, müssen die Mütter mittags kochen; weil die Mütter mittags kochen, kann das Land es sich leisten, bei der Teilzeitschule zu bleiben; weil es bei der Teilzeitschule bleibt, wird der Tag vieler Mütter mit Schulkindern zerhackt; weil er auf diese Weise zerhackt wird, können manche Mütter nicht einmal eine Halbtagstätigkeit außerhalb des Hauses ausüben, auch wenn sie es sich wünschen. Nimmt man hinzu, daß die Durchschnittshausfrau ihren Kindern am Nachmittag noch bei den Schulaufgaben hilft, dann ergibt sich eine ebenso erhebliche wie schlechte Abhängigkeit der Schule von der Familienfrau als Institution. Es ist oft gesagt worden, die deutsche Wirtschaft würde zusammenbrechen, träten die erwerbstätigen Frauen geschlossen in den Streik. Wir können jetzt ergänzen, daß es zu einem Kollaps des Schulsystems käme, würden die Familienfrauen als Mittagsköchinnen und nebenberufliche Hauslehrerinnen geschlossen streiken.
An dem scheinbar nebensächlichen Detail der Mittagskocherei wird deutlich, wie stark das Funktionieren des westdeutschen Sozialsystems insgesamt von den häuslichen und außerhäuslichen Leistungen der Frauen abhängig ist – von Leistungen, die es weder materiell noch immateriell nennenswert honoriert. Deutlich wird ferner, was bereits in anderem Zusammenhang notiert werden mußte: der tief konservative Grundzug der westdeutschen Gesellschaft, ihrer Strukturen, ihrer Männer *und* ihrer Frauen. So wie die Frauen anläßlich der ersten Schwangerschaft selbstverständlich die Berufsarbeit aufgaben, um sich nun ganz der Familie zu widmen, und wie die Männer das selbstverständlich unterstützten oder verlangten, so fügen sich die Frauen auch selbstverständlich der Ordnung des Schulwesens, die ihnen die Rolle der Mittagsköchin und der Hauslehrerin zuweist.
Diese Ordnung mit ihren fragwürdigen Folgen für viele Frauen steht in

eklatantem Widerspruch zu anderen Prinzipien, die das Miteinander der Menschen bestimmen. Weite Bereiche, in denen Personen geregelt miteinander handeln, sind in der westdeutschen Gesellschaft aufs äußerste rationalisiert. [...]
Wie immer man diese Rationalität bewertet, sie ist ein konstitutives Element der industriellen Zivilisation. In der Bundesrepublik hat sie jedoch weite Handlungsbereiche bisher nicht erfaßt. Zwar wurde sie als *technische* Rationalität auch in den privaten Haushalten eingeführt: zum Zweck der Arbeitserleichterung und der Zeitersparnis werden Haushaltsmaschinen, leistungsfähige Reinigungsmittel und ähnliche kraft- und zeitsparende Instrumente eingesetzt. Zu einer weitergehenden, nicht bloß technischen Rationalisierung mit dem Ziel, unrationellen Zeitaufwand zu beseitigen, kam es jedoch nicht. Die Privathaushalte bleiben mit Mittagsmahlzeit und Hauslehrerarbeit belastet, die weder grundsätzlich unersetzbar sind noch einen erkennbaren vernünftigen Sinn besitzen: beide Funktionen tragen weder dazu bei, die Qualität der Kindererziehung zu erhöhen, noch sind sie geeignet, die Selbstbestimmungschancen der Frauen zu erweitern. *Helge Pross*

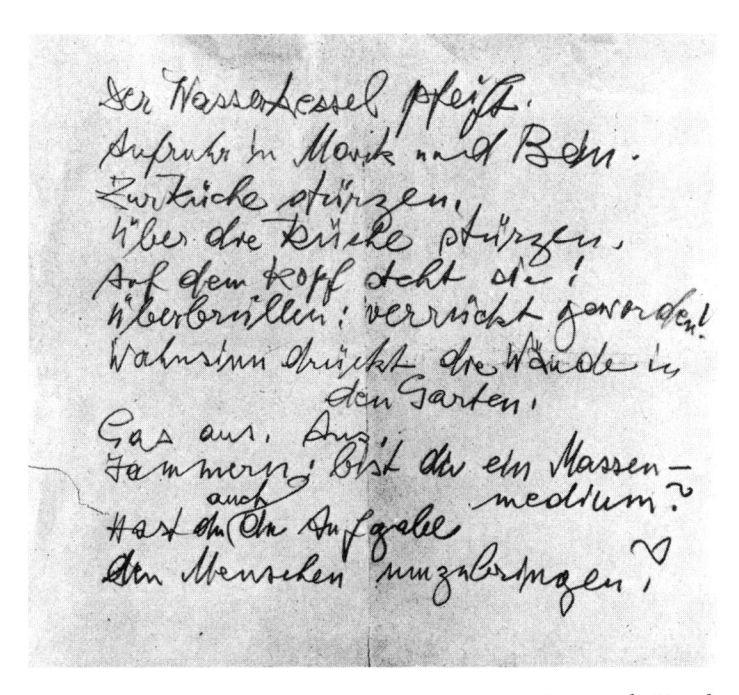

Hannah Höch

Zeit vertreiben

Als ich den gefrorenen Vogel gegen
das Treppengeländer schlage weiß ich
es ist was nicht in Ordnung mit mir
Wenn ich keine gute Arbeit habe bin
ich lange in der Küche und koche
gutes Essen wasche Fliesen ab und
habe Blumen mein Kopf ist schwer und
ich nehme zu
Besser ist eine gute Arbeit zu haben
die mir keine Zeit läßt
dann verkommen wir immer ein wenig
und um ein Uhr weiß ich noch nicht
was wir um viertelnach essen werden
So ist das in Ordnung
So bin ich vergnügt und fix und bedeute
mir was
Hannelies Taschau

Hannah Höch in ihrer Küche, 1976

Großküche

In der Großküche, die auch ein Lehrbetrieb ist, wird allerhand zubereitet, Maisbrei und Schwarzwälder Torte, Tournedos und Wurzelgemüse, auch die Zubereitung unschädlich gemachter Leichenteile wird geübt. Es gibt nickelblitzende Herde mit Guckfenstern, hinter denen fetttriefend Poularden bräunen, aber auch primitive Feuerstellen und Aschenlöcher, ja sogar Steine, zwischen denen man Grassamen zerreibt. Über den Herden hängen Diätvorschriften, Schlankheitsrezepte, keine Kohlenhydrate, kein Fett, keinen Zucker, ausschließlich Zucker, ausschließlich Fett.
Über den primitiven Feuerstellen, die nicht von Köchen in hohen weißen Mützen, sondern von farbigen Elendsgestalten bedient werden, steht in allen Sprachen derselbe Satz. Hunger ist der beste Koch.

Marie Luise Kaschnitz

Das Kochbuch des Anarchisten

Am 29. Juli 1900, einem Sonntag, wurde in Monza der König von Italien Humbert I. durch einen Schuß getötet. Den Schuß gab ein Anarchist namens Carlo Bresci ab. Inwieweit das Datum – 29. Juli – Bedeutung hat, ist meines Wissens noch nicht untersucht worden. Der 29. Juli ist der Tag der heiligen Martha und Beatrix. Die heilige Martha ist die Patronin der Hauswirtschaft und der Köchinnen, weil sie den Herrn zu Bethanien bewirtet hat, die Heilige Beatrix ist die Patronin der Küche und der Köche, wird auch namentlich von Schiffsköchen in Seenot angerufen. Der Anarchist Bresci, der Mörder des Königs Humbert, war Koch, der erste anarchistische Koch, der in die Geschichte eingegangen ist. [...]
Die Polizei durchsuchte natürlich auch Brescis Wohnung. Bresci lebte in Mailand. Er war unverheiratet und lebte mit seiner verheirateten Schwester bei der Mutter. (Die Mutter hieß übrigens Martha!) Er arbeitete als einziger Koch in einem mittelmäßigen Restaurant in der Via Vivajo in der Nähe der Präfektur, deren Beamte häufig in dem Restaurant verkehrten. Unter den Habseligkeiten Carlo Brescis, die allesamt beschlagnahmt wurden, fand sich ein Manuskript, das neue Verwirrung bei den Ermittlungen stiftete. Es handelte sich um ein Fragment – 81 Seiten – des Manuskripts zu einem Kochbuch, allerdings zu einem Kochbuch besonderer Art. [...]

Bresci hatte in seinem Fragment die Nahrungsmittel und Speisen, auch die Getränke, in *revolutionäre* und *reaktionäre* eingeteilt. Es handelte sich also um nichts weniger als ein Kochbuch nach soziologischen Gesichtspunkten, ein Gedanke, der erstaunlicherweise bis heute nicht wieder aufgegriffen wurde.
Rote Nahrungsmittel (mit wenigen Ausnahmen) gelten Bresci als revolutionär: Tomaten, Radieschen, Radicchio (die in Italien verbreitete rote Abart des grünen Salates), Rotwein, Himbeeren, Kirschen, Blutwurst usw., wobei er der Tomate, der, wie Bresci wörtlich sagt, »ein eigenartig aggressiver Charakter von Alters her innewohnt«, einen besonderen revolutionären Platz einräumt. An roten Nahrungsmitteln gelten Bresci als reaktionär der Hummer. Überhaupt zeigt Bresci einen Zug ins Asketische. Alles, was nicht schmeckt, gilt ihm als revolutionär, alles, was anderen als Leckerbissen gilt, als reaktionär. Polenta, Hirse mit Sirup, Preßsack sind seiner Ansicht nach revolutionäre Speisen, Fasane, zum Beispiel, Forellen, Zunge in Madeirasauce usw. sind reaktionäre Gerichte. Der Gipfel an reaktionärer Küchenpraxis ist für Bresci natürlich der Kaiserschmarrn.
Dieser quasi-asketische Zug aller Revolutionäre ist seltsam. Robespierre war ja geradezu ein Fakir, Hitler war Vegetarier, Stalin verordnete puritanische Lebensart, Mao nährt sich von gequollenem Reis. Der Verdacht drängt sich auf, daß die Revolutionäre und Progressiven den Standard des Systems, den sie vorfinden, nicht durch Anheben, sondern durch Abbauen egalisieren wollen. Mit Bresci zu sprechen: die Revolutionäre wollen nicht den Armen Steaks verschaffen, sondern die Reichen zwingen, auch Polenta zu essen. Bresci hat ein revolutionäres Einheitsmenü geschaffen, das er die »Gleichheitspfanne«, auch »Urpfanne« nennt: Kartoffeln oder Reis oder Nudeln oder Polenta werden in eine Pfanne geworfen oder geschnipselt, etwas Öl oder Butter oder sonstiges Fett darüber gegossen, Salz darüber gestreut, und alles, was sich im Haus an Lebensmitteln vorfindet, kleingehackt hineingerührt: Käse, Eier, Brot, Schinken. Das Ganze brate man nach Belieben länger oder kürzer. Während die Gleichheitspfanne brät, denke man an die soziale Revolution. Auch während des Essens denke man an die soziale Revolution. Überhaupt, statt auf eitle Genüsse des Gaumens zu sinnen, denke man besser an die soziale Revolution. – *Herbert Rosendorfer*

Die proletarische Mutter

So saht ihr also die proletarische Mutter den Weg gehn
Langen gewundenen Weg ihrer Klasse, saht, wie zuerst
Ihr der Pfennig fehlt am Lohn ihres Sohnes: sie kann ihm
Seine Suppe nicht schmackhaft kochen.
So beginnen die Wände zu fallen um ihren Herd.

Bertolt Brecht

Koche mit Sorgfalt

Koche mit Sorgfalt
Scheue keine Mühe!
Wenn die Kopeke fehlt
Ist die Suppe nur Wasser.

Arbeite, arbeite mehr
Spare, teile besser ein
Rechne, rechne genauer!
Wenn die Kopeke fehlt
Kannst du nichts machen.

Was immer du tust
Es wird nicht genügen
Deine Lage ist schlecht
Sie wird schlechter.
So geht es nicht weiter
Aber was ist der Ausweg?

Wie die Krähe, die ihr Junges
Nicht mehr zu füttern vermag
Machtlos gegen den winterlichen Schneesturm
Keinen Ausweg mehr sieht und jammert:
Siehst du auch keinen Ausweg
Und jammerst.

Was immer du tust
Es wird nicht genügen

Deine Lage ist schlecht
Sie wird schlechter.
So geht es nicht weiter
Aber was ist der Ausweg?

Fruchtlos arbeitet ihr und scheut die Mühe nicht
Zu ersetzen das Unersetzbare
Und einzuholen das nicht Einzuholende.

Wenn die Kopeke fehlt, ist keine Arbeit genug.
Über das Fleisch, das euch in der Küche fehlt
Wird nicht in der Küche entschieden.

Bertolt Brecht

Das proletarische Kochbuch

Doch als die ehemalige Köchin der Volksküche Wallgasse und Danzig-Ohra aus ihrer frühsozialistischen Erfahrung schöpfte und in ihrem Kurzreferat immer wieder historisch wurde, als sie das damals schon fehlende proletarische Kochbuch auch für die Jetztzeit forderte, als Lena Stubbe nachzuweisen begann, daß sich die Arbeiterfrauen zur Zeit des Frühkapitalismus, in Ermangelung klassenbewußter Kochbücher, an bürgerliche Schwarten – Henriette Davidis und Schlimmeres – gehalten hätten und so der eigenen Klasse entfremdet und mit kleinbürgerlichen Sehnsüchten – »Eure Rinderzunge in Madeirasauce!« – traktiert worden seien, als Lena behauptete, daß die Arbeiterbewegung und in ihr die Gewerkschaften damals und heute versäumt hätten, den jungen Fabrikarbeiterinnen das klassenbewußte Kochen beizubringen – »Da wird doch nur noch blindlings nach der Konserve gegriffen!« –, protestierten die Tagungsteilnehmer mehrheitlich. »Schließlich gibt es Qualitätskonserven!« und »Hier soll wohl der längst überwundene Klassenkampf wieder aufgewärmt werden!« Jemand rief: »Typisch linke Spinnereien sind das!«
Dennoch behielt die Köchin aus dem neunzehnten Jahrhundert das letzte Wort: »Kollegen!« rief sie den Köchen zu. »Ihr kocht ohne geschichtliches Bewußtsein. Weil ihr nicht wahrhaben wollt, daß der männliche Koch während Jahrhunderten ein Produkt der Klöster und Fürstenhöfe, der jeweils herrschenden Klasse gewesen ist. Während wir Köchinnen immer dem Volk gedient haben. Damals blieben wir anonym. Wir hatten keine Zeit für die Verfeinerung von Saucen. Kein Fürst Pückler, kein Brillat-Savarin, kein Maître de Cuisine ist unter uns. Wir haben in Hungerzeiten das Mehl mit Eicheln gestreckt. Uns mußte zum täglichen Haferbrei Neues einfallen. Eine entfernte Verwandte von mir, die

Gesindeköchin Amanda Woyke, und nicht etwa der Olle Fritz hat die Kartoffel in Preußen eingeführt. Ihr aber habt euch immer nur Extravagantes einfallen lassen: Rebhuhn entbeint auf Diplomatenart, mit getrüffelter Wildfarce gefüllt, garniert mit Gänseleberklößchen. Nein, Kollegen! Ich bin für Spitzbeine zu Schwarzbrot und Salzgurken. Ich bin für billige Schweinenierchen in Mostrichtunke. Wer nicht historisch Hirse und Schwadengrütze nachschmecken kann, der soll hier nicht großspurig vom Grillieren und Sautieren reden!«
Verärgert riefen die Köche: »Zur Sache! Zur Sache!« – Dann ging es nur noch um die nächste Tarifrunde in Nordrhein-Westfalen.

Günter Grass

Praktisches Kochbuch
für die gewöhnliche und feinere Küche.

1900 zuverlässige
und
selbstgeprüfte Rezepte.

Mit
besonderer Berücksichtigung
der
Anfängerinnen
und
angehenden Hausfrauen.

Einundzwanzigste
vermehrte und verbesserte
Auflage.
1877.

Henriette Davidis Kochbuch
für die gewöhnliche und feinere Küche.
21. Auflage.

Preis:
geheftet 3 M. 50 Pf.
elegant gebunden
4 M. 50 Pf.

Dieses treffliche Kochbuch beherrscht ausschließlich die Küche in ganz Nord- und Mitteldeutschland zwischen Rhein und Elbe und bringt seiner Vorzüglichkeit wegen immer weiter nach Osten und Süden vor. Die Sparsamkeit und Genauigkeit seiner Angaben haben es Anfängerinnen zur stets bereiten Helferin gemacht. Treffliches Braut-, Hochzeits- und Geburtstagsgeschenk.

Verlag von Velhagen & Klasing in Bielefeld und Leipzig.

Die Kochbuchsammlung

An mir ist es, das Festessen vorzubereiten für eine Delegation aus dem Osten, die zu geheimen Verhandlungen hergekommen ist und aus Anlaß von deren glücklicher Beendigung einen festlichen Höhepunkt erwarten darf. Wie viele es sind, ist noch nicht bekannt.
Ich weiß auch noch nicht, wo ich die notwendigen Rohstoffe auftreiben soll; denn als ich meine Aufgabe übernommen habe, habe ich nicht damit gerechnet, daß das Haus bis zu diesem Zeitpunkt nicht bewirtschaftet und aus diesem Grunde schlecht ausgerüstet war. Was es gegeben hat, sind zwei kleine Fische, frisch und eigens eingeflogen aus Mexiko, eingepackt in alte Zeitungen und was dergleichen mehr ist. Sonst nichts.
Nebenan erwarten mich sechs oder sieben Herren im Frack, alles natürliche Personen, die hier sind, um unsere Gäste zu bedienen, und auch dafür bezahlt werden. [...]
Alle meine Gedanken waren bei meiner Kochbuchsammlung. Ich fühlte mich auf sie angewiesen, als stünde etwas darin, was ich jetzt wissen mußte. Ein so reichhaltiges Material findet man in der Tat nicht oft, ich erinnere mich an Analysen der spezifischen Kochkunst aus hochzivilisierten Ländern, aber auch an liebevolle Beschreibungen von unverfälschter Regionalität, sowie an zahllose Hinweise für die Bewältigung von Haushaltsproblemen, wie sie bei uns anfallen. Und dann natürlich all die naturgetreuen Abbildungen von wirklichen Menüs, an denen man ermessen kann, daß keine Kosten gescheut werden. Das habe ich gesammelt. Andererseits möchte ich nicht sagen, daß diese Sammlung sich sehen lassen konnte. Dazu fehlte ihr etwas. Sie war zwar in langen arbeitsintensiven Jahren zusammengetragen worden, bestand aber zum großen Teil aus losen Blättern von naturgemäß verschiedenen Formaten und oft sogar widersprüchlichem Gestaltungswillen, die entweder aufgeklebt wurden auf Bögen, die gerade zur Verfügung standen, oder, so wie sie waren, ihren Platz gefunden haben in plastifizierten Ringbüchern, Klemmappen und ausrangierten Aktenordnern. Die Sammlung hat infolgedessen nie die Merkmale einer wirklich prächtigen Kollektion angenommen.
Aber darauf kommt es nicht an. Was ich jetzt brauche, ist meine Ringbuchtrilogie mit Rezepten für die Fischküche. Wozu habe ich das

alles gesammelt, wenn es jetzt nicht da ist? Wo ist das Rezept, wie man mit zwei kleinen, aber exquisiten Fischen eine anspruchsvolle Gesellschaft befriedigen kann? Ich will nicht beschwören, daß es unter meiner Sammlung ist, denn ich kann nicht alles im Kopf haben. Aber ich gehe davon aus, daß es das gibt, denn ich habe es schon einmal gehört oder gelesen und dann in meinem Leichtsinn aus der Hand gelegt, als wäre es nicht von Bedeutung.
Das tut mir jetzt leid. *Hanna Johansen*

Zuviel Pfeffer

Die Tür führte geradewegs in eine große Küche, die von vorn bis hinten rauchgeschwängert war; auf einem dreibeinigen Hocker in der Mitte saß die Herzogin und hielt ein Kind im Arm; und die Köchin stand über den Herd gelehnt und rührte in einem großen Kessel, in dem anscheinend eine Suppe kochte. »In *der* Suppe ist aber bestimmt zuviel Pfeffer!« sagte Alice zu sich, soweit sie vor Niesen überhaupt sprechen konnte.
In der Luft war ganz gewiß zuviel davon. Selbst die Herzogin nieste gelegentlich; das Kind aber nieste und heulte abwechselnd ohne die kleinste Ruhepause. Die einzigen, die davor anscheinend gefeit waren, waren die Köchin und eine große Katze, die am Herd saß und breit vor sich hin grinste.
»Ach, würden Sie mir bitte sagen«, begann Alice ein wenig zaghaft, denn sie wußte nicht genau, ob es sich gehörte, zuerst zu sprechen, »warum Ihre Katze so grinst?«
»Es ist eine Edamer Katze«, sagte die Herzogin, »darum. Ferkel!« Dieses Wort stieß sie mit so großer Heftigkeit aus, daß Alice ordentlich zusammenfuhr; aber sogleich merkte sie, daß nur das Baby damit gemeint war und nicht sie; sie nahm sich also ein Herz und fuhr fort: »Ich wußte gar nicht, daß Edamer Katzen ständig grinsen; oder vielmehr: es ist mir neu, daß Katzen *überhaupt* grinsen können.«
»Können tun es alle«, sagte die Herzogin; »und die meisten machen es auch.«
»Ich weiß von keiner, die es macht«, sagte Alice sehr höflich und ganz erfreut darüber, daß sich eine Unterhaltung angesponnen hatte.
»Viel weißt du nicht«, sagte die Herzogin; »das steht fest.«
Alice wollte der Ton gar nicht gefallen, in dem dies gesagt wurde, und sie hielt es für richtiger, mit einem neuen Gesprächsthema anzufangen. Während sie sich noch überlegte, was sich dazu wohl eignen könnte, zog die Köchin den Kessel vom Feuer und machte sich sogleich daran, alles, was ihr in die Hände kam, gegen die Herzogin und das Baby zu schleudern – zuerst die Herdringe und dann einen ganzen Regen Töpfe, Teller und Schüsseln. Die Herzogin beachtete sie überhaupt nicht, auch wenn sie getroffen wurde; und das Baby heulte ohnehin schon so laut, daß sich unmöglich sagen ließ, ob ihm die Geschosse weh taten oder nicht.

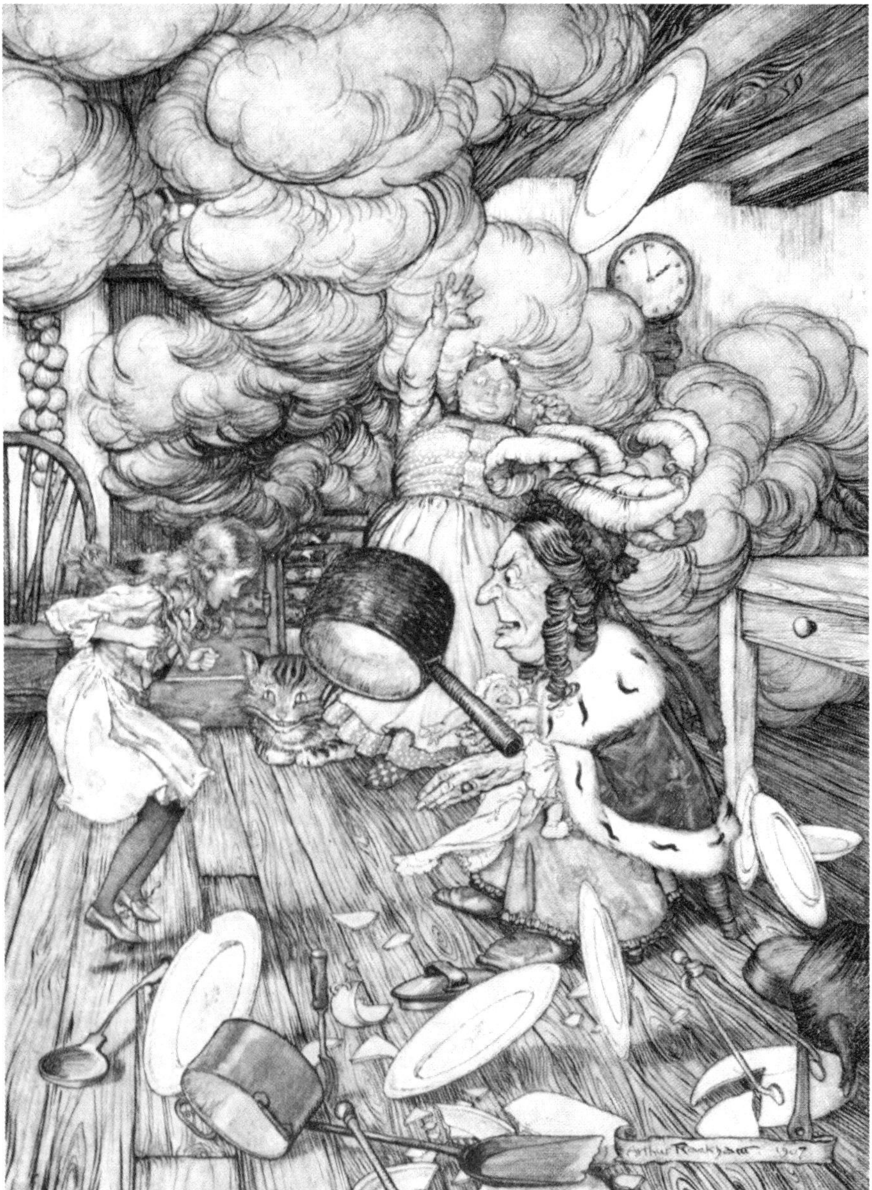
Arthur Rackham 1907

»O bitte, passen Sie doch auf, was Sie tun!« rief Alice und hüpfte vor Entsetzen auf und ab. »Ach, *nicht* sein kleines, liebes Näschen!« – denn gerade flitzte ein ungewöhnlich großer Topf dicht daran vorbei und hätte es fast mit weggefegt.

»Wenn jeder in seinen eigenen Suppentopf schauen wollte«, brummte die Herzogin dumpf, »dann könnte sich die Welt bedeutend schneller drehen.« [...]

»Da! Jetzt kannst du ihn halten, wenn du magst!« sagte die Herzogin zu Alice und warf ihr das Baby zu. »Ich muß mich zurechtmachen für die Croquetpartie bei der Königin«, und damit eilte sie aus dem Zimmer. Die Köchin warf ihr beim Hinausgehen noch eine Bratpfanne nach, verfehlte sie aber um weniges.
Lewis Carroll

Von dem Mäuschen, Vögelchen und der Bratwurst

Es waren einmal ein Mäuschen, ein Vögelchen und eine Bratwurst in Gesellschaft geraten, hatten einen Haushalt geführt, lange wohl und köstlich im Frieden gelebt und trefflich an Gütern zugenommen. Des Vögelchens Arbeit war, daß es täglich im Wald fliegen und Holz beibringen müßte. Die Maus sollte Wasser tragen, Feuer anmachen und den Tisch decken, die Bratwurst aber sollte kochen.

Wem zu wohl ist, den gelüstet immer nach neuen Dingen! Also eines Tages stieß dem Vöglein unterwegs ein anderer Vogel auf, dem es seine treffliche Gelegenheit erzählte und rühmte. Derselbe andere Vogel schalt es aber einen armen Tropf, der große Arbeit, die beiden zu Haus aber gute Tage hätten. Denn, wenn die Maus ihr Feuer angemacht und Wasser getragen hatte, so begab sie sich in ihr Kämmerlein zur Ruhe, bis man sie hieß, den Tisch decken. Das Würstlein blieb beim Hafen, sah zu, daß die Speise wohl kochte, und wenn es bald Essenszeit war, schlingte es sich ein mal viere durch den Brei oder das Gemüs, so war es geschmalzen, gesalzen und bereitet. Kam dann das Vöglein heim und legte seine Bürde ab, so saßen sie zu Tisch, und nach gehabtem Mahl schliefen sie sich die Haut voll bis in den andern Morgen; und das war ein herrlich Leben.

Das Vöglein anderes Tages wollte aus Anstiftung nicht mehr ins Holz, sprechend, es wäre lang genug Knecht gewesen und hätte gleichsam ihr Narr sein müssen; sie sollten einmal umwechseln und es auf eine andere Weise auch versuchen. Und wiewohl die Maus und auch die Bratwurst heftig dafür bat, so war der Vogel doch Meister: es mußte gewagt sein, spieleten derowegen, und kam das Los auf die Bratwurst, die mußte Holz tragen; die Maus ward Koch, und der Vogel sollte Wasser holen. Was geschieht? Das Bratwürstchen zog fort gen Holz, das Vöglein machte Feuer an, die Maus stellte den Topf zu, und erwarteten allein, bis Bratwürstchen heimkäme und Holz für den andern Tag brächte. Es blieb aber das Würstlein so lang unterwegs, daß ihnen beiden nichts Gutes vorkam, und das Vöglein ein Stück Luft hinaus entgegenflog. Unfern aber findet es einen Hund am Weg, der das arme Bratwürstlein als freie Beut' angetroffen, angepackt und niedergemacht. Das Vöglein beschwerte sich auch dessen als eines offenbaren Raubes sehr gegen den Hund, aber es half kein Wort; denn, sprach der Hund, er hätte falsche Briefe bei der Bratwurst gefunden, deswegen wäre sie ihm des Lebens verfallen gewesen.

Das Vöglein, traurig, nahm das Holz auf sich, flog heim und erzählte, was es gesehn und gehöret. Sie waren sehr betrübt, verglichen sich aber, das Beste zu tun und beisammen zu bleiben. Derowegen so deckte das Vöglein den Tisch, und die Maus rüstete das Essen und wollte anrichten und in den Hafen wie zuvor das Würstlein durch das Gemüs schlingen und schlupfen, dasselbe zu schmelzen: aber ehe sie in der Mitte kam, ward sie angehalten und mußte Haut und Haar und dabei das Leben lassen.

Als das Vöglein kam und wollte das Essen auftragen, da war kein Koch vorhanden. Das Vöglein warf bestürzt das Holz hin und her, rufte und suchte, konnte aber seinen Koch nicht mehr finden. Aus Unachtsamkeit kam das Feuer in das Holz, also daß eine Brunst entstand; das Vögelein eilte, Wasser zu langen; da entfiel ihm der Eimer in den Brunnen und es mit hinab, daß es sich nicht mehr erholen konnte und da ersaufen mußte.   *Gebrüder Grimm*

Sonny-Boy

[...]
Und dann stellst du wieder dich selbst
und deine Küche auf den Kopf
kommentierst nicht zum erstenmal langatmig
und liebevoll die Zubereitung deiner berühmten
bei allen Frauen berühmten Spaghetti
die *al dente* werden müssen auf die Sekunde
al dente also was das heißt wörtlich
weißt du auch nicht aber du machst
eine fast typisch italienische
Handbewegung dabei und fletschst die Zähne
wie Umberto aus dem Piccolo Giardino
und auch das Hackfleisch könnte heute
wieder nicht besser sein aber die Zwiebeln
kriegst du nie ganz fein geschnitten
das verstehst du nicht denn dies rostige Messer grade
schafft spielend eigentlich jede Fingerkuppe
und von den Tomaten sind einige verschimmelt

die wirst du aber reklamieren morgen
im Supermarkt wenn man Feinschmecker ist
läßt man sich das nicht gefallen

Aber ich werde nicht ungeduldig wohl ist mir
wenn ich zuschaue und zwischendurch erst mal
ein Hasenbrot essen muß rheinisch schwarz
mit Käse und einem halben Brötchen drauf
wenn ich dasitze ausgestreckt auf dem blauen Stuhl
auf Omma ihrem niedrigen Gartenstuhl
den du selbst gestrichen hast vor zwanzig Jahren
ach Omma mein Gott bald wird sie dir
Himbeergelee mitgeben und einen Sack Augustäpfel

Und dann endlich kommt die Pracht auf den Tisch
und der Wein steht in gepreßten Gläsern
wir knien uns hinein in den dampfenden Berg
und ich freue mich daß du dich freust wenn ich
immer noch weiteressen kann nach einer Pause
wenn wir reden über das Leben in dieser Stadt
[...]

Karin Kiwus

Prinz Mandelwandel

Am Abend dieses Tages kam Komanditchens Vater von der Messe zurück und brachte ihr alles mit, was sie sich ausgebeten hatte: Kuchenbrett, Teigwalze und Mörser von Gold und Silber und das Warschauer Mehl und alle Gewürze und Süßigkeiten und Wohlgerüche. Als sie ihm das Unglück des Risiko und Ladenpeters, die wieder arm geworden, erzählte, war er nicht sehr traurig, sondern sagte nur: »Risiko war nie vorsichtig, hat immer zu viel riskiert.«
Komanditchen trug vor allem Nudelbrett und Mörser in ihr Kabinettchen und nahm das Warschauer Mehl und die Fasanen- und die

Perlhühnereier und die Maibutter und den Rosenhonig und alle die herrlichen Sachen, und schürzte ihren seidenen Ärmel auf und knetete mit ihren weißen Händen den allerköstlichsten Teig auf dem Nudelbrett zusammen, und in dem Mörser stieß sie die Gewürze und Mandeln und knetete sie mit in den Teig; dabei half ihr der Storch und die Taube. Der Storch rührte alles mit seinem Schnabel um, die Taube pickte alles Schlechte weg, was hie und da im Gewürze vorkam, und tauchte die Flügel in das Rosenwasser und besprengte den Teig damit, wovon ihr Flügel bald wieder so heil wurde, daß sie ziemlich fliegen konnte.
Als dieser unschätzbare Teig fertig war, fiel sie in ein tiefes Nachdenken und sah den Teig an, wie ein Bildhauer den Ton, aus welchem er eine herrliche Bildsäule gestalten will. In dem Buche ihrer Mutter, genannt »Der altteutsche Spritzkuchen aus den Papieren einer perfekten Köchin«, war die Gestalt eines sehr angenehmen, sanften, schönen und tugendhaften Prinzen Mandelwandels beschrieben, welcher Komanditchen immer vor Augen schwebte, und weil ihr der Vater gesagt hatte: »Wenn dir kein Bräutigam recht ist, so backe dir einen«, so fing sie nun an, mit großer Aufmerksamkeit und Liebe zur Sache und mit außerordentlicher Geschicklichkeit aus dem Teige sich diesen Prinzen Mandelwandel zu kneten, während welcher ganzen Arbeit sie ununterbrochen folgendes Lied sang, während welchem, wenn sie dieses oder jenes, was sie brauchte, nicht zur Hand hatte, z. B. Wachholderbeeren, Himbeeren, Kirschen etc., die Taube oder der Storch immer wegflogen und es ihr aus den naheliegenden Gärten ganz frisch zutrugen. Das Lied aber lautete:

>Einen Teig will ich mir rollen,
>Ganz nach meinem eignen Sinn,
>Daß gleich alle merken sollen,
>Daß ich in der Küch die Tochter
>Der perfekten Köchin bin.

>O du früh verlorne Mutter!
>Schau das Mehl von Warschau an,
>Fasaneier, Maienbutter
>Rührt mit flinker Hand die Tochter
>Der perfekten Köchin dran.

Rosenöl und Rosenhonig,
Rosenwasser, Mandelbrei,
Tränen, Seufzer auch nicht wenig
Mischt dem Teige nun die Tochter
Der perfekten Köchin bei.

Pim, pim, pim der Mörser klinget,
Nelken, Zimt, Muskatennuß,
Alles bald zu Staub zerspringet,
Wie es von der Hand der Tochter
Der perfekten Köchin muß.

Rein die Hände, blank die Schürze,
Unterm Häubchen fest das Haar,
Knet ich in den Teig die Würze,
Stelle mich so ganz als Tochter
Der perfekten Köchin dar.

Aus dem edelsten der Teige
Knet ich einen Zuckermann,
Der den stolzen Herren zeige,
Daß man fechten für die Tochter
Der perfekten Köchin kann.

Sieh, schon knet ich alle Stücke,
Knie und Bein und Kopf und Wanst,
Rolle, nudle, zerre, drücke;
Munter, zeige, was du Tochter
Der perfekten Köchin kannst.

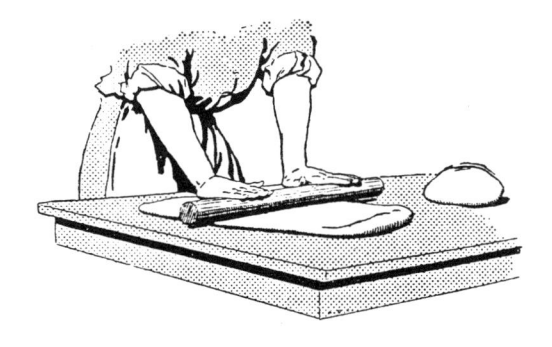

Kugelklöß nun werd zum Kopfe,
Zuckerwerk zu Locken kraus,
Gerstenzucker zieht zum Zopfe
Hinten lang die kluge Tochter
Der perfekten Köchin aus.

Mandelzahn im Himbeermunde,
Augen von Wachholderbeer;
Denn das Süße und Gesunde
Liebt im Angesicht die Tochter
Der perfekten Köchin sehr.

Prosit! von Pomranzenschalen
Voll verzuckertem Anis,
Nase, nimmer zu bezahlen,
Wenn dich ab aus Hast die Tochter
Der perfekten Köchin stieß.

Lipp und Wang aus Zitronate
Schnurr- und Backenbart umziert,
Fein gezackt vom Kuchenrade,
Was geschickt die Hand der Tochter
Der perfekten Köchin führt.

Nun ein Herz von Biskuitteige,
Mit Tokayerwein durchnetzt,
Drauf geschrieben: Lieb und schweige!
In die Brust ihm nun die Tochter
Der perfekten Köchin setzt.

Mit verzuckerten Maronen,
Königsberger Marzipan,
Köstlichsten Kakaobohnen
Füllet ihm den Leib die Tochter
Der perfekten Köchin an.

Und nun form ich an zwei Armen,
Hände zwei, zehn Fingerlein,
Diese sollen voll Erbarmen
Und auch tapfer durch die Tochter
Der perfekten Köchin sein.

Beine werden nun gedrechselt,
Nicht zu grad und nicht verrenkt,
Dick und dünn hübsch abgewechselt,
Wie es angenehm die Tochter
Der perfekten Köchin denkt.

Quittenfleisch wird nun zur Wade
Und zum Fuße Marzipan,
Stiefel dann von Chokolade
Zieht dem Zuckerbild die Tochter
Der perfekten Köchin an.

O wie zierlich steht dem Schelme
Das indianische Vogelnest!
Auf das Ohr statt einem Helme
Macht es pfiffig ihm die Tochter
Der perfekten Köchin fest.

Orden zwölf von Zuckerkandel
Und Vanille Achselschnur
Trägst du, Prinz von Mandelwandel,
Durch die Achtung einer Tochter
Der perfekten Köchin nur.

An den Zuckergriff des Degen,
Dessen Klinge ganz von Zimt,
Soll er seine Rechte legen,
Weil in Schutz er gern die Tochter
Der perfekten Köchin nimmt.

Clemens Brentano

Vorstellung der Tisch-Gäste

Eine seltsame Kaffee-Gesellschaft

Die Witwe Frau von Gänseschwein,
Die lud sich die Gesellschaft ein,
Die neulich auf dem Forsthaus war
Bei einem Kaffee wunderbar.

Es sitzen da an einem Tisch:
Herr Fischent' und Frau Entenfisch,
Herr Hahnenhund, Frau Schnauzerhuhn,
Die wollen sich recht gütlich tun,

Dazu kommt noch Frau Schlangenspatz,
Mit ihrem Freund Herrn Ratzenkatz.
Sie trinken viele Tassen leer,
Es schmeckt der gute Kuchen sehr.

Dann lecken sie die Teller rein
Und putzen sich die Mäuler fein,
Sie grüßen sich und sagen:
»Auf Wiederseh'n in acht Tagen!«

Heinrich Hoffmann

Mein Besitz

[...]
ich habe eine schnapsflasche mit zwölf gläsern für mich
   und alle meine onkels und tanten
ich habe eine kaffeekanne mit vier tassen für mich
   und meine drei besten freundinnen
ich habe ein schachbrett mit schwarzen
   und weißen steinen für mich und einen freund
ich habe gar keine freunde einzuladen
   niemanden
[...]
Christa Reinig

Tischordnung

Zwei Zeichnungen, deren erstere eine Sitzordnung, die andere einen Bedienungsplan darstellt: Beide entstammen einem Festmahle, gegeben im Hotel Kasten zu Hannover (Firma Hoflieferant Heinrich Kasten, Inhaber Christian und Friedrich Kasten) gelegentlich der Hochzeit des Oberstleutnants von Bülow, Kommandeur des Königsulanen-Regiments in Hannover, mit der Gräfin Schulenburg am 14. Mai 1891, an der Kaiser Wilhelm II. teilnahm. Wir verdanken dieselbe der Güte des Herrn G. Brunngräber in Hannover.

Die Haupttafel mit 48 Gedecken hatte die sogenannte Hufeisenform; außerdem war in der Mitte zwischen den beiden Seiten-Flügeln noch

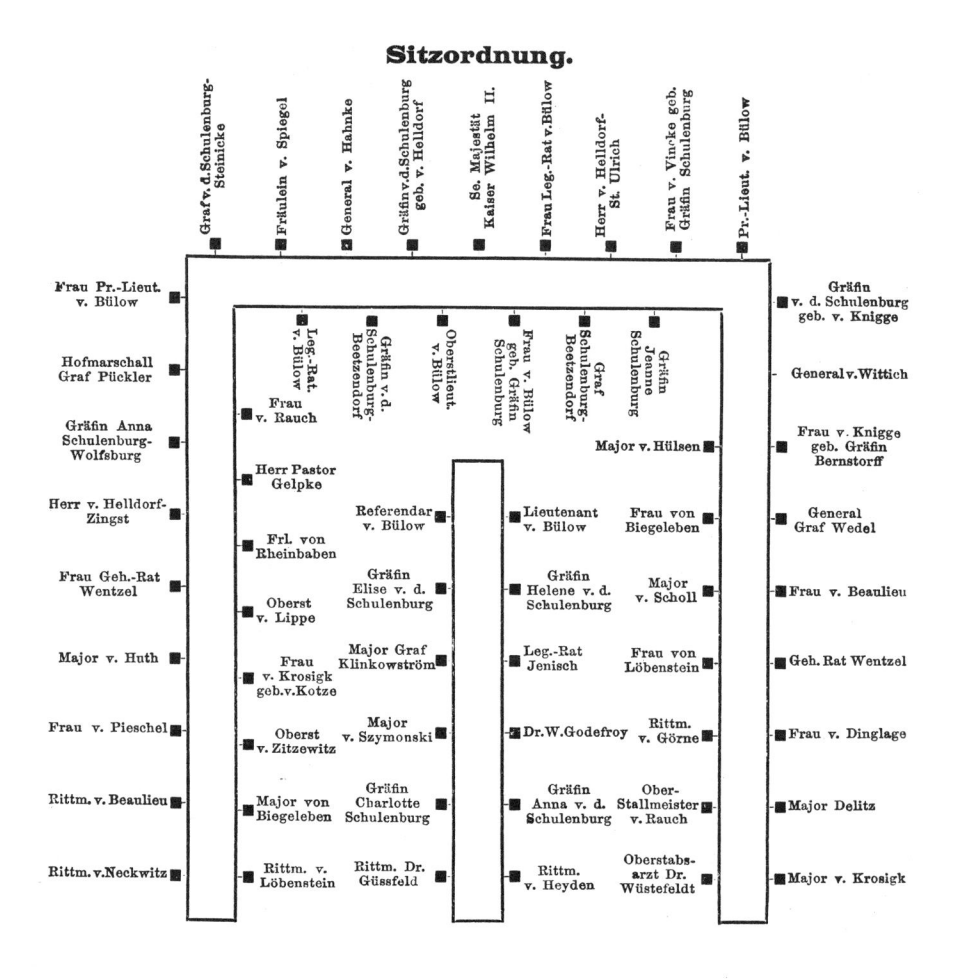

Sitzordnung.

Obere Reihe (Haupttafel, von links nach rechts):
Graf v. d. Schulenburg-Steinicke · Fräulein v. Spiegel · General v. Hahnke · Gräfin v. d. Schulenburg geb. v. Helldorf · Se. Majestät Kaiser Wilhelm II. · Frau Leg.-Rat v. Bülow · Herr v. Helldorf-St. Ulrich · Frau v. Vincke geb. Gräfin Schulenburg · Pr.-Lieut. v. Bülow

Linke Seite (von oben nach unten):
Frau Pr.-Lieut. v. Bülow
Hofmarschall Graf Pückler
Gräfin Anna Schulenburg-Wolfsburg
Herr v. Helldorf-Zingst
Frau Geh.-Rat Wentzel
Major v. Huth
Frau v. Pieschel
Rittm. v. Beaulieu
Rittm. v. Neckwitz

Rechte Seite (von oben nach unten):
Gräfin v. d. Schulenburg geb. v. Knigge
General v. Wittich
Frau v. Knigge geb. Gräfin Bernstorff
General Graf Wedel
Frau v. Beaulieu
Geh. Rat Wentzel
Frau v. Dinglage
Major Delitz
Major v. Krosigk

Innerer linker Flügel (von oben nach unten):
Leg.-Rat v. Bülow
Frau v. Rauch
Herr Pastor Gelpke
Frl. von Rheinbaben
Oberst v. Lippe
Frau v. Krosigk geb. v. Kotze
Oberst v. Zitzewitz
Major von Biegeleben
Rittm. v. Löbenstein

Innerer Flügel Mitte-links:
Gräfin v. d. Schulenburg-Beetzendorf
Oberstlieut. v. Bülow
Referendar v. Bülow
Gräfin Elise v. d. Schulenburg
Major Graf Klinkowström
Major v. Szymonski
Gräfin Charlotte Schulenburg
Rittm. Dr. Güssfeld

Innerer Flügel Mitte-rechts:
Frau v. Bülow geb. Gräfin Schulenburg
Graf Schulenburg-Beetzendorf
Lieutenant v. Bülow
Gräfin Helene v. d. Schulenburg
Leg.-Rat Jenisch
Dr. W. Godefroy
Gräfin Anna v. d. Schulenburg
Rittm. v. Heyden

Innerer rechter Flügel (von oben nach unten):
Gräfin Jeanne Schulenburg
Major v. Hülsen
Frau von Biegeleben
Major v. Scholl
Frau von Löbenstein
Rittm. v. Görne
Ober-Stallmeister v. Rauch
Oberstabsarzt Dr. Wüstefeldt

eine kleinere, frei stehende Tafel für 12 Personen eingeschoben. Die Bedienung war in neun Gruppen (Service) eingeteilt; sieben derselben, aus je drei Mann bestehend, waren zum Herumreichen der Speisen, zum Abräumen des gebrauchten und Einsetzen des neuen Geschirrs bestimmt. Die achte, aus vier Aufwärtern bestehend, hatte das Herum-Reichen der Weine zu besorgen, und die letzte, ebenfalls aus vier Mann bestehende Gruppe besorgte das nochmalige Säubern (Polieren) des Geschirrs. Von den ersten Gruppen hatten sechs die Haupttafel zu bedienen, auf je acht Gäste eine Gruppe gerechnet. Die Kreuze auf unserer Zeichnung zeigen genau, wo mit dem Einsetzen und Darreichen der Speisen begonnen wurde, während die gekrümmten Pfeile die Richtung angeben, in welcher damit fortgefahren wurde. Gruppe 7 hatte die 12 Gäste an der Neben-Tafel zu versorgen; hier zeigen die geraden Pfeile an, wo abwechselnd bei den Gängen begonnen und in welcher Richtung fortgefahren wurde. Die Anmerkungen unter dem Bedienungs-Plane geben an, welche Aufgaben jede einzelne Gruppe und jeder Aufwärter zu erfüllen hatte; die letzteren sind hier mit den Buchstaben a bis d bezeichnet. Auf dem ursprünglichen Plane waren sie mit Familien-Namen aufgeführt, um die Möglichkeit eines Versehens auszuschließen. Die Sitzordnung ist neben ihrer geschichtlichen Bedeutung auch ein treffliches Beispiel für die übliche Rangordnung.

Das Festmahl begann punkt 1 Uhr mittags und war 2 Uhr 5 Minuten beendet, dauerte also nur 1 Stunde 5 Minuten, bei der Anzahl der Gänge keine geringe Leistung. Die Oberleitung hatte Herr Friedrich Kasten, als Oberkellner hatte er Wilhelm Henking, Küchen-Meister war Louis Barth. Se. Maj. den Kaiser bediente Herr Christian Kasten, die Weine hatte Herr Peter Kasten unter sich (die drei Kasten sind Brüder). Gedeckzahl 60, Preis je 40 Mark. Die Kellner mußten in weißer Weste, mit weißer Halsbinde und weißen Handschuhen erscheinen. Die Tafel wurde vor Beginn des Festmahls von der Firma Georg Alpers jun. in Hannover (Heinrich-Straße Nr. 38) in verschiedenen Ansichten, von denen wir die für unsere Zwecke passendste beifolgend wiedergeben, photografisch aufgenommen. Eine während des Mahles geplante photografische Moment- (Augenblicks-) Aufnahme (mit Blitzlicht) mußte unterbleiben, weil der Kaiser unerwartet zeitig aufstand und dies stets das »Signal« (Zeichen) der Beendigung der ganzen Tafel ist.

Paul Martin Blüher

Bedienungsplan.

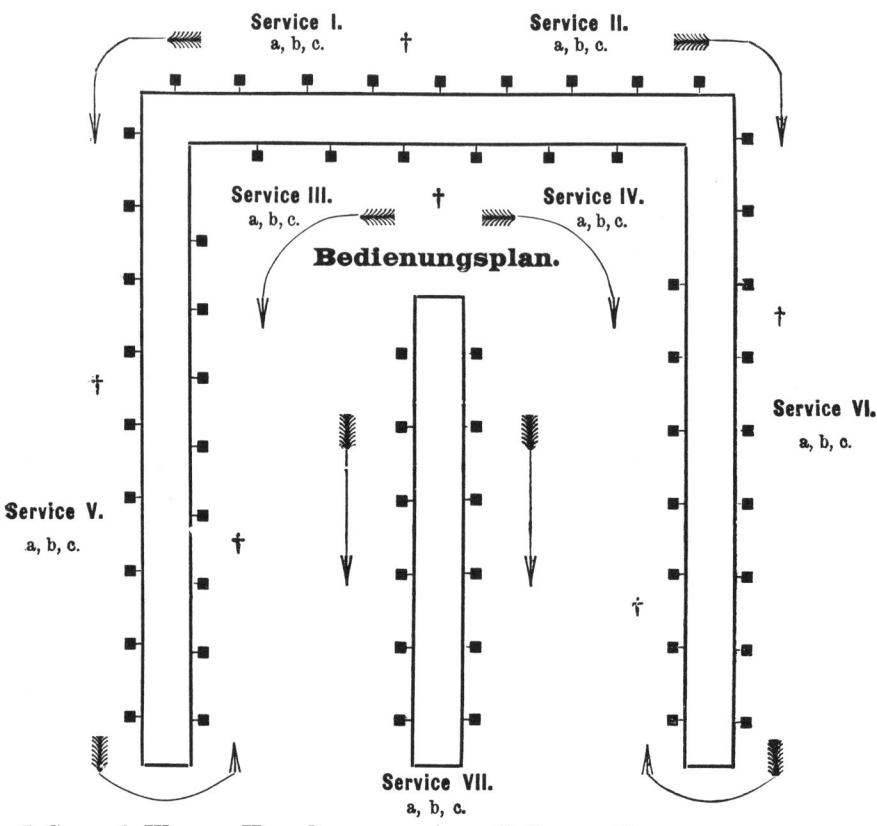

Service I. a, b, c.
Service II. a, b, c.
Service III. a, b, c.
Service IV. a, b, c.
Service V. a, b, c.
Service VI. a, b, c.
Service VII. a, b, c.

I. Gang: *b* Warmes Hors-d'oeuvre.
  c Kaltes Hors-d'oeuvre.
  a Bouillon mit Rindsmark.
II. Gang: *a* Fisch.
  b Sose, Butter.
  c Kartoffeln.
III. Gang: *a* Lamm.
  b Reh.
  c Sose, Kartoffeln, Salat.
IV. Gang: *a* Kalbsbriesen.
  b Sose.
  c Gleich Teller besorgen.
V. Gang: *a* Hummer.
  c Sose.
  b Abwechseln d. Schüsseln.
VI. Gang: *a* Braten.
  c Sose.
  b Kompott und Salat.
VII. Gang: *a* Warme Süßspeise.
  b Kalte Süßspeise.
  c Glasmuscheln auf kleinen Tellern aufsetzen.
VIII. Gang: *a* Käse-Stangen.
  c Gleich Teller wechseln.
  b Dessert.

a räumt ab. — *b* gibt frische Teller. — *c* gibt frische Bestecke.

VIII. (Wein-)Service.
a, b, c, d.
Befassen sich nur mit Wein.

IX. Service.
a, b putzen Teller.
c, d putzen Gläser.

Dinerabend

O, in Gesellschaft zu gehen, das ist gar nicht so ohne. Man zieht sich so hübsch an, wie es einem die Verhältnisse, in denen man vegetiert, gestatten und begibt sich an Ort und Stelle. Der Diener öffnet die gastliche Pforte. Gastliche Pforte? Ein etwas feuilletonistischer Ausdruck, aber ich liebe es, mich im Stil kleiner Tagesware zu bewegen. Ich gebe mit so viel Manier, als ich kann, Hut und Mantel ab, streiche mein ohnehin glattes Haar vor dem Spiegel noch ein wenig glätter, trete ein, stürze mich dicht vor die Herrin des Hauses, möchte ihr die Hand gleich küssen, gebe indessen diesen Gedanken auf und begnüge mich damit, eine vollendete (?) Verbeugung vor ihr zu machen. Vollendet oder nicht, vom geselligen Zug hingerissen, entfalte ich jetzt eine Menge Schwung und übe mich in den Tönen und Sitten, die zu den Lichtern und Blumen am besten zu passen scheinen. »Zum Essen, Kinder«, ruft die Hausfrau aus. Schon will ich rennen, ich erinnere mich aber rasch, daß man so etwas nicht tun soll, und ich zwinge mich zu einer langsamen, ruhigen, stolzen, bescheidenen, gelassenen, geduldigen, lächelnden, flüsternden und schicklichen Gangart. Es geht vortrefflich. Entzückend sieht mir da wieder einmal die Tafel aus. Man setzt sich, mit und ohne Dame. Ich prüfe das Arrangement und nenne es im stillen ein schönes. Wäre noch schöner, wenn einer wie ich irgend was an der Dekoration auszusetzen hätte! Gottlob, ich bin bescheiden, ich danke, indem ich jetzt zugreife, zugable und messere und löffle und esse. Wunderbar schmecken einem gesunden Menschen solche zartsinnig zubereitete Speisen, und das Besteck, wie es glänzt, die Gläser, wie sie beinahe duften, die Blumen, wie sie freundlich grüßen und lispeln. Und jetzt lispelt auch schon meinerseits eine ziemlich ungenierte Unterhaltung. Nimmt mich bald einmal selber wunder, wo und wie ich's hernehme, dieses Weltbetragen, derart Essen zum Mund führen, und dazwischen parlieren zu können. Wie doch die Gesichter purpurn anlaufen, je mehr Speisen und Weine dahergetragen werden. Schon könnte man satt sein, wenn man wollte, aber man will nicht, und zwar in erster Linie aus Schicklichkeitsgründen. Man hat weiter zu danken und weiter zu essen. Appetitlosigkeit ist eine Sünde an so reichbesetzten Tischen. Ich gieße immer mehr flüssige und leuchtende Laune in die allezeit, wie es scheint, durstige Kehle hinunter. Wie das anhumort! Jetzt schenkt der Diener auch noch aus dicken

Flaschen schäumende Begeisterung ein, in Gläser, breitgeformte, in denen das holde Wasser wie in schönen Seebecken ruhen und glänzen kann. Und nun prosten alle, Damen und Herren, einander zu, ich mache es nach, ich geborner Nachahmer. Aber stützt sich denn nicht alles, was in der Gesellschaft taktvoll und lieblich ist, auf die fortlaufende Nachahmung? Nachahmer sind in der Regel glückliche Kerls, so ich. Ich bin in der Tat ganz glücklich, schicklich und unauffällig sein zu dürfen. Und jetzt erhebt sich der leichte Witz, die Zunge wird lose, das lachende Wort will jedesmal an die sorglose, süße Ungezogenheit streifen. Es lebe, es lebe! Wie dumm! Aber das Schöne und Reiche ist immer ein ganz klein wenig dumm. Es gibt Menschen, die plötzlich lachen müssen beim Küssen. Das Glück ist ein Kind, das »heute« wieder gottlob einmal nicht zur Schule zu gehen braucht. Immer wieder wird eingeschenkt, und das wie von unsichtbarer Geisterhand Eingegossene wird hinuntergeschüttet. Ich schütte geradezu unedel hinunter. Aber die silbernen Flügel hübschen Anstandes rauschen um mich und zwicken mich öfters mahnend an die Wangen. Hinwiederum verpflichten die Weine und die Schönheit der Frauen zu leisen, feinen Unverschämtheiten. Die Verzeihung dazu ist der Kirschkuchen, der jetzt galant serviert wird. O, ich freue mich über das alles, ich Proletarier, was ich bin. Mein Gesicht ist ein wahres, hochrotes Eßgesicht, aber essen Aristokraten etwa nicht auch? Es ist dumm, allzufein sein zu wollen. Die Eß- und Trinklust hat vielleicht einen ganz aparten feinen Ton des Umganges. Das Wohlbefinden bewegt sich möglicherweise noch am zartesten. Das sage ich so. Was? Auch noch Käse? Und noch Obst und jetzt noch einmal einen See voll Sekt? Und nun steht man auf, um vorsichtig nach Zigarren angeln zu gehen. Man spaziert durch die Räume. Welche Weltsicherheit! In reizenden kleinen Nischen setzt man sich ungezwungen und eng neben die Damen nieder. Alsdann, um es nicht ganz zu verlernen, schritthüpft man zu den Likörtischen, um sich in Wolken von Genüssen von neuem einzuhüllen. Der Herr des Hauses scheint fröhlich. Das genügt, um sich wie sonnenbeschienen vorzukommen. Lässig und witzig redet man zum weiblichen Geschlecht, wenn man kann. Immer zündet man sich neue Zigarettenstangen an. Das Vergnügen, einen neuen Menschen kennen zu lernen, tippt einen an die Stirne, kurz, es ist ein beständiges, gutes, dummes, behagliches Lachen um einen herum. Nichts kann mehr aufregend sein. Gewöhnt an das Schwelgen, bewegt man sich mit einer behäbigen Sicherheit und mit dem Mindestmaß an Formen im Glanz und im Menschenkranz einher, daß man leise und glücklich staunen muß, es im Leben so weit gebracht zu haben. Später sagt man gute Nacht, und dem Diener drückt man mit Gewicht sein in mancherlei Beziehung redlich verdientes Trinkgeld in die Hand.   *Robert Walser*

Viel der Schwalben Gesellen

Im Sommer findt man Schwalben /
Zu Winter sind sie weit /
Also Freund allenthalben /
Auch in Glückseligkeit /
Wann das Glück herrlich blühet
Sind viel Freund umb uns her /
Ein jeder sich bemühet /
Vns zu erzeigen Ehr.

Viel der Schwalben Gesellen /
Sehr offt bey uns einkehrn /
Vnd sich gantz freundlich stellen /
Sind frölich mit uns gern /
Wenn alles wol gerahten /
Vnd gedeckt ist der Tisch /
Wol schmecken unser Braten /
Die Freundschaft helt sich frisch.

Wirds aber unklar Wetter /
Schneyt uns Vnglück ins Haus /
So verleurt sich der Vetter /
Die Freunde bleiben auß /
Frembd stelt sich auch der Schwager
Vnd kompt zu uns nicht mehr /
Wenn unser Supp ist mager /
Vnd unser Weinfaß lehr.

Anna Ovena Hoyers

Anton Reiser: Freitische

Diese Woche mußte er nun zum ersten Male herumessen und machte am Montag bei dem Garkoch den Anfang, wo er sein Essen unter den übrigen Leuten, die bezahlten, bekam, und man sich weiter nicht um ihn bekümmerte. – Dies war, was er wünschte, und er ging immer mit leichterem Herzen hierher.
Den Dienstag Mittag ging er zu dem Schuster Schantz, wo seine Eltern im Hause gewohnt hatten, und wurde auf das liebreichste und freundlichste empfangen. Die guten Leute hatten ihn als ein kleines Kind gekannt, und die alte Mutter des Schusters Schantz hatte immer gesagt, aus dem Jungen wird noch einmal etwas – und nun freute sie sich, daß ihre Prophezeiung einzutreffen schien. Und wenn es Reiser je nicht fühlte, daß er fremdes Brot aß, so war es an diesem gastfreundlichen Tische, wo er oft nachher seinen Kummer vergessen hat und mit heitrer Miene wieder wegging, wenn er traurig hingegangen war. Denn mit dem Schuster Schantz vertiefte er sich immer in philosophische Gespräche, bis die alte Mutter sagte: Nun Kinder, so hört doch einmal auf und laßt das liebe Essen nicht kalt werden. O was war der Schuster Schantz für eine Mann! Von ihm konnte man mit Wahrheit sagen, daß er vom Lehrstuhle die Köpfe der Leute hätte bilden sollen, denen er Schuh machte. [...]
Am Mittwoch aß er denn bei seinem Wirt, wo das wenige, was er genoß, so gut es auch diese Leute übrigens mit ihm meinen mochten, ihm doch fast jedesmal so verbittert wurde, daß er sich vor diesem Tage fast mehr wie vor allen anderen fürchtete. Denn an diesem Mittag pflegte seine Wohltäterin, die Frau Filter, immer nicht geradezu, sondern nur in gewissen Anspielungen, indem sie zu ihrem Manne sprach, Reisers Betragen durchzugehen, ihm die Dankbarkeit gegen seine Wohltäter einzuschärfen und etwas von Leuten mit einfließen zu lassen, die sich angewöhnt hätten, sehr viel zu essen und am Ende gar nicht mehr zu sättigen gewesen wären. – Reiser hatte damals, da er in seinem vollen Wachstum war, wirklich sehr guten Appetit, allein mit Zittern steckte er jeden Bissen in den Mund, wenn er dergleichen Anspielungen hörte. Bei der Frau Filter geschah es nun wirklich nicht sowohl aus Geiz oder Neid, daß sie dergleichen Anspielungen machte, sondern aus dem feinen Gefühl von Ordnung, welches dadurch beleidigt wurde, wenn jemand

ihrer Meinung nach zu viel aß. – Sie pflegte denn auch wohl von Gnadenbrünnlein und Gnadenquellen zu reden, die sich verstopften, wenn man nicht mit Mäßigkeit daraus schöpfte.
Die Frau des Hofmusikus, welche ihm am Donnerstag zu essen gab, war zwar dabei etwas rauh in ihrem Betragen, quälte ihn aber doch dadurch lange nicht so als die Frau Filter mir aller ihrer Feinheit. – Am Freitag aber hatte er wieder einen sehr schlimmen Tag, indem er bei Leuten aß, die es ihn nicht durch Anspielungen, sondern auf eine ziemlich grobe Art fühlen ließen, daß sie seine Wohltäter waren. Sie hatten ihn auch noch als Kind gekannt und nannten ihn nicht auf eine zärtliche, sondern verächtliche Weise bei seinem Vornamen Anton, da er doch anfing, sich unter die erwachsenen Leute zu zählen. Kurz, diese Leute behandelten ihn so, daß er den ganzen Freitag über mißmutig und traurig zu sein pflegte und zu nichts recht Lust hatte, ohne oft zu wissen worüber. Es war aber darüber, daß er den Mittag der erniedrigenden Begegnung dieser Leute ausgesetzt war, deren Wohltat er sich doch notwendig wieder gefallen lassen mußte, wenn es ihm nicht als der unverzeihlichste Stolz sollte ausgelegt werden. – Am Sonnabend aß er denn bei seinem Vetter, dem Perückenmacher, wo er eine Kleinigkeit bezahlte und mit frohem Herzen aß, und den Sonntag wieder bei dem Garnisonküster.
Dies Verzeichnis von Reisers Freitischen und den Personen, die sie ihm gaben, ist gewiß nicht so unwichtig, wie es manchem vielleicht beim ersten Anblick scheinen mag – dergleichen kleinscheinende Umstände sind es eben, die das Leben ausmachen und auf die Gemütsbeschaffenheit eines Menschen den stärksten Einfluß haben. – Es kam bei Reisers Fleiß und seinen Fortschritten, die er an irgendeinem Tage tun sollte, sehr viel darauf an, was er für eine Aussicht auf den folgenden Tag hatte, ob er gerade bei dem Schuster Schantz oder bei der Frau Filter oder dem Garnisonküster essen mußte. Aus dieser seiner täglichen Situation nun wird sich größtenteils sein nachheriges Betragen erklären lassen, welches sonst sehr oft mit seinem Charakter widersprechend scheinen würde.
Ein großer Vorteil würde es für Reisern gewesen sein, wenn ihn der Pastor Marquard wöchentlich einmal hätte bei sich essen lassen. Aber dieser gab ihm statt dessen einen sogenannten Geldtisch, so wie auch der Seidensticker; von diesen wenigen Groschen nun mußte Reiser wöchentlich sein Frühstück und Abendbrot bestreiten. So hatte die Frau Filter es angeordnet. Denn was der Prinz hergab, sollte alles für ihn gespart

werden. Sein Frühstück bestand also in ein wenig Tee und einem Stück Brot, und sein Abendessen in ein wenig Brot und Butter und Salz. Dann sagte die Frau Filter, er müsse sich ans Mittagessen halten, doch aber gab sie ihm zu verstehen, daß er sich ja hüten müsse, sich zu überessen. [...] Dazu kam nun noch, daß er das Kommißbrot, welches der Hoboist Filter empfing, holen und unter den Armen durch die Stadt tragen mußte, welches er zwar, wenn es irgend möglich war, in der Dämmerung tat, aber es sich doch auf keine Weise durfte merken lassen, daß er sich dies zu tun schäme, wenn es ihm nicht ebenfalls als ein unverzeihlicher Stolz sollte ausgelegt werden; denn von diesem Brot wurde ihm selbst wöchentlich eins für ein geringes Geld überlassen, wovon er denn sein Frühstück und seinen Abendtisch bestreiten mußte. [...]
So konnten auch die Blicke der Frau des Garnisonküsters, wenn er dort gegessen hatte, ihn auf einige Tage niederschlagen und ihm den Mut zum Fleiß benehmen.
Sicher wäre Reiser glücklicher und zufriedener und gewiß auch fleißiger gewesen, als er war, hätte man ihn von dem Gelde, das der Prinz für ihn hergab, Salz und Brot für sich kaufen lassen, als daß man ihn an fremden Tischen sein Brot essen ließ.
Es war abscheulich, in was für eine Lage er einmal geriet, da die Frau des Garnisonküsters über Tisch erst anfing von den schlechten Zeiten und

von dem harten Winter und dann von dem Holzmangel zu reden und endlich über die Besorgnis in Tränen ausbrach, wo man noch zuletzt Brot herschaffen solle; und da Reiser in der Verlegenheit über diese Reden unversehns ein Stück Brot an die Erde fallen ließ, ihn mit den Augen einer Furie anblickte, ohne doch etwas zu sagen. – Da sich Reiser über diese unwürdige Begegnung der Tränen nicht enthalten konnte, so brach sie gegen ihn los, warf ihm mit dürren Worten Unhöflichkeit und ungeschicktes Betragen vor und gab zu verstehen, daß dergleichen Leute, die ihr den Bissen im Munde zu Gift machten, an ihrem Tisch nicht willkommen wären. [...]
Nun gab es wieder eine Art Leute, welche, wenn sie Reiser eine Mahlzeit zu essen gaben, alle Augenblick zu sagen pflegten, wie gern es ihm gegönnt sei, und daß er sich's nur recht sollte schmecken lassen, denn für eine Mahlzeit werde es ihm nun doch einmal gerechnet und dergleichen mehr, welches Reiser nicht weniger verlegen machte, so daß ihm das Essen, statt des Vergnügens, was man sonst dabei empfindet, gemeiniglich eine wahre Qual war. – Wie glücklich fühlte er sich, da er am ersten Sonntag, nachdem er den Tisch bei dem Garnisonküster verloren und es zu Hause noch nicht hatte sagen wollen, ein Dreierbrot verzehrte und dabei einen Spaziergang um den Wall machte.
Es schien, als ob sich alles vereinigt habe, Reiser in der Demut zu üben; ein Glück, daß er nicht niederträchtig darüber wurde – dann würde er freilich zufrieden und vergnügter gewesen sein, aber um all den edlen Stolz, der den Menschen allein über das Tier erhebt, das nur seinen Hunger zu stillen sucht, wäre es bei ihm getan gewesen.

Karl Philipp Moritz

Die Fabel von dem Fuchs und dem Storchen

Was du dir nit wollest schenken, das tu auch keinem anderen. Davon hat uns der Meister eine solche Fabel gesetzet: Ein Fuchs bat einen Storchen zu dem Nachtmahl. Als er kam, setzet er nicht andere Speise vor ihn als ein dünnes Mus auf einem breiten Teller. Dasselbe leckte der Fuchs nach seinem Willen, aber der Storch konnte das nicht genießen und mußte hungriger wieder heimgehen. Danach, in wenig Tagen, bat der Storch den Fuchs auch zum Nachtmahl und setzte wohlbereitetes Essen vor ihn in einem gläsernen Krug und fing an zu essen mit seinem langen Hals und Schnabel und mahnte den Fuchs zu essen. Aber der Fuchs merkte bald die List des Storchen. Da sprach der Storch: wie du mir deine gute Speise gegeben hast, so nimm du sie zurück. Auch wenn dir das nicht gefällig wäre, solltest du mir verzeihen, wenn der Lohn der Arbeit gleich ist. Und es wird Schmach mit Schmach vertrieben. Die Fabel lehrt, daß man niemanden hintergehen soll und daß ein jeder geduldiglich leiden soll, was er einem anderen angetan hat.

Aesop

Der Revolutionär

Wo er sich zu Tisch setzt
Setzt sich die Unzufriedenheit zu Tisch.
Das Essen wird schlecht
Und als eng wird erkannt die Kammer.

Bertolt Brecht

Wenn ich nichts schmecke

Wenn ich nichts schmecke
Wenn ich mich krank fühle ohne Grund
Wenn das Stück Brot mir im Hals stecken bleibt
Wenn ich mich leicht getroffen fühle
Beleidigt bin durch Kleinigkeiten
Unverträglich und mißtrauisch
Wenn mein Gesicht rot ist vor Ärger
Wenn ich unlustig das Meer betrachte
So ist das alles wegen dieser verdammten Ordnung
Wegen dieser von Galgenvögeln
Beherrschten Gesellschaft.

Oktay Rifat

Eine Feinschmeckerin

Es schien nur ein Instinkt bei ihr ausgeprägt, der sie lebhaft dazu drängte, die Qualitäten der Welt auf der Zunge zu kosten, und alles deutete darauf hin, daß der Strom ihres Genießens vom Ursprung bis zur Mündung keine Nebenflüsse kannte. Alle ihre Leidenschaft wurzelte in der Küche, und die Instrumente ihrer Lust waren ausschließlich Messer und Gabel, denn Suppen mochte sie nicht.
Schön war sie auch noch. [...]

So sicher, wie man eine Frau nur im Zustand gewisser Erregung erobern kann, so sicher war er, daß sich eine höhere, wenn nicht höchste Erregung bei der Kotta nur beim Essen einstellte, denn die kleinen Seufzer, die sie einige Male bei der Nahrungsaufnahme triebhaft ausgestoßen hatte, gingen über das Maß der Anzeige befriedigter Schlemmerei weit hinaus. Ihre Verführung, da war er sicher, setzte die Aufnahme außergewöhnlicher Leckereien, die den Sinnen schmeichelten und zugleich durch den sanften Reiz wuchernder Säfte den Geschlechtstrieb entflammten, in anregender Umgebung voraus.   *Otto Jägersberg*

Das dicke Kind

Das dicke Kind kam an einem Freitag oder Samstag, jedenfalls nicht an dem zum Ausleihen bestimmten Tag. Ich hatte vor auszugehen und war im Begriff, einen kleinen Imbiß, den ich mir gerichtet hatte, ins Zimmer zu tragen. Kurz vorher hatte ich einen Besuch gehabt, und dieser mußte wohl vergessen haben, die Eingangstüre zu schließen. So kam es, daß das dicke Kind ganz plötzlich vor mir stand, gerade als ich das Tablett auf den Schreibtisch niedergesetzt hatte und mich umwandte, um noch etwas in der Küche zu holen. Es war ein Mädchen von vielleicht zwölf Jahren, das einen altmodischen Lodenmantel und schwarze, gestrickte Gamaschen anhatte und an einem Riemen ein Paar Schlittschuhe trug, und es kam mir bekannt, aber doch nicht richtig bekannt vor, und weil es so leise hereingekommen war, hatte es mich erschreckt.
Kenne ich dich? frage ich überrascht.
Das dicke Kind sagte nichts. Es stand nur da und legte die Hände über seinem runden Bauch zusammen und sah mich mit seinen wasserhellen Augen an.
Möchtest du ein Buch? fragte ich.
Das dicke Kind gab wieder keine Antwort. Aber darüber wunderte ich mich nicht allzu sehr. Ich war es gewohnt, daß die Kinder schüchtern waren und daß man ihnen helfen mußte. Also zog ich ein paar Bücher heraus und legte sie vor das fremde Mädchen hin. Dann machte ich mich daran, eine der Karten auszufüllen, auf welchen die entliehenen Bücher aufgezeichnet wurden.

Wie heißt du denn? fragte ich.
Sie nennen mich die Dicke, sagt das Kind.
Soll ich dich auch so nennen? fragte ich.
Es ist mir egal, sagte das Kind. Es erwiderte mein Lächeln nicht, und ich glaube mich jetzt zu erinnern, daß sein Gesicht sich in diesem Augenblick schmerzlich verzog. Aber ich achtete darauf nicht.
Wann bist du geboren? fragte ich weiter.
Im Wassermann, sagte das Kind ruhig.
Diese Antwort belustigte mich, und ich trug sie auf der Karte ein, spaßeshalber gewissermaßen, und dann wandte ich mich wieder den Büchern zu.
Möchtest du etwas Bestimmtes? fragte ich.
Aber dann sah ich, daß das fremde Kind gar nicht die Bücher ins Auge faßte, sondern seine Blicke auf dem Tablett ruhen ließ, auf dem mein Tee und meine belegten Brote standen.
Vielleicht möchtest du etwas essen, sagte ich schnell.
Das Kind nickte, und in seiner Zustimmung lag etwas wie ein gekränktes Erstaunen darüber, daß ich erst jetzt auf diesen Gedanken kam. Es machte sich daran, die Brote eines nach dem anderen zu verzehren, und es tat das auf eine besondere Weise, über die ich mir erst später Rechenschaft gab. Dann saß es wieder da und ließ seine trägen kalten Blicke im Zimmer herumwandern, und es lag etwas in seinem Wesen, das mich mit Ärger und Abneigung erfüllte. Ja gewiß, ich habe dieses Kind von Anfang an gehaßt. Alles an ihm hat mich abgestoßen, seine trägen Glieder, sein hübsches, fettes Gesicht, seine Art zu sprechen, die zugleich schläfrig und anmaßend war. Und obwohl ich mich entschlossen hatte, ihm zuliebe meinen Spaziergang aufzugeben, behandelte ich es doch keineswegs freundlich, sondern grausam und kalt. [...]
Ich drehte meinen Bleistift zwischen den Fingern, und es wuchs etwas in mir auf, ein Grauen, das mit der Erscheinung des Kindes in gar keinem Verhältnis stand.
Hast du Freundinnen? fragte ich zitternd.
O ja, sagte das Mädchen.
Eine hast du doch sicher am liebsten? fragte ich.
Ich weiß nicht, sagte das Kind, und wie es dasaß in seinem haarigen Lodenmantel, glich es einer fetten Raupe, und wie eine Raupe hatte es auch gegessen, und wie eine Raupe witterte es jetzt wieder herum.

Jetzt bekommst du nichts mehr, dachte ich, von einer sonderbaren Rachsucht erfüllt. Aber dann ging ich doch hinaus und holte Brot und Wurst, und das Kind starrte darauf mit seinem dumpfen Gesicht, und dann fing es an zu essen, wie eine Raupe frißt, langsam und stetig, wie aus einem inneren Zwang heraus, und ich betrachtete es feindlich und stumm.
Marie Luise Kaschnitz

Fettfleck

Kommste oder kommste nich.
Nee.
Dann eben nich, Spielverderber.
Bin kein Spielverderber.
Dann eben nich, Fettfleck.
Fettfleck hatter gesagt. Wie die andern. Genau wie die anderen. Ich geh jezz. Wonhin? Nachhaus? Nee. Nich nachhaus.
Issjawurscht, Issjagleich. Issjaganzgleich. Vleicht doch nachhaus. Aber ich spiel nie wieder mit Klaus. Auch wenn sein Vater unsterblich is. Vleicht stirbt Klaus auch nich, wenner Apoteka wird oder Dokter. Vleicht weißer das garnich. Braucher auch garnich wissen, braucherauchnich. Fettfleck hatter gesagt, braucher garnix wissen.
Aua. [...]
Die Uhr schlägt. Jezz isses schon zuspät. Die sind schon alle beim Essen. Wennich bischen renn? Kommich auch zuspät, weils ja schon zuspät is. Müßt ich so schnell rennen, dasses wieder früher wird. Dann gehts. Aber ich kann nich so schnell.
Warum bin ichn so dick?
Rollmops, fettes Schwein, Rollmops, fettes Schwein, Fettfleck, Fettfleck, Fettfleck.
Wemman dich ausm Fenster schmeißen tät, wärste ein großer Fettfleck.
Aua.
Amen. Unsegne was du uns bescheret haß. Und nimm dein Küchlein ein.
Will Satan dich faschlingen. Amen.
Schlaf gut, träum schön. Morgen früh, wenn Gott will...
Willer nich? Vleicht willer nich.
Diana Kempff

Alles unter Kontrolle

Magersucht: Nicht mehr essen wollen. Schon beim kleinsten Bissen ein Völlegefühl haben. Noch dünner werden. Keine Mens mehr haben. Ein Leben, das sich ganz um Essen, Zunehmen, Abnehmen dreht. Du brauchst eine Waage, Kalorientabelle, Abführmittel, einen Finger zum Kotzen, viele Frauen, mit denen du dich vergleichen kannst, um festzustellen, daß du noch dünner bist, oder dann eben noch mehr abnehmen mußt. Einen eisernen Willen zum Durchhalten und viel Energie und Zeit, um dich auseinanderzusetzen, was du wann wie und wo essen willst, beziehungsweise nicht darfst. Du hast strengste Verhaltensregeln aufgestellt, und bei jedem Verstoß dagegen funktioniert ein entsprechend restriktives Bestrafungssystem. Alles ist geregelt. Nichts kann mehr schiefgehen. Das System funktioniert und ermöglicht ein Leben, wenn auch sehr mühsam. Magersucht ist dieser Schmerz, körperlich spürbar beim Kotzen, im Hals, in der Luftröhre und in der Speiseröhre, es ist, wie wenn in mir alles steckenbliebe und alle meine Anstrengungen bringen diesen Klotz nicht raus.
Liliane Studer

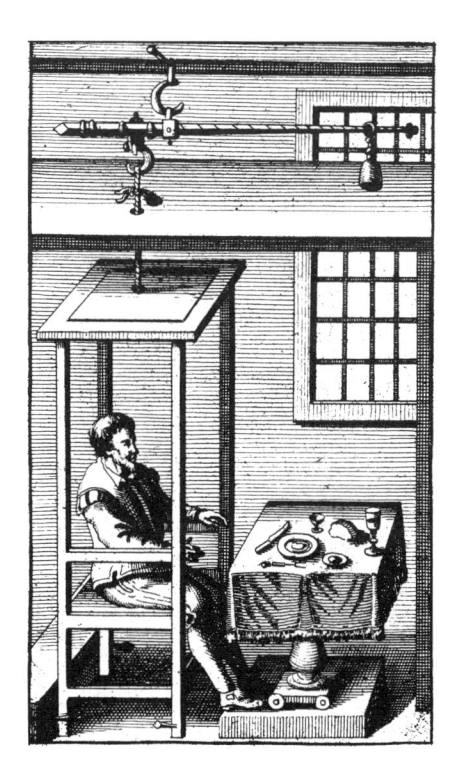

Was ist eine Kalorie?

Eine Kalorie ist diejenige Wärmemenge, die 1ℓ Wasser um 1° erwärmt und entspricht etwa der Wärmemenge, die eine Gasherdflamme in 6 Sekunden liefert.

Energiemenge die 427 kg 1m hoch hebt.

Essen und ich

Essen und ich, Trinken und ich, das waren immer schon Marksteine in meinem Leben. Ich habe sie zu meinem Lebensinhalt werden lassen. Sie aufgebauscht zu einem riesigen Strauß Blumen. Rosen, Sonnenblumen, Brennesseln – Schaumgummikraut. Mein Strauß, wohlgeordnet, nach genauen Regeln gesteckt und aufeinander abgestimmt. Gebannt an diesen Beruf. Ich hatte daneben das Leben vergessen. Ich habe mich zugrunde gerichtet an dem Beruf, den ich freiwillig mir schuf.

Ich war einmal ein rundliches wohlgenährtes Kind. Mir wurden keine ausgesucht guten Speisen vorgesetzt, aber ich freute mich über die meisten Gerichte einfacher Art und hatte keine Hemmung, sie in mich hineinzustopfen. Es war mir auch keine Frage, ob ich genug hätte oder nicht. Essen war, was es war, einzig und unbelastet. Ich dachte auch darüber nicht nach. Über Angelegenheiten, die mir »klar« sind, denke ich nicht nach. Sie fallen mir nicht auf.

Manches in meinem Leben erwies sich als Genuß, als besonderer Luxus, jeder Genuß hat ein Gegengewicht. Gern essen – nichts essen. Wer glaubt, daß nichts essen kein Genuß ist, macht sich die Rechnung zu leicht.

Ein ganzer Kreis schließt sich um die Geheimnisse des Geschmacks und die Erlösung des Kauens und Verdauens, um die Vorfreude des Verdauens. Ich ließ es für eine Zeit zum Kernpunkt meines Lebens werden. Ich ließ die Speise und den Trank in meinem Hirn zum Wichtigsten und

Einzigen werden. Ich wurde es selbst. Der Kreis der Geheimnisse ist kein Geheimnis. Jeder kennt sie. Nur mit Nahrung leben wir. Ich wollte die Kontrolle über meinen Körper haben, ich teilte ihm nach meiner sonderbaren Vernunft die Nahrung zu, und er mußte sein, wie ich es wollte. Er sollte schlank und beweglich bleiben. Er sollte schön sein. Er blieb es lange. Ich aß gern, ich ließ jeden Bissen auf meiner Zunge zergehen. Ich liebte den Schlaf nach gutem Essen. Das Essen und der Schlaf erlösen das Gehirn. Ich wollte mein Bewußtsein hintergehen. Ich wollte das Nichts überlisten. Fasten war meine große Idee – Essen meine Liebe. Fasten mein Geist, Essen mein Körper, Hoffnung gab es für mich nicht, ich hatte, was ich wollte. Ein totes Gehirn und einen schönen Körper. Für nichts, nur so. Fasten ist hart, aber ich gab dieser Arbeit einen Sinn. Ich belohnte mich am nächsten Tag mit gutem Essen, und so regelte ich mir meine Zeit. Essen und Fasten spielten ineinander wie mein Oberkiefer auf den Unterkiefer. Ich war dem Chaos entwichen und hatte eine Lebensregel für mich gefunden, mit der ich mich im Nichts zurechtfand. *Maria Erlenberger*

Wie paradox

Heute habe ich mich vollgefressen, erbrochen und wieder vollgefressen. Warum? Unzufriedenheit, Unausgeglichenheit, Angst, Leere in der Seele? Mir ist elend. Im Magen und in der Seele. Wann werde ich wieder ein gutes Verhältnis zum Essen haben, wann wieder mit Genuß essen können? Essen, weil man es muß, um zu leben, Essen als Kommunikation. Und nicht still, heimlich und allein alles hineinstopfen, was man finden kann. Erst die Magersucht: Abscheu gegen alles, was man kauen und herunterschlucken muß, Verweigerung der Nahrungsaufnahme, bis ich ein Skelett war. Dann: Fressen mit Abscheu und Selbstverachtung, symbolische Füllung seelischer Leere. Selbstbestrafung durch wahlloses Hinunterschlingen. Wie z. Zt. der Magersucht verkrieche ich mich am liebsten irgendwo, wo mich keiner sieht, und doch, die Sehnsucht nach Menschen ist größer denn je, und auch Kontakte knüpfen fällt mir leicht, so leicht. Voraussetzung: Leerer Magen. Ansonsten: Selbstmordgedanken, Haß auf mich selbst. Wie paradox! *Corinna*

Miss Norris

Eine Schwester steckte den Kopf zur Tür herein.
»Ah, da sind sie ja«, sagte sie zu mir. »Sie besuchen Miss Norris. Wie nett!« Und sie verschwand wieder.
Ich weiß nicht, wie lange ich dort saß und die Frau in Purpur beobachtete und mich wunderte, ob sich ihre aufgeworfenen rosa Lippen öffnen würden, und wenn sie sich öffneten, was sie dann sagen würden.
Schließlich schwang Miss Norris die Füße in den hohen, geknöpften schwarzen Stiefeln über die andere Seite des Bettes und ging aus dem Zimmer, ohne mit mir zu sprechen oder mich anzusehen. Sie wollte vielleicht versuchen, mich so auf feine Weise loszuwerden. Ich folgte ihr in einiger Enfernung leise den Gang entlang.
Miss Norris kam zur Tür des Eßraumes und blieb stehen. Den ganzen Weg zum Eßraum hatte sie die Füße genau in den Mittelpunkt der kohlkopfartigen Rosen gesetzt, die sich durch das Muster des Teppichs wanden. Sie wartete einen Moment, dann hob sie einen Fuß nach dem anderen über die Schwelle und in den Eßraum, als steige sie über einen unsichtbaren schienbeinhohen Zauntritt. Sie setzte sich an einen der runden leinenbedeckten Tische und faltete eine Serviette auf und legte sie sich in den Schoß.
»Abendessen gibt es erst in einer Stunde«, rief die Köchin aus der Küche.
Aber Miss Norris antwortete nicht. Sie starrte nur höflich vor sich hin.
Ich zog mir ihr gegenüber einen Stuhl an den Tisch und faltete eine Serviette auf. Wir redeten nicht, sondern saßen in enger schwesterlicher Stille da, bis der Gong zum Abendessen durch den Flur scholl.

Sylvia Plath

Essens-Orte, Essens-Zeiten

Allein schreiben, allein essen

Einmal schriebst Du, Du wolltest bei mir sitzen, während ich schreibe; denke nur, da könnte ich nicht schreiben... Schreiben heißt ja sich öffnen bis zum Übermaß... Deshalb kann man nicht genug allein sein, wenn man schreibt, deshalb kann es nicht still genug um einen sein, wenn man schreibt, die Nacht ist noch zu wenig Nacht. Deshalb kann nicht genug Zeit einem zur Verfügung stehen, denn die Wege sind lang, und man irrt leicht ab... Oft dachte ich schon daran, daß es die beste Lebensweise für mich wäre, mit Schreibzeug und einer Lampe im innersten Raume eines ausgedehnten, abgesperrten Kellers zu sein. Das Essen brächte man mir, stellte es immer weit von meinem Raum entfernt hinter der äußersten Tür des Kellers nieder. Der Weg um das Essen, im Schlafrock, durch alle Kellergewölbe hindurch wäre mein einziger Spaziergang. Dann kehrte ich zu meinem Tisch zurück, würde langsam und mit Bedacht essen und wieder gleich zu schreiben anfangen. Was ich dann schreiben würde! Aus welchen Tiefen ich es hervorreißen würde!

Franz Kafka

Spruch

Wer zu Tische geht,
Sprech ein Tischgebet.
Wer sich früher setzt,
Wird nicht ganz geletzt.
Wer's vergessen hat,
Wird gewiß nicht satt.

Friedrich Güll

Alltag bei Familie Freud

Pünktlich um 13 Uhr, »wie bei Herrschaften üblich«, setzt sich die Familie an den Mittagstisch: Paula und Mizzi tragen auf. Die Unterhaltung wird meist von den Frauen bestritten. Freud, bei Tisch ohnehin nie zum Reden aufgelegt – er pflegte den Verbleib nicht anwesender Familienmitglieder von seiner Frau zu erfragen, indem er mit der Gabel auf den leeren Stuhl deutete –, bereitet zudem die Kieferprothese erhebliche Schwierigkeiten bei der Artikulation, und auch der Eßvorgang selbst ist beeinträchtigt. Dementsprechend gering ist sein Appetit, oft bleibt die Hälfte des Gerichts auf dem Teller zurück; nur Paulas Gemüsesuppen ißt er meist ganz auf und auch ihr selbstgemachtes Vanilleeis – im Sommer sein Lieblingsdessert. Nach einer halben Stunde ziehen sich schließlich alle wieder in ihre Arbeits- oder Wohnzimmer zurück. Der Professor hält auf der Couch seines Arbeitszimmers einen kurzen Mittagsschlaf, dann erneut Arbeit am Manuskript, bis gegen 15.30 Uhr die Mädchen den Familienmitgliedern in ihren Zimmern eine Kaffejause servieren. Wieder an den Schreibtisch, schließlich Abendessen um sieben.

Detlef Berthelsen

Nicht die Knochen zerbeißen

Da ich als Kind hauptsächlich beim Essen mit Dir beisammen war, war Dein Unterricht zum großen Teil Unterricht im richtigen Benehmen bei Tisch. Was auf den Tisch kam, mußte aufgegessen, über die Güte des Essens durfte nicht gesprochen werden – Du aber fandest das Essen oft ungenießbar; nanntest es »das Fressen«; das »Vieh« (die Köchin) hatte es verdorben. Weil Du entsprechend Deinem kräftigen Hunger und Deiner besonderen Vorliebe alles schnell, heiß und in großen Bissen gegessen hast, mußte sich das Kind beeilen, düstere Stille war bei Tisch, unterbrochen von Ermahnungen: »zuerst iß, dann sprich« oder »schneller, schneller, schneller« oder »siehst Du, ich habe schon längst aufgegessen«. Knochen durfte man nicht zerbeißen, Du ja. Essig durfte man nicht schlürfen, Du ja. Die Hauptsache war, daß man das Brot gerade schnitt; daß Du das aber mit einem von Sauce triefenden Messer tatest, war gleichgültig. Man mußte achtgeben, daß keine Speisereste auf den Boden fielen, unter Dir lag schließlich am meisten. Bei Tisch durfte man sich nur mit Essen beschäftigen, Du aber putztest und schnittest Dir die Nägel, spitztest Bleistifte, reinigtest mit dem Zahnstocher die Ohren. Bitte, Vater, verstehe mich recht, das wären an sich vollständig unbedeutende Einzelheiten gewesen, niederdrückend wurden sie für mich erst dadurch, daß Du, der für mich so ungeheuer maßgebende Mensch, Dich selbst an die Gebote nicht hieltest, die Du mir auferlegtest. *Franz Kafka*

Aberwitz und Fünf-Uhr-Tee

Unter einem Baum vor dem Haus stand ein gedeckter Tisch, und der Hutmacher und der Schnapphase hatten sich schon daran niedergelassen und tranken Tee; zwischen den beiden saß eine Haselmaus und schlief vor sich hin, während sich ihre zwei Nachbarn mit den Ellbogen auf sie aufstützten und über ihren Kopf hinweg unterhielten. »Unbequem für die Haselmaus«, dachte Alice; »aber da sie schläft, macht es ihr wahrscheinlich nichts aus.«
Der Tisch war schon eher eine Tafel, doch saßen alle drei eng zusammengedrängt in einer Ecke. »Besetzt! Besetzt!« riefen sie, als sie Alice näher treten sahen. »Von besetzt kann doch gar keine Rede sein!« sagte Alice empört und setzte sich in einen großen Sessel am Tischende.
»Ein Schluck Wein?« fragte der Schnapphase einladend.
Alice sah sich auf dem Tisch um, aber das stand nur eine Teekanne.
»Ich sehe keinen Wein«, bemerkte sie.
»Ist auch gar keiner da«, sagte der Schnapphase.
»Dann war es nicht sehr höflich, welchen anzubieten«, sagte Alice zornig.
»Es war auch nicht sehr höflich, sich ungebeten an unsern Tisch zu setzen«, sagte der Schnapphase.
»Ich konnte ja nicht wissen, daß es *euer* Tisch war«, versetzte Alice; »es ist für viel mehr als drei gedeckt.«
»Du mußt zum Friseur«, sagte der Hutmacher. Er hatte Alice bisher nur neugierig angeschaut, und dies war sein erster Beitrag zur Unterhaltung.

»Solche direkten Bemerkungen solltest du dir abgewöhnen«, sagte Alice mit einiger Strenge »sie sind unschicklich.«
Der Hutmacher riß die Augen weit auf, als er das hörte, aber alles, was er *sagte*, war: »Was ist der Unterschied zwischen einem Raben und einem Schreibtisch?«
»Na, jetzt wird es schon lustiger«, dachte Alice, »jetzt kommen Rätsel an die Reihe! – Ich glaube, das bringe ich heraus«, sagte sie laut.
»Du meinst, du wirst es erraten?« frage der Schnapphase.
»Genau das«, sagte Alice.
»Dann solltest du auch sagen, was du meinst«, fuhr der Schnapphase fort.
»Das tu ich ja«, widersprach Alice rasch; »wenigstens – wenigstens meine ich, was ich sage – und das kommt ja wohl aufs gleiche heraus.«
»Ganz und gar nicht«, sagte der Hutmacher. »Mit demselben Recht könntest du ja sagen: ›Ich sehe, was ich esse‹ ist das gleiche wie ›Ich esse, was ich sehe‹!«
Lewis Carroll

Nicht rülpsen

»Iß weder Knoblauch noch Zwiebeln, damit die Leute nicht am Geruch deine niedrige Herkunft erkennen. Geh mit langsamen Schritten, sprich mit ruhiger Gelassenheit, aber nicht so, daß es aussieht, als wolltest du dir selbst zuhören, denn alle Ziererei ist vom Übel.
Iß wenig zu Mittag und noch weniger zu Abend, denn die Gesundheit des ganzes Leibes wird in der Werkstätte des Magens bereitet.
Sei mäßig im Trinken und bedenke, daß Wein im Übermaß weder Geheimnisse bewahrt noch Wort hält.
Hüte dich, mit beiden Backen zugleich zu kauen und vor anderen Leuten zu eruktieren.«
»Das Ding mit dem Eruktieren, das versteh ich nicht«, sagte Sancho.
Don Quijote entegnete: »Eruktieren, Sancho, heißt rülpsen. Dies Wort ist zwar sehr bezeichnend, jedoch eines der unschicklichsten Worte in unsrer Sprache; und darum haben die Leute, die auf feinen Ausdruck halten, ihre Zuflucht zum Latein genommen und sagen eruktieren für rülpsen und statt Rülpser Eruktation. Und wenn auch der und jener diese Ausdrücke nicht verstehen sollte, so macht das wenig aus; der Gebrauch wird sie mit der Zeit allmählich einführen, bis sie mit Leichtigkeit verstanden werden; und dies heißt, die Sprache bereichern, über welche die gemeine Menge und der Gebrauch alle Macht haben.«
»Wahrhaftig, Señor«, sagte Sancho, »eine Eurer Ermahnungen und Belehrungen, die ich ernstlich im Gedächtnis behalten will, wird die sein, nicht zu rülpsen, denn ich pflege das häufig zu tun.«
»Eruktieren, nicht rülpsen«, fiel Don Quijote ein.
»Eruktieren will ich von nun an sagen«, entgegnete Sancho, »und wahrlich, ich werd es nicht vergessen.« *Miguel de Cervantes*

Table Manners

The Goops they lick their fingers,
And the Goops they lick their knives;
They spill their broth on the table-cloth –
Oh, they lead digusting lives!
The Goops they talk while eating,
And loud and fast they chew;
And that is why I'm glad that I
Am not a Goop – are you?

Gelett Burgess

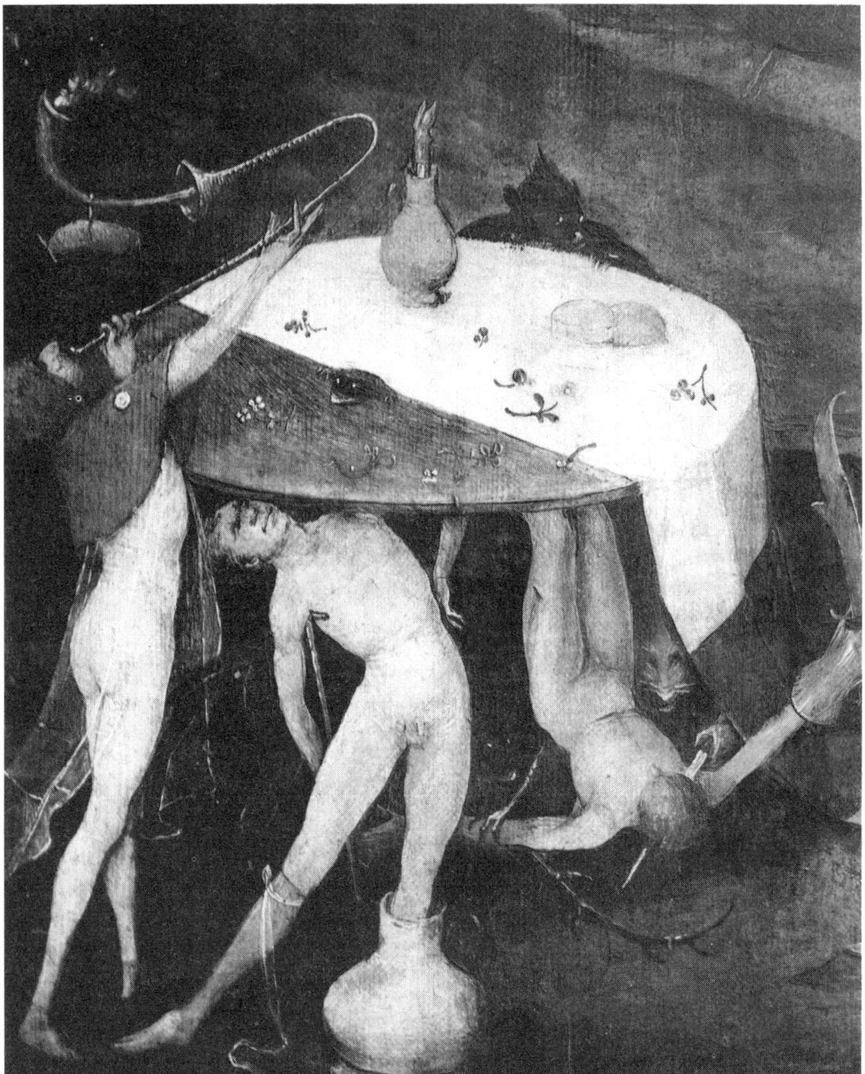

Tische

Von Tischen die sich wie altjüngferliche Bäche
zu Paaren treiben
und schließlich austrocknen lassen
kann man ohne zu übertreiben behaupten
daß sie wenn nicht den Kopf
so doch den Hut auf dem Kopf
verloren haben.

Tische die Berge von Rosen tragen
so daß sie zusammenzubrechen drohen
erwarten einen Rosenfresser.
Die Rosenfresserei hat in letzter Zeit
die Menschenfresserei verdrängt.

Ein Tisch dem die trockene Zunge
armlang aus seinem feurigen Wüstenhorizont hängt.

Ein hausgroßer gläserner Tisch
auf dem nicht ein Brotsämchen liegt
mit einer gewaltigen Schublade
voll tollwütiger
vor Hunger sich beißender Menschen
Kein Laut dringt aus der Schublade.

Ein vierbeiniger Tisch
mit zwei Menschen an Stelle von Tischbeinen
die sich tief verbeugt hatten
und plötzlich tief verbeugt versteinerten.

Ein einbeiniger Tisch mit einem Schnabel
wie ein mittelalterlicher Wasserspeier
hüpft auf seinem einen und einzigen Bein
hoch hoch in die Luft
und fängt zum Spaß
mit seinem gewaltigen Schnabel Wolken.
Dies ist ein heiterer Sport
als das Fußballspiel unserer vierbeinigen Esel.

Hans Arp

Mein Rahmtisch

Wie ich es mag
so wie es ist mit viel zu viel Licht
es reizt zu Erwartungen
ein Ereignis wäre zum Beispiel daß die
Tür aufgedrückt würde von Rahm der nicht
auffällig aber unaufhaltbar hereinflösse
wie zufrieden ich wäre über keine neue Farbe
mein Rahmzimmer
mein Rahmtisch
wie ich ihn mir gewünscht habe als Kind
rund und für zahlreiche Leute
Tisch an dem mir etwas einfällt zum Beispiel
Sensenwurf anstatt Sensenstiel
kenn ich das Wort doch lange
ein Platz für Ellbogen für Wiederaufnahmen
gegen Lebensenge was für ein Wort
komm trenn es richtig
sitz auf rahmfarbenem Stuhl aus finnischer Birke
gedankenlos die blanken Nieten werfen mich
etwas zurück aber auf dem Tisch der Topf auch
rahmfarben
lauter Zufälle die glaubt mir niemand
braucht auch niemand
ich hatte dir versprochen daß du in einem halben
Jahr noch lebst

Hannelies Taschau

Speisehaus Pródromos
Ein unerfülltes Ideal

Ein großer Raum, hellgrau getüncht, mit farbigen Porzellan-Vasen an den Wänden, in denen in Wasser frische Blumen sind, Spiegelscheibenfenster, in jedem Fenster ein kleiner, geräuschlos gehender Ventilator, über jedem der runden Tischchen eine elektrische Schirmlampe, grüne Seide, Miniatur-Lehnsesselchen mit Leder gepolstert, für jedes Tischchen ein fünfteiliger Bambus-Matten-Wandschirm, so daß ein jedes Tischchen oder auch zwei zusammen in ein separiertes Zimmerchen, das dennoch offen ist, verwandelt werden kann. In dem Speisesaale selbst, an der Wand ein herrlicher, einfacher, weiter Eiskasten, in dem man durch Kristallwände alles sieht. Ferner ein ebenso großer schöner Stahlkasten, mit vorne kristallenen Wänden, der von unten erwärmt, unsichtbar die lauen und warmen, bereits fertigen Speisen enthält. Ferner ein dritter Kristallkasten für die untemperierten Speisen, wie harte Eier, Salzkeks, Birnen (Alexander-Butterbirne, Isenbart, die gute Luise), Camembert, Gervais, Mondseer, Roquefort, Primsen, Gorgon-

zola (?). Es werden nur Speisen sein, die in drei bis fünf Stunden verdaut sind. Daher bei jeder Speise ein sogenannter Hygiene-Zuschlag von 50 Heller. Besonders begünstigt werden Kipfel-Erdäpfel, kalt, mit kalter, gesalzener und wenig gepfefferter Paradeis-Tunke, Mayonnaise-Tunke, kalter Sardellen-Tunke usw. usw. Zu jedem tiefen Kristall-Schüsselchen Kartoffeln ein ebensolches Schüsselchen Tunke.
Dann warm: Kipfel-Kartoffel, fett und angeröstet (gestürzt). Reis (Karolinenreis, prima) in allen kalten und warmen Zubereitungen, vor allem mit geriebenem Käse gekocht. Zu jeder Reis-Schüssel (tiefes Kristall-Schüsselchen) eine entsprechend Tunke, extra in tiefen Kristall-Schüsselchen. Von Gemüsen, eigene Speise für sich selbst, nie Beilage: vor allem der fast heilige Spinat, Blumenkohl, Spargel, Erbsenpüree (kalt mit Zitronensaft bereitet), Linsenpüree (kalt mit Zitronensaft zubereitet). Von Fleischspeisen ganz besonders begünstigt: ausgelöste (ohne Haut und Gräten) große Fischstücke in kalten oder warmen Tunken in tiefen Porzellanschüsselchen, Näpfen, angerichtet.
Zu den hierzu besonders begünstigten Fischen gehören: vor allem der Zander, der Thunfisch, die Seezunge, der Seelachs, der Austernfisch. Rindfleisch wird, da es meistens nicht ganz mürbe ist, überhaupt nicht dargereicht. Hingegen ein leichtes, dünntunkiges Kalbsgulasch, aber vom Frikandeau, dem besten, mürbsten Teile, zu jeder Suppe in Karaffchen Knorrwürze oder Maggiwürze. Es sind Suppen zu begünstigen, die an Fleisch und Gemüse und Reis bereits eine ganze Mahlzeit darstellen. Zum Beispiel eine Paradeissuppe mit Kipfelkartoffeln in Scheibchen, Zander-Klößen und Karfiol!
Auf einem breiten Holz-Postamente aus Mahagoni eine breite, gedrungene Uhr mit hellem Turm-Schlagwerk. Welcher geniale Mäzen und zugleich geniale Geschäftsmann stellt mir das Geld zur Verfügung zu meinem Speisehaus »Pródromos«‹?!? *Peter Altenberg*

Speise-Automaten

Die überall schon bestehende Automation reizt zum Spinnen, zum Ausspinnen des auf diesem Gebiet noch Möglichen, Verschwinden der letzten menschlichen Handreichung, immer neuer Zuwachs an denkenden, planenden, speichernden Maschinen, das Leben auch des uomo qualunque von solchen stummen und teilnahmslosen Dienern bestimmt. An die Stelle von Ladengeschäften oder auch Supermärkten, die man immerhin noch betreten und wo man zumindest mit den Kassiererinnen noch das eine oder andere fremdsprachige Wort wechseln konnte, gibt es nur noch schön beleuchtete Auslagen, an denen die Kauflustigen vorübergehen und hier und dort stehenbleiben, um sich die Kennziffer eines Gegenstandes, eines Kochtopfes, einer Tischdecke, eines Unterrocks oder einer Krawatte zu notieren. In breiten von der Hauptstraße rechts und links abzweigenden Korridoren befinden sich raffinierte Geldwechselapparate und Öffnungen von ganz verschiedener Form und Größe, Münder sozusagen, die die gewählten Artikel fertig ausspeien, vom Taschentuch bis zur Fernsehtruhe gleitet alles lautlos in die Hand des Käufers oder in den Kofferraum des Wagens, mit dem er vorgefahren ist. Es versteht sich, daß ein Feilbieten, Wiegen, Einpacken von Lebensmitteln nicht mehr stattfindet, daß vielmehr alle Mahlzeiten auf ähnliche Weise, das heißt, nach Besichtigung von appetitanregenden Schaubildern aus dem Automaten gezogen und an Ort und Stelle, das heißt, an schmalen in Brusthöhe angebrachten Wandbrettern, verzehrt werden, Plastikbecher und -bestecke, Folien und Pappteller werden von Müllschluckern aufgesaugt und gleich zerstampft. Das Kochen zu Hause entfällt, Herde, Kühlschränke und dergleichen werden nicht mehr hergestellt, eine gesellige Bewirtung kann nicht stattfinden, oder doch nur bei sehr reichen Leuten, die sich von ausländischen Schwarzhändlern bei Nacht und Nebel das Nötige bringen lassen und eine Mahlzeit auf ihren im Althandel teuer erstandenen Kochgeräten eigenhändig zubereiten. *Marie Luise Kaschnitz*

Der Aromat

Angeregt durch Korfs Geruchs-Sonaten
gründen Freunde einen ›Aromaten‹.

Einen Raum, in welchem, kurz gesprochen,
nicht geschluckt wird, sondern nur gerochen.

Gegen Einwurf kleiner Münzen treten
aus der Wand balsamische Trompeten,

die den Gästen in geblähte Nasen,
was sie wünschen, leicht und lustig blasen.

Und zugleich erscheint auf einem Schild
des Gerichtes wohlgetroffnes Bild.

Viele Hunderte, um nicht zu lügen,
speisen nun erst wirklich mit Vergnügen.

Christian Morgenstern

Menu à la carte:
Hauptgericht

1. Frühstück

Frühstück

Wir standen in der kleinen Baracke in Biarritz,
Warteten aufs Frühstück und deine Hand umfing meine,
Und ich spürte, wie verschwitzt sie war;
Und dann wurde das Frühstück serviert,
Wie der Strauß einer Verführerin.
O das Grünweiße und Rotgelbe
Und Purpurweiße des Frühstücks!

Der Junggeselle ißt sein Frühstück,
Der Ehemann ißt sein Frühstück,
Und der alte Onkel Joris rülpst.
Die Meerlandschaft, in der ein Kind erscheint,
Das ißt eine Wassermelone und hält einen Strohhut.
Es bewegt seine Lippen, als wollte es sprechen,
Doch nur Seeluft kommt aus seinem kindlichen Schnabel.
Es ist der Augenblick der Sorgen,
Und an den Ufern der Geschichte,
Die in beiden Richtungen verlaufen, da gibts kein glückliches Morgen.
Aber Onkel Joris hält seinen Apfel hoch und fängt an,
Mit dem Kind zu reden. Rote Wellen fächeln meine Welt mit dem grünen
Papagei des Frühstücks.

Die Straße ist verlassen;
Ich glaube meine Augen sind leer;
Laßt uns schnell fortgehen.
Der Tag pocht an die Tür und ist fort.

Dann nahmen sie ihn und schleppten ihn fort von dieser Gesellschaft.
Als er erwachte, war er bei der Feuerwehr und verschlafen, aber nicht
    müde.

Man gab ihm einen Schlauch voll blaues Spanien zum Frühstück,
Und Portugal wartete auf ihn vor der Tür, wie ein Sturmwind von
　　abendlichen Himbeeren.

Es ist Zeit, meinen Schlund zu füttern und nicht meinen Brustkasten.
Was denn? Entweder hat der stechende Strahl mein Frühstück gegessen,
Oder aber – und sie sucht den Himmel nach was anderem ab;
Aber ich bin weit weg, scheine blau-äugig, empirisch...
Laßt uns dem Frühstück Frühstück geben –
Aber wie sollen wir das tun?
Die Oberkellner dehnen sich aus und verhandeln;
Werden kleine Pappstückchen ausreichen?
Und wie steht's mit Silber- und Goldkügelchen?
Die Oberkellner dehnen sich aus und verhandeln:

Wie aber, wenn das Frühstück sich weigern sollte, überhaupt etwas zu
　　essen?
Na dann eben zum Teufel damit, würden wir sagen,
Und die rote Einfahrt wird sich öffnen auf eine grüne Eisenbahn zu,
Und das Frühstück wird in einen blauen Waggon gesteckt,
Und der wird abfahren ins Ziegenmelker-Tal,
Wo es Samuel Hundefuß treffen und heiraten und sieben Stück
　　Nachwuchs haben wird,
Die alle halb Mensch, halb Frühstück sein werden;
Und als wir sie sahen, einst in der Dämmerung,
Da zogen wir unsere Bergmannshüte und pfiffen tü-de-lü-h-t,
Und starrten mit wäßrigem Maul die Mädchen in rosa Musselin-
　　Kleidchen an,
Und merkten nicht, daß sie ja wirklich halb eßbar waren,
Und daß wir sterben würden, ohne es zu wissen;
Um nun zu verhindern, daß derart Schreckliches sich ereigne,
Geben wir allen, die wir treffen und gern mögen, sofort einen guten
　　kräftigen Imbiß,
Denn es ist Zeit zum Frühstück!

Kenneth Koch

Zum Frühstück Dolche

Ilja Schimpanski –
Degenschlucker seit undenklichen Zeiten –
Ilja starb im Gitter der Eisenbahnsperre,

die Schranken tragen sein weißrotes Kostüm.

Wer ihn je gesehen hat,
wie er zum täglichen Frühstück
Dolche mit kurzen gedrungenen Klingen
Hieb- und Stichwaffen
Morgensterne und Hellebarden
und neuerdings sogar
Maschinengewehre
verschlang,

wird ermessen können
was seinen Nachfolgern bevorsteht.

Günter Bruno Fuchs

2. Brot und Kuchen

Das Brötchen

In einem Bäckerladen
Lag eine kleines Brot,
Daneben stand der Bäcker
Und schnitt das Brötchen tot.
Da schrie das kleine Brot
Und war in großer Not.
Allein da half kein Flehen,
Es mußte so geschehen.

Da nahm es einer untern Arm,
Da saß es wenigstens recht warm.
Er trug es in sein Haus hinein,
Da fing das Brötchen an zu schrein,
Er steckt es in den Mund,
Gleich fuhr es in den Schlund.
Nun saß es in dem Magen
Und konnte nichts mehr sagen.

Margarethe Susmann

Frisches Brot

Jedes Stück, das aus dem Ofen kam, hatte eine individuelle Bräune, unterschied sich, wenn auch nur wenig, von seinesgleichen. Es war noch nicht das verfluchte Brot der großen Städte, das Maschinen ausspeien. Es entstand während der Nacht. Das Schwarzbrot, das halbgrobe Brot, das Brot aus gesiebtem Mehl, rundleibig und angeschoben. Das Weizenbrot, das Formbrot, die Rundstücke und das halbsüße und süße Morgengebäck, die Widderhörner, die Sternbrötchen, die Schnecken, die Judasohren, die Maulschellen mit Hagelzucker bestreut, die Taschen und Korinthenklöben. Jeder Morgen war herrlich. Wenn wir am Kaffeetisch saßen, sagte die Tante zu mir: »Geh in den Laden und suche dir aus, was dir schmeckt. Nimm aber genug, damit du satt wirst.« Und ich ging, ging über die Diele, öffnete die Tür zum Laden. Da stand Bertha hinter einem kurzen Verkaufstisch. Auf den Eisengerüsten an den Wänden lagen die Stapel der Backplatten. Und das frische Brot füllte eine Wand. Und ein Duft war nach gebackener Butter und geschmolzenem Zucker, nach dem süßen Alkoholdampf des Hefegebäcks. Und womöglich kam noch ein Geselle herein und brachte die letzten Plattenkuchen mit Streusel belegt oder mit den Kratern der triefenden Butterlöcher in einer Kruste aus Mandeln und Zucker. Oder es war ein Obstkuchen. Ich wußte nicht, was ich wählen sollte. Und Bertha sagte: »Nimm dies, nimm das.« Es war herrlich.

Hans Henny Jahnn

Simelbrot. Kleyenbrot. Vngeböfelt brot. Kyßbrot. Ofenbrot. Scherbenbrot. Steynbrot.

Schlankheitstorte

Und zum geburtstag wünsch ich mir
eine schlankheitstorte
bei jedem bissen
nehme ich 100 g ab

Christa Reinig

Dr. Max Währen mit seiner Weltsensation, einem über 5000jährigen Kuchen der Steinzeit aus den Funden von Muntelier am Murtensee. (Foto: Alexandra Schürch)

Der älteste Kuchen
Pfahlbauer als Schleckmäuler

Bern. Der Berner Brotforscher Dr. h.c. Max Währen hat ein rätselhaftes Fundstück – 1979 im Muntelier ausgegraben – als Kuchen aus dem Jahre 3150 vor Christus identifiziert: Schon die Steinzeitmenschen waren Schleckmäuler...

Das Brot der frühen Jahre

Ich nannte ihm auch die Preise für Brot, für Butter, für Kohlen – und er erschrak jedesmal, schien es aber auch jedesmal wieder zu vergessen, doch er schickte mir manchmal Geld und schrieb, ich solle mir Brot dafür kaufen, und wenn Vaters Geld kam, ging ich zum Schwarzmarkt, kaufte mir ein ganzes Zwei- oder Dreipfundbrot, frisch aus der Bäckerei, setzte mich damit auf eine Bank oder irgendwo in die Trümmer, brach das Brot in der Mitte durch, und aß es mit meinen schmutzigen Händen, indem ich Stücke davon abriß und in den Mund steckte; manchmal dampfte es noch, war innen ganz warm, und ich hatte für Augenblicke das Gefühl, ein lebendes Wesen in den Händen zu haben, es zu zerreißen. [...]
Ich habe den Preis für alle Dinge erfahren müssen – weil ich ihn nie zahlen konnte –, als ich als sechzehnjähriger Lehrling allein in die Stadt kam: der Hunger lehrte mich die Preise, der Gedanke an frischgebackenes Brot machte mich ganz dumm im Kopf, und ich streifte oft abends stundenlang durch die Stadt und dachte nichts anderes als: Brot. Meine Augen brannten, meine Knie waren schwach, und ich spürte, daß etwas Wölfisches in mir war. Brot. Ich war brotsüchtig, wie man morphiumsüchtig ist. Ich hatte Angst vor mir selbst, und immer dachte ich an den Mann, der einmal im Lehrlingsheim einen Lichtbildervortrag über eine Nordpolexpedition gehalten und uns erzählt hatte, daß sie frischgefangene Fische lebend zerrissen und roh verschlungen hätten. Noch jetzt oft, wenn ich mein Geld abgeholt habe und dann mit den Scheinen und Münzen in der Tasche durch die Stadt gehe, überkommt mich die Erinnerung an die wölfische Angst jener Tage, und ich kaufe Brot, wie es frisch in den Fenstern der Bäckereien liegt: zwei kaufe ich, die mir besonders schön erscheinen, dann im nächsten Laden wieder eins, und kleine braune knusprige Brötchen, viel zu viele, die ich dann später meiner Wirtin in die Küche lege, weil ich nicht den vierten Teil des gekauften Brotes essen kann und mich der Gedanke, das Brot könne verderben, mit Angst erfüllt.
Heinrich Böll

Die Semmelschuhe

Im Klatauer Kreis, eine Viertelstunde vom Dorf Oberkamenz, stand auf dem Hradekberg ein Schloß, davon noch einige Trümmer bleiben. Vor alter Zeit ließ der Burgherr eine Brücke bauen, die bis nach Stankau, welches eine Stunde Wegs weit ist, führte, und die Brücke war der Weg, den sie zur Kirche gehen mußten. Dieser Burgherr hatte eine junge, hochmütige Tochter, die war so vom Stolz besessen, daß sie Semmeln aushöhlen ließ und statt der Schuhe anzog. Als sie nun einmal auf jener Brücke mit solchen Schuhen zur Kirche ging und eben auf die letzte Stufe trat, so soll sie und das ganze Schloß versunken sein. Ihre Fußstapfe sieht man noch jetzt in einem Stein, welcher eine Stufe dieser Brücke war, deutlich eingedrückt. *Gebrüder Grimm*

Brot

warum machen manche Leute, bevor sie ein Brot anschneiden, mit der Messerspitze drei kleine Kreuze auf seine Unterseite?
damit das Brot, wenn es vielleicht doch ein Striezelfisch oder Nacktigel wäre, dreimal gekitzelt sich nicht länger tot stellt, gleich fährt ihm ja das Messer in den Laib!
und da glaubt die Mama, das dreifach aufs Brot gezeichnete Kreuzeszeichen stamme aus einer Zeit, in welcher die Leute mit dieser Art Namenszug ihren Besitz gekennzeichnet haben! [...]
es könnten sich aber die armen Leute das Brot mit drei Kreuzen schmackhafter gemacht haben!
mit der Erinnerung an den Gekreuzigten und die zwei Schächer?
aber nein – eher voll Vertrauen in die heilige Wandlung. weißt du denn nicht mehr, wie uns die Großmutter kleine Häuser aufs Butterbrot gezeichnet und uns etwas von einem Butterbrot mit Schmalz vorgesungen hat? vielleicht haben arme Leute mit dem Messer ›Butter‹ auf nackte Brotscheiben geschrieben und dieses Butterbrot mithilfe ihm eingekratzter Kreise zu einem Butterbrot mit Wurst gemacht!
Julian Schutting

Da entfiel der Bissen meinem Munde

Ich vergesse es mein Lebtag nicht – es war an einem harten Winterabende – kein Brot, kein Öl, kein Brennmaterial im Hause! Wir Kinder waren vor Frost in die Betten gekrochen, als die Mutter eintrat, einen halben Laib Brot in der Schürze. Sie vertheilte es unter die heißhungrigen Kinder und schickte sich wieder zum Fortgehen an, um nach weiterem Verdienst auszuspähen. Ich bat sie, doch auch etwas zu genießen. »Ich brauche nicht«, sagte sie, »solange ihr hungrig seid«. – Da entfiel der Bissen meinem Munde, ich kroch mit dem Kopf unter das Deckbett und fing bitterlich an zu weinen. Derartig freudlos war meine Kindheit.

Adolf Lepp

Wo ist der Brotlaib?

Immer wenn wir vor Hunger schreien
Kommt ihr gelaufen und sagt: so geht das nicht weiter
Dem muß abgeholfen werden und mit allen Mitteln!
Und voll Eifer rennt ihr zu den Herren
Während wir, voll Hunger, warten.
Und ihr kommt zurück, und im Triumphe
Zeigt ihr, was ihr habt für uns erobert:
Ein Stücklein Brot.
Gut, das ist das Stück Brot.
Aber wo ist
Der Brotlaib?
Wir brauchen nicht nur den Flicken
Wir brauchen den ganzen Rock.
Wir brauchen nicht nur das Stück Brot
Wir brauchen den Brotlaib selbst.
Wir brauchen nicht nur den Arbeitsplatz
Wir brauchen die ganze Fabrik.
Und die Kohle und das Erz und
die Macht im Staat.
So, das ist, was wir brauchen.
Aber was
Bietet ihr uns an?

Bertolt Brecht

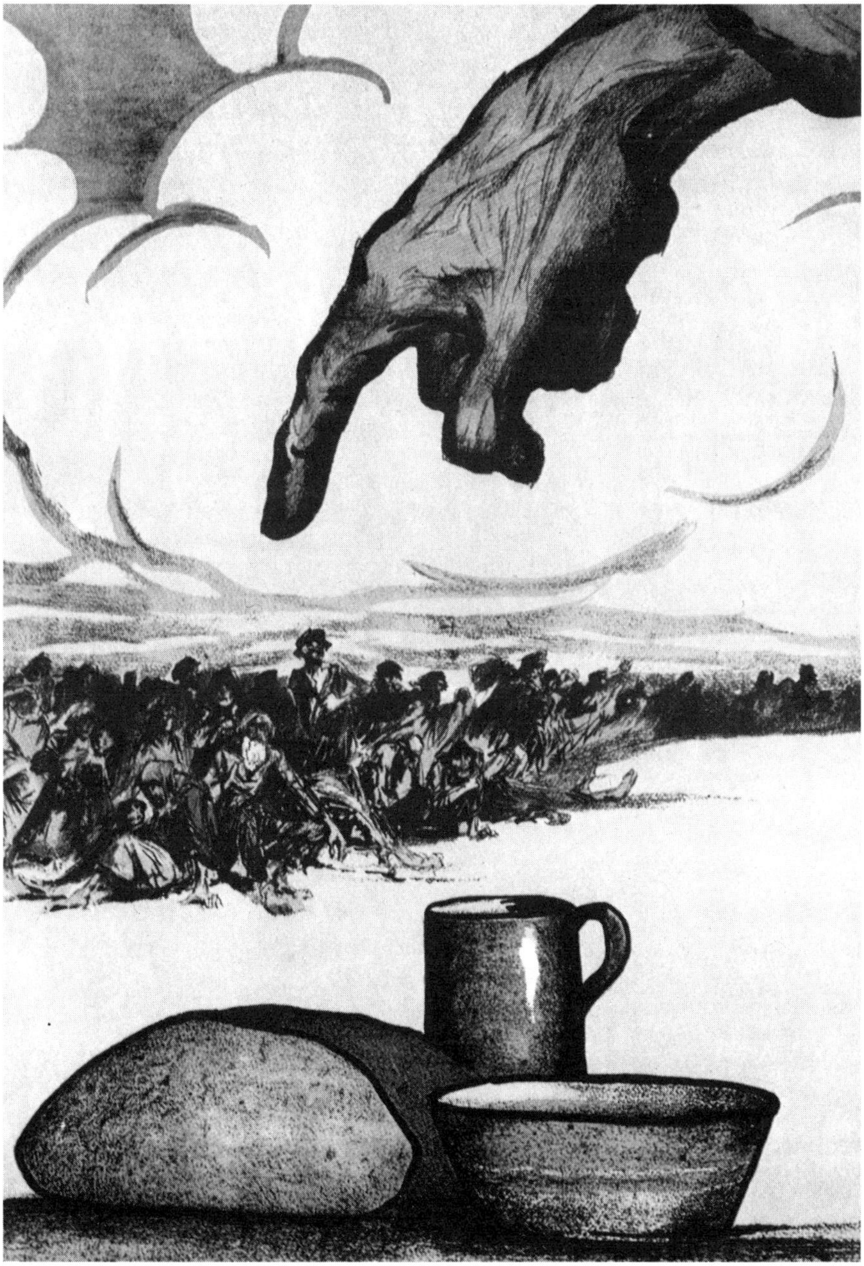

Steine statt Brot

Ja, wenn die ganze Siegesallee
aus Mehl gebacken wäre –
das wäre eine gute Idee,
auf Ehre!

Man spräche zum Hungernden: Iß dich rund
(Dein Landesvater will es!)
an Otto dem Faulen, an Siegismund,
an Cicero, an Achilles!

Zu Dank zerflösse bei Arm und Reich
des Mißvergnügens Wolke:
es wäre geholfen auf einen Streich
dem ganzen deutschen Volke.

Ein Loblied sänge der deutsche Geist
vom Pregel bis zum Rheine.
Gib Kunst, o Fürst, die nährt und speist!
Gib Brot, o Fürst, nicht Steine!

Christan Morgenstern

3. Brei

Mehlgrütt

Eine sehr gewöhnliche Speise bey ihnen ist die sogenannte Mehlgrütt; dieses ist nichts anders als ein von geschrotenem Kornmehl in Wasser und Salz gekochter dicker Brey, welchen sie auf folgende Art aufzutischen pflegen. Sie nehmen einen Löffel voll aus der Mitte der Schüssel heraus, legen ein Stück Butter hinein, welches sehr bald darinn schmilzt, auf jeder Seite des Tisches steht eine Schale, worinne in der einen süße Milch, in der andern aber mit Syrup versüßtes Bier ist. Nun nimmt man einen Löffel voll von dieser Mehlgrütt, und es wird der Willkühr der tafelnden Personen überlassen, ihn in das mit Butter angefüllte Loch, oder in eine der beyden Schüsseln zu taugen, da der Brey sehr heiß, die Milch und das Bier aber kalt aufgetragen wird, so kann man sich den Geschmack leicht denken.

J. C. Steube

Schwadengrütze

Doch bevor Wigga die dampfende Schüssel brachte, hielt sie einen kleinen, lehrreichen Vortrag über ihr einzig vorgesehenes Gericht, das wir später, nachdem es seine Wirkung getan hatte, Wiggas Goitschengeköch nannten. Sie sprach über Schwadengräser und Schwadengrütze.
Nun ist das Schwadengras (Glyceria fluitans L.) als Wildgras in meiner Region, sei es in Notzeiten, sei es seiner Schmackhaftigkeit wegen, bis ins zwanzigste Jahrhundert, etwa im Ersten Weltkrieg, etwa im Fluchtjahr 45, abgesämt und geschrotet worden. Es wurde schlicht Schwade, aber auch Wilde Hirse, Himmelsbrot, Mannagras oder Preußisch Manna genannt.
Das Abstreifen der Schwadengräser war nicht einfach, weil die reifen Körner nur lose an den Halmen hingen. Deshalb sämten wir im Frühtau ab, und zwar mit Hilfe flachgespannter Beutel, die an einem Stock durch das Gras geführt wurden. Später benutzten wir Schwadenkämme. Und als im neunzehnten Jahrhundert die Nutzflächen zunahmen und das Wildgras immer seltener oder nur noch auf sumpfigen Böden wuchs, wurde das Schwadensieb an oft vier Meter langen Stangen geführt. (Übrigens sämten vor allem Männer das Schwadengras ab, während das Sammeln von Pilzen, Beeren, Sauerampfer und Wurzeln seit Vorzeiten Frauenarbeit blieb; weshalb der Butt vor dem feministischen Tribunal die Notnahrung Schwadengrütze als männliches Verdienst anerkannt sehen wollte.)
Gestoßene Schwadengrütze war so beliebt, daß sie im achtzehnten Jahrhundert (vor Einführung der Kartoffel) zum exportierten Handelsgut gehörte. Sogar die leibeigenen Bauern mußten, neben anderen Naturalien, ihrer Gutsherrschaft Schwadengrütze liefern. Und bevor im neunzehnten Jahrhundert der amerikanische Carolina-Reis billig auf den Markt kam, wurde auf Bauernhochzeiten anstelle der Hochzeits-

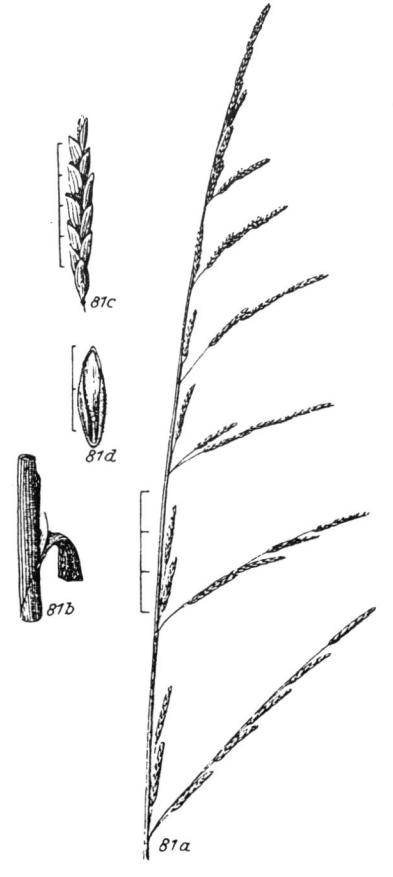

hirse süßer, in Milch gekochter Schwadenbrei mit Zimmet getischt. (Und als Altenkost war Schwadengrütze wegen ihrer Bekömmlichkeit geschätzt, weshalb sich die westpreußischen Altenteiler in ihren Ausgedingeverträgen bestimmte Mengen Schwaden sicherten.)
Natürlich sammelten wir in Hungerzeiten auch andere Wildgräser, etwa die Waldhirse (Milium effusum) oder den Roten Wachtelweizen (Melampyrum arvense), aus dem sich ein zwar etwas bitteres, aber bekömmliches Brot backen ließ. Und Strandhafer half uns bei magerer Ernte, das angebaute Getreide zu verlängern. Mit Vorzug aber war es Schwadengrütze, die uns als Preußisch Manna beim Überwintern half.
Günter Grass

Der süße Brei

Es war einmal ein armes, frommes Mädchen. Das lebte mit seiner Mutter allein, und sie hatten nichts mehr zu essen. Da ging das Kind hinaus in den Wald. Hier begegnete ihm eine alte Frau, die wußte seinen Jammer schon. Sie schenkte ihm ein Töpfchen. Zu dem sollt es sagen: Töpfchen koche! so kochte es guten, süßen Brei. Und wenn es sagte: Töpfchen steh! so hörte es wieder auf zu kochen. Das Mädchen brachte den Topf seiner Mutter heim, und nun waren sie ihrer Armut und ihres Hungers ledig und aßen süßen Brei, so oft sie wollten.

Einst war das Mädchen ausgegangen. Da sprach die Mutter: Töpfchen koch! Da kocht es, und sie ißt sich satt. Nun will sie, daß das Töpfchen wieder aufhören soll, aber sie weiß das Wort nicht. Also kocht es fort, und der Brei steigt über den Rand hinaus und kocht immerzu, die Küche und das ganze Haus voll und das zweite Haus und dann die Straße, als wollt es die ganze Welt satt machen. Und ist die größte Not, und kein Mensch weiß sich da zu helfen. Endlich, wie nur noch ein einziges Haus übrig ist, da kommt das Kind heim und spricht nur: Töpfchen steh! Da steht es und hört auf zu kochen. Und wer wieder in die Stadt wollte, der mußte sich durchessen.

Gebrüder Grimm

Der süße Brei

Eine Wolkendecke über uns in der Ebene wie ein Deckel über dem Kochtopf. Am Rande quillt Weißes hervor ein Bleiweiß vielleicht von alten Paletten. Die graue Farbe läßt sich gut schaun aber das Weiß sieht böse genug aus. Wir gehen auf leisen Strümpfen im Haus lachen und kosten die Suppen. Mit einem begeisterten Ausdruck in unseren Augen doch die Stäbchen die Zäpfchen dahinter erkennen es wird ein schlimmes Ende nehmen und bald.

Sarah Kirsch

Die Welt ist nicht aus Brei

Die Welt ist nicht aus Brei und Mus geschaffen.
Deswegen haltet euch nicht wie Schlaraffen.
Harte Bissen gibt es zu kauen.
Wir müssen erwürgen oder sie verdauen.

Johann Wolfgang von Goethe

Schimmliger Brei

Ich soll allein essen, allein schlafen, allein im Hof gehen, allein lesen, täglich allein in einer Zelle leben. Ich soll mich auch allein beschweren. Sie wissen, was sie fürchten.
Für mich ist ein Paket da, aus Dänemark. Der Inhalt ist verschimmelt, wird mir gesagt. Wer schickt mir ein Paket aus Dänemark? Ich kenne da niemanden. Und überhaupt, es ist mein erstes Paket.
Ich bekomme es aufgerissen, obendrauf liegt ein Brief. »Wir sind Frauen aus Dänemark und haben in einer Zeitung gelesen, daß du in Mainz im Gefängnis sitzt. Wir wollen Dir einen Gruß schicken.«
Es ist nicht alles verschimmelt. Den Poststempel kann ich nicht entziffern. Das einzig Verderbliche im Paket sind Apfelsinen und Zitronen. Die Haare vom Schimmel haben aber alles besetzt. Ich rette eine Milchschokolade, eine Tüte mit Kakaopulver, eine Tube mit Fischaufstrich, und eine Zitrone kann ich noch auspressen.
Abends rührte ich Kakaopulver, Zucker und Zitrone zusammen und esse den Brei mit dem Löffel und esse dazu Stullen mit Fischpaste. Alles schmeckt nach Schimmel und das ist so egal. *Marianne Herzog*

Ofenkatzenbreiauflauf

Freund Mowglie und Libby-Kuh sind einander freund. Sie sitzen auf dem Balkon des kleinen Hauses und putzen ihre Schuhe, zum Vergnügen. Es ist ein eisgrauer Nachmittag, an dem die Nilpferde sich tief in ihren Schlamm vergraben und die Riesenschlangen sich fest um ihre Bäume wickeln würden.
Alsdann, sagt Libby-Kuh und fährt mit einem Lappen über den Schuh.
Freund Mowglie aber sagt, ich möchte mir gern einen Braten wachsen lassen. Neulich hat mir geträumt, daß eine Blutwurst auf ihren Holzzwecken zu einer Milchschüssel gerannt ist, wobei sie über einen Fingerling stolperte, platzte und: »Alles Gute zum Essen!« sagte.
Magst du denn Blutwurst? fragt Libby-Kuh.
Es geht, sagt Freund Mowglie, aber lieber esse ich Hornochsenfilet und am liebsten Langenschwanz-Braten mit Fleischfliegenkompost oder Islandmus und dazu ein Glas Essigundöl mit einem Eiszeitwürfel zu fünfzig Millionen.
Und was ißt du am zweitliebsten? fragt Libby-Kuh.
Eine Portion Krokodilschuppen in Baumrinde geröstet mit Schwalbenmaulsalat und Froschnester mit Sesam-Küken als Nachtisch, aber nur wenn sie frisch gesteckt sind.
Ach so, sagt Libby-Kuh. Und weißt du, was ich am liebsten esse?
Was? fragt Freund Mowglie.
Ich esse am liebsten... ich meine, meine Lieblingsspeise ist... also am liebsten esse ich... Kannst dus nicht erraten?
Nein.
Versuchs doch bitte.
Ofenkatzenbreiauflauf mit Fischschwanzbrösel?
Ja, sagt Libby-Kuh. Und weißt du, was ich gern dazu esse?
Marillenbuttergrütze in Tannenwipfelbergsonnensauce gezwiebelt?
Ja, sagt Libby-Kuh und nimmt den nächsten Schuh zur Hand.
Und was soll ich dazu trinken?
Dazu paßt am besten leberfarbener Puschkinfäustesaft mit einem Drechsel-Löffel zum Umspiralen.
Danke, sagt Libby-Kuh, das wär mir beinah nicht mehr eingefallen.

Barbara Frischmuth

4. Suppe

Lied der falschen Suppenschildkröte

Schalippe, schaluppe! Seht doch die Suppe,
Die fette! Die grüne! In der Terrine!
Komm, meine Puppe! Riechst du die Suppe?
Die Suppe der Suppen, die herrliche Suppe!
Die Suppe der Suppen, die herrliche Suppe!
Her-r-r-liche Suppe!
Her-r-r-liche Suppe!
Suppe der Suppen,
Herrliche, herrliche Suppe!

Herrliche Suppe! Wem fällt da die Schuppe
Nicht von den Augen? Was kann da noch taugen?
Salz oder Schmalz? Vom Brotlaib die Kuppe?
Sind sie nicht schnuppe, verglichen mit Suppe?
Verglichen mit herrlicher Suppe?
Her-r-r-liche Suppe!
Her-r-r-liche Suppe!
Suppe der Suppen,
Herrliche, herrliche Suppe!

Lewis Carroll

Die Kurve der Zivilisation des Suppe-Essens

Zuerst wird die Suppe oft getrunken, sei es aus dem gemeinsamen Napf oder aus Kellen, die mehrere benutzen. In den courtoisen Schriften wird vorgeschrieben, sich des Löffels zu bedienen. Auch sie werden zunächst Mehreren gemeinsam gedient haben. Einen weiteren Schritt zeigt das Zitat von Calviac aus dem Jahre 1560. Er erwähnt, daß es unter Deutschen Brauch sei, jedem Tischgenossen seinen eigenen Löffel zu lassen. Den nächsten Schritt zeigt Courtins Mitteilung aus dem Jahre 1672. Man ißt jetzt nicht mehr die Suppe unmittelbar aus der gemeinsamen Schüssel, sondern schüttet sich etwas davon auf den eigenen Teller, und zwar zunächst mit dem eignen Löffel. Aber es gibt sogar Leute, heißt es da, die so delikat sind, daß sie nicht aus einer Schüssel essen wollen, in die andre ihren schon gebrauchten Löffel getaucht haben. Es ist deswegen nötig, seinen Löffel, bevor man ihn in die Schüssel taucht, mit der Serviette abzuwischen. Und manchen Leuten genügt selbst das nicht mehr. Dort darf man den einmal gebrauchten Löffel überhaupt nicht mehr in die gemeinsame Schüssel tauchen, sondern muß sich einen neuen dafür geben lassen.

Äußerungen wie diese zeigen nicht nur, wie das ganze Ritual des Zusammenseins in Bewegung ist, sondern zugleich auch, wie die Menschen diese Bewegung selbst spüren.

Hier stellt sich Schritt für Schritt jene Art, die Suppe zu nehmen, her, die inzwischen selbstverständlich geworden ist: Jeder hat seinen eigenen Teller, jeder seinen eigenen Löffel. Sie wird mit einem spezialisierten Gerät ausgeschenkt. Das Essen hat einen neuen Stil bekommen, die den neuen Bedürfnissen des Beieinander entspricht. *Norbert Elias*

Die sieben Schwarten

Es war einmal eine arme alte Frau, die zog mit dem Rocken in der Hand von Tür zu Tür, um Almosen zu heischen, und bespuckte dabei die Leute auf der Straße. Und da man mit Kunst und List verlebt des Jahres halbe Frist, so machte sie eines Tages einigen weichherzigen und leichtgläubigen Weiblein vor, sie wolle, ich weiß nicht welche, Fettsuppe für ihre

magere Tochter kochen, und verschaffte sich auf diese Weise sieben Speckschwarten. Mit einem tüchtigen Bündel Holz, das sie im Walde aufgelesen hatte, brachte sie die Schwarten nach Hause, gab sie ihrer Tochter Saporita und trug ihr auf, sie aufs Feuer zu stellen, während sie wieder auf den Bettel gehe, um noch ein paar Kohlblätter bei einigen Gärtnern zusammenzuschnorren und daraus eine Suppe zu kochen.
Saporita nahm die Schwarten, schabte die Borsten ab, legte sie in ein Töpfchen und stellte das aufs Feuer. Kaum aber fingen sie an zu kochen, da lief ihr auch schon das Wasser im Munde zusammen, denn der ausströmende Duft war eine tödliche Herausforderung für sie auf dem Schlachtfelde des Appetits und eine *citatio ad informandum* für die Bank des Gaumens. So sehr sie auch am Anfang widerstand, so wurde sie doch mehr und mehr von dem leckeren Duft des Topfes gereizt, von der Naschhaftigkeit ihrer Natur gestachelt und von den Zähnen des Hungers, der an ihr nagte, gedrängt, so daß sie schließlich nachgab und ein Stückchen probierte. Das schmeckte ihr so gut, daß sie bei sich selber sagte: »Wer Angst hat, der soll unter die Häscher gehen! Jetzt bietet sich die Gelegenheit! Zugepackt, komme was da wolle! Es handelt sich doch nur um eine Speckschwarte! Was kann mir schon daraus entstehen? Ich will die Schwarten schon mit meiner Pelle bezahlen!«
Damit verzehrte sie die erste; und als sie fühlte, wie der Magen nach mehr verlangte, legte sie die Hand an die zweite; dann juckte es sie nach der dritten; und so verleibte sie sich nach und nach, eine nach der anderen, alle sieben Schwarten ein.
Da hatte sie nun etwas Schönes angerichtet, und sie machte sich Gedanken über den Streich, den sie da ausgeführt hatte; und als sie sich vorstellte, wie schwer ihr die Schwarten im Magen liegen würden, kam sie auf den Plan, ihre Mutter zu überlisten. Sie nahm also einen alten Stiefel, zerschnitt die Sohlen in sieben Streifen und warf sie in den Topf. Darüber kam ihre Mutter zurück mit einem Kopf Blumenkohl, schnitt ihn, um auch nicht ein Blättchen zu verlieren, kurz und klein, und als sie das Wasser vom Rande bis zum Grunde des Topfes brodeln und sieden sah, warf sie den Kohl hinein und tat ein wenig Wagenschmiere hinzu, das bei einem Kutscher, der gerade eine Karosse schmierte, für sie abgefallen war. Dann mußte die Tochter ein verschlissenes Wischtuch über zwei alte Kisten aus Pappelholz breiten, die Mutter zog aus einem Quersack zwei Ranken schimmligen Brotes hervor, nahm von einem

Schüsselbrett einen hölzernen Napf, zerbröckelte das Brot darin und schüttete die Kohlsuppe mit den Sohlenstreifen hinein.
Als sie aber zu essen begann, da merkte sie sofort, daß sie keine Schusterzähne hatte und daß die Schweinsschwarten durch eine neue ovidische Metamorphose zu Büffelleder geworden waren. Wütend fuhr sie auf die Tochter los: »Das hast du mir eingebrockt, verfluchte Sau! Was für einen Dreck hast du mir in die Suppe getan? Ist mein Pansen vielleicht ein alter Stiefel, der mit Lederflecken geflickt werden soll? Nun? Wird's bald? Bekenne auf der Stelle, wie das zugegangen ist, sonst wäre es besser, du wärest nie geboren, denn es wird dir kein Knochen im Leibe heil bleiben!«
Saporita verlegte sich aufs Leugnen. Als aber die wütende Alte immer heftiger in sie drang, gab sie dem Dampf des Kochtopfes die Schuld, der ihr die Augen getrübt und sie zu dem scheußlichen Streich verführt habe. Der Alten war nun die Mahlzeit völlig verdorben, sie ergriff einen Besenstiel und ließ ihn auf Saporitas Rücken tanzen. Wohl an die siebenmal setzte sie an und begann wieder von vorne und ließ die Schläge regnen, wohin sie immer fallen wollten. *Giambattista Basile*

Die Rumfordsuppe

Ich fand beständig, daß die nährende Eigenschaft einer Suppe mehr von der Wahl der Zutaten und der gehörigen Behandlung des Feuers bei der Bereitung derselben abhing, als von der Menge der festen nährenden Stoffe; vielmehr von der Kunst und Geschicklichkeit des Kochs als von dem Betrag der dafür auf dem Markte ausgegebenen Summen.
Ich fand gleichfalls, daß die Nahrhaftigkeit einer Suppe oder ihrer Hunger stillenden und Nahrung gebenden Kraft immer zu ihrem offenbaren Nahrungsgehalt oder ihrer Schmackhaftigkeit im Verhältnis stand. Aber was mich nicht wenig überraschte, war die Entdeckung, daß eine sehr geringe Menge feister Nahrungsmittel, bei gehöriger Bereitung, hinreichend ist, den Hunger zu stillen und das Leben und die Gesundheit zu erhalten; und daß der stärkste und arbeitsamste Mensch mit äußerst geringen Kosten in jedem Lande davon gesättigt und ernährt werden kann.

Nach einer mehr als fünfjährigen Erfahrung, welche mir die Beköstigung der Armen zu München gewährte, während welcher Zeit jeder erdenkbare Versuch gemacht wurde, nicht allein in Rücksicht der Wahl der Nahrungsmittel, sondern auch in Rücksicht ihrer verschiedenen Vermischungen und Verhältnisse und der mancherlei Arten ihrer Zubereitungen in der Küche; es ergab sich, daß die wohlfeilste, schmackhafteste und nahrhafteste Speise eine Suppe war, die aus Gerstengraupen, Erbsen, Kartoffeln, Schnitten von feinem Weizenbrot, Weinessig, Salz und Wasser (in gehörigen Verhältnissen) bestand.

Die Art, diese Suppe zu bereiten, ist folgende: Das Wasser und die Gerstengraupen werden zusammen in einen Kochkessel getan und zum Kochen gebracht; dann werden die Erbsen hinzugetan, und das Kochen wird über mäßigem Feuer zwei Stunden lang fortgesetzt; dann werden die Kartoffeln (die ungekocht oder gekocht schon geschält sind) hinzugetan, und das Kochen wird noch eine Stunde lang fortgesetzt. Während dieser Zeit wird die Flüssigkeit im Kessel fleißig mit einem großen hölzernen Löffel umgerührt, um die Kartoffeln gänzlich zu zerreiben, und die Suppe zu einer gleichförmigen Masse zu machen. Sobald dies geschehen ist, werden Weinessig, Salz und zuletzt, wenn die Suppe aufgetragen werden soll, Brotschnitte hinzugetan.

Benjamin Graf von Rumford

Das Wasser ist zu dünn

Zuerst am Morgen hat Lämmchen eingekauft, nur schnell die Betten zum Lüften ins Fenster gelegt und ist einkaufen gegangen. Warum hat er ihr nicht gesagt, was es zum Mittagessen geben soll? Sie weiß es doch nicht! Und sie ahnt nicht, was er gerne ißt.
Die Möglichkeiten verringern sich beim Nachdenken, schließlich bleibt Lämmchens planender Geist an einer Erbsensuppe hängen. Das ist einfach und billig, das kann man zwei Mittage hintereinander essen.
O Gott, haben's die Mädchen gut, die richtige Kochstunde gehabt haben! Mich hat Mutter immer vom Herd weggejagt. Weg mit dir, Ungeschickt läßt grüßen!
Was braucht sie? Wasser ist da. Ein Topf ist da. Erbsen, wieviel? Ein halbes Pfund reicht sicher für zwei Personen, Erbsen geben viel aus. Salz? Suppengrün? Bißchen Fett? Na, vielleicht für alle Fälle. Wieviel Fleisch? Was für Fleisch erst mal? Rind, natürlich Rind. Ein halbes Pfund muß genug sein. Erbsen sind sehr nahrhaft, und das viele Fleischessen ist ungesund. Und dann natürlich Kartoffeln.
Lämmchen geht einkaufen. Herrlich, an einem richtigen Alltagsvormittag, wenn alles in den Büros sitzt, über die Straße zu bummeln, die Luft ist noch frisch, trotzdem die Sonne schon kräftig scheint.
Über den Marktplatz tutet langsam ein großes gelbes Postauto. Dort hinter den Fenstern sitzt vielleicht ihr Junge. Aber er sitzt nicht dort, sondern zehn Minuten später fragt er sie über die Schulter, was es mittags zu präpeln gibt. Die Schlächterfrau hat sicher was gemerkt, sie ist so komisch, und für Suppenknochen verlangt sie dreißig Pfennig das Pfund, so was muß sie doch eigentlich zugeben, bloße blanke Knochen, ohne ein Fitzelchen Fleisch. Sie wird Mutter schreiben und fragen, ob das richtig ist. Nein, lieber nicht, lieber allein fertig werden. Aber an seine Mutter muß sie schreiben. Und sie fängt auf dem Heimweg an, den Brief aufzusetzen.
Die Scharrenhöfer scheint nur ein Nachtgespenst zu sein; in der Küche, als Lämmchen Wasser holt, sieht sie keine Spur, daß dort etwas gekocht ist oder wird, alles blank, kalt, und aus dem Zimmer dahinter dringt kein Laut. Sie setzt ihre Erbsen auf – ob man das Salz gleich reintut? Besser, sie wartet bis zum Schluß, dann trifft man es richtiger. [...]
»Mittagessen!« ruft der Junge, schon draußen auf dem Flur.

Sie muß ein wenig geschlafen haben, manchmal ist sie jetzt so müde. Mein Mittagessen, denkt sie und steht langsam auf.
»Noch nicht gedeckt?« fragt er.
»Einen Augenblick, Jungchen, gleich«, sagt sie und läuft zur Küche.
»Darf ich den Topf auf den Tisch bringen? Aber ich nehme auch gerne die Terrine!«
»Was gibt's denn?«
»Erbsensuppe.«
»Fein. Na, bring schon den Topf. Ich decke unterdessen.«
Lämmchen füllt auf. Sie sieht etwas ängstlich aus. »Scheint etwas dünn?« fragt sie besorgt.
»Wird schon so richtig sein«, sagt er und schneidet das Fleisch auf dem Tellerchen.
Sie probiert. »O Gott, wie dünn!« sagt sie unwillkürlich. Und es folgt: »O Gott, das Salz!«
Auch er läßt den Löffel sinken, über dem Tisch, über den Tellern, über dem dicken braunen Emailletopf begegnen sich beider Blicke.
»Und sie müßte so gut sein«, klagt Lämmchen. »Ich hab alles richtig genommen: ein halbes Pfund Erbsen, ein halb Pfund Fleisch, ein ganzes Pfund Knochen, das müßte eine gute Suppe sein!«
Er ist aufgestanden und bewegt nachdenklich den großen Auffüllöffel aus Emaille in der Suppe. »Ab und an begegnet man 'ner Schluse! Wieviel Wasser hast du denn genommen, Lämmchen?«
»Es muß an den Erbsen liegen! Die Erbsen geben rein gar nichts aus!«
»Wieviel Wasser?« wiederholt er.
»Nun, den Topf voll.«
»Fünf Liter – und ein halbes Pfund Erbsen. Ich glaube, Lämmchen«, sagt er geheimnisvoll, »es liegt an dem Wasser. Das Wasser ist zu dünn.«
»Meinst du?« fragt sie betrübt. »Hab ich zuviel genommen? Fünf Liter? Es sollte aber für zwei Tage reichen.«
»Fünf Liter – ich glaube, es ist zuviel für zwei Tage.« Er probiert noch mal. »Nee, entschuldige, Lämmchen, es ist wirklich nur heißes Wasser.«
Hans Fallada

Ärwese, Bohne, Linse,
wie mer se kocht, so sin se.
Kinderreim

Zibelesuppe, Zibelesuppe,
Zibele si im Garte.
Ach, mues i de mis Läbelang
uf Zibelesuppe warte!
Kinderreim

Von der Brühe des Fleisches im allgemeinen

Wem es aber vorzüglich darum zu tun ist, eine gute Brühe zu gewinnen, sei es behufs einer schmackhaften und kräftigen Suppe oder zur Bereitung von Gemüsen, Tunken (Soßen) u. dgl., der muß darauf Bedacht nehmen, seinen Fleischtopf wohl ans Feuer zu bringen. Man setze das Fleisch mit wenigem Salze bei, fülle den Topf bis an den Rand mit kaltem Wasser und schäume ihn während des langsam unterhaltenen Siedens fleißig ab. Nach etwa zwei Stunden gebe man ihm sein volles Salz,

welches alle übrigen Unreinigkeiten und toten Stoffe noch vollends in die Höhe zu steigen zwingt. Dann richte man sich allgemach darauf ein, allerlei aromatische Wurzeln und Kräuter hinzuzutun, als Sellerie, Möhren, Petersilie, Porree, und was dergleichen mehr ist, und wie man es am meisten liebt, nur keine Zwiebeln, weil sie gesotten einen faden Geschmack geben. Mit diesen fülle man, wo möglich, den eingesottenen Topf so an, daß die durch Verdünstung verringerte Brühe beinahe wieder den Rand des Topfes erreicht, und lasse alles zusammen etwa noch eine Stunde lang gelinde fortsieden. Wenn man die Kräuter und Wurzeln zu früh hineintut, so verkocht nicht selten der gewürzhafte Geschmack, um dessen willen sie hauptsächlich der Fleischbrühe zugegeben werden. Bei allem Sieden und Dünsten muß man aber vor zwei Gefahren sich in Sicherheit stellen: dem Anbrennen und dem Einschlagen des Rauches.
Brühe gewinnt man von besserer Beschaffenheit in hohen, tönernen, als in metallenen und flachen Gefäßen. In flachen Gefäßen wird das Fleisch sich bei abnehmender Flüssigkeit zeitig bloßlegen, daher oberhalb ausdorren, auch wohl an den Seiten anbrennen, nach dem Kunstausdrucke: beschnirren. In den hohen aber sinkt es mit der Flüssigkeit, bleibt daher stets von ihr bedeckt. Empfehlenswert sind in dieser Beziehung die hohen zylindrischen Dampfkessel, in welchen man Suppe, Gemüse und Fleisch zugleich bereiten kann. Man bilde über dem Gitter ein Bett von Kohl, Möhren und Rüben, lege darauf ein Stück Rind- oder Hammelfleisch und salze es leicht. In den unteren Behälter aber so viel Wasser, als für die Dampfbereitung und zugleich zur Suppe hinreichen wird. Man bringe darauf das Geschirr zum Feuer, wo es einige Stunden zu wirken hat, in welcher Zeit man bisweilen nachsieht, die Suppenkräuter in die Flüssigkeit wirft und später wieder herausnimmt, um Reis, Gerste, gebrochenes Korn oder Mehlpasten hineinzuwerfen. Sind diese hinreichend gesotten, so nimmt man das Gefäß vom Feuer, öffnet es, gibt zuerst die Suppe ein, nachher das Fleisch mit seinem Gemüse, welches während des Kochens alles Fett in sich aufgenommen hat, so daß man die Brühe nicht, wie beim gewöhnlichen Sieden, davon zu befreien hat. Sparsamen und beschränkten Haushaltungen kann dieses Gerät und dessen häufige Anwendung nach obiger Vorschrift nicht genug empfohlen werden. Man findet es von deutschem Gußeisen, kann es jedoch wohl auch von Blech schlagen lassen. [...]
Als ich in meinen früheren Jahren mit meinem Herrn in Italien reiste,

befanden wir uns etliche Monde zu Rom in einem Quartier, wo mir nur der äußerste Winkel des Herdes zu Gebote stand, auf dem ich nichts als einen hohen, schmalen Suppentopf ansetzen konnte. Auf Anordnung dieses meines Herrn und Meisters, dessen zarte Gesundheit die schwere römische Kochart nicht ertragen konnte, setzte ich in diesem Topfe täglich, nebst einem Lot Schinken, zwei Pfund Rindfleisch, ein Pfund Kalbfleisch, ein junges Hühnchen und eine junge Taube ans Feuer; die letzteren sind in Rom besonders zart und schmackhaft. Wenn dieses Fleisch hinreichend geschäumt und gekocht hatte, tat ich soviel Wurzeln, Kräuter und feine Gemüse hinzu, als gerade der Markt darbot, und ließ sie hinreichend gar werden. Alsdann richtete ich in der Mitte des Tisches die Gemüsesuppe an und umher die vier Fleischarten mit ihren Beilagen an Sardellen, frischer Butter, Rettich, Gurkensalat und dergleichen. Da ich in der Mischung der Gemüse abwechselte, und da mein Herr heute von diesem, morgen von jenem Fleisch aß, so schien ihm diese vereinfachte, vielleicht sogar veredelte Ollapotrida immer neu, und er trug wohl sechs Wochen lang nicht das geringste Verlangen nach anderen oder anders zugerichteten Speisen. Die angeführten Quantitäten hätten auch für verschiedene Personen genügt. *Karl Friedrich von Rumohr*

Lieber Gott, gib mir Suppe

Das kleine Mädchen hat Beine, die sind wie Finger so dünn. Wie Finger im Winter. So dünn und so rot und so blau und so dünn. Links zwei drei vier machen die Beine. Das kleine Mädchen sagt immerzu und Herr Fischer marschiert nebenan das sagt immerzu: Lieber Gott, gib mir Suppe. Lieber Gott, gib mir Suppe. Ein Löffelchen nur. Ein Löffelchen nur. Ein Löffelchen nur. Die Mutter hat Haare, die sind schon tot. Lange schon tot. Die Mutter sagt: Der liebe Gott kann dir keine Suppe geben, er kann es doch nicht. Warum kann der liebe Gott mir keine Suppe geben? Er hat doch keinen Löffel. Den hat er nicht. Das kleine Mädchen geht auf seinen Fingerbeinen, den dünnen blauen Winterbeinen, neben der Mutter. Herr Fischer geht nebenan. Von der Mutter sind die Haare schon tot. Sie sind schon ganz fremd um den Kopf. Und das kleine Mädchen tanzt rundherum um die Mutter herum um Herrn Fischer

herum rundherum: Er hat ja keinen Löffel. Er hat ja keinen Löffel. Er hat ja keinen nicht mal einen hat ja keinen Löffel. So tanzt das kleine Mädchen rundherum. Und Herr Fischer marschiert hinteran. Wankt nebenan auf der Welle Welt. Wankt von der Welle Welt. Aber Leutnant Fischer kommandiert: Links zwei juppvorbei schneidig, Herr Fischer, links zwei und das kleine Mädchen singt dabei: Er hat ja keinen Löffel. Er hat ja keinen Löffel. Und zweimal hat Herr Fischer schon gelegen. Vor Hunger gelegen. Er hat ja keinen Löffel. Und der andere kommandiert: Juppheidi juppheidi die Infantrie die Infantrie die Infantrie ————
Wolfgang Borchert

Leibgericht Schwarzsauer

Es mußte ihn empören, daß sie ihm die Bissen vorzählte, während sie selbst sich immer reichlich versah und sogar gierig aß, wenn es sich um ein Leibgericht handelte. Eines dieser Leibgerichte war Blutsuppe, Schwarzsauer nannte man es auch. Schweinefleisch in Schweineblut gekocht. Backpflaumen und Backbirnen darin, runde Klöße aus Mehl und Talg bereitet. Er aß es genau so gern wie sie und wußte nur zu gut, daß er sich daran nicht satt essen durfte. Sie saßen bei Tische. Sie teilte aus. Sie wandte sich einen Augenblick ab. Er zog etwas aus seiner Tasche hervor und tat es sich auf den Teller. Er sagte: »Mutter, backst du auch Klöße mit Schwänzen?« Sie war schon sprungbereit, um ihm eine Ohrfeige zu geben. Er aber zog aus der dunklen Brühe eine tote Maus hervor, hielt sie hoch. Sie wollte schreien; aber ehe es dazu kam, führte er die Maus an den Mund und leckte sie begierig ab. Nun zeigte sich ihre Konstitution. Sie fiel in Ohnmacht. Er durfte die Blutsuppe für sich allein behalten; sie rührte davon nichts an. *Hans Henny Jahnn*

Gefängnissuppe

Montag, 4. September 1972
Heute abend gibts Suppe. Mußt nicht an Suppe von draußen denken. Die Erbsen stammen aus dem Essen von vorgestern, die Brühe ist von gestern mittag, die Nudeln sind frisch gekocht. Ich trinke die Brühe und esse mit dem Löffel Nudeln vom Grund. Vielleicht freuen sich die Ausländer bei den Nudeln, denke ich. Nudeln gibts nur alle 14 Tage. Wie es denen erst geht. Sie sind gefangen. Sie bekommen fremdes, schlechtes Essen.
Marianne Herzog

Erleuchtung

Michel! fallen dir die Schuppen
Von den Augen? Merkst du itzt,
Daß man dir die besten Suppen
Vor dem Maule wegstibitzt?

Als Ersatz ward dir versprochen
Reinverklärte Himmelsfreud
Droben, wo die Engel kochen
Ohne Fleisch die Seligkeit!

Michel! wird dein Glaube schwächer
Oder stärker dein Apptit?
Du ergreifst den Lebensbecher
Und du singst ein Heidenlied!

Michel! fürchte nichts und labe
Schon hienieden deinen Wanst,
Später liegen wir im Grabe,
Wo du still verdauen kannst.

Heinrich Heine

Appetit

Ich esse meine Suppe, ich esse mein Fleisch, meine Nudeln, Kartoffeln, Salat jeden Tag, so viele auch Kinder, verschüttete vor meinem Fenster, mit Fingern, weißlichen Krallen Signale versuchen. Ich esse mein Fleisch jeden Tag, so viele auch Schiefknochen, so viele Hungerbäuche bei mir am Tische sitzen und Eiterbeulen aufplatzen neben meinem gefüllten Teller. Ich esse, den Blick auf das Napalmfleisch gerichtet und auf die Würmer, die aus den offenen Wunden kriechen. Ich esse meine Suppe, mein Fleisch, meine Nudeln, Kartoffeln, Salat, Kompott, jeden Tag, alle bestaunen meinen Appetit, niemand glaubt mir mein Alter.

Marie Luise Kaschnitz

5. Beilagen: Teigwaren, Kartoffeln, Reis

mahlzeit

haben stecken in das mund
das nudelrund auf gabel
haben zumachen das mund
haben rausziehen aus mund
ohne nudelrund das gabel
sein drinbleiben in mund
ohne gabel das nudelrund
haben schlucken das nudelrund
sein das nudelrund gehen in magen
so machen haben oft
essen haben pasta asciutta

Ernst Jandl

Bratkartoffeln

Nein, mit Schmalz.
Es müssen alte mit fingernden Keimen sein.
Im Keller, auf trocknem Lattenrost,
wo das Licht ein Versprechen bleibt von weither,
haben sie überwintert.
Vor langer Zeit, im Jahrhundert der Hosenträger,
als Lena die Streikkasse unter der Schürze
schon in den sechsten Monat trug.

Ich will mit Zwiebeln und erinnertem Majoran
einen Stummfilm flimmern, in dem Großvater,
ich meine den Sozi, der bei Tannenberg fiel,
bevor er sich über den Teller beugt, flucht
und mit allen Fingern knackt.

Doch nur geschmälzt und in Gußeisen.
Bratkartoffeln mit
Schwarzsauer und ähnlichen Mythen.
Heringe, die sich in Mehl freiwillig wälzen
oder bibbernde Sülze, in der gewürfelte Gürkchen
schön und natürlich bleiben.

Zum Frühstück schon aß Otto Stubbe,
bevor er zum Schichtwechsel auf die Werft ging,
seinen Teller voll leer;
und auch die Sperlinge vor den Scheibengardinen
waren schon proletarisch bewußt.

Günter Grass

Die Enthaltsamen. »Wieviel Kartoffel die Leute brauchen!
Wir essen zu Mittag nicht mehr als zwei, drei Kartoffel.«

Das Blutgericht

[...]
Ihr Schurken all, ihr Satansbrut!
Ihr höllischen Kujone!
Ihr freßt der Armen Hab und Gut,
Und Fluch wird euch zum Lohne!

Ihr seid die Quelle aller Not,
Die hier den Armen drücket;
Ihr seid's, die ihr das trocken Brot
Noch von dem Munde rücket.

Was kümmert's euch, ob arme Leut
Kartoffeln kauen müssen,
Wenn ihr nur könnt zu jeder Zeit
Den besten Braten essen?
[...]

Weberlied, anonym, um 1844

**Nicht überall werden
so viele Kartoffeln gegessen
wie bei uns.**
In vielen Ländern ernähren
sich die Menschen vor allem
von Getreide.
In Südamerika ist es der Mais.
Man kann ihn geröstet essen,
aus Maismehl bäckt man dort
auch kleine Fladenkuchen:
die „Tortillas".
Weizen verwendet man auf
der ganzen Welt. Brot und
Kuchen werden meist aus
Weizenmehl gebacken. Eine
Spezialität in Nordafrika ist
der Kuskus: Weizengrieß, der
mit Gemüse und Fleisch
serviert wird.
In Afrika kocht man aus Hirse
einen Brei und bereitet daraus
Fladenbrot zu.
Reis ißt man in Asien fast zu
jeder Mahlzeit. Oft wird er so
gekocht, daß er ganz klebrig
ist; dann kann man ihn besser
mit Stäbchen essen.

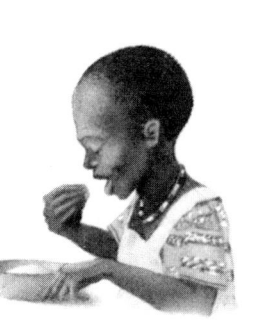

Abendnachrichten

Massaker um eine Handvoll Reis,
höre ich, für jeden an jedem Tag
eine Handvoll Reis: Trommelfeuer
auf dünnen Hütten, undeutlich
höre ich es, beim Abendessen.

Auf den glasierten Ziegeln
höre ich Reiskörner tanzen,
eine Handvoll, beim Abendessen,
Reiskörner auf meinem Dach:
den ersten Märzregen, deutlich.

Hans Magnus Enzensberger

Hunger

1.
Eine vernebelte Hügelszene auf einem gewaltigen Kontinent,
Intimität, von Entsetzen umstellt,
eine Reihe Flecken, die der Tuschpinsel des chinesischen Malers entwarf,
eine Szene der Verlassenheit, in der wie zum Trost
in einem hingetupften Boot im Vordergrund
zwei menschliche Figuren aneinanderlehnen,
rücksichtslos preisgegeben. Vielleicht sehen wir so aus,
ich weiß es nicht. Ich frage mich
ob wir überhaupt besitzen, was wir zu besitzen meinen –
erleuchtete Fenster, die Obdach bedeuten,
ein Film aus Häuslichkeit
über zerbrechlichen Dächern. Ich weiß, ich bin in Gedanken woanders –
Hütten reihen sich aneinander über dürr ausgedehntem Land,
nicht mein Land, ausgedörrte Brüste, meine und nicht meine,
  eine Mutter,
die mitansieht, wie meine Kinder vor Hunger schrumpfen.
Ich lebe in meiner westlichen Haut,
meiner westlichen Vision, zerrissen
und hingeworfen an etwas, das ich nicht kontrollieren, geschweige denn
  ergründen kann.
Mach das Leiden meßbar, und du regierst die Welt.

2.
Sie *können* die Welt regieren, solange sie uns überzeugen
unser Leiden gehöre einer bestimmten Ordnung an.
Ist Tod durch Verhungern schlimmer als Tod durch Selbstmord,
als ein Leben in Hunger und Selbstmord, wenn eine schwarze
  Lesbierin stirbt,
wenn eine weiße Prostituierte stirbt, wenn ein weibliches Genie
sich selbst aushungert, um andere zu nähren
und Selbsthaß sich an ihrem Körper gütlich tut?
Etwas, das uns tötet oder uns halbtot am Leben läßt
wütet unter dem Namen einer »Gotteshandlung«
in Tschad, in Niger, in Obervolta –

ja, dieser männliche Gott, der an uns handelt und an unseren Kindern,
dieser männliche Staat, der an uns handelt und an unseren Kindern
bis unser Gehirn vor Unterernährung abgestumpft ist,
aber geschärft durch die Leidenschaft zum Überleben.
Täglich verbrauchen sich unsere Kräfte im Kampf
unseren Kindern eine Art Leben auszuhändigen,
die Wirklichkeit zu verändern für die, die wir lieben,
und sei es in einem einzigen zitternden Wassertropfen.

3.
Wir können einander ein Leben lang betrachten
wie jene beiden Figuren in dem hingetupften Boot,
die in der chinesischen Tuscheszene zusammengeworfen sind;
selbst unsere Intimität ist von Entsetzen umstellt.
Das Leiden meßbar machen? Mein Vergehen zumindest liegt offen,
ich bin überführt von all meinen Überzeugungen –
du auch. Wir schrecken davor zurück, mit unserer Macht
in Berührung zu kommen, wir stehlen uns fort, wir lassen uns selbst
und andere verhungern, wir haben einfach Schiß davor,
was es hieße, unsere Liebe zu nehmen und zu nutzen,
mit ihr eine Stadt zu besprengen, eine Welt,
ihren Sprühregen zu richten und zu lenken, um
Gifte, Parasiten, Ratten, Viren zu vernichten –
wie die schrecklichen Mütter
die wir liebend gerne wären und uns davor grauen.

4.
Die Entscheidung, die Welt zu nähren,
ist die wirkliche Entscheidung. Keine Revolution
hat sie getroffen. Denn so ein Entschluß verlangt,
daß Frauen frei sein sollen.
Ich würge am Geschmack des Brotes in Nordamerika
aber der Geschmack des Hungers in Nordamerika
vergiftet mich. Ja, ich bin am Leben um diese Worte zu schreiben,
um ein Buch durchzublättern mit Käthe Kollwitz' Frauengestalten,
die in ihren elenden Armen elende Kinder an sich drängen,
»Die Mütter«, deren Milch aufgezehrt ist, »Die Überlebenden«,

die in Abtreibungen und Hungertod getrieben werden, in eine Vision
die bitter ist, konkret und wortlos.
Ich bin am Leben um mehr zu wollen als Leben,
will es für andere, Verhungernde und Ungeborene,
um die Entbehrungen zu benennen, die sich einfressen
in meinen Willen, meine Zuneigungen, in das Gehirn
von Töchtern, Schwestern, Liebenden, die im Kreuzfeuer
des Meinungsterrors stehen.
Im schwarzen Spiegel des U-Bahnfensters
hängt mein eigenes Gesicht, hohl vor Wut und Verlangen.
Auf einer zertretenen Zeitung schirmt eine Frau,
in Erschöpfung gehüllt, ihr totes Kind vor der Kamera ab.
Die Leidenschaft zu sein ist ihrem Körper eingeschrieben.
Solange wir einander nicht finden sind wir allein.

Adrienne Rich

Durch Hunger Nahrung beschwören

Ich wollte, solange ichs aushielt, völlig fasten, allerdings dabei auch jeden Anblick der Nahrung, jede Verlockung vermeiden. Wenn ich mich so zurückzog, mit geschlossenen Augen liegenblieb, Tag und Nacht, weder um das Aufheben, noch um das Abfangen der Nahrung mich kümmerte und, wie ich nicht zu behaupten wagte, aber leise hoffte, ohne alle sonstigen Maßnahmen, nur auf die unvermeidliche unrationelle Bodenbesprengung und stilles Aufsagen der Sprüche und Lieder hin (den Tanz wollte ich unterlassen, um mich nicht zu schwächen) die Nahrung von oben selbst herabkäme und, ohne sich um den Boden zu kümmern, an mein Gebiß klopfen würde, um eingelassen zu werden, –wenn dies geschah, dann war die Wissenschaft zwar nicht widerlegt, denn sie hat genug Elastizität für Ausnahmen und Einzelfälle, aber was würde das Volk sagen, das glücklicherweise nicht so viel Elastizität hat? Denn es würde das ja auch kein Ausnahmefall von der Art sein, wie sie die Geschichte überliefert, daß etwa einer wegen körperlicher Krankheit oder wegen Trübsinns sich weigert, die Nahrung vorzubereiten, zu suchen, aufzunehmen und dann die Hundeschaft in Beschwörungsformeln sich vereinigt und dadurch ein Abirren der Nahrung von ihrem gewöhnlichen Weg geradewegs in das Maul des Kranken erreicht. Ich dagegen war in voller Kraft und Gesundheit, mein Appetit so prächtig, daß er mich tagelang hinderte, an etwas anderes zu denken als an ihn, ich unterzog mich, mochte man es glauben oder nicht, dem Fasten freiwillig, war selbst imstande, für das Herabkommen der Nahrung zu sorgen und wollte es auch tun, brauchte aber auch keine Hilfe der Hundeschaft und verbat sie mir sogar auf das entschiedenste.

Ich suchte mir einen geeigneten Ort in einem entlegenen Gebüsch, wo ich keine Eßgespräche, kein Schmatzen und Knochenknacken hören würde, fraß mich noch einmal völlig satt und legte mich dann hin. Ich wollte womöglich die ganze Zeit mit geschlossenen Augen verbringen; solange kein Essen kommen sollte, würde es für mich ununterbrochen Nacht sein, mochte es Tage und Wochen dauern. Dabei durfte ich allerdings, das war eine große Erschwerung, wenig oder am besten gar nicht schlafen, denn ich mußte ja nicht nur die Nahrung herabbeschwören, sondern auch auf der Hut sein, daß ich die Ankunft der Nahrung nicht etwa verschlafe, andererseits wiederum war Schlaf sehr willkommen, denn schlafend würde ich viel länger hungern können als im Wachen. Aus diesen Gründen beschloß ich, die Zeit vorsichtig einzuteilen und viel zu schlafen, aber immer nur ganz kurze Zeit. Ich erreichte dies dadurch, daß ich den Kopf im Schlaf immer auf einen schwachen Ast stützte, der bald einknickte und mich dadurch weckte. So lag ich, schlief oder wachte, träumte oder sang still für mich hin. Die erste Zeit verging ereignislos, noch war es vielleicht dort, woher die Nahrung kommt, irgendwie unbemerkt geblieben, daß ich mich hier gegen den üblichen Verlauf der Dinge stemmte, und so blieb alles still. Ein wenig störte mich in meiner Anstrengung die Befürchtung, daß die Hunde mich vermissen, bald auffinden und etwas gegen mich unternehmen würden. Eine zweite Befürchtung war, daß auf die bloße Besprengung hin der Boden, obwohl es ein nach der Wissenschaft unfruchtbarer Boden war, die sogenannte Zufallsnahrung hergeben und ihr Geruch mich verführen würde. Aber vorläufig geschah nichts dergleichen, und ich konnte weiterhungern. Abgesehen von diesen Befürchtungen war ich zunächst ruhig, wie ich es an mir noch nie bemerkt hatte. Obwohl ich hier eigentlich an der Aufhebung der Wissenschaft arbeitete, erfüllte mich Behagen und fast die sprichwörtliche Ruhe des wissenschaftlichen Arbeiters. In meinen Träumereien erlangte ich von der Wissenschaft Verzeihung, es fand sich in ihr auch ein Raum für meine Forschungen, trostreich klang es mir in den Ohren, daß ich, mögen auch meine Forschungen noch so erfolgreich werden, und besonders dann, keineswegs für das Hundeleben verloren sei, die Wissenschaft sei mir freundlich geneigt, sie selbst werde die Deutung meiner Ergebnisse vornehmen und dieses Versprechen bedeute schon die Erfüllung selbst, ich würde, während ich mich bisher im Innersten ausgestoßen fühlte und die Mauern meines Volkes berannte wie ein Wilder, in großen Ehren aufgenommen werden, die ersehnte Wärme versammelter Hundeleiber werde mich umströmen, hochgezwungen würde ich auf den Schultern meines Volkes schwanken. Merkwürdige Wirkung des ersten Hungers. Meine Leistung erschien mir so groß, daß ich aus Rührung und aus Mitleid mit mir selbst dort in dem stillen Gebüsch zu weinen anfing, was allerdings nicht ganz verständlich war, denn wenn ich den verdienten Lohn erwartete, warum weinte ich dann? Wohl nur aus Behaglichkeit. Immer nur, wenn mir behaglich war, selten genug, habe ich geweint. Danach ging es freilich bald vorüber. Die schönen Bilder verflüchtigten sich allmählich mit dem Ernsterwerden des Hungers, es dauerte nicht lange und ich war, nach schneller Verabschiedung aller Phantasien und aller Rührung, völlig allein mit dem in den Eingeweiden brennenden Hunger. »Das ist der Hunger«, sagte ich mir damals unzähligemal, so als wollte ich mich glauben machen, Hunger und ich seien noch immer zweierlei und ich könnte ihn abschütteln wie einen lästigen Liebhaber, aber in Wirklichkeit waren wir höchst schmerzlich Eines, und wenn ich mir erklärte: »Das ist der Hunger«, so war es eigentlich der Hunger, der sprach und sich damit über mich lustig machte. Eine böse, böse Zeit! Mich schauert, wenn ich an sie denke, freilich nicht nur wegen des Leides, das ich damals durchlebt habe, sondern vor allem deshalb, weil ich damals nicht fertig geworden bin, weil ich dieses Leiden noch einmal werde durchkosten müssen, wenn ich etwas erreichen will, denn das Hungern halte ich noch heute für das letzte und stärkste Mittel meiner Forschung. Durch das Hungern geht der Weg, das Höchste ist nur der höchsten Leistung erreichbar, wenn es erreichbar ist, und diese höchste Leistung ist bei uns freiwilliges Hungern. Wenn ich also jene Zeiten durchdenke – und für mein Leben gern wühle ich in ihnen – durchdenke ich auch die Zeiten, die mir drohen. Es scheint, daß man fast ein Leben verstreichen lassen muß, ehe man sich von einem solchen Versuch erholt, meine ganzen Mannesjahre trennen mich von jenem Hungern, aber erholt bin ich noch nicht. Ich werde, wenn ich nächstens das Hungern beginne, vielleicht mehr Entschlossenheit haben als früher, infolge meiner größeren Erfahrung und besseren Einsicht in die Notwendigkeit des Versuches, aber meine Kräfte sind geringer, noch von damals her, zumindest werde ich schon ermatten in der bloßen Erwartung der bekannten Schrecken. Mein schwächerer Appetit wird mir nicht helfen, er entwertet nur ein wenig den Versuch und wird mich wahrscheinlich noch zwingen, länger zu hungern, als es damals nötig gewesen wäre. Über diese und andere Voraussetzungen glaube ich mir klar zu sein, an Vorversuchen hat es ja nicht gefehlt in dieser langen Zwischenzeit, oft genug habe ich das Hungern förmlich angebissen, war aber noch nicht stark zum Äußersten, und die unbefangene Angriffslust der Jugend ist natürlich für immer dahin. Sie schwand schon damals inmitten des Hungerns. Mancherlei Überlegungen quälten mich. Drohend erschienen mir unsere Urväter. Ich halte sie zwar, wenn ich es auch öffentlich nicht zu sagen wage, für schuld an allem, sie haben das Hundeleben verschuldet, und ich konnte also ihren Drohungen leicht mit Gegendrohungen antworten, aber vor ihrem Wissen beuge ich mich, es kam aus Quellen, die wir nicht mehr kennen, deshalb würde ich auch, so sehr es mich gegen sie anzukämpfen drängt, niemals ihre Gesetze geradezu überschreiten, nur durch die Gesetzeslücken, für die ich eine besondere Witterung habe, schwärme ich aus. Hinsichtlich des Hungerns berufe ich mich auf das berühmte Gespräch, im Laufe dessen einer unserer Weisen die Absicht aussprach, das Hungern zu verbieten, worauf ein Zweiter davon abriet mit der Frage: »Wer wird denn jemals hungern?« und der Erste sich überzeugen ließ und das Verbot zurückhielt. Nun entsteht aber wieder die Frage: »Ist nun das Hungern nicht eigentlich doch verboten?« Die große Mehrzahl der Kommentatoren verneint sie, sieht das Hungern für freigegeben an, hält es mit dem zweiten Weisen und befürchtet deshalb auch von einer irrtümlichen Kommentierung keine schlimmen Folgen. Dessen hatte ich mich wohl vergewissert, ehe ich mit dem Hungern begann. Nun aber, als ich mich im Hunger krümmte, schon in einiger Geistesverwirrung immerfort bei meinen Hinterbeinen Rettung suchte und sie verzweifelt leckte, kaute, aussaugte, bis zum After hinauf, erschien mir die allgemeine Deutung jenes Gespräches ganz und gar falsch, ich verfluchte die kommentatorische Wissenschaft, ich verfluchte mich, der ich mich von ihr hatte irreführen lassen, das Gespräch enthielt ja, wie ein Kind erkennen mußte, freilich mehr als nur ein einziges Verbot des Hungerns, der erste Weise wollte das Hungern verbieten, was ein Weiser will, ist schon geschehen, das Hungern war also verboten, der zweite Weise stimmte ihm nicht nur zu, sondern hielt das Hungern sogar für unmöglich, wälzte also auf das erste Verbot noch ein zweites, das Verbot der Hundenatur selbst, der Erste erkannte dies an und hielt das ausdrückliche Verbot zurück, das heißt, er gebot den Hunden nach Darlegung alles dessen, Einsicht zu üben und sich selbst das Hungern zu verbieten. Also ein dreifaches Verbot statt des üblichen einen, und ich hatte es verletzt. Nun hätte ich ja wenigstens jetzt verspätet gehorchen und zu hungern aufhören können, aber mitten durch den Schmerz ging auch eine Verlockung weiter zu hungern, und ich folgte ihr lüstern, wie einem unbekannten Hund. Ich konnte nicht aufhören, vielleicht war ich auch schon zu schwach, um aufzustehen und in bewohnte Gegenden mich zu retten. Ich wälzte mich hin und her auf der Waldstreu, schlafen konnte ich nicht mehr, ich hörte überall Lärm, die während meines bisherigen Lebens schlafende Welt schien durch mein Hungern erwacht zu sein, ich bekam die Vorstellung, daß ich nie mehr werde fressen können, denn dadurch müßte ich die freigelassen lärmende Welt wieder zum Schweigen bringen, und das würde ich nicht imstande sein, den größten Lärm allerdings hörte ich in meinem Bauche, ich legte oft das Ohr an ihn und muß entsetzte Augen gemacht haben, denn ich konnte kaum glauben, was ich hörte. Und da es nun zu arg wurde, schien der Taumel auch meine Natur zu ergreifen, sie machte sinnlose Rettungsversuche, ich begann Speisen zu riechen, auserlesene Speisen, die ich längst nicht mehr gegessen hatte, Freuden meiner Kindheit; ja, ich roch den Duft der Brüste meiner Mutter; ich vergaß meinen Entschluß, Gerüchen Widerstand leisten zu wollen, oder richtiger, ich vergaß ihn nicht; mit dem Entschluß, so als sei es ein Entschluß, der dazu gehöre, schleppte ich mich nach allen Seiten, immer nur ein paar Schritte und schnupperte, so als möchte ich die Speise nur, um mich vor ihr zu hüten. Daß ich nichts fand, enttäuschte mich nicht, die Speisen waren da, nur waren sie immer ein paar Schritte zu weit, die Beine knickten mir vorher ein. Gleichzeitig allerdings wußte ich, daß gar nichts da war, daß ich die kleinen

Bewegungen nur machte aus Angst vor dem endgültigen Zusammenbrechen auf einem Platz, den ich nicht mehr verlassen würde. Die letzten Hoffnungen schwanden, die letzten Verlockungen, elend würde ich hier zugrunde gehen, was sollten meine Forschungen, kindliche Versuche aus kindlich glücklicher Zeit, hier und jetzt war Ernst, hier hätte die Forschung ihren Wert beweisen können, aber wo war sie? Hier war nur ein hilflos ins Leere schnappender Hund, der zwar noch krampfhaft eilig, ohne es zu wissen, immerfort den Boden besprengte, aber in seinem Gedächtnis aus dem ganzen Wust der Zaubersprüche nicht das Geringste mehr auftreiben konnte, nicht einmal das Versehen, mit dem sich die Neugeborenen unter ihre Mutter ducken. Es war mir, als sei ich hier nicht durch einen kurzen Lauf von den Brüdern getrennt, sondern unendlich weit fort von allen, und als stürbe ich eigentlich gar nicht durch Hunger, sondern infolge meiner Verlassenheit. *Franz Kafka*

Zwischenstück: »Suppenlogik mit Knödelargumenten« Eß-Störung in Sigmund Freuds Psychoanalyse

»Suppenlogik mit Knödelargumenten« stehen, wo Freud sie erwähnt, als Inbegriff eines Köchinnendenkens, welches sich auf sinnlich Wahrnehmbares beschränkt und für die geistige Kommunikation nicht taugt.[1] Auf der Bildebene, deren Gesetzlichkeiten Freud nicht weiter reflektiert, fällt die Wahl der doch eher amorphen Nährmaterie aus der Küche – Knödelsuppe – auf.
Ganz ähnlich erscheint der »Nahrungstrieb« in Freuds Schriften immer wieder als Inbegriff eines Triebes, welcher sich auf materiell Eßbares bezieht, wenig gestaltungsfähig und nicht sublimierbar. Dieser »Triebreiz« ist durch nichts anderes als durch die »Befriedigungsaktion« zu beschwichtigen.[2]
Nun scheint dieser Zwang zum Essen – der sich immer und immer wiederholt – Freud gestört zu haben. Verwirrend erscheinen ihm noch 1933 die Eigenschaften der Selbsterhaltungstriebe Hunger und Durst: »Unbeugsam, unaufschiebbar, in ganz anderer Weise imperativ« als die Sexualtriebe, welche auffallen »durch ihre Plastizität, die Fähigkeit, ihre Ziele zu wechseln, durch ihre Vertretbarkeit, indem sich eine Triebbefriedigung durch eine andere ersetzen läßt, und durch ihre Aufschiebbarkeit.«[3] Die Sexualtriebe erschienen Freud also psychologisch weit ergiebiger. Er kannte offenbar auch keine angenehme Fastenerfahrung. »Auf festerem Boden bewegen wir uns«, schreibt er in diesem Sinne, »wenn wir untersuchen, auf welche Weise das Triebleben der Sexualfunktion dient.«[4] Und: »Wir erfahren, daß für das Verständnis der neurotischen Erkrankungen den Sexualtrieben die weitaus größere Bedeutung zukommt, daß die Neurosen sozusagen die spezifischen Erkrankungen der Sexualfunktion sind.«[5]

Als Ich- oder Selbsterhaltungstriebe sind Hunger und Durst nach Freud also nicht neurosefähig. Um 1938, in seinem nachgelassenen »Abriß der Psychoanalyse«, greift er zur Radikallösung, indem er die »Selbsterhaltung durch Ernährung« aus dem Gebiet der Psychologie überhaupt ausklammert und zur Physiologie rechnet[6]. Wenn er aber den Bezug zur Nahrung ins psychologische Gesichtsfeld einbezieht, stellt ihn Freud ins Licht seiner Sexualtheorie. Gestörtes – neurotisches – Eßverhalten wird damit zur Erkrankung der Sexualtriebe, Mund und After werden zu Vor- und Nebenschauplätzen der Sexualität, Zähne haben mit sadistischen Impulsen und nicht mit Kauen harter Nahrung zu tun.[7] Oralität und Analität werden zu »Partialtrieben«, welche – entwicklungspsychologisch gesehen – zu den Vorstadien einer reifen genitalen Persönlichkeit gehören. Die »prägenitalen Phasen« verhalten sich zur Genitalität wie die Raupe zum Schmetterling[8] – wie die gefräßige Kriechform zum nektarnaschenden Sommervogel. (Griechisch »psyche« heißt übrigens nicht nur »Atem«, »Hauch«, »Seele«, sondern auch »Schmetterling«, »Motte« – weil der Schmetterling mit seiner Verwandlungsgeschichte aus Raupe und Puppe als Sinnbild der Unsterblichkeit der Seele galt.[9])
Im Rahmen dieser Psychologie werden nun aber Nahrung und Ausscheidung hauptsächlich auf die durch sie verursachten mechanischen Reizungen der »erogenen Zonen«, der oralen und analen Schleimhäute, reduziert und damit stark ent-sinnlicht. »Anfangs war wohl die Befriedigung der erogenen Zone mit der Befriedigung des Nahrungsbedürfnisses vergesellschaftet. Die Sexualbetätigung lehnt sich zunächst an eine der zur Lebenserhaltung dienenden Funktionen an und macht sich erst später von ihr selbständig.«[10] Indessen wird es rückblickend dann klar: psychoanalytisch gesehen hatte jenes An-der-mütterlichen-Brust-Liegen nur vordergründig mit Ernährung zu tun, wesentlich diente es der Befriedigung der infantilen Sexualität, des Partialtriebes.
Der Tastsinn spielt hier die wesentliche sinnliche Rolle, nicht der Geschmack oder Geruch. Wohl erscheint der Mund als ein Ort, welcher von der Geburt an in erster Linie der Ernährung dient, »aber man darf Physiologie nicht mit Psychologie verwechseln«. Daß der Mund psychologisch von Anfang an als »erogene Zone« und nicht als Ort der Begegnung mit der nährenden Speise betrachtet werden muß, beweist für Freud das ernährungsphysiologisch doch unergiebige Daumenlutschen.[11] So hat er auch die Angst jenes eßgestörten Knaben, vom Vater

aufgefressen zu werden, als Angst, vom Vater koitiert zu werden, gedeutet. »Ich weiß natürlich auch«, schreibt er fast ärgerlich dazu, »daß man die Symptomatik, [...] die Wolfsangst, die Eßstörung anders und einfacher erklären kann, ohne Rücksicht auf die Sexualität und eine prägenitale Organisationsstufe derselben. Wer die Zeichen der Neurotik und den Zusammenhang der Erscheinungen gern vernachlässigt, wird diese andere Erklärung vorziehen.«[12] Und wenn in vielen außereuropäischen Kulturen das zeremonielle Essen von Totemtieren (oder eben das

Eßverbot) als ein Aspekt des rituellen Austausches mit der Welt eine zentrale Rolle spielt, so deutet das der Patriarch Freud als Ausdruck der Ambivalenz der Söhne gegenüber dem Vater: »Die Psychoanalyse hat uns verraten, daß das Totemtier wirklich der Ersatz des Vaters ist, und dazu stimmte wohl der Widerspruch, daß es sonst verboten ist, es zu töten, und daß seine Tötung zur Festlichkeit wird.« Im Totemtier verspeisen die sich zusammenrottenden Brüder den verhaßten und geliebten Vater, der »ihrem Machtbedürfnis und ihren sexuellen Ansprüchen so mächtig im Wege stand«, indem er »alle Weibchen für sich« behielt.[13] Freud verspeiste also in solchen Momenten nicht das, was seine Frauen bereitet hatten. So vieles, was Beschaffung, Verteilung, Zubereitung, Abgabe, was Umgang mit der Nahrung als solcher betrifft, hatte er aus seinem Gesichtsfeld ausgeklammert. Der Gelehrte hatte wohl oft seine Gedanken beim Essen woanders.[14]

So betrachtet, blieb sein Essen schal, geschmacks- und geruchslos, farb- und konsistenzarm. So wichtig es Freud ist, ob sich der Liebestrieb auf einen Mund, Anus, ein Geschlecht oder Fetische beziehe, so einerlei scheint es ihm zu sein, ob der Nahrungstrieb sich auf ein noch so köstlich schmeckendes Schwarzbrot, auf Kirschen, Zerealien, Wild, Öl, Erdbeeren, Eierspeisen oder Papp richtet. Es ist ihm unwichtig, in Form welchen Totemtieres der Vater verspeist oder geschont wird, und wenn das Volk weiß, »daß ›das Schwein von Eicheln, die Gans von Mais träumt‹«, das Huhn aber von Hirse, so beweist das alles einfach den Grund-Satz, daß Träume der Wunscherfüllung dienen.[15] »In Äpfeln, Pfirsichen, Früchten überhaupt« sind einfach die Brüste dargestellt.[16] Und wenn Essen dennoch spürbar wird und eine Reaktion – Wohlbefinden oder (häufiger) Ekel – hervorruft, so ist das vor allem, weil seine besondere Qualität auf etwas anderes hinweist.

Ähnlich ent-differenzierend geht Freud mit dem Kot um, der bei ihm ebenfalls zum Hinweis, zum Zeichen für Wesentlicheres geworden ist. Nur als Reiz für die erogene anale Zone scheint er ihm bemerkenswert und als Stellvertreter für den Penis, die Brustwarze, die ganze Mutter, das Kind, den Gatten, den Besitz als Grundsubstanz des Austausches und als Machtmittel.[17] (Merkwürdig übrigens, daß er Gold und Geld als Ableitung vom Kot betrachtet, wo doch andrerseits »der Mann« gerade mit seiner Fähigkeit zum Gelderwerb zum »Ernährer« seiner Familie geworden ist.)

Die Flut von Bildern und Vergleichen, die da an den Kot geknüpft sind, kann indessen nicht die Tatsache verdecken, daß der Kot als solcher gewissermaßen weggespült worden ist. Weg ist er mit seinem speziellen Geruch, seiner besonderen Konsistenz, weg als Bau- und Brennmaterial, als Teig, Lehm, Staub, Abfall, Düngemittel, Schweinefutter, als Grundsubstanz von Kulturgegenständen, Heilmitteln, Kreaturen (eine babylonische Gottheit soll die Menschen aus ihrem Kot geschaffen haben), Kot als Zentrum von differenzierten realen und imaginären, individuellen und sozialen Bezügen. Auch als Bild vom sterblichen Rest, welcher vom aufgefressenen Leben übrig bleibt, ist der Kot aus dem Weg geräumt. Denn das Wegspülen, Verdrängen, Entsorgen entspricht der Betrachtung des Kots als undifferenziertem Abfall, und es entspricht dem Zeitalter der Hygienisierung und des Wasserklosetts.[18]

Nur in Freuds allererstem Fall ging es beim festgestellten Widerwillen gegen alles Essen um nichts anderes als dieses – um einen »Gegenwillen« gegen das Essen. In den darauffolgenden, wegweisenden frühen Fällen wurden Erbrechen, Anorexie, Ekel immer mehr zu Hinweisen auf etwas anderes, Verborgenes, zum Symptom einer als Störung der Sexualtriebe verstandenen Neurose, zu Chiffren für das eigentliche, klassischerweise das ekelerregende sexuelle Trauma. »In diesem Alphabet bedeutet Erbrechen Ekel« – anderswo redet der Gelehrte vom Mitsprechen des Körpers in Symptomen wie z. B. dem Erbrechen.[19]

Ähnlich meint der Hunger nach Nahrung eigentlich immer wieder anderes als die Nahrung. Die »Gier des Kindes nach seiner ersten Nahrung (ist) überhaupt unstillbar«, schreibt Freud, der »Verlust der Mutterbrust (wird) niemals verschmerzt«.[20]

Wenn manche Kinder der Milchhaut mit Abscheu begegnen, so deshalb, weil die Milchhaut sie an die Mutterbrusthaut erinnert, nachdem sich ihre Gier infolge des Traumas der Entwöhnung in Widerwillen verkehrt hat.[21] Die Gier des Mädchens ist zusätzlich noch diejenige nach dem ihm von der Mutter vorenthaltenen Penis.[22] Und die Primitiven, welche lebenslang gestillt würden, so mutmaßt der lebenslange Zigarrenraucher, würden ihren Müttern gewiß ebenfalls vorwerfen, zuwenig Milch gespendet zu haben.[23]

Eigentlich beschreibt Freud hier verabsolutierend, was die Eß-Störung zutiefst ausmacht: die Unfähigkeit, die richtige Nahrung zu finden. Sie entspricht der Armut des sinnlichen Bezugs zur Nahrung und schafft

diesen Hunger, welcher die einen veranlaßt, den Inhalt ganzer Kühlschränke, halbe Kioske, Kaufhausgestelle, Buffets, alles zu verschlingen in der Hoffnung, das Richtige könnte wohl dabei sein. Andere dagegen hören mit Essen auf wie Kafkas Hungerkünstler, »weil ich nicht die Speise finden konnte, die mir schmeckt«.[24] Eßgestörte sind Hungernde, insofern sie nicht bedürfnisgemäß essen können. Und gerade diese Unfähigkeit, die richtige Nahrung zu finden, setzt Freud mit seiner Sexualtheorie des Hungers – welche ja die Alternative zur Suppenlogik sein soll – als normalen Bezug zum Essen.
Aber so leicht war Essen durch die Libidotheorie nicht wegzuverdauen. Es gab da ja z. B. noch diesen unreduzierbaren Anteil des Nahrungstriebes, hinter welchem sich nichts anderes entdecken ließ als das Bedürfnis nach Nahrung. Immer wieder bricht unter Liebeshunger und Oralität der elementare Hunger durch, der sich der analytischen Triebmechanik nicht fügen will: »Etwas wie eine Verdrängung scheint hier auf lange hinaus nicht in Betracht zu kommen«.[25] Solcherart ist ja in manchen Fällen sogar die Sexualität organisiert: »Bei einer Klasse von Frauen« – Freud nennt sie »gewalttätige Verliebte« und wundert sich, daß diese überhaupt zur Neurose fähig sind – wird »der Versuch, die Liebesübertragung (auf den Arzt) für die analytische Arbeit zu erhalten, ohne sie zu befriedigen, allerdings nicht gelingen. Es sind das Frauen von elementarer Leidenschaftlichkeit, welche keine Surrogate verträgt, Naturkinder, die das Psychische nicht für das Materielle nehmen wollen, die nach des Dichters Worten nur zugänglich sind ›für Suppenlogik mit Knödelargumenten‹«.[26]
Als ähnlich unverdaulich erweist sich die Nahrung auch im Rahmen von Freuds allgemeiner Trieblehre. Diese orientiert sich ja – Freud erwähnt es immer wieder – an der traditionellen Dualität »Hunger und Liebe«, und es scheint durch, daß der Begriff der »Libido« ursprünglich sogar nach dem Modell des »Hungers« konzipiert wurde – die Eß-Störung leuchtet hier als ein Kernstück analytischer Konzepte auf. »Eine dem Worte ›Hunger‹ entsprechende Bezeichnung fehlt der Volkssprache«, schreibt Freud 1905, »die Wissenschaft gebraucht als solche ›Libido‹«. Und ähnlich 1917: »Libido soll, durchaus dem Hunger analog, die Kraft benennen, mit welcher der Trieb, hier der Sexualtrieb wie beim Hunger der Ernährungstrieb, sich äußert.«[27] Später zieht es Freud vor, den Hunger nicht mehr so direkt ins Spiel zu bringen, sondern statt von

Liebe und Hunger lieber von »Sexual-« und »Ichtrieben« zu reden, beziehungsweise von »Arterhaltungs-« und »Selbsterhaltungstrieben«, schließlich von »Eros« und »Destruktions-« oder »Todestrieb«. Wo zu Anfang der Nahrungstrieb gestanden hatte – als Pendant zum Sexualtrieb – steht damit zum Schluß der Todestrieb, dessen Ziel es ist, »das Lebende in den anorganischen Zustand zu überführen«. »Für die Energie des Destruktionstriebes fehlt uns ein der Libido analoger Terminus«, schreibt Freud nun hier (um 1938).[28]

Ganz eigentümlich berührt es in diesem Zusammenhang, daß Freud in seinem frühen Buch »Über den Traum« davon berichtet, daß ihm seine Mutter einmal, und zwar buchstäblich mit einem Knödelargument, die Realität des Todes bewies. Der Traum, der ihn daran erinnerte, war folgender: »Ich gehe in eine Küche, um mir Mehlspeise geben zu lassen. Dort stehen drei Frauen, von denen eine die Wirtin ist und etwas in der Hand dreht, als ob sie Knödel machen würde. Sie antwortet, daß ich warten soll, bis sie fertig ist. Ich werde ungeduldig und gehe beleidigt weg.« »Als ich sechs Jahre alt war«, schreibt er dazu, »sollte ich glauben, daß wir aus Erde gemacht sind und darum zur Erde zurückkehren müssen. Es behagte mir aber nicht, und ich zweifelte die Lehre an. Da rieb die Mutter die Handflächen aneinander – ganz ähnlich wie beim Knödelmachen – und zeigte mir die schwärzlichen Epidermisschuppen, die sich dabei abreiben, als eine Probe der Erde, aus der wir gemacht sind, vor. Mein Erstaunen über diese Demonstration ad oculos war grenzenlos, und ich ergab mich in das, was ich später in den Worten ausgedrückt hören sollte: Du bist der Natur einen Tod schuldig. So sind es also wirklich Parzen, zu denen ich in die Küche gehe, wie so oft in den Kinderjahren, wenn ich hungrig war, und die Mutter beim Herd mich mahnte zu warten, bis das Mittagessen fertig sei.«[29]

So stand im Rahmen von Freuds Organisation der Triebe der Akt des Essens unvermittelt als eine Bewegung zum Tode da. Nur dank »den lebenserhaltenden Sexualtrieben«, schreibt Freud, scheinen Lebewesen »befähigt, den Schädlichkeiten ihres eigenen Stoffwechsels länger zu widerstehen«. Diese Wandlung der lebenserhaltenden Nahrungsaufnahme zur Geste der Selbstvernichtung hat er aber verworfen: »Wir waren ja bereit, auch die angeblichen Selbsterhaltungstriebe des Ichs zu den Todestrieben zu rechnen, was wir seither berichtigend zurückgezogen haben.«[30]

Sein Leben näherte sich dem Ende – er wird seinem durch Rauchen begünstigten Mundhöhlenkarzinom erliegen – als er »nach langem Zögern und Schwanken« nochmals einen neuen – wiewohl an älteste Konzepte anknüpfenden – Einbau des Essens in seine Trieblehre vorschlug. Die beiden Grundtriebe Eros und Todes- bzw. Destruktionstrieb stehen nunmehr beide gleichermaßen sowohl hinter der Liebe als auch hinter dem Essen – hinter der Sexualität/Arterhaltung als auch hinter der Ich-/Selbsterhaltung. Hunger und Liebe stehen also wieder nebeneinander. Freud drückt das so aus: »In den biologischen Funktionen wirken die beiden Grundtriebe gegeneinander oder kombinieren sich miteinander. So ist der Akt des Essens eine Zerstörung des Objekts mit dem Endziel der Einverleibung, der Sexualakt eine Aggression mit der Absicht der innigsten Vereinigung [...] Es kann keine Rede davon sein, den einen oder den anderen der Grundtriebe auf eine der seelischen Provinzen einzuschränken.«[31]

So stünde hier die oral-anale Beziehung zur Nahrung doch wieder ebenbürtig neben der sexuellen Beziehung zu anderen? Freud selbst hat es so nicht mehr bestätigt.

Die psychoanalytischen Schulen haben diesen letzten Entwicklungsansatz der Freudschen Lehre auch kaum mehr in ihren Codex aufgenommen. In ihrer Weiterentwicklung blieb die Psychologie des Umgangs mit der Nahrung in seiner Eigenwürde weiterhin randständig – wenn sie überhaupt beachtet wurde. Die weiblichen Magersüchtigen mochten als Verweigerer ihrer Geschlechtsrolle und der Nahrung noch der Analyse würdig sein, die Eßsucht aber interessierte kaum, und nicht zufällig blieben die Eß-Brech-Leidenden während der Jahrzehnte orthodox-analytischer Dominanz praktisch unbeachtet. Im Hinblick auf die Stellung der Frau im Rahmen der klassischen Psychoanalyse macht es natürlich auch Sinn, daß der Nahrungsbezug ausgeblendet wurde, welcher mit nährendem Kochen, Stillen, Haushaltführen ja vorwiegend durch Frauen vermittelt wird und in welchem sich Kinder und später vor allem Männer immer wieder als Abhängige erleben. Und wenn das Kind auch naschend und stehlend, der Mann kaufend, raubend und als emanzipierter Koch sich aus der Abhängigkeit von den Mittlerinnen befreien kann – von der Nahrung gibt es keine Unabhängigkeit. Sogar im Ei (als »Beispiel eines [...] psychischen Systems, welches selbst seine Ernährungsbedürfnisse autistisch [...] befriedigen kann«[32]) ist die

Selbstbefriedigung, die Freud vorschwebt, ja nur vorübergehend realisiert. Und so kann sich in der Psychoanalyse die autistische Geste wiederholen, mithilfe derer der traditionelle Mann das Entsetzen vor Abhängigkeit meidet, indem er sich als Hausherr und »Ernährer« über die Mütter und Köchinnen stellt bzw. dem ganzen Komplex des Bezugs zur Nahrung seine Achtung und Beachtung entzieht. Und in der allzu verbreiteten Auffassung, Fragen der Beziehung zum Essen seien für die Psychologie unerheblich, die in der Phallizität gipfelnde Sexualität aber deren Angelpunkt, ist der Machtkampf zwischen den Geschlechtern perpetuiert und zugunsten der Männer vorentschieden. Mit dem Sieg allerdings ist da nichts gewonnen als eine Maskierung der eigenen Abhängigkeitsängste mithilfe der Verfügungsgewalt über andere.

Die feministische Kritik der Psychoanalyse mußte und wollte sich verständlicherweise zunächst mit diesem mißlichen Beziehungsangebot des Vaters Freud auseinandersetzen, um einem den Frauen angemesseneren und weniger beziehungsgestörten Nachdenken über Sexualität Raum zu schaffen.[33] Merkwürdig wenig haben sie sich bis jetzt mit der Ausklammerung von Ernährung und Verdauung aus dem Bereich des Psychischen aufgehalten, mit der sexualisierenden Verdrängung und Abwertung aller Eß-, Koch-, Verwandlungs-, Mist-, Töpferei-, Haus-Halts-, Stoff-Wechsel- und Nährkultur durch die Psychoanalyse, in welcher sich ja wohl eine eigentliche Vernichtung wichtiger traditionell-weiblicher Welten vollzieht. Vielleicht hat das damit zu tun, daß ja die Frauen in unserer Kultur das Leiden an der Abhängigkeit von Nähr-Müttern und Nahrung mit den Männern teilen und also bei der Verleugnung dieser Abhängigkeit gerne dabei sind – ganz abgesehen davon, daß sie in der heutigen ernährungs- und familienpolitischen Situation nicht daran interessiert sein können, sich mit einem einzelnen und überdies noch abgewerteten Lebensbereich zu identifizieren. Damit geht aber eine Kultur von sinnlichem Bezug verloren, die für die Kultur der Beziehungen zwischen Menschen von grundlegender Bedeutung ist. Das Bedürfnis nach Nahrung ist ja in jeder einzelnen Lebensgeschichte das erste Bedürfnis, welches zum vornherein und ausschließlich im Raum einer Beziehung zur Kenntnis gebracht und gestillt wird. Und die Sprache bleibt dabei: auch später »stillen« wir (wenn es gut geht) unsere Bedürfnisse.[34] Und es liegt eigentlich nahe, späteren Umgang mit LiebespartnerInnen vom früheren mit Nahrung abzuleiten, anstatt im früheren eine Vorahnung des späteren Umgangs zu suchen. Damit wäre dann aber die frühe Eß-Störung – die mit der Abwertung der weiblichen Nähr-Traditionen bzw. deren patriarchal-wissenschaftlicher Überherrschung durch alle möglichen beziehungs- und verdauungsstörenden, sinnentötenden Kalorien-, Gewichts-, Stundenplan- und Tischregeln bei uns zur Kulturnorm geworden ist – eine entscheidende Matrix für all unsere späteren Austausch-Störungen.

Eine Re-Integration von weiblichen Traditionen und dem Essen als solchem in unser Wissen von der Psyche ist im Gange. »Wissenschaft« wird lebensfreundlicher und menschlicher, wenn sie nicht der Verleugnung unserer Abhängigkeiten und des Todes dienen muß. Sie kann dann ein Wissen sein nicht nur über Objekte, sondern auch über Beziehung – samt dem Bezug zur Knödelsuppe – und damit Teil eines weder symbiotischen noch entfremdeten Verhältnisses zur Welt, wie es zuerst wohl vorwiegend durch die Nahrung vermittelt wurde.

Esther Fischer-Homberger

Der Traum von Sigmund Freud

Mir träumte, daß ich nach Neufundland schwimme; das Meer lag still, nur vom Lufthauch gekräuselt, ein wohliges, gütig grünes Umfangen, und über mir flog in verschmelzenden Schwärmen ein Regenbogen rötlicher Fische.
Plötzlich schwimmt Sigmund Freud neben mir. – Ich weiß, noch bevor ich ihn erblicke, daß es nur Sigmund Freud sein kann, wer sollte denn sonst nach Neufundland schwimmen, und dann erkenne ich ihn auch an der Brille, diesen massig gewölbten, blitzenden Gläsern, die er, dann im Wassertreten paddelnd, sorgsam immer wieder trockenreibt.
Unsre Begegnung ist nicht gerade alltäglich, doch wir nehmen sie beide als selbstverständlich gegeben, schwimmen höflich schweigend nebeneinander, bemüht, in gemeinsamen Rhythmus zu kommen, was eine ziemliche Weile beansprucht, allein da dies gelungen ist und wir Arme und Beine im gleichen Takt zur Seite stemmen und rückwärts stoßen, spüre ich, daß Freud mich lauernd ansieht, und da beißt er mich auch schon in die Schulter, nicht arg, es ist eher ein gutmütiges Knabbern, wie von einem verspielten Hund, und dennoch ist es mir widerwärtig und außerdem ziemt es sich nicht.
Ich wehre ihn ab, indem ich die Schulter zucke, aber Freud hält sich mit den Zähnen fest, wobei er stärker zubeißen muß. Ich nehme zur Abwehr die Hand zur Hilfe und dränge ihn von meinem Leib, da sagt er, nun im Schwimmen die Brille reibend, daß es zweierlei zu leisten gelte: ein gedankliches Druchdringen und gleichzeitig ein seelisches Sich-Feien. – Er spricht leise, fast flüsternd, auch kommt jetzt Wind auf; er spricht in merkwürdig stammelnden Sätzen, halb Befehle, halb Eindringlichkeiten, doch ich verstehe genau, was er sagt, und ich weiß auch als dunkle, unaussprechbare Ahnung, was ich da gedanklich durchdringen und wogegen ich mich feien soll.
Solange ich Freud im Auge behalte, unterläßt er es, mich zu attackieren, doch bei der geringsten Unaufmerksamkeit schnappt er wieder nach meiner Schulter. Ich will ihm durch schnelleres Schwimmen entkommen, aber da wir uns im gleichen Rhythmus bewegen, bleiben wir immer Kopf an Kopf. – Versteh den Biß! ruft Freud, und lerne ihn ertragen! und er versucht erneut, mich zu beißen, und diesmal, durch seine Worte besänftigt, will ich es geschehen lassen, doch da kommt eine Windbö

und drückt ihn zurück, so daß mir sein Biß in die Hüfte fährt. – Es schmerzt; und der Himmel hat sich verdüstert; die fliegenden Fische sind verschwunden, und plötzlich beginne ich zu begreifen, daß wir Neufundland nie erreichen werden, wenn wir weiterhin all unsre Kraft auf diese Spiele konzentrieren. – Jetzt ist es genug! rufe ich wütend, doch Freud, seine Blicke gleich Blitzen schleudernd, schreit, daß ich unsre Reise gefährde, wenn ich mich widerspenstig verhalte –: Er müsse mich so lange beißen, bis ich keinen Schmerz mehr spüre und zugleich den Sinn des Beißens verstehe, dann erst fänden wir beide ans Ziel.
Indes wird der Wellengang härter und wüster, Wasser und Himmel sind schwarz geworden; ich kämpfe wild gegen berghohe Wogen, doch Freud, wieder seine Brille trocknend, stemmt sich, wassertretend, bis zum Bauch aus dem Meer und schreit, auf die schäumenden Wasser weisend, mit hallender Stimme: *Wo Es war, soll Ich sein!* – Er scheint nun fast auf den Wellen zu wandern, seine Brille blitzt, die einzige Helle, und da spüre ich jählings die Versuchung, und da ich sie spüre, erliege ich ihr: Ich reiße Freud die Brille herunter und schleudre sie in das malmende Wasser, und der Alte, durchs Ächzen beängstigten Dröhnens, ruft begeistert: Er lernt verstehn! – Die Brille schaukelt auf dem Wasser; Freud schwimmt hin, sie zurückzuholen, und ich, einen Abscheu überwindend, packe ihn an den hagren Schultern und drücke seinen Kopf unter Wasser, und da ich spüre, wie der Alte ins Grundlose sinkt, schwillt der Sturm zu seiner wütendsten Stärke und eine ungeheure Woge wirft mich an die Küste von Neufundland, wo, seine blitzende Brille reibend, Sigmund Freud mich schon erwartet. *Franz Fühmann*

6. Fisch, Fleisch und Fett

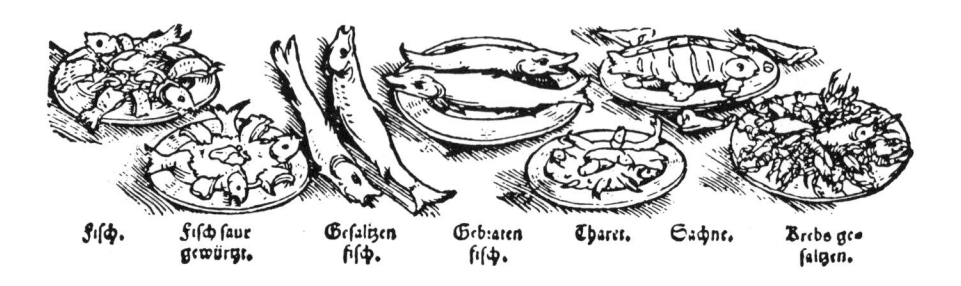

Fisch. Fisch saur   Gesalzen   Gebraten   Tarces.   Sachne.   Krebs ge‐
        gewürgt. fisch.   fisch.   salzen.

Räucherlachs

Es ist herrlich, wenn man jemanden hat, für den man arbeiten und sorgen kann, nun ja, meinethalben auch sorgen und arbeitslos sein. Es ist herrlich wenn man jemanden hat, der sich von einem trösten läßt. Plötzlich muß Pinneberg lachen. Also, dieser Lachs. Dieses Lachsviertel. Das arme Lämmchen, wie unglücklich sie war! Trösten, das ist es.
Eines Abends, sie wollten gerade essen, erklärt Lämmchen, sie kann nicht essen, alles widersteht ihr. Aber sie hat heute im Delikatessengeschäft einen Räucherlachs gesehen, so saftig und rosarot, wenn sie den hätte!
»Warum hast du ihn denn nicht mitgebracht?«
»Aber was denkst du, was der kostet!«
Nun, sie reden hin und her, es ist natürlich Unvernunft, viel zu teuer für sie. Aber wenn Lämmchen doch nichts anderes essen kann! Sofort – das Abendessen wird eben um eine halbe Stunde aufgeschoben –, sofort geht der Junge in die Stadt.
Aber kein Gedanke! Lämmchen geht selbst. Was er denkt. Das Laufen ist ihr sehr gesund, und dann, glaubt er, sie soll hier sitzen in Bange, er kauft von einem falschen Lachs? Sie muß ihn sehen, wie die Verkäuferin von ihm absäbelt, Scheibe für Scheibe. Also unbedingt geht sie.
»Nun gut. Gehst du.«
»Und wieviel?«
»Ein Achtel. Nein, bring schon ein Viertel. Wenn wir doch einmal so üppig sind.«

Er sieht sie losmarschieren, sie hat einen schönen, langen, strammen Schritt, und überhaupt sieht sie in diesem blauen Kleid glänzend aus. Er schaut ihr nach, aus dem Fenster lehnend, bis sie verschwunden ist, und dann wandert er auf und ab. Er rechnet, wenn er sich fünfzigmal durch das Zimmer hindurchgewunden hat, wird sie sicher in Sicht sein. – Er läuft ans Fenster. Richtig, eben geht Lämmchen ins Haus, sie hat nicht hochgesehen. Also nun nur noch zwei oder drei Minuten. Er steht und wartet. Einmal ist ihm so, als sei die Flurtür gegangen. Aber Lämmchen kommt nicht.
Was in aller Welt ist los? Er hat sie ins Haus kommen sehen – und nun kommt sie nicht.
Er macht die Tür zum Vorplatz auf, und direkt im Türrahmen steht Lämmchen, an die Wand gedrückt, mit einem tränenüberströmten, ängstlichen Gesicht, und sie hält ihm ein fettglänzendes Pergamentpapier hin, das leer ist.
»Aber, mein Gott, Lämmchen, was ist denn los? Hast du den Lachs aus dem Papier verloren?«
»Aufgegessen«, schluchzt sie. »Ganz allein.«
»Aber nun komm nur her, Lämmchen, erzähle doch. Komm rein, deswegen brauchst du doch nicht zu weinen. Erzähl mal der Reihe nach. Also du hast den Lachs gekauft...«
»Ja, und ich hatte solche Gier darauf. Ich konnte es gar nicht mit ansehen, wie sie abschnitt und abwog. Und kaum war ich draußen, da ging ich in den nächsten Torweg und nahm schnell eine Scheibe – und weg war sie.«
»Und weiter?«
»Ja, Jungchen«, schluchzt sie. »Das habe ich den ganzen Weg gemacht, immer wenn ein Torweg kam, habe ich mich nicht halten können und bin rein. Und zuerst habe ich dich auch nicht beschupsen wollen, ich hab genau geteilt, halb und halb... Aber dann hab ich gedacht, auf eine Scheibe kommt es ihm auch nicht an. Und dann hab ich immer weiter von deinem gegessen, aber ein Stück, das habe ich dir gelassen, das habe ich mit raufgebracht, bis hier auf den Vorplatz, bis hier vor die Tür...«
»Und dann hast du es doch gegessen?«
»Ja, dann habe ich es doch gegessen, und es ist so schlecht von mir, nun hast du gar keinen Lachs, Jungchen. Aber es ist nicht Schlechtigkeit von

mir«, schluchzt sie neu. »Es ist mein Zustand. Ich bin nie gierig gewesen. Und ich bin schrecklich traurig, wenn der Murkel nun auch so gierig wird. Und... und soll ich nun noch mal schnell in die Stadt laufen und dir noch Lachs holen? Wahr und wahrhaftig, ich bring ihn her.«
Er wiegt sie in seinen Armen. »Ach, du großes, kleines Kind. Du kleines großes Mädchen, wenn es nichts Schlimmeres ist...«
Und er tröstet sie und begöscht sie und wischt ihr die Tränen ab, und langsam kommen sie ins Küssen, und es wird Abend, und es wird Nacht. *Hans Fallada*

Kaviar bei ›Ladies' Day‹

Über die Tafel für das Bankett der Zeitschrift ›Ladies' Day‹ waren die Hälften gelbgrüner Avocadobirnen, gefüllt mit Crabmeat und Mayonnaise, und Platten mit blutigem Roastbeef und kaltem Huhn verteilt, und dazwischen immer wieder Kristallschüsseln voll mit schwarzem Kaviar. Ich hatte an diesem Morgen keine Zeit gehabt, in der Cafeteria des Hotels mehr als eine Tasse zu lang gekochten Kaffee zu frühstücken, und die war so bitter, daß sich meine Nase kräuselte, und ich war kurz vor dem Verhungern.
Bevor ich nach New York kam, hatte ich noch nie in einem richtigen Restaurant gegessen. Die Kettengasthöfe von Howard Johnson rechne ich nicht mit, wo ich immer Pommes-frites und Cheeseburgers und Vanillefrappés mit Leuten wie Buddy Willard aß. Warum es so ist, weiß ich auch nicht genau, aber ich mag Essen mehr als fast alles andere. Ganz gleich, wieviel ich esse, ich nehme nie zu. Mit einer Ausnahme habe ich zehn Jahre lang immer gleichviel gewogen.
Meine Lieblingsgerichte sind voll Butter und Käse und saurer Sahne. In New York aßen wir so oft umsonst mit den Leuten von der Zeitschrift und verschiedenen berühmten Besuchern, daß ich mir angewöhnte, die riesigen, handgeschriebenen Speisekarten zu überfliegen, auf denen Beilagen, wie ein kleiner Teller mit Erbsen, fünfzig oder sechzig Cents kosten, bis ich zu den fülligsten, teuersten Gerichten kam und mir davon ein ganzes Sortiment bestellte.
Wir wurden immer auf Geschäftskosten eingeladen, weshalb ich mich

nicht genierte. Ich aß absichtlich immer sehr schnell, damit die anderen Leute nicht warten mußten, die im allgemeinen nur eine Salatplatte und Grapefruitsaft bestellten, weil sie abzunehmen versuchten. Fast jeder, den ich in New York traf, versuchte abzunehmen.
»Ich möchte den hübschesten, klügsten Verein junger Damen willkommen heißen, den kennenzulernen unsere Redaktion bisher das Glück hatte«, schnaufte der plumpe, kahle Grußherr in sein Mikrophon. »Dieses Diner ist nur eine kleine Probe der Gastlichkeit, die Ihnen unsere Testküche hier von der Zeitschrift ›Ladies' Day‹ in dankbarer Anerkennung Ihres Besuches bieten möchte.«
Ein feiner, damenhaft tröpfelnder Beifall, und wir setzten uns um den riesigen, feingedeckten Tisch.
Wir waren elf Mädchen von der Zeitschrift, zusammen mit den meisten unserer beratenden Redakteure, und dazu der vollständige Stab der Testküchen von ›Ladies' Day‹ in hygienischen weißen Kitteln, adretten Haarnetzen und mit fehlerlosem pfirsichfarbenem Make-up.
Wir waren nur elf, weil Doreen fehlte. Aus irgendeinem Grund hatte man neben mir für sie gedeckt, und der Stuhl blieb leer. Ich hob ihre Tischkarte für sie auf – ein Taschenspiegel, auf den am oberen Rand in

blumiger Schrift »Doreen« gemalt war, und mit einem Kranz von mattierten Gänseblümchen um den Rand, der das silberne Loch einrahmte, in dem ihr Gesicht erscheinen würde.
Doreen verbrachte den Tag mit Lenny Shepherd. Sie verbrachte jetzt den größten Teil ihrer freien Zeit mit Lenny Shepherd.
Vor unserem Essen bei ›Ladies' Day‹ – die große Frauenzeitschrift mit den doppelseitigen, üppig und in Farbe aufgemachten Mahlzeiten, jeden Monat ein anderes Thema und an einem anderen Ort – hatte man uns eine Stunde lang die endlosen glänzenden Küchen gezeigt, und wir hatten zu sehen bekommen, wie schwierig es ist, Apfelkuchen à la mode unter den strahlenden Lampen zu fotografieren, weil das Eis schmilzt und von hinten mit Zahnstochern hochgehalten werden muß und jedesmal, wenn es anfängt zu weich auszusehen, ausgewechselt werden muß.
Der Anblick der ganzen Nahrungsmittel, die in diesen Küchen aufgespeichert waren, machte mich schwindelig. Nicht, daß wir zu Hause zu wenig zu essen gehabt hätten, nur kochte meine Großmutter immer Spargerichte und Sparhackbraten und sagte in dem Augenblick, wenn man die erste Gabel zum Mund führte: »Ich hoffe, das schmeckt euch, es hat einundvierzig Cents das Pfund gekostet«, was bei mir immer das Gefühl hervorrief, ich äße Pennies statt den Sonntagsbraten.
Während wir hinter den Stühlen standen und uns die Begrüßungsansprache anhörten, hatte ich den Kopf gesenkt und heimlich die Positionen der Kaviarschüsseln ausgemacht. Eine Schüssel stand, strategisch gesehen, zwischen mir und Doreens leerem Platz.
Ich überlegte mir, daß das Mädchen mir gegenüber nicht daran konnte wegen der gebirgsartigen Tischdekoration aus Marzipan, und Betsy, rechts von mir, war viel zu nett, um mich zu bitten, ihr etwas abzugeben, wenn ich die Schüssel an meinem Ellbogen durch den Brot-und-Butter-Teller außerhalb ihrer Reichweite hielt. Außerdem stand eine andere Schüssel Kaviar etwas weiter rechts von dem Mädchen neben Betsy, und sie konnte davon etwas nehmen.
Mein Großvater und ich machten immer den gleichen Witz. Er war Oberkellner in einem Country Club in der Nähe meiner Heimatstadt, und jeden Sonntag fuhr meine Großmutter mit dem Wagen hin, um ihn für seinen freien Montag nach Hause zu holen. Mein Bruder und ich fuhren abwechselnd mit, und mein Großvater servierte meiner Groß-

mutter und wer noch dabei war immer das Sonntagabend-Essen, als ob wir seine richtigen Gäste wären. Es machte ihm Spaß, mich mit Spezialitäten bekanntzumachen, und schon mit neun Jahren mochte ich kalte Vichysoise und Kaviar und Anchovispaste leidenschaftlich gern.
Der Witz bestand darin: mein Großvater wollte dafür sorgen, daß ich an meiner Hochzeit so viel Kaviar bekam, wie ich essen konnte. Es war deshalb ein Spaß, weil ich nie heiraten wollte, und selbst wenn ich es getan hätte, hätte sich mein Großvater nie soviel Kaviar leisten können, es sei denn, er hätte ihn in der Küche des Country Club gestohlen und in einem Koffer weggeschafft.
Im Schutz des Geklirrs von Wassergläsern und Silberbesteck und teurem Porzellan legte ich mir den Teller mit ausgelöstem Huhn aus. Dann bedeckte ich die Huhnstücke dick mit Kaviar, als ob ich Erdnußbutter auf eine Scheibe Brot strich. Dann nahm ich die Huhnstücke einzeln mit den Fingern auf, rollte sie zusammen, damit der Kaviar nicht herausquoll, und aß sie.
Nach großen Bedenken darüber, welche Löffel jeweils zu nehmen waren, hatte ich herausgefunden, wenn man bei Tisch mit einer gewissen Arroganz etwas falsch machte, als ob man ganz genau wüßte, man tue das richtige, daß man dann damit durchkam und niemand glaubte, man hätte schlechte Manieren oder sei schlecht erzogen. Die Leute halten einen für originell und witzig.
Ich lernte diesen Trick an dem Tag, an dem mich Jay Cee zum Mittagessen mit einem berühmten Dichter nahm. Er trug eine furchtbare, ausgebeulte, fleckige braune Tweedjacke und graue Hosen und ein rot und blau kariertes Flanelhemd mit offenem Kragen, und das alles in einem sehr vornehmen Restaurant voll von Springbrunnen und Kandelabern, wo alle anderen Männer dunkle Anzüge und makellose weiße Hemden anhatten.
Dieser Dichter aß den Salat mit den Fingern, Blatt für Blatt, während er mit mir über die Antithese von Natur und Kunst sprach. Ich konnte die Augen nicht von den bleichen, kurzen weißen Fingern nehmen, die mit einem tropfenden Salatblatt nach dem anderen zwischen der Salatschale des Dichters und dem Mund des Dichters hin und her gingen. Niemand kicherte oder machte böse Bemerkungen. Der Dichter ließ das Essen des Salats mit den Fingern als die einzig natürliche und vernünftige Sache erscheinen.

Keiner der Redakteure unserer Zeitschrift oder der Redaktion von ›Ladies' Day‹ saß in meiner Nähe, und Betsy war süß und freundlich, sie schien Kaviar noch nicht einmal gerne zu haben, deshalb faßte ich immer mehr Mut. Als ich mit dem ersten Teller von kaltem Huhn und Kaviar fertig war, legte ich mir einen zweiten auf. Dann ging ich die Avocado und den Crabmeat-Salat an.

Avocados sind meine liebste Frucht. Jeden Sonntag brachte mir mein Großvater eine Avocadobirne mit, die er auf dem Grund seines Koffers unter sechs schmutzigen Hemden und den Witzseiten der Sonntagszeitung versteckt hatte. Er brachte mir bei, wie man Avocados ißt, indem man Traubengelee und French Dressing in einem kleinen Topf verrührt und die Höhlung der Frucht mit der roten Soße füllt. Ich hatte Heimweh nach dieser Sauce. Das Crabmeat schmeckte fade im Vergleich dazu.

»Wie war die Pelzmodenschau?« fragte ich Betsy, nachdem ich beim Kaviar keine Konkurrenz mehr zu befürchten hatte. Ich kratzte die letzten paar salzigen schwarzen Eier mit dem Suppenlöffel vom Teller und leckte ihn sauber ab. *Sylvia Plath*

Stockfisch

Sie fragten ihn nur, ob er etwas zu essen wünsche. »Wohl möchte ich einen Imbiß nehmen, was es auch sei«, antwortete Don Quijote; »denn wie ich merke, würde es mir sehr zustatten kommen.«

Zufälligerweise war es gerade Freitag, und in der ganzen Schenke gab es nichts als geringen Vorrat von einem Fische, den man in Kastilien Stockfisch, in Andalusien Kabeljau, in andern Gegenden Laberdan, in wieder andern Forellchen nennt. Man fragte ihn, ob vielleicht Seine Gnaden Forellchen genießen möchten, da kein andrer Fisch ihm vorzusetzen da sei. »Wenn nur viele Forellchen da sind«, erwiderte Don Quijote, »so können sie zusammen für eine Forelle dienen; denn es ist ganz dasselbe, wenn man mir acht Realen in Einzelstücken, wie wenn man mir ein Achtrealenstück gibt, um so mehr, da es doch sein könnte, daß es sich mit diesen Forellchen verhielte wie mit dem Kalbfleisch, das besser ist als Kuhfleisch, und mit dem Zicklein, das besser als der Geißbock. Aber sei es, wie es sei, es soll nur gleich kommen, denn die

Mühsal und das Gewicht der Rüstung läßt sich nicht tragen ohne den Unterhalt des Magens.«

Man stellte ihm den Tisch vor die Tür der Schenke, um der Kühle willen, und es brachte ihm der Wirt eine Portion des schlecht gewässerten und noch schlechter gekochten Stockfisches und ein Brot, so schwarz und schmierig wie seine Rüstung. Aber es war gar sehr zum Lachen, ihn essen zu sehen, denn da er den Helm auf dem Kopfe hatte und das Visier in die Höhe hielt, so konnte er nichts mit seinen eigenen Händen in den Mund stecken, wenn nicht ein andrer es ihm gab und hineinsteckte; und so pflag eine jener Damen dieses Dienstes. Jedoch ihm zu trinken zu geben war unmöglich und würde unmöglich geblieben sein, wenn der Wirt nicht ein Schilfrohr ausgehöhlt und ihm das eine Ende in den Mund gehalten und zum andern ihm den Wein eingegossen hätte. Und alles dies nahm er mit Geduld auf, damit er nur nicht die Schnüre seines Visiers zu zerschneiden brauchte.

Wie man so weit war, kam zufällig ein Schweinschneider vor die Schenke, und wie er anlangte, blies er vier- oder fünfmal auf seiner Rohrpfeife. Das bestärkte Don Quijote vollends darin, daß er in irgendeiner berühmten Burg sei und daß man ihn mit Tafelmusik bediene und daß der Stockfisch eine Forelle, das Brot Weizenbrot, die Dirnen edle Damen und der Wirt Burgvogt dieser Feste sei; und somit fand er seinen Entschluß und seine Ausfahrt wohlgelungen. Was ihn jedoch hierbei noch sehr quälte, war, sich noch nicht zum Ritter geschlagen zu sehen, weil es ihn bedünkte, er könne sich nicht rechtmäßig in irgendwelches Abenteuer einlassen, ohne vorher den Ritterorden zu empfangen.

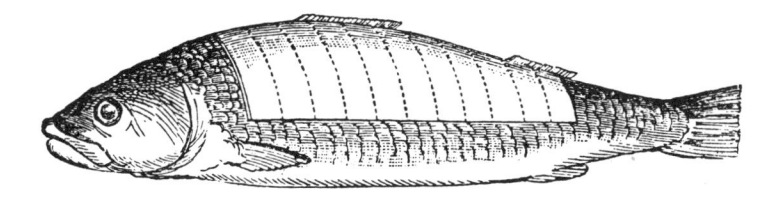

Miguel de Cervantes

Fischbrötchen

Nach der U-Bahn kaufe ich mir in unserer Straße ein Fischbrötchen. Zahle, gehe auf die Straße und beiße rein. »Schmeckts denn?« sagt einer und grinst blödsinnig.
Ich werde wild über die Einmischung von Männern im Stil von Grundbesitzern. Manchmal könnte ich gähnen. Gähnen, weil ich das alles schon kenne, weil es so einfallslos, so penetrant ist. Tags wie nachts. In diesem oder in jenem Land.
Stören tun mich diese Einmischungen immer. Sie stören täglich meine Gedanken.
Marianne Herzog

Über das Essen von Fleisch

1. Was immer wir auch an menschlichen Erscheinungen, an Haltungen, Wünschen oder Gestaltungen für sich betrachten, losgelöst vom gesellschaftlichen Leben der Menschen, es ist seinem Wesen nach Substanzialisierung der menschlichen Beziehungen und des menschlichen Verhaltens, es ist Gesellschafts- und Seeleninkarnat. Das gilt von der »Sprache«, die ja nichts ist als Laut gewordene menschliche Beziehung selbst, es gilt von der Kunst, von Wissenschaft, Wirtschaft, Politik, von Erscheinungen, die entsprechend der Wertordnung in unserem Leben oder in unseren Köpfen hochrangieren, ebenso wie von anderen, die entsprechend dieser Wertordnung unbeträchtlich und unwichtig erscheinen.
Aber gerade diese, die scheinbar unbeträchtlichen, geben über den Aufbau, über die Entwicklung der »Seelen« und ihrer Beziehungen oft klare und einfache Aufschlüsse, die uns jene zunächst verweigern.
Das Verhältnis der Menschen zur Fleischnahrung z. B. ist in bestimmter Hinsicht höchst aufschlußreich für die Dynamik der menschlichen Beziehungen und der seelischen Strukturen.
Im Mittelalter gibt es mindestens drei verschiedene Verhaltensweisen zur Fleischkost, zwischen denen die Menschen sich bewegen. Hier, wie in hundert anderen Erscheinungen, zeigt sich die extreme Uneinheitlichkeit des Verhaltens, die für die mittelalterliche Gesellschaft, verglichen mit

der neuzeitlichen, charakteristisch ist. Die mittelalterliche Gesellschaft ist in weit beschränkterem Maße so gebaut, daß ein Modellverhalten von einem bestimmten, sozialen Zentrum her langsam die ganze Gesellschaft durchdringen kann. Hier herrschen bestimmte Verhaltensweisen in einer bestimmten sozialen Schicht, oft über das ganze Abendland hin, während in einer anderen Schicht, in einem anderen Stand das Verhalten höchst verschieden ist. Daher sind die Unterschiede im Verhalten zwischen verschiedenen Ständen der gleichen Region oft größer, als zwischen regional getrennten Vertretern der gleichen sozialen Schicht. Und wenn Verhaltensweisen aus der einen Schicht in die andere übergehen, was gewiß immer vorkommt, so ändern sie, entsprechend der größeren Abgeschlossenheit der Stände, auch radikaler ihr Gesicht.

Das Verhältnis zur Fleischnahrung bewegt sich in der mittelalterlichen Welt zwischen folgenden Polen: In der weltlichen Oberschicht ist der Fleischverbrauch außerordentlich groß, verglichen mit dem Standard unserer eigenen Zeit. Es herrscht dort eine Neigung, Fleischmengen zu verzehren, die uns oft phantastisch anmutet.

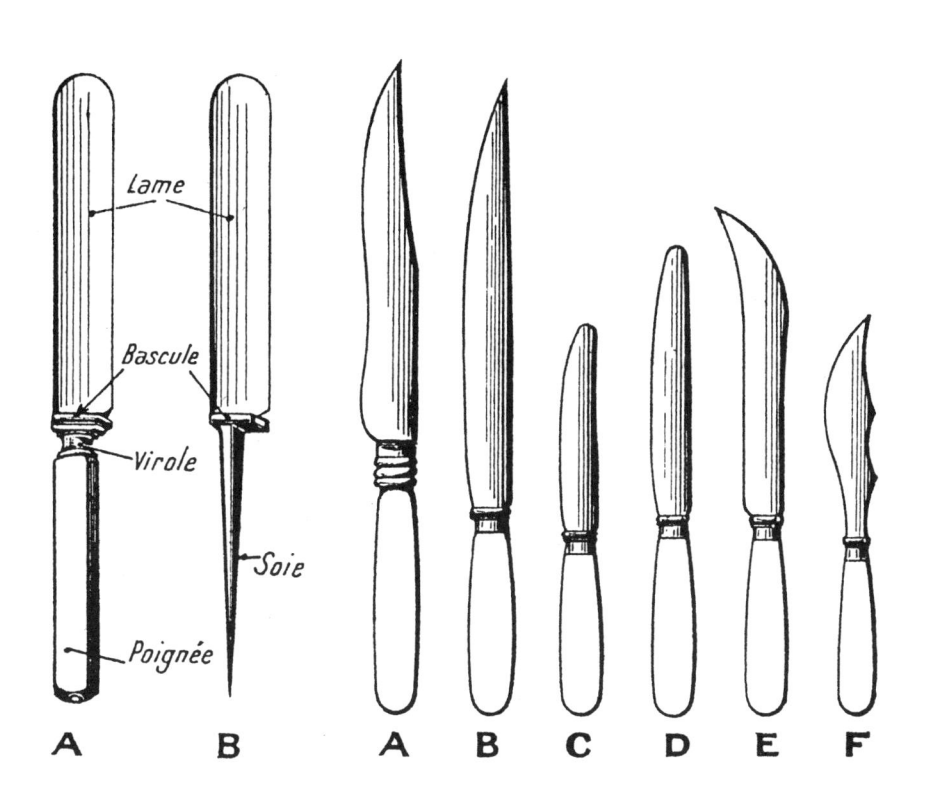

Das Tranchieren des Fleisches

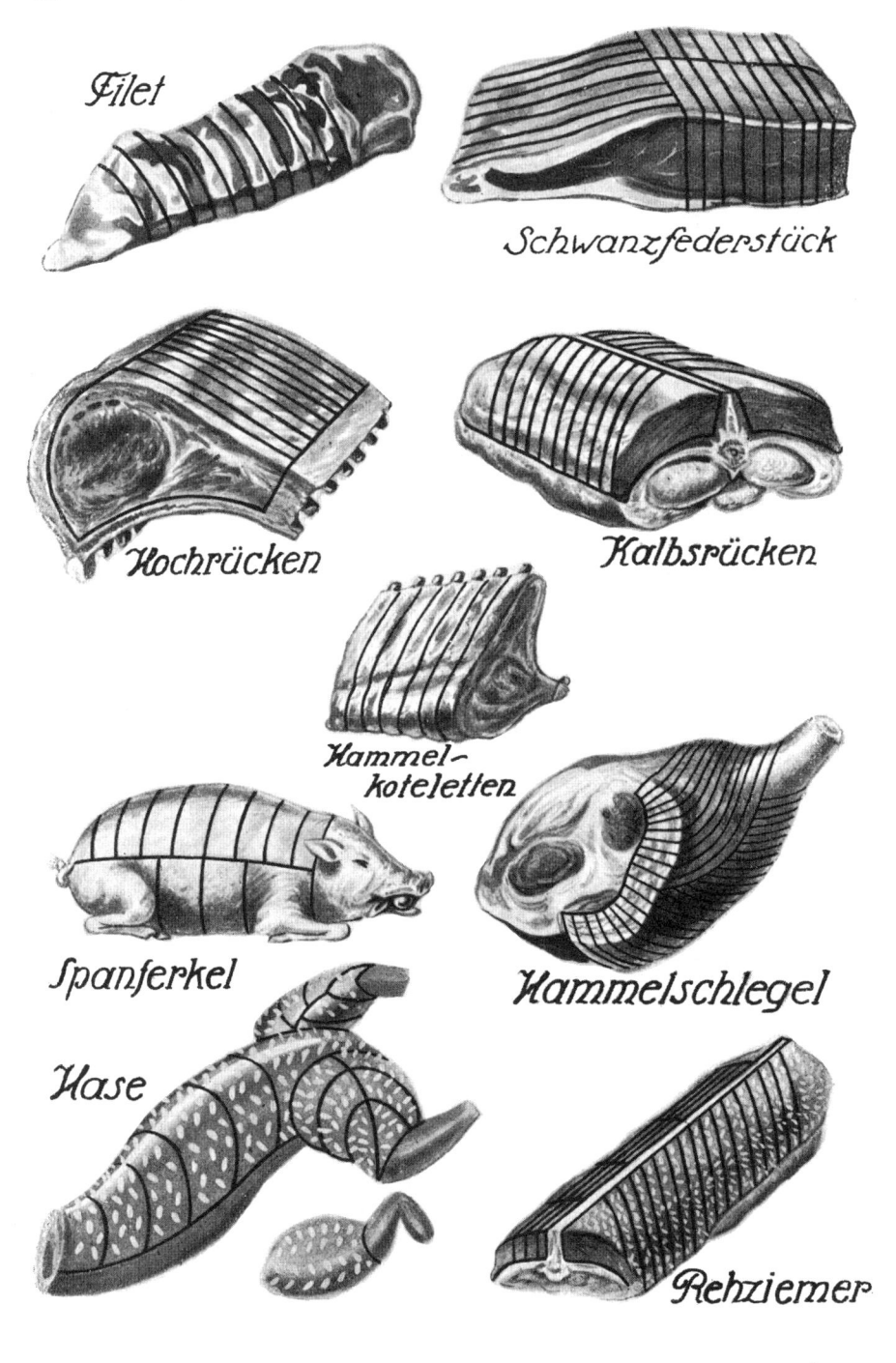

Filet

Schwanzfederstück

Hochrücken

Kalbsrücken

Hammelkoteletten

Spanferkel

Hammelschlegel

Hase

Rehziemer

In den Klöstern herrscht z. T. asketischer Verzicht auf Fleischnahrung überhaupt vor, also Verzicht mehr oder weniger aus Selbstzwang, nicht aus Mangel, und oft radikale Geringschätzung oder Einschränkung des Essens. Aus diesen Kreisen kommen die Äußerungen starken Abscheus gegenüber der »Völlerei« unter den weltlichen Oberen.
Auch der Fleischverbrauch der Unterschicht, der Bauern, ist oft in höchstem Maße beschränkt. Aber nicht aus einem seelischen Bedürfnis, aus mehr oder weniger freiwilligem Verzicht im Hinblick auf Gott und das Jenseits, sondern aus Mangel. Vieh ist wertvoll und daher lange Zeit wesentlich für die Herrentafel bestimmt. »Wenn der Bauer Vieh aufzog, so ist gesagt worden, war es zu einem guten Teil für die Privilegierten, Adel und Bürgertum«, den Klerus nicht zu vergessen, der ja von jenem asketischen Pol her in verschiedenen Abstufungen sich sehr oft in seinem Verhalten der weltlichen Oberschicht nähert. Genaue Angaben über den Fleischverbrauch der Oberschicht im Mittelalter und zu Beginn der neueren Zeit sind spärlich. Auch hier hat es gewiß zwischen den kleineren und ärmeren Rittern und den großen Feudalherren sehr beträchtliche Unterschiede gegeben. Die armen Ritter waren in ihrem Standard sicherlich sehr oft von dem des Bauern kaum noch entfernt. Eine Berechnung über den Fleischverbrauch eines norddeutschen Hofhalts aus verhältnismäßig später Zeit, aus dem 17. Jahrhundert, läßt auf einen Konsum von 2 Pfund pro Tag und Kopf schließen, dazu aber kommen noch große Mengen von Wild, Geflügel und Fischen. Gewürze spielen eine sehr große, Gemüse eine verhältnismäßig geringe Rolle. Die anderen Mitteilungen weisen ziemlich einmütig in die gleiche Richtung. Die Einzelheiten bleiben nachzuprüfen.

2. Genauer belegen läßt sich eine andere Wandlung: Die Art, wie das Fleisch aufgetragen wird, ändert sich vom Mittelalter zur Neuzeit hin beträchtlich. Die Kurve dieser Wandlung ist recht lehrreich: in der Oberschicht der mittelalterlichen Gesellschaft kommt sehr oft das tote Tier oder größere Teile des Tieres als Ganzes auf den Tisch. Nicht nur ganze Fische, ganze Vögel, z. T. mit ihren Federn, sondern auch ganze Hasen, ganze Lämmer und Kalbsviertel erscheinen auf der Tafel, zu schweigen von dem größeren Wildbret oder den am Spieß gebratenen Schweinen und Ochsen.

Das Tier wird auf der Tafel zerlegt. Immer wieder kehren daher in den Manierenbüchern bis ins 17. Jahrhundert, und gelegentlich auch noch

ins 18. Jahrhundert hinein Hinweise darauf wieder, wie wichtig es für einen wohlerzogenen Menschen sei, die Tiere gut zerlegen zu können.[...]
Beides, das Zerlegen und das Austeilen bei Tisch ist eine besondere Ehre. Sie steht meist dem Herrn des Hauses zu oder angesehenen Gästen, die er darum bittet. »Les jeunes et ceux qui sont de moindre considération ne doivent pas se méler de servir, mais seulement prendre pour eux à leur tour«, sagt die anonyme »Civilité Francoise« von 1715.
Ganz allmählich hört in der französischen Oberschicht im 17. Jahrhundert das Zerlegen des Tieres bei der Tafel auf, ein unentbehrliches Können des Mannes von Welt, wie Jagen, Fechten und Tanzen zu sein.

Norbert Elias

Prager Schinken

Dienstag, 6. November 1979

Während ich über das Gefängnis schreibe, habe ich mehr Hunger als üblich. Vor allem auf bessere Sachen. Eben wollte ich mir beim Fleischer eine Scheibe warmen Prager Schinken mit Kruste kaufen. Vor mir steht eine außerordentlich dicke Frau mit schweren Füßen. Nicht eine der beweglichen dicken Frauen. Als sie dran ist, verlangt sie »100 Gramm Prager Schinken«. Wie nebenbei fügt sie hinzu: »Kruste soviel Sie haben, die bezahl ich extra.«
Der Schinken dampft, er ist eben aus dem Ofen gekommen; wenn die ersten Mittagspause haben, ist die Kruste alle, weil die Dicke Kruste extra kauft. Die Dicke zeigt auf den Schweinebauch, der neben dem Prager Schinken steht, und sagt wie eine Alkoholikerin, die ihre Sucht kennt, zu der Verkäuferin: »Sie können mir auch noch von der Kruste geben, ich zahl alles. Wenn die Kruste erst kalt ist, schmeckt sie sowieso nicht mehr. Ist doch schade drum.« Sie zückt einen Hundertmarkschein. Die Verkäuferin bricht Kruste vom Schweinebauch.
Ich bin dran und verlange eine Scheibe Prager mit Kruste. Die Scheibe Prager ist mir zu groß. Die Kruste zu wenig. Ich zahle, zwei Mark neun.
Vor mir schwankt die Dicke auf die Straße. Gleich wird sie an ihrem Küchentisch sitzen, das Papier aufreißen und die Kruste essen. Den Prager läßt sie bestimmt liegen.
Das ist das, was ich möchte.

Marianne Herzog

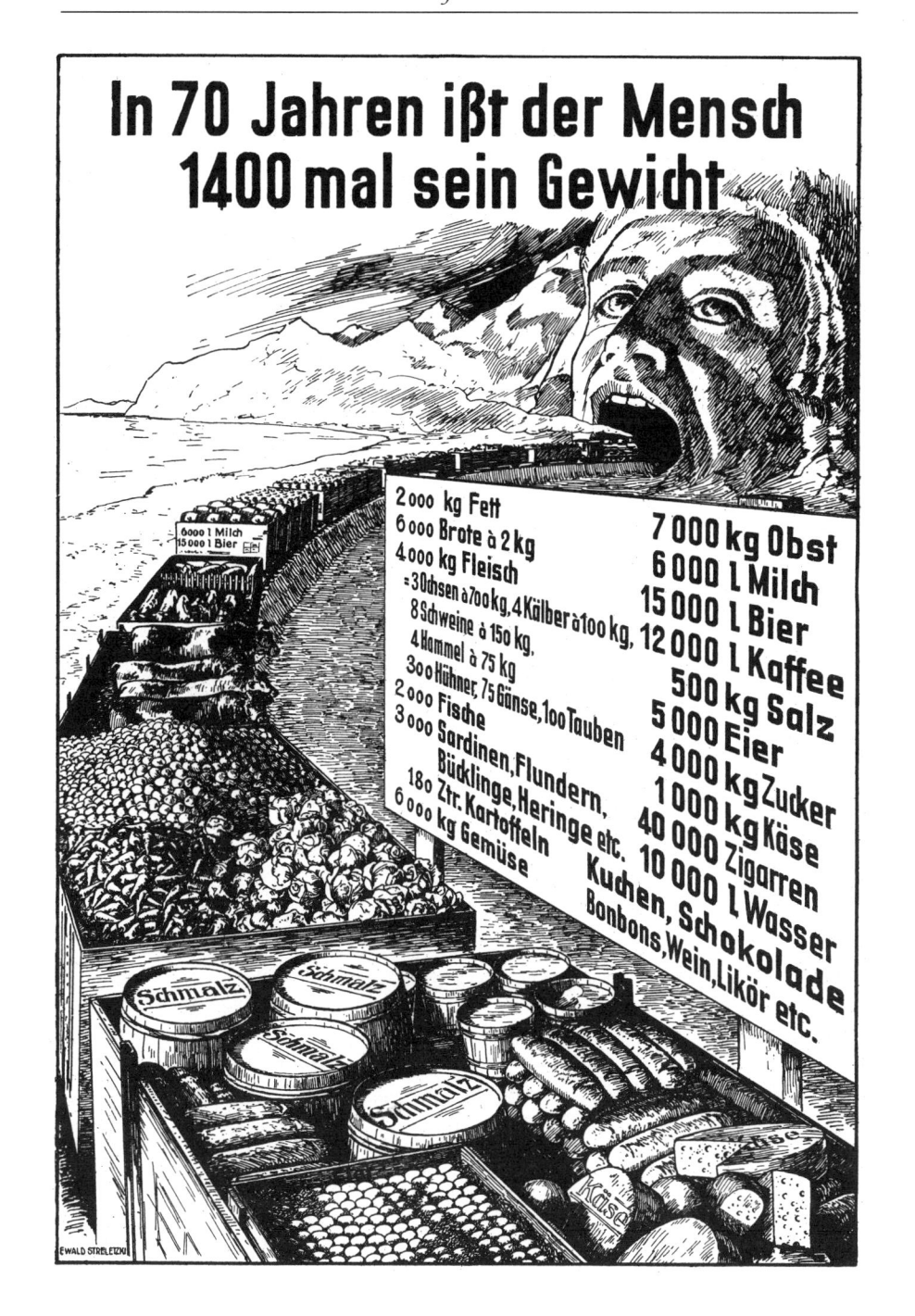

In 70 Jahren ißt der Mensch 1400 mal sein Gewicht

2 000 kg Fett
6 000 Brote à 2 kg
4 000 kg Fleisch
= 30 Ochsen à 700 kg, 4 Kälber à 100 kg,
8 Schweine à 150 kg,
4 Hammel à 75 kg
300 Hühner, 75 Gänse, 100 Tauben
2 000 Fische
3 000 Sardinen, Flundern,
Bücklinge, Heringe etc.
180 Ztr. Kartoffeln
6 000 kg Gemüse

7 000 kg Obst
6 000 l Milch
15 000 l Bier
12 000 l Kaffee
500 kg Salz
5 000 Eier
4 000 kg Zucker
1 000 kg Käse
40 000 Zigarren
10 000 l Wasser
Kuchen, Schokolade
Bonbons, Wein, Likör etc.

EWALD STRELETZKI

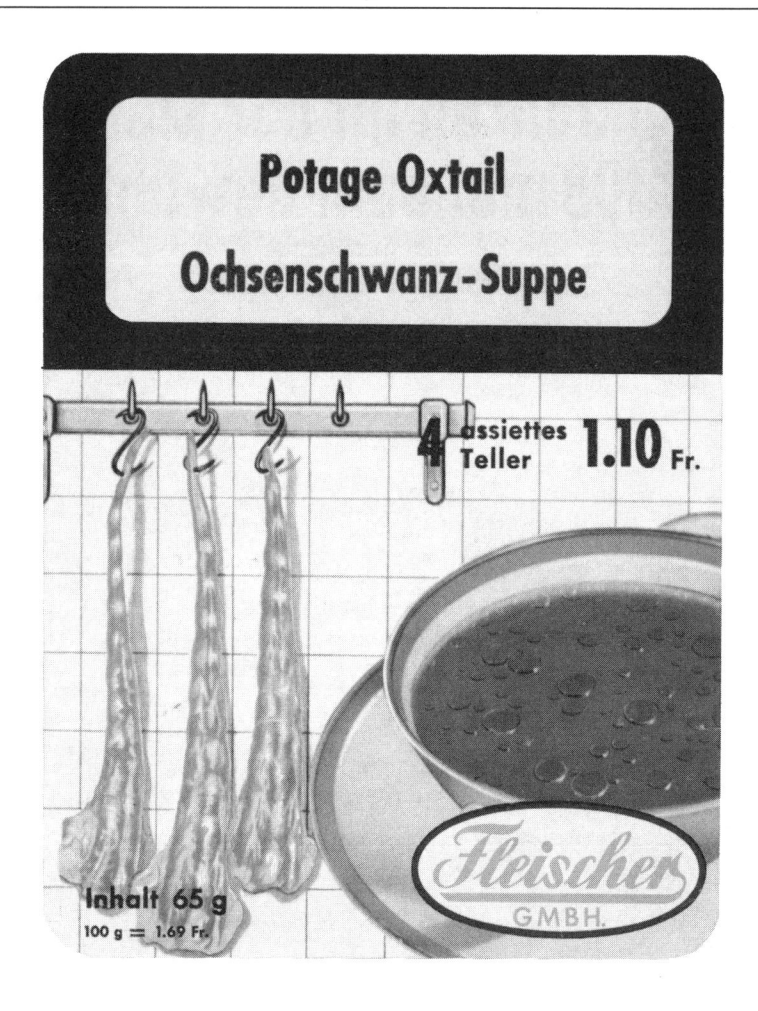

Abgepacktes Schmalz mit Preisschild

188. (10,3 m) Aufblende. Halbnah. Im Zelt sitzen Vater und Mutter Bönike an einem kleinen Tisch, auf dem eine Petroleumlampe brennt. Der Vater, mit Hosenträgern über dem Hemd, hält in der rechten Hand eine Zigarre, in der linken eine Zeitung, aus der er vorliest. Ihm gegenüber, rechts, auf einem Eisenbett, sitzt die Mutter am Tisch mit einem Bleistift in der Hand. Der Vater liest langsam, mitunter buchstabierend, ohne auf die Mutter zu achten.

VATER BÖNIKE Ich bin eine Kurtisane, aber keine Spionin, eine Kurtisane, die sich ihre Liebe teuer bezahlen ließ, die fünfzehntausend, ja dreißigtausend Mark als den gebührenden Preis forderte und erhielt. Das war der Refrain von Mata Haris Verteidigung... *Zieht an seiner Zigarre*

189. (1,2 m) Groß. Das sorgenvolle Gesicht der Mutter.

VATER BÖNIKES STIMME ... Zu ihren Bevorzugten gehörten...

190. (1,7 m) Nah. Die Mutter berechnet in einem Notizbuch ihre Haushaltsausgaben. Auf einer Seite sind untereinander folgende Positionen eingeschrieben: Brot 45, Kartoffeln 15, Margarine 30, Käse 15, Leberwurst 20, Zwiebeln 15, Kohl 38, Heringe 25, Zigarren 30, Salz 15, Talg 45. Mutter Bönike zieht darunter einen Strich.

VATER BÖNIKES STIMME ... auch, wie es heißt, der einstige...

191. (1,2 m) Nah. Leberwürste mit Preisschild: »¼ Pfund Leberwurst 20 Pfennige«.

VATER BÖNIKES STIMME ... Polizeipräsident von Berlin, Jagow,...

192. (1,4 m) Halbnah. Kartoffeln mit Preisschild: »10 Pfund zwanzig Pfennige«.

VATER BÖNIKES STIMME ... der Herzog von Braunschweig...

193. (1,4 m) Nah. Die schreibende Hand der Mutter.

VATER BÖNIKES STIMME ... Herr von Jagow lernt Mata Hari kennen, als...

194. (4,7 m) Halbnah. Der Vater, der jetzt aufgerichtet sitzt, hält die Zeitung in Augenhöhe.

VATER BÖNIKE ... sie im Wintergarten auftrat. Er besuchte sie in der Garderobe, um nachzusehen, wie das mit dem Nackttanz... Mata Hari... und ob alles...

195. (2 m) Groß. Der Kopf der Mutter.

VATER BÖNIKES STIMME ... in Ordnung sei. Man nannte sie die Königin des Tanzes...

196. (1,3 m) Nah. Abgepacktes Schmalz mit Preisschild: »½ Pfund prima Kalbsfett selbstausgelassen 45«.

VATER BÖNIKES STIMME ... und meinte die Königin des Liebesgenusses...

197. (2,6 m) Nah. Heringe mit Preisschild: »Sonderverkauf! Feinste deutsche Fettheringe, 12 Stück 50 Pf., ca. 2 Pfd«.

VATER BÖNIKES STIMME ... Die reichen Genießer priesen sie sich an als Leckerbissen seltenster Art...

198. (7,7 m) Halbnah. Der Vater hält die Zeitung wieder bequem. Die Mutter schreibt weiter in ihrem Haushaltsbuch. Im Hintergrund ist der

Wandbehang aus ihrer früheren Wohnung zu sehen (Einstellung 86).

VATER BÖNIKE ... Die Wirkung ihrer Tänze ging vor allem von der Entschleierung und Nacktheit, von der Schlangenartigkeit und Wollust der Bewegungen, kurz, von der Sym... Symbolik von Liebes-or-gi-en aus, wie sie in...

199. (1,9 m) Groß. Die schreibende Hand der Mutter.

VATER BÖNIKES STIMME ... Tänzen primitivster und orientalischer...

200. (1,2 m) Nah. Zwiebeln mit Preisschild: »Zwiebeln Pfund 15«.

VATER BÖNIKES STIMME ... Völker tatsächlich zum Ausdruck kommen...

201. (15,4 m) Halbnah. Über den Vater auf die Mutter, die nachdenklich schreibt.

VATER BÖNIKE ... Nur ihre kleinen Brüste waren mit zwei ziselierten Kupferschildern bedeckt. Oberarm und Knöchel waren mit Armbändern geschmückt, die von Edelsteinen schillerten. Sonst war sie nackt, von den Fingerspitzen bis zu den Zehen... *Er raucht heftig.*

202. (1,1 m) Nah. Brot mit Preisschild: »Brote 45«.

VATER BÖNIKES STIMME ... Im Tanze zeichnete sich der plastische und feste Bau in seiner an... androgynen Geschmeidigkeit ab. Zwischen den geschwungenen Linien, die von den offenen Achsel...

203. (1 m) Nah. Margarine mit Preisschild: »Margarine ½ Pfund 30 Pfennige«.

VATER BÖNIKES STIMME ...höhlen unter den gehobenen Armen...

204. (1,1 m) Nah. Käse mit Preisschild: »Feinste Bauernharzer ½ Pfund 30 Pfennige«.

VATER BÖNIKES STIMME ... in die Bucht der Hüfte fielen...

205. (21 m) Halbnah. Über den Vater auf die schreibende Mutter.

VATER BÖNIKE ... Die Beine waren von idealem Wuchs und erhoben sich wie zwei feine Säulen einer Pagode. Die Kniescheiben rundeten sich wie zwei Lilienknospen. Alles war von einer zarten Am... Ambrafarbe. Überall spielten goldige und rosige Lichter. Getragen von dem Sockelkapital der langen, sanft gewölbten Schenkel bot das schmale elfenbeinfarbene Becken...

Die Kamera schwenkt nach rechts, Anni kommt herein.

Bertolt Brecht

Corned beef

Wir gingen dann, um Mutter zu besuchen; auch sie bot mir immer zu essen an, wenn ich an ihrem Bett saß, Dinge, die sie sich von den Mahlzeiten abgespart oder von Besuchern mitgebracht bekommen hatte: Obst oder eine Flasche Milch, ein Stück Kuchen, aber ich konnte nichts essen, weil ich wußte, daß sie lungenkrank war und gut essen mußte. Aber sie drängte mich und sagte, es würde verderben, wenn ich es nicht äße, und Vater sagte: »Cläre, du mußt essen – du mußt wieder gesund werden.« Mutter weinte, legte den Kopf zur Seite, und ich konnte von dem, was sie mir anbot, nichts essen. Neben ihr im Bett lag eine Frau, in deren Augen ich den Wolf sah, und ich wußte, daß diese Frau alles essen würde, was Mutter stehenließ, und ich spürte Mutters heiße Hände an meinem Arm und sah in ihren Augen die Angst vor der Gier ihrer Nachbarin. Mutter flehte mich an und sagte: »Lieber Junge, iß doch, ich weiß doch, daß du Hunger hast, und ich weiß, wie es in der Stadt ist.« Aber ich schüttelte nur den Kopf, gab den Druck von Mutters Händen zurück und flehte sie stumm an, mich nicht mehr zu bitten, und sie lächelte, sprach nicht mehr vom Essen, und ich wußte, daß sie mich verstanden hatte. Ich sagte: »Vielleicht wärst du besser zu Hause, vielleicht wärst du besser in einem anderen Zimmer«, aber Mutter sagte: »Es gibt keine anderen Zimmer, und nach Hause lassen sie mich nicht, weil ich ansteckend bin.« Und später, als wir mit dem Arzt sprachen, Vater und ich, haßte ich den Arzt seiner Gleichgültigkeit wegen; er dachte an etwas anderes, als er mit uns sprach, blickte zur Tür oder zum Fenster hinaus, während er Vaters Fragen beantwortete, und ich sah seinen roten, fein und sanft geschwungenen Lippen an, daß Mutter sterben würde. Doch die Frau, die neben Mutter lag, starb früher. Als wir sonntags mittags kamen, war sie gerade gestorben, das Bett war leer, und ihr Mann, der die Nachricht eben bekommen haben mußte, kam ins Krankenzimmer und suchte im Nachtschrank ihre Habseligkeiten zusammen: Haarnadeln und eine Puderdose, Unterwäsche und eine Schachtel Zündhölzer; er tat es stumm und hastig, ohne uns zu grüßen. Klein war er und mager, sah wie ein Hecht aus, hatte eine dunkle Haut und kleine, ganz runde Augen, und als die Stationsschwester kam, schrie er sie an wegen einer Büchse Fleisch, die er im Nachtschrank nicht gefunden hatte. »Wo ist das Corned beef?« schrie er, als die Schwester kam. »Ich habe es ihr gestern gebracht, gestern abend, als ich von der Arbeit kam, um zehn, und wenn sie in der Nacht gestorben ist, kann sie es nicht mehr gegessen haben.« Er fuchtelte mit den Haarnadeln seiner Frau vor dem Gesicht der Stationsschwester herum, gelblicher Schaum stand in seinen Mundwinkeln. Er schrie fortwährend: »Wo ist das Fleisch? Ich will das Fleisch haben – ich schlage die ganze Bude zusammen, wenn ich die Büchse Fleisch nicht zurückbekomme.« Die Schwester wurde rot, fing an zu schreien, und ich glaubte ihrem Gesicht anzusehen, daß sie das Fleisch geklaut hatte. Der Kerl tobte, er warf die Sachen auf den Boden, stampfte mit den Füßen drauf herum und schrie: »Ich will das Fleisch haben – Hurenbande, Diebe, Mörder.« Es dauerte nur wenige Sekunden, dann lief Vater auf den Flur, um jemand zu holen, und ich stellte mich zwischen die Schwester und den Mann, weil er anfing, auf die Schwester loszuschlagen; aber er war klein und behende, viel flinker als ich, und es gelang ihm, die Schwester mit seinen kleinen, dunklen Fäusten gegen die Brust zu schlagen. Ich sah, daß er durch seinen Zorn hindurch grinste, mit gebleckten Zähnen – so wie ich es bei den Ratten gesehen habe, die die Küchenschwester des Lehrlingsheims in der Falle gefangen hatte. »Das Fleisch, du Hure, du«, schrie er – »das Fleisch« –, bis Vater mit zwei Wärtern kam, die ihn packten und in den Flur schleppten, aber noch durch die geschlossene Tür hindurch hörten wir ihn schreien: »Ich will das Fleisch wiederhaben, ihr Diebe.«

Als es draußen still wurde, blickten wir uns an, und Mutter sagte ruhig: »Jedesmal, wenn er kam, hatten sie Streit wegen des Geldes, das sie ihm gab, um Lebensmittel zu kaufen; er schrie sie immer an und sagte, die Preise seien wieder gestiegen, und sie glaubte ihm nie; es war sehr häßlich, was sie sich sagten, aber sie gab ihm immer wieder das Geld.« Mutter schwieg, blickte zum Bett der Verstorbenen hin und sagte leise: »Sie waren zwanzig Jahre miteinander verheiratet, und im Krieg ist ihr einziger Sohn gefallen. Manchmal nahm sie das Foto unter dem Kopfkissen heraus und weinte. Es liegt noch da, auch ihr Geld. Er hat es nicht gefunden. Und das Fleisch«, sagte sie noch leiser, »das Fleisch hat sie noch gegessen.« Und ich versuchte mir vorzustellen, wie das gewesen sein mußte: die dunkle, gierige Frau, schon im Sterben, wie sie in der Nacht neben Mutter lag und das Fleisch aus der Büchse aß.

Heinrich Böll

Beefsteak und Pommes frites

Das Beefsteak gehört zur selben Blutmythologie wie der Wein. Es ist das Herz des Fleisches, das Fleisch im Reinzustand, und wer es zu sich nimmt, assimiliert die Kräfte des Rindes. Ganz offenkundig beruht das Prestige des Beefsteaks auf seinem fast rohen Zustand: das Blut ist sichtbar, natürlich, dicht, kompakt und zugleich schneidbar. Man kann sich das antike Ambrosia gut von einer solchen Art schwerer Materie vorstellen, die unter den Zähnen sich auf eine Weise mindert, daß man zugleich seine ursprüngliche Kraft und seine Fähigkeit zur Verwandlung und zum Sichergießen in das Blut des Menschen spürt. Das Bluthafte ist der Daseinsgrund des Beefsteaks, die verschiedenen Grade seiner Gebratenheit werden nicht in Kalorieneinheiten ausgedrückt, sondern in Bildern des Blutes: das Beefsteak ist *saignant* (blutend) (es erinnert dann an den Blutstrom aus den Arterien des getöteten Tieres) oder *bleu* (blau) (hier wird auf das schwere Blut, das volle Blut der Venen verwiesen, und zwar durch das Violett, den Superlativ des Rots). Die Gebratenheit, auch die nur vorsichtige, kann nicht rundheraus ausgedrückt werden, für diesen widernatürlichen Zustand bedarf es eines Euphemismus: man sagt, daß das Beefsteak *à point* ist (wörtlich: auf dem Punkt, genau richtig), was eigentlich mehr eine Grenze angeben heißt als einen abgeschlossenen Zustand.

Das Beefsteak *saignant* essen ist also ein zugleich natürlicher und geistiger Akt. Alle Temperamente kommen dabei angeblich auf ihre Kosten, die Sanguiniker durch Identität, die Nervösen und Lymphatiker durch Ergänzung. Und so wie der Wein für viele Intellektuelle zu einer mediumartigen Substanz wird, die sie zur ursprünglichen Kraft der Natur führt, wird das Beefsteak für sie zu einem Nahrungsmittel des Loskaufs, dank dem sie ihre Intellektualität prosaisch machen und durch das Blut und das weiche Fleisch die sterile Trockenheit bannen, deren man sie unablässig beschuldigt. Die Verbreitung des Beefsteak-Tatar zum Beispiel ist eine beschwörende, gegen die romantische Assoziierung von Sensibilität und Krankhaftigkeit gerichtete Handlung. In dieser Art der Zubereitung sind alle Keimzustände der Materie enthalten: der blutige Brei, das Schleimige des Eies, der ganze Zusammenklang weicher lebender Substanzen, ein bedeutungsvolles Kompendium der Bilder des Vorgeburtlichen.

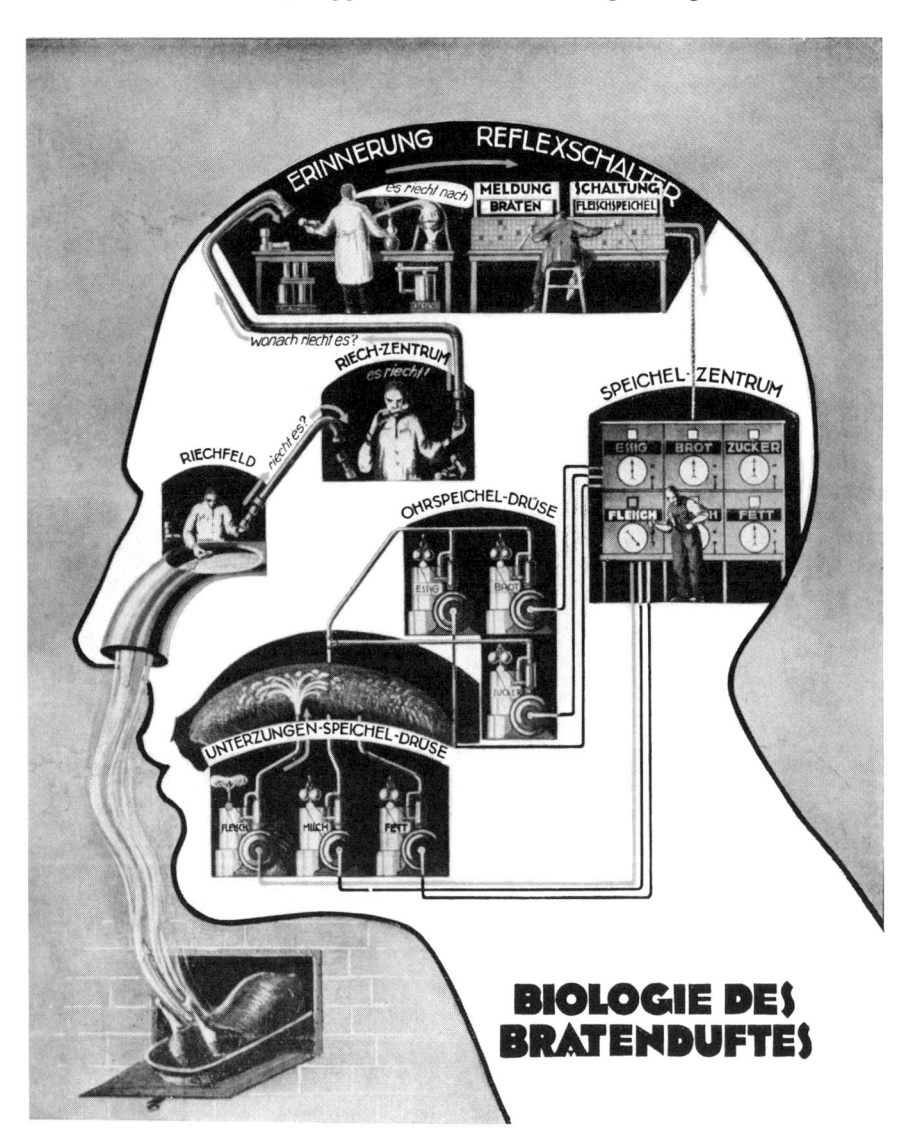

Wie der Wein ist das Beefsteak in Frankreich ein Grundelement und mehr noch nationalisiert als sozialisiert. Es kommt in jedem Dekor des Ernährungslebens vor: flach, gelb umrandet und sohlenartig in den billigen Restaurants; dick und saftig in den spezialisierten kleinen Bistros; würfelförmig, mit feuchtem Inneren unter einer dünnen verkohlten Kruste in der Hohen Küche. Es gehört zu allen Rhythmen der Nahrungsaufnahme, zur ausgiebigen bürgerlichen Mahlzeit und zum Bohemien-Imbiß des Junggesellen; es ist die zugleich geschwinde und konzentrierte Nahrung, es verwirklicht die bestmögliche Verbindung zwischen Ökonomie und Wirksamkeit, zwischen Mythologie und Formbarkeit seines Konsums.

Darüber hinaus ist es ein französisches Gut (eingeschränkt allerdings heute durch die Invasion des amerikanischen Steaks). Wie beim Wein gibt es keine aufgezwungene Ernährung, die den Franzosen nicht von seinem Beefsteak träumen ließe. Kaum ist er im Ausland, meldet sich bei ihm die Sehnsucht danach. Das Beefsteak wird hier mit einer zusätzlichen Tugend, der Eleganz, geschmückt, denn bei der offenkundigen Kompliziertheit der exotischen Küche etwa ist es eine Nahrung, die, wie man glaubt, Saftigkeit mit Simplizität vereint. Als nationales Gut folgt es dem Kurswert der patriotischen Güter, es steigert ihn in Zeiten des Krieges, es ist das Fleisch des französischen Soldaten, das unveräußerliche Gut, das nur durch Verrat in die Hände des Feindes übergehen könnte. In einem alten Film, *Deuxième Bureau contre Kommandantur* (Zweites Büro gegen Kommandantur), bietet die Haushälterin des Pfarrers dem als französischen Widerstandkämpfer getarnten deutschen Spion etwas zu essen an: »Ach, Sie sind Laurent! Ich werde Ihnen ein Stück von meinem Beefsteak geben!« Und als dann der Spion entlarvt ist: »Und ich habe ihn sogar von meinem Beefsteak essen lassen!« Allerschlimmster Vertrauensmißbrauch!

Im allgemeinen mit den Pommes frites verbunden, vermittelt das Beefsteak diesen seinen nationalen Glanz: die *frites* sind Objekte der Sehnsucht und patriotisch wie das Beefsteak. *Paris-Match* hat uns wissen lassen, daß nach dem Waffenstillstand in Indochina »General des Castries für seine erste Mahlzeit um Pommes frites gebeten hat«. Und der Präsident des Verbandes der ehemaligen Teilnehmer am Krieg in Indochina, der später diese Information kommentierte, fügte hinzu: »Man hat die Geste des Generals de Castries nicht immer richtig verstanden, der für seine erste Mahlzeit um Pommes frites gebeten hat...« Was man uns zu verstehen bat, ist, daß die Bitte des Generals gewiß kein gewöhnlicher materialistischer Reflex war, sondern eine rituelle Handlung: Aneignung des wiedergefundenen französischen Brauchtums. Der General kannte sehr genau unsere nationalen Symbole; er wußte, daß Pommes frites das Nahrungszeichen des »Franzosentums« sind.

Roland Barthes

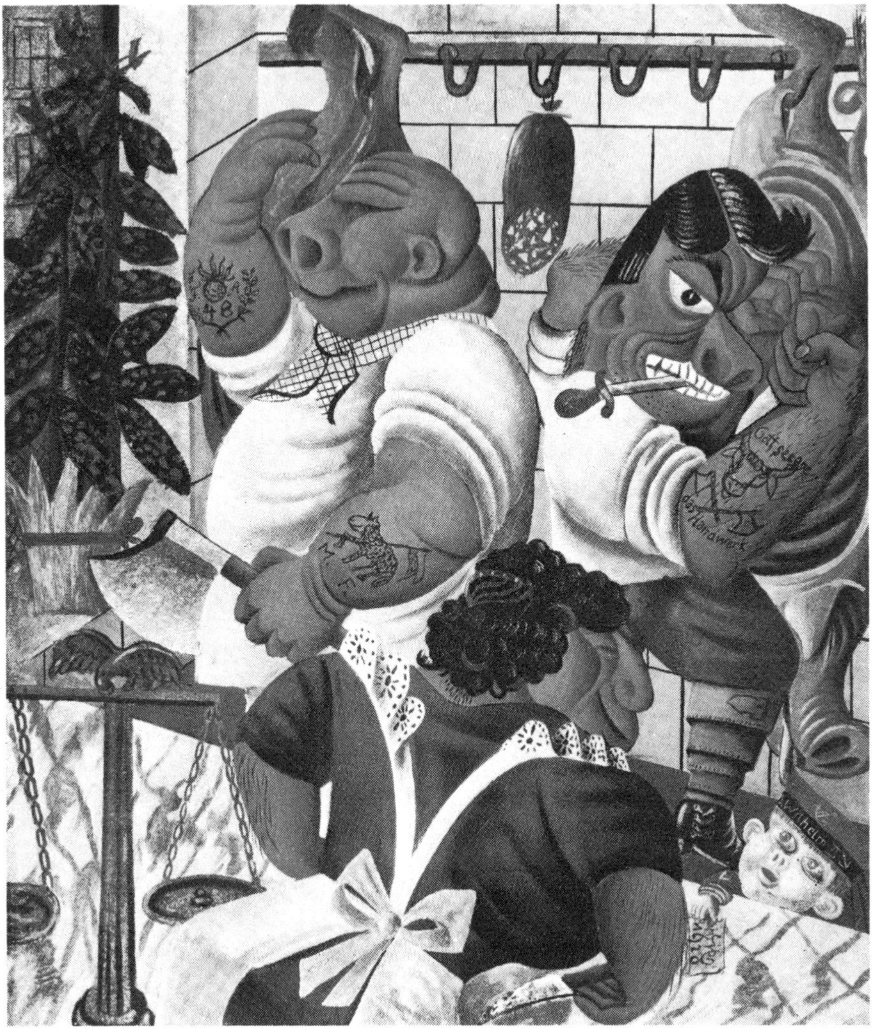

Ansprache des Küchenmeisters

Heute nehmen Sie teil am Bankett junger Riesen
bockwürste mit jenen alten Kameraden im Schlaf
rock die sofort mit der Rehkeule zuschlagen
wenn irgendein Ochsenschwanz über Kommißbrote
lästert
ferner nehmen Sie teil am Soupé der Strammen Mäxe
am Vorbeimarsch der Napoleonschnitten
am Rezitationsabend der Schillerlocken
am Bal paré der Windbeutel und Liebesknochen
später
bittet Sie
um eine Kleinigkeit
der arme falsche Hase
der die Tische abräumt und den Vorhang schließt.

Günter Bruno Fuchs

Fett und Öl von Mikroorganismen

Rund 800 Wissenschaftler (vor allem aus den USA, Japan und der Bundesrepublik) nahmen am Weltkongreß »Biotechnologie für die Fett- und Ölindustrie« teil, der vom 27. September bis 2. Oktober 1987 im eleganten Hamburger Congreß-Centrum CCH stattfand. Organisiert wurde die Veranstaltung von der »American Oil Chemists Society« (AOCS) und der »Deutschen Gesellschaft für Fettwissenschaft« (DGF), deren Präsident Prof. Dr. Karl-Friedrich Gander (ehemals UNILEVER) auch Präsident des Weltkongresses war.
Zwei Themenbereiche standen deutlich im Vordergrund des Interesses:
1. die »Optimierung« von Ölpflanzen mit gentechnischen Methoden;
2. die Laborsynthese von kostbaren Fetten und Ölen aus billigen Grundstoffen mit enzymatischen Techniken oder durch Mikroorganismen.
Zu 1.: Intensiv geforscht wird an der genetischen Veränderung von Raps. Die erste Transformation von Rapspflanzen gelang 1985 den Forschern der Firma Calgene (Davis, Californien); 1987 bauten Mon-

santo-Wissenschaftler das an der Synthese von langkettigen Fettsäuren beteiligte ACP-Gen (ACP: Acul Carrier Protein) aus Spinat in Raps ein und brachten es mit Hilfe eines vorgeschalteten Raps-Gen-Promotors auch zur Expression. Ziel dieser Forschungen ist, Raps – aber auch andere Ölsaaten wie Sonnenblumen oder Soja – so zu modifizieren, daß sie früher reifen, wirtschaftlich interessantere Fettsäuren produzieren und leichter zu verarbeiten sind. Mit umgebauten Pflanzen ließen sich zukünftig, so Prof. Dr. Rolf G. Schmid von der »Gesellschaft für Biotechnologische Forschung« (GBF) in Braunschweig auf der Pressekonferenz der Tagung, »Fette und Öle auch in nördlichen Klimaten produzieren, die bisher in den USA und Europa nicht zugänglich waren: Zum Beispiel Kokosöl oder kakaobutterähnliches Fett.«

Zu 2.: Mit Hilfe des Enzyms Lipase als Biokatalysator ist im Labor die Herstellung eines biochemisch mit Kakaobutter identischen Fettes aus Palmöl und Rindertalg-Stearinsäure gelungen. Weitere für die Industrie interessante Enzyme können durch Austausch von einzelnen Aminosäuren maßgeschneidert werden, so daß dieses »Protein-Design« die Enzymtechnologie immer universeller einsetzbar machen wird: Statt aus Erdöl oder Ölsaaten werden Fette für Nahrungs-, Waschmittel- oder Kosmetikfirmen demnächst von diesen selbst synthetisch im Labor erzeugt werden können. Konzerne wie Cadbury, Schweppes, Fuji Oil, Unilever forschen auch an der Produktion von Nahrungsfetten durch Mikroorganismen, die mit Sucrose, Glucose oder ähnlichen Nährstoffen gefüttert werden und daraus wertvolle Fette wie z. B. Kakaobutter machen.

Technisch sind diese Verfahren bereits sehr weit entwickelt; die Hauptschwierigkeit bei der Markteinführung der synthetischen Produkte läge, so Prof. Schmid, hauptsächlich im Zulassungsverfahren – »die Fette wären ja als ›Ersatzstoff‹ deklarationspflichtig, und das haben die Verbraucher nicht so gern.«; außerdem müßten die Kunst-Fette mit den Weltmarktpreisen für die natürlichen Rohstoffe konkurrieren können, und das sei bisher nur bei sehr kostbaren Fetten – wie etwa der Kakaobutter – der Fall. Insgesamt war man sich jedoch einig, daß die Bio- und Gentechnologie auf die Fett- und Ölindustrie einen enormen Einfluß haben wird; und der Hamburger Kongreß, so Prof. Gander, habe eine gute Grundlage hergegeben, »um die Forscher in aller Welt zu ermutigen, in der eingeschlagenen Richtung weiterzuarbeiten«.

Sabine Rosenbladt

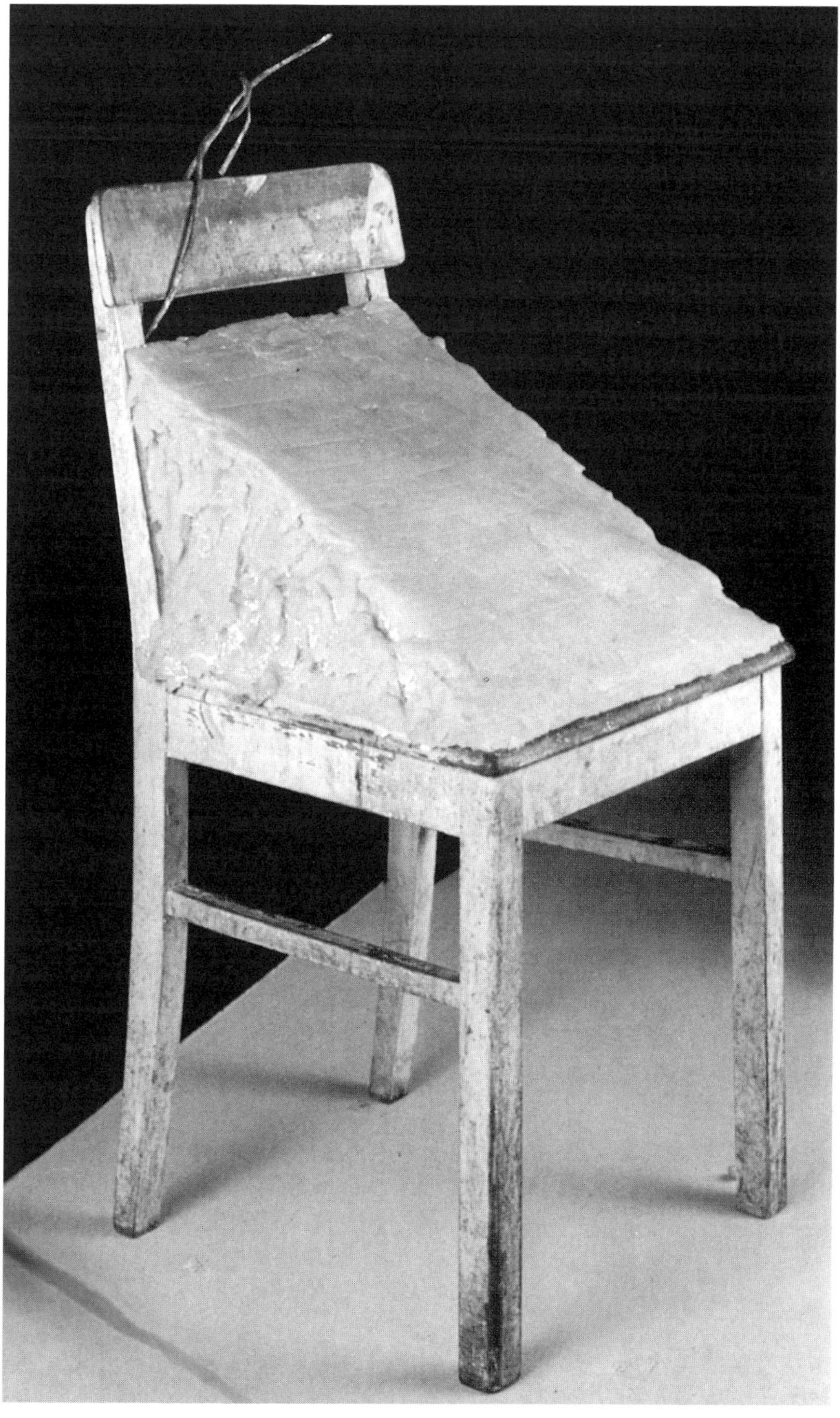

Fett

Die alte Art war eine gute Art, eine freundliche Art. Dann änderte sich plötzlich alles auf der Welt. Es wird erzählt, daß ein Mann in ein Dakota-Dorf kam. Der erste weiße Mann, den jemals einer gesehen hatte, und alle waren neugierig. Sie waren sich nicht sicher, was er sei – ein Mensch, oder was sonst? Die Medizinmänner kamen und schauten ihn an, und dann die Häuptlinge. Ein Medizinmann schüttelte den Kopf und sagte: »Vielleicht hat dieser Mann, falls er ein Mensch ist und nicht ein Geist, zuviel Kreide gegessen.«

Der weiße Mann versuchte, allen zu erzählen, daß sein Magen beinah an seinem Rückgrat klebte – so hungrig war er. Weil aber niemand seine Sprache verstand und er sich auch nicht mit Zeichen verständigen konnte, hatte er eben Pech gehabt. Die Häuptlinge sagten: »Falls er ein Mensch ist, muß er eine sonderbare Krankheit haben, vielleicht ist sie ansteckend. Wir wollen nicht unsere Farbe wechseln und aussehen wie er. Er wird sowieso sterben – wir sollten ihn töten. Und falls er kein Zweibeiniger ist und aus irgendwelchen Gründen diese Gestalt angenommen hat, wird es ihm nicht weh tun, wenn wir ihn töten.«

So oder so, meinten sie, sei es ein Akt des Mitleids, ihn zu töten. Dann aber fragten etliche Frauen, die gekommen waren, um den weißen Mann zu sehen: »Seht ihr denn nicht? Er ist nur ein Mensch wie jeder andere. Er wird verhungern, wenn er nichts zu essen bekommt. Gebt ihm ein Messer und laßt ihn Fleisch von den Hirschleibern dort abschneiden.«

In jenen Tagen, muß ich dir sagen, war Fett sehr knapp. Das Fett war der wertvollste und wichtigste Teil eines Tieres. Wenn der Mensch nicht genug Fett bekam, mußte er bald sterben, und es gab nicht viele Möglichkeiten, sich Fett zu beschaffen. Fett war kostbar.

Eine Frau gab dem weißen Mann ein Messer und zeigte ihm die Hirschleiber, die in der Nähe aufgehängt waren. Der Mann rannte hin und schnitt von allen Hirschen das Fett ab und aß es auf. Das war der erste weiße Mann, den wir jemals sahen, und die Dakota nannten ihn Wasichu. Das bedeutet: »Nimm-das-Fett«. Die Medizinmänner und -frauen sahen den weißen Mann an, dem der Hirschtalg übers Gesicht floß, und sie schauten einander an. Sie wußten, daß alles aus war, und sie hatten recht. Die langen Messer kamen und nahmen viel mehr als nur Hirschtalg.
Lynn Andrews

PSE-Fleisch

Da der Wahnsinn Methode hat, verkündeten 1984 Gentechniker vom staatlichen Forschungszentrum in Beltsville nahe Washington, daß man nicht nur gigantische Rinder, sondern auch Riesenschafe und -schweine züchten wolle. In Beltsville laufen seit damals Versuche, bei denen auch *menschliche Wachstumshormongene ins Erbmaterial von Schweinen und Schafen eingepflanzt werden.* Die deutsche Tierärztin Anita Idel berichtet, daß bei solchen Schweinen »rheumatische Erkrankungen und Knochendeformationen besonders häufig festgestellt« wurden. Andere Quellen sprechen von Arthritis (Gelenkentzündungen) und schweren Störungen des Hormonhaushalts. Auch würden die Säue schielen und durch ihren Heißhunger noch mehr als bisher zu »Nahrungsmittelkonkurrenten der Menschen« werden.

Da bisherige Züchtungen immer zu mehr Streßanfälligkeit und z. T. schlechter Fleischqualität geführt haben (Stichwort PSE-Fleisch: pale, soft, exudative = blaß, weich, wässrig), seien jetzt Züchtungsversuche mit *Wildschweinen* angelaufen, etwa in München, wo die Tiermedizinische Fakultät mit dem Münchner Genzentrum zusammenarbeite. Die Tiermedizin, so A. Idel, sei »zum 5. Bein der Hochleistungstiere verkommen«.

Wolfgang Hingst

Joghurt light

Wir sind satt, nein danke, wir brauchen nichts. Der Stanniolkuß mit Himbeerflavour widert uns an. Wir haben uns der naßforschen Umarmung der Werbung entzogen. Die führt uns bloß unser Manko vor, und das kennen wir schon.

Liegt das falsch aufgeklärte Bewußtsein, das die Vordenker jetzt beschwören, zumindest punkto Werbung richtig? Wissen wir wenigstens, was wir nicht brauchen, wenn wir, wie das Schimpfwort hartnäckig lautet, konsumieren? Die Frage ist müßig. Der Zynismus als moderne Geisteshaltung der Satten fällt nicht in den Bereich der Werbepsychologie. Die war klug genug, die Lust am Haben selbsttätig zu machen, jeder

Ideologie einzupflanzen. Die Folgerichtigkeit der Warenindustrie sorgt
ohnehin dafür, daß die Ware uns braucht, statt wir sie [...]
In den achtziger Jahren durchstößt die Werbung die Schallmauer der
logischen Bezüglichkeit. Sie verwirft den bekannten Kontext, um die
irdische Botmäßigkeit der Ware neu zu garantieren. Die Werbung
verläßt den alltäglichen Bereich, um andere Wirkungsdimensionen zu
erklimmen. Danach schmeckt das Bier ab 8000 Metern über Meer. Es
genügt nicht mehr, daß es »etwas Gutes« ist. In den achtziger Jahren
wird vom Himalaja an aufwärts geworben, wo sich die Eindeutigkeit des
Birchermüeslis verliert.
Denn jetzt, da wir alles (ALLES) haben, da geht es der Werbung um
mehr: Sie entwirft Regionen des Durchblicks, registriert die Dynamik
des Take-off, sie zeichnet die Silhouette der Erkenntnis. Es geht um
nichts Geringeres als um die Transzendenz – dank Lebensmitteln.
Dafür liebt die Werbung jedes Blau der Unendlichkeit überm hochalpin
glitzernden Weiß. Dem Grün der Hoffnung schenkt sie ein kurzes
Nicken entlang der Autobahnen. In den vorhergehenden Jahrzehnten
beschwor sie unser Defizit und mahnte. Die Werbung der achtziger Jahre
behauptet jedoch unser bestes Ich, dessen Skyline grandios aufscheint,
wenn wir auf dem Plakat unsere Bedürfnisse betrachten.
Darauf erblicken wir unsere venussche Linie, unser leonardisches Genie,
unser galileisches Gehirn. Wir erkennen die »manpower«, unsere gebuil-
deten und gebildeten Bodies. Kein schmutziger Gedanke wohnt je darin,
bei dieser porentiefen Atmung mit reinigungsaktiver Substanz. So etwas
kann uns außer der Werbung niemand mehr garantieren, und so lohnt
sich für das beste Ich der Umweg durch die Tiefsee und über den
Himalaja. [...]
Es gibt keine Elite, keine Minderheit und keine Außenseiter in der
Totalen des Mittelstandsglücks, weil da alle mit allen identisch sind.
Pardon – auch sie, Madame, sind die Omi des sprudelnden Seniorenwe-
sens und das »happy baby«, und Sie, Esquire, sind der Ferdi Kübler der
Versicherungen und der Daddy der reparierenden Munterkeit. Alle
passen fugenlos in den Selbsterfüllungsapparat und sind alle für alli. Auf
dem gesunden Zahnschmelz von Eiger, Mönch und Chästeller erfüllt
sich das Schwiizer Qualitätsglück, die eidgenössische Fassung des
Kommunismus.

Es war nicht einfach, das Joghurt am Firmament zu vertäuen, in jenem unverbrüchlichen Blau, das die Ewigkeit zusammenhält. Es hat einige Mühe gekostet, bis die Daunendecke dort oben, gleich nebenan beim Joghurt, ihr Himmelszelt aufschlagen konnte. [...]
Es hat ja einige Zeit gedauert, bis Ihre Bedürfnisse der dummen Rivalität, dem Brotneid, den die Werbung früher schürte, entkamen. Jetzt sind sie erfolgproof und geruchssicher dort oben angelangt, wo der Superlativ sich selbst aufhebt, in den späten achtziger Jahren, nachdem er den Komparativ, den herkömmlichen Werbevektor in den sechziger und siebziger Jahren überholt, ausgetrickst und übertrumpft hat. Im Reich der Fraglosigkeit ist der Superlativ überflüssig, denn es sind dort alle zum vornherein die Größten. [...]
Wen die Reklame verführt, der lebt schon längst in ihr. Die Kritik der Warenästhetik (von Wolfgang Fritz Haug) bedarf der Revision. »Anything goes« am Feyerabend der Verbindlichkeit. In den achtziger Jahren trifft nicht mehr zu, was für die siebziger galt: daß die Werbung Bedürfnisse weckt, die man gar nicht hat. Man hat sie längst, und die Werbung bestätigt sie bloß, nachdem sie gestillt sind. Die Reklamelandschaft ist jetzt das Projektionsfeld des Erworbenen, Vorhandenen. Das Umfeld ist ausgeklügelt, weil entscheidend, der Gegenstand beliebig. *Isolde Schaad*

Nebenwirkung

Ekel-
erregend wie die Ruhe
mir zusetzt dieser
falsch verschriebene
starr und feist
wuchernde
Frieden

Atem-
beraubend wie im Hals
ein Fettkloß mich würgt
die herausdrängende Brühe
inwendig
durch die Speiseröhre platzt
mein Blut trübt und mir
die Lungenflügel verklebt

Körper-
lösend wie ich am Tropf
hänge prall eitrige Egel und
Hohlnadeln zwischen den Rippen
wie die Jauche allmählich sich
absaugen läßt bis ich zuletzt
trockengelegt bin und leer
vollkommen leer

Später
    in einer zweiten Zeit
      werde ich dahocken
                    wie ein Leguan
     reglos scheinbar
              versteckfarben
                    hornbewehrt

ein unbezwingbares Faltengebirge Haut
in den Augenhöhlen nur noch
   südlich hell flackerndes
      Licht
         das sich immer
         weiter
               nach innen
                     entfernt

Karin Kiwus

Zwischenstück:
Henkers Mahlzeit

Das Ende der Freier

Und siehe, ein großes Gelächter erregte
Pallas Athene im Saal und verwirrte der Freier Gedanken:
Und schon lachten sie alle mit gräßlichverzuckten Gesichtern.
Blutbesudeltes Fleisch verschlangen sie jetzo; die Augen
Waren mit Tränen erfüllt, und Jammer umschwebte die Seele.
Und der göttliche Mann Theoklymenos sprach zur Versammlung:
Ach, unglückliche Männer, welch Elend ist euch begegnet!
Finstere Nacht umhüllt euch Haupt und Antlitz und Glieder!
Und Wehklagen ertönt, und Tränen netzen die Wangen!

Und vom Blute triefen die Wänd' und das schöne Getäfel!
Flatternde Geister füllen die Flur und füllen den Vorhof,
Zu des Erebos Schatten hinuntereilend! Die Sonne
Ist am Himmel erloschen, und rings herrscht schreckliches Dunkel.
Also sprach er; und alle begannen herzlich zu lachen. [...]

Diese feirten nun zwar mit lautem Lachen das Frühmahl,
Lustig und fröhlichen Muts, denn sie hatten die Menge geschlachtet:
Doch unlieblicher ward kein Abendschmaus noch gefeiert,
Als den bald die Göttin, mit ihr der starke Odysseus,
Jenen gab, die bisher so schändliche Greuel verübten.

Homer

Die letzte Gunst

*Der gemästete Mensch war
ein zufriedenes Opfer*

Die Mahlzeit, die kurz vor dem Tode gereicht wurde, ist das eigentliche, das klassische Henkersmahl. Es trägt eigentümlichen Charakter, weil es dem Gefangenen eine erhebliche Freiheit zugesteht, weil bestimmte Speisen wiederkehren und weil die Reaktion des Missetäters zu psychologischen Beobachtungen Anlaß gab. Dieser letzte harte Kern einer vielgestaltigen Prozedur, deren Ränder allmählich verwittert sind, hat sich bis zum heutigen Tag gehalten.
In einem Gedicht: »Die Lochordnung«, das wahrscheinlich in der Zeit vor 1526 entstanden ist, heißt es:
»Und wann die von Nürnberg von Hungers sterben,
so werden sie ihm die besten Mahl geben.«
Das Henkersmahl ist also eine für das Wohl der Stadt notwendige Maßnahme, bei der Kosten keine Rolle spielen. Darum wünscht die Behörde, daß das Mahl stattfinde, wie wir anfangs gesehen haben. Darum heißt es auch von dem abscheulichen Knabenmörder Döpcke (Hamburg 1878) »Speise und Trank wies er anfangs beharrlich zurück (vor der Hinrichtung), ließ sich dann aber bewegen, einige Bissen zu sich

zu nehmen.« Man drang in den Delinquenten, der gar keinen Appetit hatte und gleich danach seinen Kopf verlieren sollte, etwas zu essen. Es gemahnt an die Umkehrung aller Herschaftsverhältnisse bei den römischen Saturnalien, wenn der Hilfloseste der Hilflosen, der Gefangene vor dem Tode Macht erhielt, den Speisezettel der Henkersmahlzeit selbst zu bestimmen. [...]

So erklärte der Kindesmörder Hartung (Lengsfeld, Thüringen 1779) frisch heraus: »... weil ich sehe, daß ich ein für allemal sterben soll und muß und daher die hohen Gerichtspersonen mich nicht länger mehr zu unterhalten brauchen: so bitte ich, daß mir von Gesamt-Amtswegen heute Mittag eine Suppe, Fleisch mit Zugemüse und Braten nebst einer Flasche Wein verabreicht werde. Was ich abends verlange, werde ich dem Diener anbefehlen.«

Im alten Speyer wird die Qualität des gespendeten Weins betont, vielleicht auch nur die Quantität. Noch vor hundert Jahren erging an den Gefangenenwärter der Befehl, drei Tage lang dem Delinquenten »bessere Kost, namentlich mittags Suppe, Gemüse und Fleisch und abends Braten, auch bei jeder Mahlzeit einen Schoppen Wein zu verabreichen.« Der arme Sünder hat in seinem Leben vorher niemals Wein zu jeder Mahlzeit getrunken.

Am längsten hat sich der Brauch uneingeschränkter Wahl in den Vereinigten Staaten erhalten, wo vor 100 Jahren »Vigilanz Committees«, die sich sonst nicht viel an Regeln hielten, dem Opfer eine gute Mahlzeit und Brandy zugestanden. Der Gefängnisarzt von Sing-Sing erzählt, daß es alte Praxis ist, dem Verurteilten als letztes Mahl alles zu gewähren, was er wünscht, wenn es nur irgendwie erreichbar ist. Nach diesem Beobachter zerbrechen sich die Delinquenten in einzelnen Fällen den Kopf, Leckerbissen zu erlangen, die wie Erdbeeren oder Wassermelonen gerade schwer zu haben sind. Wünscht er aber »Wachtel auf Toast« oder frische Spargeln, und gibt es irgendeine Möglichkeit, sie zu beschaffen, so kriegt er sie. Warden Lawes hat beobachtet, daß arme Sünder ihr Menü mit peinlichster Sorgfalt zusammenstellen. Sowie Dan Callahan den Vogelkäfig, die freistehende Zelle, in die die Gefangenen vor der Hinrichtung verbracht werden, betreten hatte, sagte ihm der Wärter, der außen danebensitzt, er könne alles haben, was er wolle, nur keine unsinnigen Dinge. Er brauche seine Wünsche nur zu äußern. »Mach, was du willst«, fügte der Beamte hinzu, »iß zweimal am Tag.

Der Neger bringt dir das Frühstück heraus. Dinner kommt aus der Beamtenküche; du kannst alles haben, was auf dem Menü steht.« No 77681 wählte sich in Sing-Sing folgende Speisenfolge aus: »Eine Ente, eine Büchse Schoten, Oliven in brauner Sauce vermengt und durchgekocht, dazu Pilze, 4 Scheiben Brot, gekochten Reis, Tomatensalat, Erdbeertorte, eine Portion Vanilleeis und einige gute Zigarren.«
Es war das herbeigezauberte Schlaraffenland, wie es Kinder träumen. [...] Das berühmte letzte Mahl für »Malefizpersonen« war von einer Reichhaltigkeit, die sich nur ermessen läßt, wenn man an die Bescheidenheit früherer Lebenshaltung und an den mittellosen Personenkreis denkt, aus dem sich die »armen Sünder« rekrutierten. [...]

Mit 50% mehr Füllung und einer noch pikanteren Sauce.
Und das zum gleichen Preis.

Auch im Rocopic-Sortiment erhältlich.
Mit Portionen- und Kalorienangabe.

Auf diese Weise fielen Sonntagsessen und letztes Mahl zusammen. Der Massenmörder Hamby, der 1920 hingerichtet wurde, verlangte und erhielt Rumpsteak mit Pilzen, Hummersalat, Erdbeeren und Mokka. Gutgelaunt meinte er, zu seinen Wärtern gewandt, er brauche sich nicht den Kopf zu zerbrechen, ob das Essen zu schwer sein werde. Der Mädchenmörder Max Witt, hingerichtet in Altona im Jahre 1895, bekam auf seinen Wunsch zwei Beefsteaks mit Kartoffeln und eine Flasche Rotwein, die er mit Behagen genoß. Während die Fleischportion des Normalmenschen ein viertel Pfund ist, verzehrte Haack (hingerichtet 1878) ein ganzes Pfund Beefsteak. Nach Berg mundete dem Lustmörder Kürten das verlangte Wiener Schnitzel mit Bratkartoffeln so trefflich, daß er das Schnitzel nebst der Flasche Wein im Laufe des Abends noch einmal bestellte.
Einzelne Delinquenten begehren Obst und Süßigkeiten, die ihnen als das höchste der Genüsse erscheinen. *Hans von Hentig*

Das letzte Gericht

Der Staatsanwalt hatte damals schon über zehn Jahre lang Material über Henkersmahlzeiten gesammelt. Jan Hus, zum Beispiel, hatte sich einen Truthahn mit Erbsen gewünscht, Maria Stuart ein flambiertes Omelette, der Herzog von Orléans ein Menü von nicht weniger als sechzehn Gängen (unter anderem in Lorbeer gedünstete Schweinshoden und einen gefüllten Hecht). Als der Herzog mit dem Essen fertig war, fragte ihn der Henker, ob es ihm geschmeckt habe. Der Herzog sagte: »Ja, danke. Ich habe nicht geglaubt, daß Sie alle sechzehn Gänge genehmigen werden. Aber ich sehe, die Republik läßt sich den Kopf des Herzogs von Orléans schon etwas kosten.« Giordano Bruno verlangte als Henkersmahlzeit ein Fohlenschnitzel. Warum ein Fohlenschnitzel? fragte der Henker erstaunt. Giordano Bruno erklärte, daß er nie in seinem Leben mit Bewußtsein Pferdefleisch gegessen habe, und bevor er aus der Welt gehe, wolle er auch die Erkenntnis gewinnen, wie ein Fohlenschnitzel schmecke. Ob, fragte der Henker, denn diese Erkenntnis so kurz vor dem Tod noch etwas nütze? Erkenntnis, sagte Giordano Bruno, nütze immer.

Herbert Rosendorfer

Countdown einer Hinrichtung

Ich dusche und wechsle mein T-Shirt ich habe mein
Handtuch vergessen der Direktor bringt es mir
und sagt Junge du hast dein Handtuch vergessen
Der Direktor glaubt nicht an einen Aufschub
er hält mich für schuldig ich hätte fünf Mal ge-
schossen er hat aber keinen persönlichen Haß
gegen mich ich sitze acht Jahre hier sind wir
in Mississippi man macht es mit Zyanid zweiundsiebzig
Stunden vor der Hinrichtung werde ich verlegt in
die Todeszelle ich bekomme den roten Anzug meine
Familie kommt ich umarme alle ich singe mit ihnen
ich bete mit ihnen in den acht Jahren habe ich

drei Mal kurz den Mond gesehen die Sterne öfter aber
nie Mond und Sterne zusammen ich telefoniere mit
meinem Anwalt wir glauben an eine Begnadigung bis
zuletzt der Direktor sagt zu seinen Mitarbeitern
meine Eltern hätten einen Anspruch darauf daß
sie ihre Arbeit mit Anstand durchführen vierzehn
Tage vorher wurde eine Probevergasung gefahren
ein Kaninchen wurde vergast es hat alles funktioniert
ich wünsche mir Shrimps der Direktor sagt Zeit
für die Isolierzelle Junge der Direktor hat schon
einen schwarzen Anzug an mir wurden die Haare
geschnitten das sind die Gesetze von Mississippi
fünf Stunden vorher gibt es die letzte Mahlzeit
fünf Minuten nach Mitternacht bin ich dran
ich bekomme noch eine Gelegenheit meine Unschuld
zu beteuern mein Anwalt sagt eine kranke Welt
er würde ja bleiben aber er hält es nicht aus
noch fünf Minuten der Anwalt geht jetzt glauben
wir nicht mehr an eine Begnadigung wenn du es
weißt wirst du müde nur gut daß das Fernsehen da
ist du denkst du spielst dich es wird zwölf
Minuten dauern von dem Moment an wo das Gas mein
Gesicht streift bis zum Herzstillstand ist das
nicht verdammt lange
Hannelies Taschau

7. Süßigkeiten

Wo sind die Stunden der süßen Zeit

Wo sind die Stunden
Der süßen Zeit,
Da ich zuerst empfunden,
Wie deine Lieblichkeit
Mich dir verbunden?
Sie sind verrauscht. Es bleibet doch dabei,
Daß alle Lust vergänglich sei.

Das reine Scherzen,
So mich ergetzt
Und in dem tiefen Herzen
Sein Merkmal eingesetzt,
Läßt mich in Schmerzen.
Du hast mir mehr als deutlich kund getan,
Daß Freundlichkeit nicht ankern kann.

Das Angedenken
Der Zuckerlust
Will mich in Angst versenken.
Es will verdammte Kost
Uns zeitlich kränken.
Was man geschmeckt und nicht mehr schmecken soll,
Ist freudenleer und jammervoll.

Empfangene Küsse,
Ambrierter Saft,
Verbleibt nicht lange süße
Und kommt von aller Kraft;
Verrauschte Flüsse
Erquicken nicht. Was unsern Geist erfreut,
Entspringt aus Gegenwärtigkeit.

Ich schwamm in Freude,
Der Liebe Hand
Spann mir ein Kleid von Seide;
Das Blatt hat sich gewandt,
Ich geh im Leide,
Ich wein itzund, daß Lieb und Sonnenschein
Stets voller Angst und Wolken sein.

Christian Hofmann von Hofmannswaldau

Götterspeise

Es gibt saueren Hammelbraten, alles auf Platten bereitet, das Fleisch recht zierlich zurechtgeschnitten, verschiedene Gemüse, und wahlweise Reis oder Frühkartoffeln, vorher selbstverständlich Suppe mit Einlauf und hinterher Götterspeise, weil das Trude Kindler so will. Sie hat das durchsichtige Gericht 1921 als Saisonköchin in der Küche vom Dresdner Luisenhof der Chefin abgeguckt und hat die Bereitung später in der heimatlichen Probsteiner Küche ausprobiert. Und siehe: das war gelungen. Aus dem roten Zuckerwasser war nach dem Erkalten eine feste und eßbare rosa Speise geworden. Auch das zweitemal hat sie die Speise heimlich gekocht, um jeden Irrtum auszuschließen. Danach war sie in die Öffentlichkeit getreten. Bei Christl Kloses Taufe wurde zum erstenmal offiziell Götterspeise serviert. Später bei Gabriel Tischers Konfirmation, zu Rosemaries erster Vermählung und so weiter – Trude Kindler kann ihre Götterspeisen gar nicht mehr zählen. Nicht, daß das Zeug besonders gut schmeckt, aber das wird man vorläufig nicht zugeben. Götterspeise gehört zu den hohen Festen wie Flaschenbier und Wein nach dem Essen, weißer Wein. Trude Kindler trägt die Schüsseln auf – mit knallroten Ohren direkt an die Tafel. *Helga Schütz*

Turrón und Garajillo

Turrón, also jene spanische Köstlichkeit aus feinstem Zucker, geriebenen Mandeln, Eiern und würzenden Zutaten, vergleichbar den Früchten, die im Jenseits blühen und von Engeln geerntet werden, ist ein Beispiel dafür. Die Spanier, in allen Lebensmöglichkeiten von anarchistischer Maßlosigkeit bestimmt, gestatten dem *Gourmet, quod licet iovi non licet bovi*, den Einblick in alle Grade libidinösen Süßspeisengenusses. Es liegt die Hypothese nahe, daß die Spezialisierung auf dem Gebiete der Dulces auf der iberischen Halbinsel über den unbewußten Prozeß der Sublimierung, durch den die starke Bindung an religiöse Tabuisierungen kompensierbar wurde, zustande gekommen ist.

Was weiß der Primitive, für den Essen Stillen eines animalischen Bedürfnisses ist, vom wollüstigen Gefühl des *Gourmet, quod licet iovi non licet bovi*, der ans Werk geht, dieses Kunstwerk aus Nektar und Ambrosia entstehen zu lassen?

Was weiß der Hungernde, der die Melone wie ein Stück Brot in sich hineinschlingt, von den Qualen, die der *Gourmet, quod licet iovi non licet bovi*, bei der Zubereitung oder auch nur bei der Wahrnehmung einzelner Turrónes aussteht?

Wenn auch das Fasten die Initiation in viele Geheimnisse des Lebens sein mag, ist die Enthaltsamkeit des *Gourmet, quod licet iovi non licet bovi*, in dieser Zeit doch um ein Vieles mehr, nämlich die Initiation in die Wollust.

Zubereiten, Warten, Wahrnehmen, Abkosten und Kochen heißt hier nicht notwendige Durchführung erforderlicher Arbeiten für ein zu befriedigendes Bedürfnis, sondern Exzeß der Enthaltsamkeit, von Illusionen, Träumen und quälendem Wunschdenken geschwängerte Zeit. [...]

Der Raum, in dem das Mahl stattfindet, ist ein Salon andalusischer Strenge; ein einfacher runder, meist schwarzer Holztisch mit fester Platte, korbgeflochtene Stühle, ein fünfflammiger Kerzenleuchter und ein kleines Podest für den Gitarristen sind das einzige Inventar.

Der Musikant greift in die Saiten und läßt in gitanesker Art »La flor de la canela« von Chabuca Granda erklingen. In Meditation versunken verbringt der *Gourmet, quod licet iovi non licet bovi*, die letzten Minuten, die den Lohn seiner Mühen und das Ziel seiner Wünsche einleiten. Mit einem kurzen »Olé« und »Alma Ilanera« von Pepito Gutierez gibt der

Musiker das Zeichen für den Beginn der orgiastischen Konsumation. [...] Er läßt sich Zeit, weiß er doch mit seinen Kräften hauszuhalten, weiß er, der *Gourmet, quod licet iovi non licet bovi,* doch um die Gefahren animalischer Völlerei, weiß er doch, daß unzählige Dilettanten durch mangelnde Vorsicht und die Tragik, dem Reiz des Gebotenen zu verfallen, ein elendes Schicksal gefunden haben. [...]

Turrón Jijona
    500 Gramm Staubzucker
    500 Gramm geriebene Mandeln
    6–8 Eigelb
    1 Eiweiß
    Nußstücke und Fruchteinlagen nach Bedarf.
Zucker und Mandeln werden in einer Schüssel gut miteinander vermischt. Das ausreichend gequirlte Eigelb wird langsam eingerührt und das Ganze zusammen mit dem nicht allzu steifen Eischnee zu einer knetbaren Masse verarbeitet.
Der Turrónteig wird, glatt auf ein mit Fettpapier ausgelegtes Backblech gestrichen, mit einem zweiten Bogen des Pergaments zugedeckt, durch ein Brett flach gedrückt, mit Gewichten beschwert, zwei bis drei Tage getrocknet.
Turrón wird in Würfel oder längliche Streifen geschnitten und mit Zimt bestreut.

Garajillo
Eine halbe Tasse starken Cafés wird mit Anisette oder Coñac auf eine ganze verlängert, nach Bedarf gesüßt und in einem Teeglas serviert.
                                                                  Helmut Eisendle

Vanillen-Eis

Ein Mammut, das im Eise steckt,
Hat unser Walther hier entdeckt;
Da saß es wohl viel tausend Jahr',
Seit es dort eingefroren war.

Jetzt aber plötzlich aufgewacht,
Hat es die Augen aufgemacht
Und rief vergnügt trotz hohem Alter:
»Ei, guten Morgen, lieber Walther!«

Nun kam auch Eduard mit der Geig'
Und spielte einen Walzer gleich;
Das Mammut machte Schritt vor Schritt,
Der Walther, der ging mutig mit.
Dann tanzten sie vergnügt und lang;
Das liebe Mammut aber sang:

»Nun sind wir müd', nun sind wir heiß!
Jetzt essen wir Vanillen-Eis
Und Riesen-Urwelts-Biskuit,
Die bracht' ich aus der Eiszeit mit!«

Heinrich Hoffmann

Süßer Balsam der Natur

Unter allen möglichen Verbindungen der Elemente behauptet indessen die *Süßigkeit*, diese mit Brennstoff gesättigte Pflanzensäure, als die allgemein gefälligste, ohne allen Zweifel den Vorzug; und selbst die Lispeltöne (ηδυς, dulcis, dolce, süß, sweet, slodkie), welche diese Mischung bezeichnen, tragen in Klang und bildlicher Anwendung die untrüglichsten Spuren des hohen Wohlgefallens der europäischen Völker an ihrem Geschmack. Weit über die ganze Erde ist schon in den ältesten Zeiten der Genuß des Honigs üblich gewesen, und Griechen und Römer, die ihn zur Speise und zum Trank der unsterblichen Götter erhoben, hatten sicherlich von seiner Köstlichkeit den höchsten Begriff; sie selbst genossen ihn bei ihren Gastmählern und mischten ihn unter den Wein.

Noch jetzt ist Honig eine allgemein beliebte Leckerei fast aller Völker der Erde; die Orientalen und alle südlichen Asiaten mit Inbegriff der Chinesen, die Neger und Hottentotten, die Peruaner und die Einwohner von Quito und Cayenne, ja selbst die Mantschu-Mongolen (die aber ihren Honig mit Bärentalg mischen) haben sämtlich einen Sinn für seine Lieblichkeit. Auch in Europa würde man wie vor Zeiten den Honig in Menge genießen, hätte nicht ein minder öliges Süß, das sich in trockner Gestalt darstellen läßt, mithin wegen seiner Reinlichkeit einen allgemeineren Gebrauch verstattet, ihn seit der Anpflanzung des Zuckerrohrs in Westindien verdrängt. Unstreitig wird der Zucker unter allen Leckereien in größter Menge zur Bereitung unserer Speisen und Getränke verbraucht. Selbst den ärmeren Volksklassen ist der Genuß desselben beinahe unentbehrlich geworden, und bei weitem die größte Anzahl aller Delikatessen, die auf vornehmen Tafeln als Dessert die schon befriedigte Eßlust erneuern, enthalten einen ansehnlichen Teil Zuckers in ihrer Mischung. Die Natur, welche nirgends so groß ist als in den unaufhörlichen Beziehungen, die sich zwischen ihren verschiedenen Geschöpfen wahrnehmen lassen, hat daher hauptsächlich im Pflanzenreiche mit unglaublicher Freigebigkeit die zuckerähnlichen Substanzen vervielfältigt. Die Palmen Indiens, der Kokos, Saguer und Lontar führen einen weinähnlichen Saft, der, abgezapft und eingedickt, zum Djaggree oder Palmenzucker wird. Den Arabern gibt die Dattelfrucht, den Kanadiern ein Ahorn und ein Walnußbaum, den Mexikanern eine Aloe (*Agave*)

Zucker. Im Orient bereitet man aus der Frucht des Weinstocks einen köstlichen Traubenhonig; auch das Bambusrohr liefert einen süßen Milchsaft, das berühmte Tabaxir, das Araber und Perser mit Gold aufwiegen. Im Norden fließt ein Syrup aus der Birke, und in Italien und Languedoc gibt ihn die Lotusfrucht. Die Emsigkeit der Bienen trägt in allen Weltteilen auf den Blüten vieler tausend Pflanzenarten Honig zusammen; selbst bis in die Wurzel liegt die Süßigkeit bei Möhren, Mangold und Bärenklau versteckt; ja damit dem Ozean wie der Erde sein Teil beschieden würde und keine Klasse vegetabilischer Organisationen leer ausginge, erzeugt sich an den Küsten von Schottland, Norwegen und Island ein süßer Saft im sogenannten Zuckertang. Allein auch außer dieser Leckerei liefert nur das Pflanzenreich die ausgesuchtesten Ingredienzien unserer Brühen und Tunken, unserer zahllosen großen und kleinen Schüsseln, unserer sinnreichen Erfindungen erlöschende Begierden durch die Neuheit des Reizes wieder anzufachen. Gegorene Säfte und Getränke, Aufgüsse aller Art, abgezogene und gebrannte Wasser, wohlriechende Essenzen, Pflanzenmilchen aus Öl und Gummi gemischt, einheimische aromatische Kräuter und jene im heißen Erdstrich mit Feuer gesättigten Gewürze wie Zimt und Vanille, Nelken und Muskaten, Cayenne, Pimento und Pfeffer; Säuren von mancherlei Art und Geschmack aus dem Saft der Traube, aus dem Wein der Palmen und aus so vielen Früchten; milde Fettigkeiten und Öle, nahrhafte Saleps, Sojas, Sagus, Champignon-Extrakte und Schokolade; dies alles sind lauter Produkte des Pflanzenreichs, zu denen wir sogar das einzige genießbare Mineral, das Kochsalz, selbst noch zählen könnten, indem es in mehr als zwanzigerlei Pflanzen vorhanden ist. Wie zahlreich sind übrigens nicht die Suppen- und Salatkräuter, die frischen und eingemachten Gemüse, die eßbaren Sprossen und Wurzeln, kurz alle jene Gattungen des Pflanzenreichs, aus denen unsere Kochkunst wohlschmeckende Speisen bereitet, verglichen mit der geringen Verschiedenheit von vierfüßigen Tieren, Vögeln, Fischen und Gewürmen, die man ebenfalls nicht ohne Zubereitung genießt? (Ein paar Schildkrötenarten sind nebst dem Frosch die einzigen Amphibien; Krabben und Krebse die einzigen Insekten, die man in Europa verspeist.) Doch die Natur weiß in der Pflanzenschöpfung allein, ohne alles Zutun der Kunst, dem Menschen ein Mahl erlesener Leckerbissen zu bereiten, indes das Tierreich außer der Milch, die ihren vegetabilischen Ursprung durch die Menge des darin enthaltenen Zuckers verrät, dem leckern Gaumen nur höchstens noch Austern roh darbieten darf. Vermag die so gerühmte Zunft der Wiener und Pariser Küche, vermag das ganze Heer der Konfiseure, Destillateure und Zuckerbäcker nur ein Produkt der Kunst uns aufzutischen, das diese *Leckereien der Natur* ersetzte? Was säumen wir länger, sie zu nennen, diese köstlichen Erzeugnisse des Pflanzenreichs, die edlen Früchte aller Art, wo der Honigsaft mit einer lieblichen Säure, mit feurigen oder mit schleimartigen Ölen in tausend verschiedenen Verhältnissen versetzt, durch unzählige Veränderungen den Gaumen bald kühlend erquickt, bald mit Würze durchdringt, bald wieder die gereizten Nervenspitzen mild umhüllt und zu neuem Genusse stärkt!

Mit Wohlgefallen ruht das Auge des Forschers auf diesen zarten Pflanzennaturen; mit höherem Entzücken bemerkt er ihre erste Entwicklung und verfolgt ihr wunderbares Wachstum, bis er ihre reine, ätherische Nahrung erspäht. Indes das Tier schon ausgebildete Körper verschlingt, sie zermalmt, aus ihrem zusammengesetzten Safte sich ergänzt und ihre unreinen Überreste von sich stößt, saugen diese feinen Röhr- und Zellengebilde die einfachsten Elemente begierig aus der Luft. Aus Sonnenlicht und Ätherfeuer gewebt, wie sonst nur Dichter träumen durften, lacht unserm Blick das sanfte Grün (die Entdeckung des berühmten Ingenhouß) der Wälder und Fluren; und seht! im unendlich zarten Geäder der Blumenkronen und der reifenden Früchte glüht der siebenfache Lichtstrahl und ziert die Pflanzenschöpfung mit seinem mannigfaltigen Farbenspiel!

Licht und Feuerstoff zu Körpern verdichtet, kostet auch die Zunge in der Süßigkeit und im Öl der Gewächse; denn die Entzündung und Verflüchtigung des letzteren scheint das Dasein jener Urwesen anzudeuten, so wie im Zucker selbst, wenn man zwei Stücke aneinander reibt, ein Phosphorglanz das inwohnende Licht verrät. Wo die Sonnenstrahlen senkrecht fallen, wo jene überirdischen Elemente mit stärkerem Moment die Pflanzen durchströmen, in den heißeren Gegenden des gemäßigten Erdstrichs und in der brennenden Zone, dort prangt daher die Erde mit den meisten und edelsten Früchten; dort bilden sich in der Rinde, im Blütenkelch und im Samen der Bäume jene flüchtigen wohlriechenden Öle, die man ihres Urquells wegen *ätherisch* nennen muß; dort scheidet sich Kampfer aus den mit Brennstoff überfüllten Säften, um schnell wieder zurück in seinen Limbus zu entfliehen. In den kalten Polargegenden aber, wohin nur eine überlegene feindliche Macht ein schwächeres Volk verscheuchen konnte, reift für den Menschen eine sehr geringe Anzahl kleiner Beeren, die selten eher eßbar sind, als bis der Frost ihre Säure gemildert hat. Unser Norden besitzt ebenfalls nur wenige, und außer Erdbeeren und Himbeeren keine vorzüglich wohlschmeckenden einheimischen Früchte; doch hat der Kunstfleiß, der uns eigen ist, nicht nur aus Italien und Kleinasien allmählich Kirschen, Aprikosen, Pflaumen, Pfirsiche, Melonen, Feigen, Trauben, Walnüsse und Mandeln hierher gebracht und mit Erfolg gepflanzt, sondern auch durch anhaltende Kultur das herbe Waldobst zu guten Äpfeln und Birnen veredelt. Allein wer zählt nun allen Reichtum Pomonens in jenen gesegneten Ländern, welche der jungen Menschengattung Wiege waren, wo sie noch nicht zur Knechtschaft verdammt, die Rechte der Freigebornen genoß und nicht mit Schweiß und Ermattung das Glück des Daseins zu teuer bezahlen mußte? Bekannte und unbekannte Namen zieren das lange Verzeichnis der asiatischen Früchte; Apfelsinen, Pampelmusen, Pisangs, Datteln, Mangos und Mangostanen, Durionen, Nankas, Jambolans, Jambusen, Blinbings, Litschis, Lansas, Rambuttans, Zalacken – doch was sollen unsere Leser mit allen noch übrigen fremden Benennungen dieser von der Natur so reichlich ausgespendeten Leckereien? Wir nennen ihnen lieber noch die Frucht der Kokospalme, die zugleich mit Speise und Trank den Glücklichen labt, der nicht zu träge ist, ihren schlanken Stamm hinanzuklammen; und jenes ceylonische Nepenthe, welches in seinen schlauchähnlichen Blättern ein süßes, kühles Wasser für den durstigen Wanderer enthält. Nicht minder reich an Früchten ist der neue Weltteil, trotz allem, was man zu seiner Herabwürdigung gesagt hat; außer Kokosnüssen und Pisangfrüchten, die er mit dem alten Kontinente gemeinschaftlich besitzt, gehören ihm die Ananassorten, die in unseren Treibhäusern so berühmt geworden sind, die Mombin und Persimon-Pflaumen, die Sapoten, Sapotillen und Mammeifrüchte, die Papayen und Guayaven, der Akajou, die Grenadillen, die Avokadobirnen, die Breiäpfel und darunter die in Peru so gepriesene Tschirimoya, nebst einer Menge anderer Obstarten und Nüsse.

Auch in dieses neuentdeckten Landes heißen Gegenden konnten also die Menschen mit geringer Mühe einen reichlichen Unterhalt finden, der zugleich den Sinnen schmeichelte und durch den sanften Reiz wuchernder Säfte den Geschlechtstrieb stärker entflammte; auch hier konnten also Anfänge der Kultur und gesellschaftliche Verbindungen in der vermehrten Volksmenge entstehen; und wirklich fanden sie die Spanier hier in Peru und in Mexiko.

Doch indem wir dartun wollen, wie wichtig dem Menschen sein Sinn für die süßen Erzeugnisse des Erdbodens werden kann, müssen wir uns endlich noch erinnern, daß jene Leckereien nicht für ihn allein existieren, indem es in allen Klassen der Tiere gewisse Gattungen gibt, die ein lebhafter Instinkt für das Süße zum Genuß desselben auffordert. Die Bären unseres Nordens, das Ratel und der Honigkuckuck in Afrika, das zahlreiche Geschlecht der Kolibris, die mit den Schmetterlingen zugleich den Blumennektar schlürfen: ja die Bienen selbst sowohl als Ameisen, Zuckergäste und gemeine Fliegen teilen sich mit uns diesen Balsam der Natur. *Georg Forster*

8. Etwas Obst

Lob der schwarzen Kirschen

Des Weinstocks Saftgewächse ward
Von tausend Dichtern laut erhoben;
Warum will denn nach Sängerart
Kein Mensch die Kirsche loben?

O die karfunkelfarbne Frucht
In reifer Schönheit ward vor diesen
Unfehlbar von der Frau versucht,
Die Milton hat gepriesen.

Kein Apfel reizet so den Gaum
Und löschet so des Durstes Flammen;
Er mag gleich vom Chineser-Baum
In ächter Abkunft stammen.

Der ausgekochte Kirschensaft
Giebt aller Sommersuppen beste,
Verleiht der Leber neue Kraft
Und kühlt der Adern Äste;

Und wem das schreckliche Verboth
Des Arztes jeden Wein geraubet,
Der misch ihn mit der Kirsche roth
Dann ist er ihm erlaubet;

Und wäre seine Lunge wund,
Und seine ganze Brust durchgraben:
So darf sich doch sein matter Mund
Mit diesem Tranke laben.

Wenn ich den goldenen Rheinstrandwein
Und silbernen Champagner meide,
Dann Freunde mischt mir Kirschblut drein
Zur Aug- und Zungenweide:

Dann werd' ich eben so verführt,
Als Eva, die den Baum betrachtet,
So schön gewachsen und geziert,
Und nach der Frucht geschmachtet.

Ich trink und rufe dreymal hoch!
Ihr Dichter singt im Ernst und Scherze
Zu oft die Rose, singet doch
einmal der Kirschen Schwärze!

Anna Louisa Karsch

Mehrmals im Jahr wird er fett und süß

Mehrmals im Jahr wird er fett und süß
und lebt nur von Feigen
wo er sie sieht kauft er sie auf die mit
Nüssen und Zimt
von Mitilini
gepflückt und gefüllt von seinen Geschwistern in Mitilini
Zwischen seinen Zähnen knacken Feigenkugelkerne
durch seine bewegten Inselträume

Hannelies Taschau

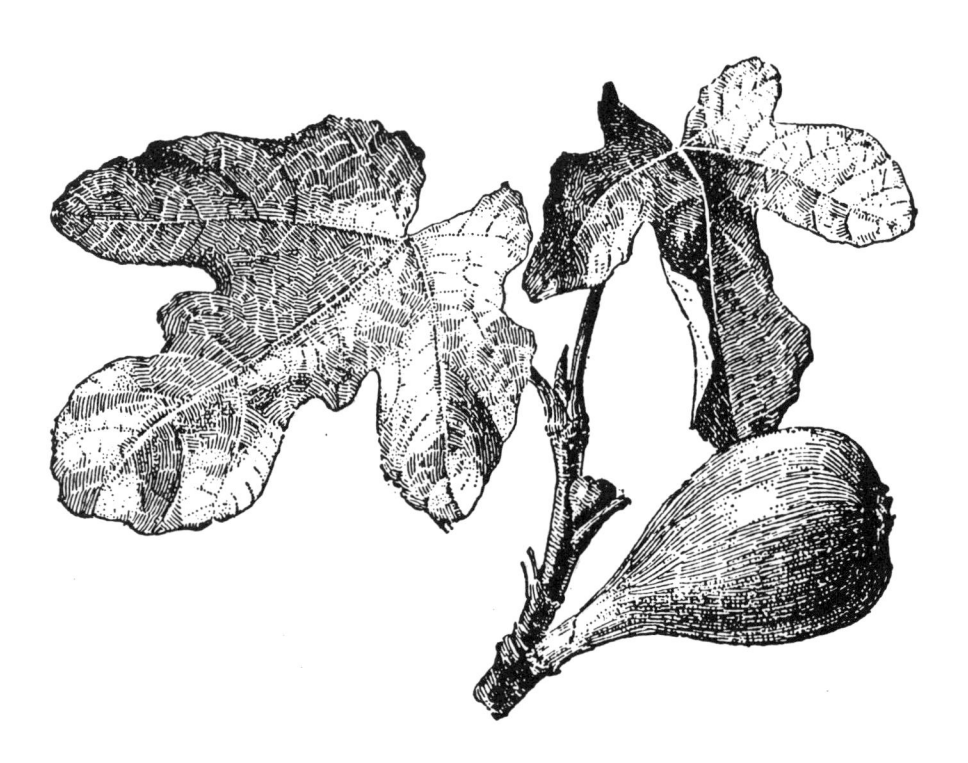

Ich sah mein Leben so verzweigt

Ich sah mein Leben so verzweigt vor mir wie den grünen Feigenbaum in der Erzählung.
Am Ende jedes Zweiges winkte und blinzelte wunderbare Zukunft, wie eine fette purpurfarbene Feige. Die eine Feige war ein Mann und ein glückliches Heim und Kinder, und die andere Feige war eine berühmte Dichterin, und die nächste Feige war eine brillante Professorin, und eine andere Feige war E. G., die großartige Redakteurin, und eine andere Feige war Europa und Afrika und Südamerika, und eine andere Feige war Constantin und Sokrates und Attila und eine Menge anderer Liebhaber mit komischen Namen und ausgefallenen Berufen, und eine andere Feige war eine Olympiasiegerin, und unter und über diesen Feigen hingen noch viel mehr Feigen, die ich nicht genau erkennen konnte. Ich sah mich in der Gabelung des Feigenbaumes sitzen, ich verhungerte, nur weil ich mich nicht entschließen konnte, welche Feige ich nehmen sollte. Ich wollte jede einzelne, aber eine auszuwählen hätte bedeutete, alle anderen zu verlieren, und während ich dort saß und nicht fähig war, mich zu entscheiden, begannen die Feigen schrumpelig zu werden und schwarz, und eine nach der anderen fiel auf den Boden, mir vor die Füße.
Sylvia Plath

Kartoffeln statt Äpfel

Was mir heilig sei? – ich lachte sie aus. – Das machte sie böse, sie suchte mich zu überführen, daß ich ganz kindisch sei und noch nichts vom Leben begriffen habe, denn ich habe noch nicht vom Baum der Erkenntnis gegessen. – Ich sagte, der trage Äpfel und ich mache mir nichts aus Äpfeln; wenn ich nun noch dazu gewarnt sei, daß die Äpfel von diesem Baum eine so wunderliche, unangenehme Erkenntnis des Bösen einem beibringe, das dann überall einem in den Weg trete, um einem das Vergnügen am Leben zu verderben, so wolle ich lieber nie Äpfel essen und lauter Kartoffeln, die nicht schädlich sind. – Sie sah mich so gemischt an – sie sagte lieber gar nichts mehr.
Bettina von Arnim

Der Apfel

Da war einmal ein Mädchen, dem ging es schlecht. Das Mädchen war sehr schüchtern, hauptsächlich darum ging es ihm schlecht. Es war ihm nicht immer so gegangen. Zwar war es seit jeher ein verschlossenes Kind und blieb viel allein. Immerhin kamen an bestimmten Tagen Freundinnen von der Sorte, daß sie hinterher beim nächsten Straßeneck stehenbleiben und einen ausrichten. Sie blieben ein bißchen sitzen, jede in einer anderen Haltung, die ihr schön vorkam, tranken Tee, aßen, was man so daheim hat, und niemand machte sich darüber einen Gedanken. Denn wenn der Tee aus war, holte das Mädchen einen neuen von seinem bestimmten Laden und der Kommis dort war auch kein bißchen böse über den Verbrauch, er lächelte freundlich und lief an die Tür. Im stillen hätte er es gerne so gut gehabt wie die gedankenlose Person.
Denn sie war eine gedankenlose Person. Bloß in einem bestimmten Fall machte sie sich ihre Gedanken. Denn wenn die Freundinnen bei ihr im Zimmer saßen und das Gespräch kam auf einen merkwürdigen Menschen, den etwa eine von ihnen kannte, dann hatte die es sehr wichtig und ging im Zimmer hin und her und wußte alles von ihm bis auf seinen Schneider.

Sie aber, von der wir insbesondere reden, hatte einen Freund, und er war merkwürdig in mehr als einer Beziehung. Sein Haar trug er lang. Gallischer Witz funkelte auf seiner Lippe. Kräftig war er und behend, er spielte Fußball und schrieb. Er hatte die Augen von einem hochherzigen Räuber.

Wer ihn kannte, der mochte nicht mehr von ihm weg, so einzigartig war er. Sie dachte, wenn ich anfinge von ihm zu reden, so wäret ihr alle miteinander ganz krank vor Neid und möchtetet ihn mir gerne ausspannen. Deswegen redete sie nicht von ihm.

Jeden Tag dachte sie, ist es nicht herrlich, was für einen unvergleichlichen Freund ich habe. Da wurde alles so reich, wenn er kam, und die Einfälle hüpften ihm nur so heraus. Er sprach eine Masse und legte sich hin im Sprechen, wie er sich bei jedermann hinlegte, und sie ließ ihn, wie jedermann ihn ließ und aus ihm ein Wesen machte.

Tat er es mit dem Gang wie ein Panther, mit seinem freien Hals, tat er es mit den Augen, in denen tief ein Rätsel steckte und an ihr ritzte, tat er es mit dem Lächeln, das übersprang? An ihn war sie verloren, es konnte gar kein anderer sein. Nachts liefen sie stundenlang zusammen in den Straßen herum. Eine solche Gewalt war in ihr, und der Mond war so schön, sie hätte den Mond aufessen können.

Aber sie durfte nur weiblichen Umgang haben, einen anderen hatte der Freund ihr verboten. Und so hing es nach einer Seite, denn sie hätte doch immer gern die gescheiten Menschen gekannt. »Eines Tages«, sagte er, »werde ich von dir gehn, dann ist immer noch Zeit für die anderen.« Dann weinte sie. Er sagte es ihr oft vor, denn er dachte, das bin ich meiner genialen Veranlagung schuldig. Und so weit hatte er sie, daß sie solche Reden von ihm ertrug und ihn nicht verließ. Denn dies hatte er ihr eingefleischt, daß sie vor allen Dingen Nachsicht haben mußte mit seinen Schwächen.

Die Zeit verging, die Mark fiel, die Freundinnen blieben aus. Es kam jener Tag, an dem es ihr ging wie vielen, ihr kleines Kapital war nur noch sehr wenig wert. Diesmal z. B. konnte sie nicht mehr daran denken, sich was zum Anziehn zu kaufen. Sie fror im Zimmer, das nicht geheizt war. In der galoppierenden Armut fand sie sich nicht zurecht.

Sie hatte so wenig Wirklichkeitssinn. Sie war wie in einem großen Wald, aus dem sie nicht herausfand. Oder sie war wie ein Taubstummer auf der Straße, und wen sie in der ihr eigentümlichen Sprache ansprach, siehe er ging weiter und machte sich nichts zu wissen von ihren ungelenken Zeichen.

Was sie gelernt hatte, war brotlos. Sie wußte nicht, wie die Menschen sich untereinander bewegen und durch welche geheime Vergünstigung einer es so weit bringt, daß er seiner bestimmten und bezahlten Arbeit nachgeht. In ihrer Unkenntnis stellte sie sich das viel rätselhafter vor, als es in Wirklichkeit war, und da keiner ihr eine Anleitung gab, blieb sie immer verschreckter in ihren vier Wänden sitzen und scheute an den Menschen. Und jetzt war sie richtig ein Mädchen, dem es schlecht ging. Die Mark war schon wieder weniger wert.

Der Freund kam immer noch und tat, als merke er nicht, wie hungrig sie es hatte, so zartfühlend war er, und er rechnete es sich hoch an. Es war eben ein unvergleichbarer Freund, und es wäre nicht angegangen, ihn aus seinen inspirierten Zuständen in ihre Niederungen herabzuziehn, wo es sie auf den Boden preßte. Auch er lebte von der Hand in den Mund, blitzartig konnte er sich dann wieder helfen. Er nahm es nicht genau mit dem Gesetz, aber er zog sie da nicht hinein. Er sagte: »Komm, wir gehen einmal wieder miteinander spazieren.«

Dann wußte sie immer eine Ausrede, bald war sie krank, bald war es ein anderer Grund, und jedenfalls mußte sie sich in ihrem Zimmer verhalten. Sie wollte aber nicht, daß er sich an ihrer Seite genieren müsse für ihr altes Kleid. Wenn er mit ihr allein war, sah er von dem ärmlichen Kleid ganz ab, und alles rechnete er sich hoch an.

Da kam an einem merkwürdigen Tag eine frühere Freundin, über die man sich nie was gedacht hatte, und wollte nicht sagen, warum sie kam, sie nahm auch keinen Tee an und als sie ging, lagen auf dem Tisch zwei große, gelblich duftende Äpfel, die hatte sie mitgebracht. Unsere verschreckte Person saß lange da und sah sich ihre zwei Äpfel an, einen ganz roten Kopf hatte sie bekommen. Es überwältigte sie, daß man ihr in der galoppierenden Armut etwas schenkte und nicht einmal etwas dafür verlangte.

Sie roch an dem Apfel, und gerade an einem Apfel hatte sie schon lang nicht mehr gerochen, sie sagte sich vor, daß sie ihn ganz allein aufessen konnte, und aß. Dabei hielt sie ständig den anderen Apfel im Auge, als könne er ihr ungefähr wieder genommen werden. Den wollte sie nämlich für den Freund aufheben, bis er einmal wieder kam.

Sie rieb ihn ab mit zärtlichen Händen, bis er überall einen gleichmäßigen

Glanz annahm. Sie legte ihn in eine Schale, und wie er so darinnen lag in Erwartung dessen, für den er bestimmt war, war er für sie noch einmal so schön.

Sie konnte kaum die rinnende Zeit mehr ertragen, bis der Freund erschien. Sie wollte ihm an die Tür entgegengehn und sagen, ich habe lange nichts mehr für dich gehabt, jetzt komm nur schnell herein, heute habe ich was, das darf ich dir geben. In der Nacht sprang sie aus dem Schlaf heraus auf, ihr hatte geträumt, der Apfel war weg. Aber wie sie hinschaute, da lag er noch in seiner Schale, sie schlief gleich wieder ein.

Der Freund blieb lange aus. Sie ging vorsichtig um ihren Apfel herum, kein Hauch durfte ihn treffen, damit er nicht schneller verderbe. Du liebe Zeit, dachte sie, er wird richtig daherkommen, wenn es meinem Apfel schon schlecht geht.

Immer dringender wurde sie in eine törichte Sparsamkeit hineingetrieben. Als wieder einmal die Flasche leer war, hatte sie nicht einmal das Geld, um neuen Brennspiritus zu kaufen. Da gab es kein warmes Getränk mehr in den Leib, und an einem trüben Mittag aß sie einen rohen Suppenwürfel auf, der von früher noch dalag, wie er eingewickelt aus der Fabrik kam, und der Ekel machte sie ganz krank. Aber den Apfel rührte sie nicht an.

In der Nacht befiel den Mann, den sie kannte, ein Bedürfnis, mit ihr zusammen zu sein als mit einem Menschen, bei dem er sich gehenlassen konnte. Im grauenden Morgen warf er an ihr Fenster einen kleinen Stein und schreckte sie aus ihrem Schlaf auf. »Laß mich hinauf«, sagte er über die Straße hin, und als sie ihn unten stehen sah, war es für sie der große Moment. Er ging dann auf ihr Zimmer. Später legte er sich für einige Stunden auf ihr schmales Bett, sagte »ich bin müde.«

Sie stand selber auf, um ihn ungestört ruhen zu lassen, kleidete sich fröstelnd an. Sie stieß an einen Schuh, der da stand. Halbwach warf er sich herum, er verbat sich den Lärm. Gleich darauf versank er. Wie Adam sah er aus in seinem starken, unbekümmerten Schlaf. Sie schlug den Vorhang so über das Fenster, daß kein störendes Licht auf sein Bett fiel. Dabei knarrte der Boden, und sie befürchtete ihn zu wecken.

So blieb sie am Fenster stehn und rührte sich nicht. Wie ein Endringling stand sie zaghaft in ihrem Eigentum. Sie zog sich auch keinen Stuhl herbei, sie befürchtete dabei ein kleines Geräusch.

Der helle Tag kam sehr stark hinter den Häusern herauf, bald schreckte da und dort ein Vogel auf und sang sich vollends aus dem Schlaf. Etwas später schrie schon eine ganze Schar vieltönig durcheinander. Immer wieder riß sie ihre Augen auf, weil sie ihr blind wurden vor Schlafbedürfnis, und daß sie sich hier mit Anstrengung des Leibes für ihn wach hielt, das war ihr gerade recht. Sie dachte, wie gut, daß mein Apfel noch schön ist.

Als er ausgeschlafen hatte, zog er sich gleich an und wollte ein Frühstück. »Bloß einen einfachen Tee«, sagte er, »daß man was Warmes in den Leib hat« und er rechnete es sich hoch an. Tee wäre noch dagewesen, aber der Spiritus fehlte, und sie hatte für sich selbst nicht einmal ein Stück Brot.

Aber sie lachte mit einer tapferen Nachsicht über die eigenen kleinen Nöte. Sie stellte ihm die Schale mit dem einzigen Apfel hin. Noch freute sie sich daran, daß einem Leib, den sie liebte und der dampfend aus einem Bett stieg, die kühle, in den Morgen duftende Frucht, hingegeben werde. Erst vor seinem wartenden Blick erblaßte sie. Er wartete eine ganze Weile auf die Zutat, aber sie schloß keinen Kasten auf, ihm zu bereiten, was drinnen war, es lag ja nichts drinnen. Sie hielt die Hände noch so hin in der zagen Erwartung eines guten Wortes, das von ihm zu ihr kam, und eine langsame Röte stieg in ihr Gesicht, weil sie ganz arm war. Nie hätte sie ihm verraten, wie es um sie stand.

Da fing er an zu begreifen, daß er einen kalten Apfel in den nüchternen Magen hineinspeisen werde. Bei dieser Vorstellung fror er und merkte, daß das Fenster offen stand, und es war ihm zuwider. Er stand noch eine Weile herum, erzählte eine unklare Geschichte von einer Schwägerin, bei der es auch nichts gegeben hatte, und sagte es nicht direkt, daß der Apfel auf den leeren Magen für ihn eine Zumutung bedeute. Sie gab für ihr Verhalten keine Erklärung ab. Es war gar nicht so lang her, da hatte er eine Studentin mitgezogen ein ganzes Jahr, er hatte sie genährt und gekleidet, er hatte ihre Bude bezahlt. Das ging ins Auge, er kannte sich damit schon aus. Er würde es nie wiederholen.

Der Freund tat, was er sich vor einigen Minuten vorgenommen hatte, er ging und sagte noch, sie solle keinen Roman daraus machen. Nicht um die Welt hätte sie sich ihm erklären können, aber das Unglück hat ein Gesicht.

Etwas später ging das Mädchen durch dieselbe Tür. Sie hatte einen Apfel bei sich, den wollte sie einem Kind geben, damit wenigstens ein Mensch sich daran freue. Sie war schon so eine Person, die auf empfindsame

Zusammenhänge ausging. Sie lief am Trottoir auf und ab mit ihren zerrissenen Schuhen. Aber es kam kein Kind von einer Beschaffenheit, wie man sich ein Kind eben vorstellt.

Bloß ein Junge ging vorbei mit einem häßlichen Ausdruck in seinem käsigen Gesicht, und obendrein war er voller Ausschlag. Am Ende des Trottoirs kehrte er um, ging ein zweites Mal an ihr vorbei und fixierte sie wieder. Sie mochte den Jungen nicht, aber wie sie ihm abermals auf seinen peinlich gemeinen Rücken nachsah, da fühlte sie, die so empfindsam war für die Berührungen der Außenwelt, eine merkwürdige Veranlassung in sich, deren Reiz sie nicht widerstand.

Jetzt war über ihrem Vorhaben schon soviel Zeit vergangen, auf einmal war ihr schon der ganze Apfel gleich, wenn sie ihn nur aus der Hand hatte. Deswegen wollte sie ihm den Apfel geben. Sie lief sogar hinter ihm her in ihrem Unverstand, sie rief ihn an und hielt ihm förmlich bittend den großen Apfel hin, den er ihr mit einer wüsten Gebärde gleich aus der Hand riß, ganz als ob sie gekommen sei, um ihm was zu nehmen. Sie blieb einen Augenblick neben ihm stehen und wunderte sich über ihn.

In eben diesem Augenblick mußte sie es mit ansehn, wie sich der widerwärtige Ausdruck in seinem Gesicht zur gehässigen Bosheit vertiefte. Sie lief vor ihm davon und er ihr nach und zeigte auf ihre Füße und schrie, wie recht es ihr geschehe, wenn sie auch einmal so herumlaufen müsse. Alle Leute sahen hin und merkten erst jetzt, was das Mädchen für schadhafte Schuhe anhatte, aber es konnte keinen Schuster bezahlen. Sie nahm es nicht von der stoischen Seite, als ob sie an diesem Apfel nun einmal keine Freude erleben dürfe. Völlig verlassen setzte sie sich im leeren Zimmer hin und machte sich Vorwürfe und weinte.

Immer hatte sie, wenn sie an den Freund dachte, in einen Glanz gesehn. Immer stand der Gedanke an Hilfe in ihr, wo doch keine Hilfe war. Sie mußte vergessen, wie das mit ihr hätte werden können. Sie mußte ja doch daran glauben. Man nannte erwachsen, wem ein Licht aufgegangen war über die natürliche Feindschaft unter den Menschen. Personen lernten, wie sie die eigene Angst an der Mitperson heimzahlen konnten. Weil sie nicht gefeit waren, traten sie in Furcht nach dem, was ihnen unter die Füße kam. Einer hätte sich ja an ihnen aufrichten, sie dann leichter hinabstoßen können.

Marieluise Fleißer

wenn diese birnen

wenn diese birnen
die zu kaufen ohnehin
er entschieden habe
sie ihm durch anpreisung ihrer köstlichen
verspeisbarkeit vor dem fernseher
noch attraktiver zu machen gedenke
müsse er sie erinnern
daß seine essensweise
durch instantaneous digestion bestimmt sei
eine art sofortigen verdauens
was ihn dazu verhalte
auch diese birnen
ohne daß er dort
einen fernseher zu installieren gedenke
auf dem scheißhaus zu fressen

Ernst Jandl

Früchte des Zornes

Der Frühling ist schön in Kalifornien. Täler, in denen die Obstblüten duftende rosa und weiße Wasser sind in einem seichten Meer. Dann fluten die ersten Ranken der Trauben, die an den knorrigen Weinstöcken schwellen, über die Stämme herab. Die vollen grünen Hügel sind wie Brüste, rund und weich. Und in der Ebene, im Gemüseland, gibt es meilenlange Reihen von blaßgrünem Salat, von kleinen Blumenkohlköpfen und von graugrünen unirdischen Artischocken.
Und dann brechen die Blätter aus den Bäumen, und die Blüten fallen herab und bedecken die Erde mit einem Teppich aus Rosa und Weiß. Die Fruchtknollen schwellen an und wachsen und färben sich: Kirschen und Äpfel, Birnen und Pfirsiche, Feigen, deren Frucht die Blüte in sich schließt. Ganz Kalifornien gebiert, und die Frucht wird schwer, und die Äste biegen sich allmählich unter der Frucht, so daß sie mit Stöcken gestützt werden müssen.
Hinter dieser Fruchtbarkeit stehen Männer mit Verständnis, Wissen und Können, Männer, die mit Samen experimentieren und endlos neue Möglichkeiten für bessere Ernten entdecken an Pflanzen, deren Wurzeln den Millionen Feinden der Erde Widerstand leisten: den Maulwürfen, den Insekten, den Pilzen und dem Brand. Diese Männer arbeiten sorgfältig und unaufhaltsam, um den Samen, die Wurzeln zu verbessern. Und da sind die Chemiker, die die Bäume zum Schutz gegen die Seuchen bespritzen, die die Trauben einschwefeln, die Seuchen und Krankheiten, Fäulnis und Mehltau ausrotten. Doktoren der Präventivmedizin, Männer an den Grenzen, die nach Schädlingen suchen, nach der japanischen Fliege, Männer, die kranke Bäume in Quarantäne bringen und sie verbrennen, Männer von Wissen. Die Männer, die die jungen Bäume aufpfropfen, die kleinen Weinstöcke, sind die geschicktesten von allen, denn ihre Arbeit ist zart und fein wie die eines Chirurgen, und diese Männer müssen die Hände von Chirurgen haben und die Herzen von Chirurgen, um die Rinde aufzuritzen, den Pfropf einzusetzen, die Wunden zu verbinden und sie vor der Luft zu bewahren. Es sind große Männer.
Durch die Reihen gehen die Bauern, reißen das Frühlingsgras aus und graben es unter, damit die Erde fruchtbar wird, brechen den Boden, damit er das Wasser nahe an der Oberfläche hält, ziehen kleine Gräben

zur Bewässerung, jäten das Unkraut aus, das sonst den Bäumen das Wasser wegtrinkt.

Und die ganze Zeit schwellen die Früchte, und die Blüten hängen in langen Dolden an den Weinstöcken hinab. Und mit dem fortschreitenden Jahr kommt die Wärme, und die Blätter werden dunkelgrün. Die Pflaumen werden länglich wie kleine grüne Vogeleier, und die Äste senken sich unter der Last herab auf die Stöcke, die sie stützen. Und die harten kleinen Birnen nehmen Form an, und auf den Pfirsichen erscheint schon der Flaum. Die Rebenblüten werfen ihre winzigen Blätter ab, und die harten kleinen Perlen werden grüne Knöpfe, und die Knöpfe wachsen und werden schwer. Die Männer, die in den Feldern arbeiten, die Besitzer der kleinen Obstgärten, sehen zu und rechnen. Das Jahr ist reich und fruchtbar. Und die Männer sind stolz, denn mit ihrem Wissen können sie das Jahr reich und fruchtbar machen. Sie haben die Welt verändert mit ihrem Wissen. Der kurze, magere Weizen ist groß und produktiv geworden. Aus kleinen sauren Äpfeln haben sie pausbäckige, süße gemacht, und die alte Rebe, die zwischen den Bäumen wuchs und mit ihren winzigen Früchten die Vögel ernährte, hat tausend Abarten hervorgebracht, rote und schwarze, grüne und blaß rosa, purpurrote und gelbe, und jede Abart hat ihren eigenen Geschmack. Die Männer, die auf den Versuchsfarmen arbeiten, haben neue Früchte geschaffen: Nektar-Pfirsiche und vierzig Arten von Pflaumen, und Walnüsse mit papierdünnen Schalen. Und sie arbeiten, lesen aus, pfropfen, verändern, treiben sich selbst, treiben die Erde zur Produktion an.

Und die ersten Kirschen reifen. Anderthalb Cent das Pfund. Verdammt, dafür können wir sie ja nicht mal pflücken. Schwarze Kirschen und rote Kirschen, voll und süß, und die Vögel fressen die Hälfte einer jeden Kirsche, und die Wespen kriechen in die Löcher, die die Vögel gemacht haben. Und die Kerne fallen auf die Erde und trocknen mit den schwarzen Fetzen, die noch an ihnen hängen. Die roten Pflaumen werden weich und süß. Mein Gott, wir können sie nicht pflücken und trocknen und einschwefeln. Wir können keine Löhne zahlen, ganz gleich, was für Löhne. Und die roten Pflaumen fallen zur Erde und bedecken gleich einem Teppich den Boden. Erst schrumpft die Haut ein wenig, und Schwärme von Fliegen kommen und fressen sich an den Pflaumen satt, und das Tal ist erfüllt von dem Geruch süßer Fäulnis. Das Fleisch wird dunkel, und die Früchte schrumpfen auf der Erde ein.

Und die Birnen werden gelb und weich. Fünf Dollar die Tonne. Fünf Dollar für vierzig Fünfzig-Pfund-Kisten. Die Bäume beschnitten und bespritzt, die Obstgärten kultiviert – die Früchte gepflückt, in Kisten gepackt, auf Wagen geladen, zur Konservenfabrik gefahren – vierzig Kisten für fünf Dollar. Wir können's nicht. Und die gelben Früchte fallen schwer zu Boden und zerplatzen. Die Wespen graben sich in das weiche Fleisch, und es riecht nach Gärung und Fäulnis.
Dann die Trauben – wir können keinen guten Wein machen. Die Leute können keinen guten Wein kaufen. Rupft die Trauben von den Stöcken, gute Trauben, schlechte Trauben, angefressene Trauben. Preßt die Stiele, preßt den Dreck und das Faule.
Aber es ist Mehltau und Ameisensäure in den Trögen.
Tut Schwefel hinein und Gerbsäure.
Der Geruch der Gärung ist nicht der reiche Duft des Weins, sondern der Geruch von Fäulnis und Chemikalien. Ganz egal. Jedenfalls ist Alkohol drin. Die Leute werden davon betrunken.
Die kleinen Farmer sehen, wie die Schulden auf sie zuschleichen, gleich einer Flut. Sie haben die Bäume bespritzt und die Ernte nicht verkauft, sie haben beschnitten und aufgepfropft und haben die Ernte nicht pflücken können. Und die Männer von Wissen haben gearbeitet, haben gerechnet und gespart, und die Früchte verrotten am Boden, und der faule Brei in den Weintrögen vergiftet die Luft. Und der Geschmack des Weines ist nicht der Duft der Trauben, sondern Schwefel, Gerbsäure und Alkohol.
Dieser kleine Obstgarten wird im nächsten Jahr einer großen Gesellschaft gehören, denn die Schulden haben den Besitzer erstickt.
Dieser Weingarten wird der Bank gehören. Nur die großen Besitzer bleiben am Leben, denn sie haben zugleich auch Konservenfabriken. Und vier geschälte und halbierte Birnen, gekocht und konserviert, kosten noch immer fünfzehn Cent. Und Konservenbirnen verderben nicht, sie halten jahrelang.
Die Fäulnis breitet sich aus über den ganzen Staat, und der süße Geruch ist eine große Sorge auf dem Land. Die Männer, die Bäume aufpfropfen und Samen groß und fruchtbar machen können, finden keine Möglichkeit, daß die hungernden Menschen das essen können, was sie gebaut haben. Menschen, die der Welt neue Früchte geschaffen haben, finden kein System, daß die Früchte gegessen werden können. Und der Mißerfolg hängt wie eine große Sorge über dem Staat.

Die Arbeit der Wurzeln der Weinstöcke, der Bäume, muß zerstört werden, damit die Preise hoch bleiben. Und das ist das Traurigste, Bitterste von allem. Wagenladungen von Orangen, die weggeworfen werden. Die Leute kamen meilenweit, um sich die Früchte zu holen, aber das darf natürlich nicht sein. Wie würden sie denn Orangen für zwanzig Cent das Dutzend kaufen, wenn sie bloß herauszufahren und sie aufzulesen brauchen? Und Männer mit Schläuchen spritzen Petroleum auf die Orangen und sind wütend über das Verbrechen, wütend über die Leute, die gekommen sind, um sich die Orangen zu holen. Eine Million Hungernde, die Obst brauchen – und über die goldenen Berge wird Petroleum gespritzt. Und der Geruch der Fäulnis erfüllt das Land.
Sie verbrennen Kaffee als Feuerung in den Schiffen. Sie verbrennen Korn zur Heizung, denn es gibt ein gutes Feuer. Sie werfen Kartoffeln in die Flüsse und stellen an den Ufern Wachen auf, damit die hungrigen Leute sie nicht herausfischen können. Sie schlachten die Schweine und graben sie ein und lassen sie verfaulen und den Saft in die Erde sickern.
Es gibt Verbrechen hier, das nicht zu schildern ist. Es gibt hier Leid, das Tränen selbst nicht sprechen lassen können. Es gibt hier Mißerfolg, der all unsere Bemühungen zunichte macht. Die fruchtbare Erde, die geraden Baumreihen, die starken Stämme und die reife Frucht. Und die Kinder müssen sterben, weil die Orange ihren Profit nicht verlieren darf. Und die Leichenbeschauer müssen in den Totenschein schreiben: »Starb an Unterernährung«, weil Nahrungsmittel verfaulen müssen.
Die Leute kommen mit Netzen, um die Kartoffeln aus dem Fluß zu fischen, aber die Wächter verbieten es ihnen. Sie kommen in ratternden Wagen, um sich Orangen zu holen, aber die Orangen sind mit Petroleum bespritzt. Und sie stehen still und sehen zu, wie die Kartoffeln vorbeischwimmen, hören die Schweine schreien, die in einem Graben geschlachtet und mit Ätzkalk bedeckt werden, sehen die Orangenberge zu einem Fäulnisbrei zusammensinken, und in den Augen der Hungernden steht ein wachsender Zorn. In den Herzen der Menschen wachsen die Früchte des Zornes und werden schwer, schwer und reif zur Ernte.

John Steinbeck

obst und gemüse-marterl

        abseits der plan-
tagen im windschatten matschig,
ranzige schatten zwischen den
zähnen (»folgen sie?«);
            als erstes
planieren wir die kirschen! reifn-
knirschn. wegspritzende fontänchen
und gurgelnd verschwindet der apfel
(verdorbenes fruchtprofil);
                schimmel und
tierchen; übern jordan der rotkohl
der rosen!, vor der porree-kulisse
wirds tomatenkar weich, darüber
steigen die bulldozer (maulaff die
-sperre), mit ungedrosselten motoren
übern birnberg pflaumenberg, »voll
rein« (auch ansichtskartenmotiv,
»können sie folgen?«);
              »so fahrn wir
übern see..«, es rumort die kasersage,
verwunschner senn den bleiberg
im brustfeuer; butterruder
eingetunkt, blasen schlägt der
milchsee (»ne kranke landschaft«,
»miese fernsicht«) ZUNGENLUMPEN,
ZISCHN DEN ZÄHN DAS ABC, GEBLECKTES
HAUSMANN'SCHES GEBISS, »so fahrn
wir übersee«;
          folgen sie
dem günen feil! übers apri-
kosengeröll gebeugt, bezwungene
pfirsichmoräne, in der nordost
führe ein rotbackiger steinschlag,
es folgt der eintrag ins gipfel
buch (»so vorgeglühte alpen«,
»einfach maa-le-
        risch«) tanklaster
strullen ihren wein ins meer,
hengstpisse, das schäumt!, im
hintergrund der wilde kaiser
              Thomas Kling

Kurze Geschichte der Bourgeoisie

Dies war der Augenblick, da wir,
ohne es zu bemerken, fünf Minuten lang
unermeßlich reich waren, großzügig
und elektrisch, gekühlt im Juli,
oder für den Fall daß es November war,
loderte das eingeflogene finnische Holz
in den Renaissancekaminen. Komisch,
alles war da, flog sich ein,
gewissermaßen von selber. Elegant
waren wir, niemand konnte uns leiden.
Wir warfen um uns mit Solokonzerten,
Chips, Orchideen in Cellophan. Wolken,
die Ich sagten. Einmalig!

Überallhin Linienflüge. Selbst unsre Seufzer
gingen auf Scheckkarte. Wie die Rohrspatzen
schimpften wir durcheinander. Jedermann
hatte sein eigenes Unglück unter dem Sitz,
griffbereit. Eigentlich schade drum.
Es war so praktisch. Das Wasser
floß aus den Wasserhähnen wie nichts.
Wißt ihr noch? Einfach betäubt
von unsern winzigen Gefühlen,
aßen wir wenig. Hätten wir nur geahnt,
daß das alles vorbei sein würde
in fünf Minuten, das Roastbeef Wellington
hätte uns anders, ganz anders geschmeckt.

Hans Magnus Enzensberger

Alle Herrlichkeit auf Erden

Abtragen
   alles abtragen
     den ganzen Plunder
   zusammenkarren
und in den großen Kessel stopfen

Einen kleinen festen Filzhut kochen
   als Wetterschutz
     als Pinkelpott
       als Freßnapf
         als Kotztüte
   als Füllhorn

Auf einem blankgewaschenen Stein hocken
   und alle Sinne verlieren
     an das Nichts
   an das liebliche Nichts

Karin Kiwus

Zwischenstück:
Befragung des I-Ging

頤

Die Mundwinkel (Die Ernährung)

☶ oben Gen, das Stillehalten, der Berg
☳ unten Dschen, das Erregende, der Donner

Das Zeichen ist das Bild eines geöffneten Mundes: oben und unten die festen Lippen und dazwischen die Öffnung des Mundes. Vom Bild des Mundes, durch den man die Speisen aufnimmt, um sich zu ernähren, geht der Gedanke auf die Ernährung selbst über. In den drei unteren Linien ist die eigene Ernährung, und zwar die leibliche, in den drei oberen Linien ist die Ernährung und Pflege der andern, und zwar die geistige, höhere, zur Darstellung gebracht.

DAS URTEIL
Die Mundwinkel. Beharrlichkeit bringt Heil.
Sieh auf die Ernährung und womit einer selbst sucht seinen Mund zu füllen.

Bei der Zuwendung von Pflege und Ernährung ist es wichtig, daß für die rechten Leute gesorgt wird und man für seine eigene Ernährung in der rechten Weise sorgt. Wenn man jemanden kennenlernen will, so braucht man nur darauf zu sehen, wem jemand seine Pflege angedeihen läßt und welche Seiten seines eigenen Wesens er pflegt und nährt. Die Natur nährt alle Wesen. Der große Mann nährt und pflegt die Tüchtigen, um durch sie für alle Menschen zu sorgen.

Mong Dsï VI A 14 sagt hierzu: Wenn man erkennen will, ob einer tüchtig ist oder untüchtig, so braucht man auf nichts anderes zu sehen als darauf, welchen Teil seines Wesens er besonders wichtig nimmt. Der Leib hat edle Teile und unedle, hat wichtige Teile und geringe. Man darf um das Geringen willen nicht das Wichtige schädigen und um des Unedlen willen nicht das Edle schädigen. Wer die geringen Teile seines

Wesens pflegt, der ist ein geringer Mensch. Wer die edlen Teile seines Wesens pflegt, der ist ein edler Mensch.

DAS BILD

Unten am Berg ist der Donner: das Bild der Ernährung.
So hat der Edle acht auf seine Worte
und ist mäßig im Essen und Trinken.

»Gott tritt hervor im Zeichen der Erregung.« Wenn im Frühling die Lebenskräfte sich wieder regen, dann entstehen alle Dinge aufs neue. »Er vollendet im Zeichen des Stillhaltens.« So werden im Vorfrühling, wenn die Samen zur Erde fallen, alle Dinge fertig. Das gibt das Bild der Ernährung durch Bewegung und Stille. Der Edle nimmt das zum Vorbild für die Ernährung und Pflege seines Charakters. Die Worte sind von innen nach außen gehende Bewegung. Essen und Trinken ist die von außen nach innen gehende Bewegung. Beide Arten von Bewegung sind durch Stille zu mäßigen. So bewirkt die Stille, daß die vom Mund ausgehenden Worte das Maß nicht überschreiten und die zum Mund eingehende Nahrung das Maß nicht überschreitet. Dadurch wird der Charakter gepflegt.

DIE EINZELNEN LINIEN

Anfangs eine Neun bedeutet:
Du läßt Deine Zauberschildkröte fahren
und blickst nach mir mit herabhängenden Mundwinkeln.
Unheil!

Die Zauberschildkröte ist ein Wesen, das keiner irdischen Nahrung bedarf, sondern solche Zauberkraft besitzt, daß es von der Luft leben kann. Das Bild besagt, daß man seiner Art und Stellung nach ganz gut frei und unabhängig aus sich selbst heraus leben könnte. Statt dessen verzichtet man auf diese innere Selbständigkeit und blickt mit Neid und Unmut zu andern empor, die es äußerlich besser haben. Dieser niedrige Neid ruft aber bei dem andern nur Hohn und Verachtung hervor. Das ist von Übel.

Sechs auf zweitem Platz bedeutet:
Nach dem Gipfel sich wenden um Ernährung.
Vom Wege abweichen, um von dem Hügel
Ernährung zu suchen:
Wenn man so fortmacht, bringt es Unheil.

Das Normale ist, daß man für seine Nahrung selbst sorgt oder sich von denen, die Pflicht und Recht dazu haben, auf rechtmäßige Weise ernähren läßt. Wenn man durch innere Schwäche nicht imstande ist, für seine Ernährung zu sorgen, so zeigt sich leicht eine Unruhe, indem man unter Umgehung des rechtmäßigen Erwerbs durch Gunst sich seinen Lebensunterhalt von höher Gestellten schenken läßt. Das ist unwürdig, denn man weicht von seiner Art ab. Das führt, dauernd betrieben, zu Unheil.

    Sechs auf drittem Platz bedeutet:
    Abweichen von der Ernährung.
    Beharrlichkeit bringt Unheil.
    Zehn Jahre handle nicht danach. Nichts ist fördernd.
Wer Nahrung sucht, die nicht nährt, der taumelt von Begierde zu Genuß, und im Genuß verschmachtet er nach Begierde. Leidenschaftlicher Taumel, um die Sinne zu befriedigen, führt nie zum Ziel. Nie (zehn Jahre ist eine vollendete Periode) darf man so handeln. Es kommt nichts Gutes dabei heraus.

    Sechs auf viertem Platz bedeutet:
    Nach dem Gipfel sich wenden um Ernährung bringt Heil.
    Mit scharfen Augen wie ein Tiger umherspähen
      in unersättlichem Begehren. Kein Makel.
Anders als bei der Sechs auf zweitem Platz, die einen Menschen bedeutet, der geschäftig nur auf seinen eigenen Vorteil bedacht ist, bedeutet diese Linie einen Menschen, der von hoher Stelle aus bestrebt ist, sein Licht leuchten zu lassen. Dazu braucht er Hilfskräfte, weil er allein sein hohes Ziel nicht erreichen kann. Begierig wie ein hungriger Tiger ist er darauf aus, die rechten Leute zu finden. Aber weil er nicht für sich, sondern für die Allgemeinheit sorgt, ist solcher Eifer kein Fehler.

    Sechs auf fünftem Platz bedeutet:
    Abweichen vom Weg.
    Bleiben in Beharrlichkeit bringt Heil.
    Man soll nicht das große Wasser durchqueren.
Man ist sich eines Mangels bewußt. Man sollte für die Ernährung der Menschen sorgen, aber man hat nicht die Kraft dazu. So muß man vom gewohnten Weg abweichen und sich von einem geistig überlegenen, aber äußerlich unscheinbaren Menschen Rat und Hilfe erbitten. Wenn man diese Gesinnung beharrlich hegt, so hat man Erfolg und Heil. Nur muß man sich seiner Abhängigkeit bewußt bleiben. Man darf nicht mit seiner

eigenen Person hervortreten und große Werke, wie das Durchqueren des großen Wassers, unternehmen wollen.

Oben eine Neun bedeutet:
Die Quelle der Ernährung.
Bewußtsein der Gefahr bringt Heil.
Fördernd ist es, das große Wasser zu durchqueren.

Es ist hier ein Weiser höchster Art, von dem alle Einflüsse ausgehen, die für die Ernährung der andern sorgen. Eine solche Stellung bringt schwere Verantwortung. Bleibt er sich deren bewußt, so hat er Heil und mag auch große und schwere Werke, wie das Durchqueren des großen Wassers, getrost unternehmen. Sie bringen allgemeines Glück für ihn und alle.
I-Ging

Epilog: Nach Tisch

Kotbeschau

Nun wußte er nicht, wie er seine Nahrung zubereiten sollte. Deshalb hockte er sich hin und schiß. Dann fragte er seine Exkremente: »Was soll ich tun, meine Exkremente?« *Eskimo-Märchen*

Wie überschaubar etwa

die eigene Verdauung
beruhigend einfach
von Fall zu Fall
dazuhocken und nachzuvollziehen
was man vor ein zwei Tagen vielleicht
jeweils alles zu sich genommen hat
rote Beete zum Beispiel Spargel Spinat
Mohnkuchen Leinsamen Feigen
manchmal auch Pepperoni oder andere
scharfe Sachen kommt immer ganz
auf den lebendigen Zusammenhang an

Karin Kiwus

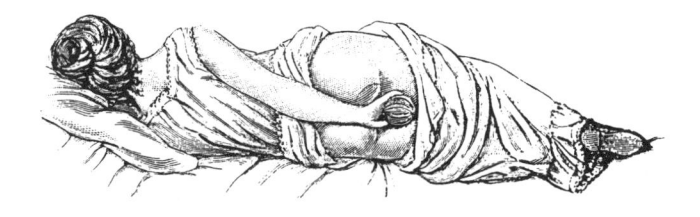

Zur Hintertür hinaus

Unsere Kultur ist eigentlich bloß ein Produkt der Tätigkeit des Magens; er ist ein Ei, aus dem sich allmählich alle Künste und Wissenschaften entfaltet haben; wenn der Magen sich blind endigte, so daß nichts durch ihn hindurchpassieren könnte, so wäre es um alles Fortschreiten der Kultur geschehen, hätte man sich einmal vollgefüllt, nun so hörte alles Studium auf, und die Welt lebte in einem traurigen Farniente fort; so aber nimmt der Magen das, was ihm geboten wird, immer nur auf eine Weile freundlich hin; dann aber sagt er: geht mit eurem Kote; er wirft ihn zur Hintertür hinaus und will etwas anderes, und womöglich etwas Besseres, und so wird der Mensch, um ihn zu befriedigen, immer wieder zu neuer Tätigkeit angeregt. *Gustav Theodor Fechner*

Es ist ja der gantze Leib so voller Unrath

Der Mensch ist, wenn er auf die Welt kommet, voller Unflath.
Wenn sie [...] der Geburt entronnen, ...so sind sie, innerlich und äußerlich voller Unreinigkeit, [...] welche mit Mühe muß herab gebracht werden: und hernach bricht auch der innerliche Qualm hervor, indem sie eine schwartz-grüne scharffe Materie durch den Stuhlgang von sich geben
[...]
Die Unreinigkeit desselben wird künstlich verborgen.
Der Koth, und die Unreinigkeiten des Leibes (sind) dergestalt verborgen, und an solche Oerter gesetzet [...], da sie den Menschen und andere, die um ihn sind, am wenigsten incommodiren; denn es ist ja der gantze Leib so voller Unrath, dessen übler Geruch [...] sich weit diffundiret, welcher aber [...] so verwahret ist, daß er bey einem gesunden Menschen nicht kan empfunden werden. [...]
Sein Leib ist ein Begräbnis der Thiere.
Wie viel Unreinigkeit, Schleim und andere heßliche Materien werden nicht durch Speise und Tranck in den Leib mit eingeführt, welche darinnen verfaulen, und fast den dritten Theil des menschlichen Cörpers zu einem übelriechenden Cloac machen; also daß der Mensch ein Begräbnis der Thiere ist, in welchem sie in ihre Verwesung gehen?
Christian Friedrich Richter

die verdauung

der hund beachtet die verdauung
nicht in gleichem maße wie der mensch.
ebensogut könnte man sagen:
der hund verachtet die verdauung
nicht in gleichem maße wie der mensch.
wer hat nun recht?
der hund oder der mensch?

Ernst Jandl

Gott schiß

Warum nicht ein Gedicht über den Haufen Scheiße, wie Gott ihn fallen ließ und Kalkutta nannte. Wie es wimmelt, stinkt, lebt und immer mehr wird. Hätte Gott einen Haufen Beton geschissen, wäre Frankfurt rausgekommen.
Günter Grass

klebend

ich klebe an gott dem allmächtigen vater
schöpfer himmels und aller verderbnis
und an seinem in diese scheiße hineingeborenen sohn
der zu sein ich selber mich wähne um mich schlagend
um mein maul aus diesem meer von kot in die luft zu halten
und immer noch atem zu kriegen warum nur
weil ich ein von maßloser feigheit gesteuertes schwein bin
unfähig willentlich unterzutauchen ins unausweichliche

Ernst Jandl

Die Scheiße

Immerzu höre ich von ihr reden
als wär sie an allem schuld.
Seht nur, wie sanft und bescheiden
sie unter uns Platz nimmt!
Warum besudeln wir denn
ihren guten Namen
und leihen ihn
dem Präsidenten der USA,
den Bullen, dem Krieg
und dem Kapitalismus?

Wie vergänglich sie ist,
und das was wir nach ihr nennen
wie dauerhaft!
Sie, die Nachgiebige,
führen wir auf der Zunge
und meinen die Ausbeuter.
Sie, die wir ausgedrückt haben,
soll nun auch noch ausdrücken
unsere Wut?

Hat sie uns nicht erleichtert?
Von weicher Beschaffenheit
und eigentümlich gewaltlos
ist sie von allen Werken des Menschen
vermutlich das friedlichste.
Was hat sie uns nur getan?

Hans Magnus Enzensberger

Wie Eulenspiegel sein Testament macht / darin der Pfaff seine Händ beschiß

Merket, geistlich und weltliche Personen, daß ihr euer Händ nit verunreiniget an Testamenten, als an Eulenspiegels Testamente geschah. Ein Pfaff ward Eulenspiegeln zugebracht, daß er ihm beichten sollt. Als nun der Pfaff zu ihm kam, da gedacht der Pfaff in ihm: »Er ist ein abenteuerlich Mensch gewesen, damit hat er viel Gelds zusammen bracht, es kann nit fehlen, er muß ein merklich Summ Gelds haben, das sollst du ihm abziehen in seinem letzten End, vielleicht wird dir auch etwas davon.« Als nun Eulenspiegel dem Pfaffen begund zu beichten, und kamen zu Worten, unter anderm sprach der Pfaff zu ihm: »Eulenspiegel, mein lieber Sohn, bedenket Euer Seele Seligkeit in Euerm End, Ihr seid ein abenteuerlich Gesell gewesen und habt viel Sünd getrieben, das lasset Euch leid sein; und habet Ihr etwas von Gelds, ich wollt das wohl geben in die Ehr Gotts und armen Priestern, als ich bin, das will ich

Euch raten, dann es ist gar wunderlich gewonnen. Und wann Ihr dann solches thun wöllet, daß Ihr mir das offenbaret, und gebet mir solch Geld, ich wollte das bestellen, daß Ihr sollet in die Ehr Gotts kommen. Und wolltet Ihr mir auch etwas geben, so wollt ich Euer all mein Lebtag gedenken, und nach lesen Vigilien und Seelmessen.« Eulenspiegel sagt: »Ja mein Lieber, ich will Euer gedenken, und kommet nach Mittag wieder, ich will Euch selber in die Hand geben ein Stück Golds, so seid Ihr gewiß.« Der Pfaff war froh und kam nach Mittag wieder laufen. Und dieweil daß er aus war, da hätt Eulenspiegel ein Kannen, die thät er halber voll Menschendrecks und streuet ein wenig Gelds darauf, so daß das Geld den Dreck bedeckt. Als nun der Pfaff wieder kam, sprach er: »Mein lieber Eulenspiegel, ich bin hie, wöllet Ihr mir nun etwas geben, als Ihr mir gelobt habet, das will ich empfahen.« Eulenspiegel sagt: »Ja lieber Herr, wann Ihr nun züchtig wolltet greifen und nit geizig wolltet sein, so wollt ich Euch lassen greifen einen Griff aus dieser Kannen, da sollet Ihr mein gedenken.« Der Pfaff sprach: »Ich wills thun nach Euerm Willen, und greifen darin als ich auf das genauest kann.« Also thät Eulenspiegel die Kannen auf und sagt: »Seh hin lieber Herr, die Kann ist gar voll Geld, da tastet in und langet daraus ein Hand voll, und greift doch nit zu tief.« Der Pfaff sagt ja, und ihm ward so ernst und die Geizigkeit betrog ihn, und er griff mit der Hand in die Kann und er meint ein gut Hand voll zu greifen, und schlug die Händ in die Kann: da befand er, daß es naß und weich unter dem Geld war; da zuckt er die Hand wieder zu ihm, da waren ihm die Knöchel besudelt in dem Dreck. Da sprach der Pfaff zu ihm: »O wie ein falscher Schalk bist du, betrügst du mich in deinem letzten End, da du in deinem Todbett liegst, so dürfen diejenigen nit klagen, die du betrogen hast in deinen jungen Tagen.« Eulenspiegel sagt: »Lieber Herr, ich warnt Euch, Ihr solltet nit zu tief greifen, betrügt Euch nun Euer Begierigkeit und Thun über mein Warnung, das ist mein Schuld nit.« Der Pfaff sprach: »Du bist ein Schalk ob allen Schälken ausgelesen. Konntest du dich in Lübeck von dem Galgen reden, du antwortest auch wohl mir wieder.« Und ging und ließ Eulenspiegel liegen. Eulenspiegel ruft ihm nach, daß er warten sollt und das Geld mit ihm nehmen; der Pfaff wollt nit hören. *Volksbuch*

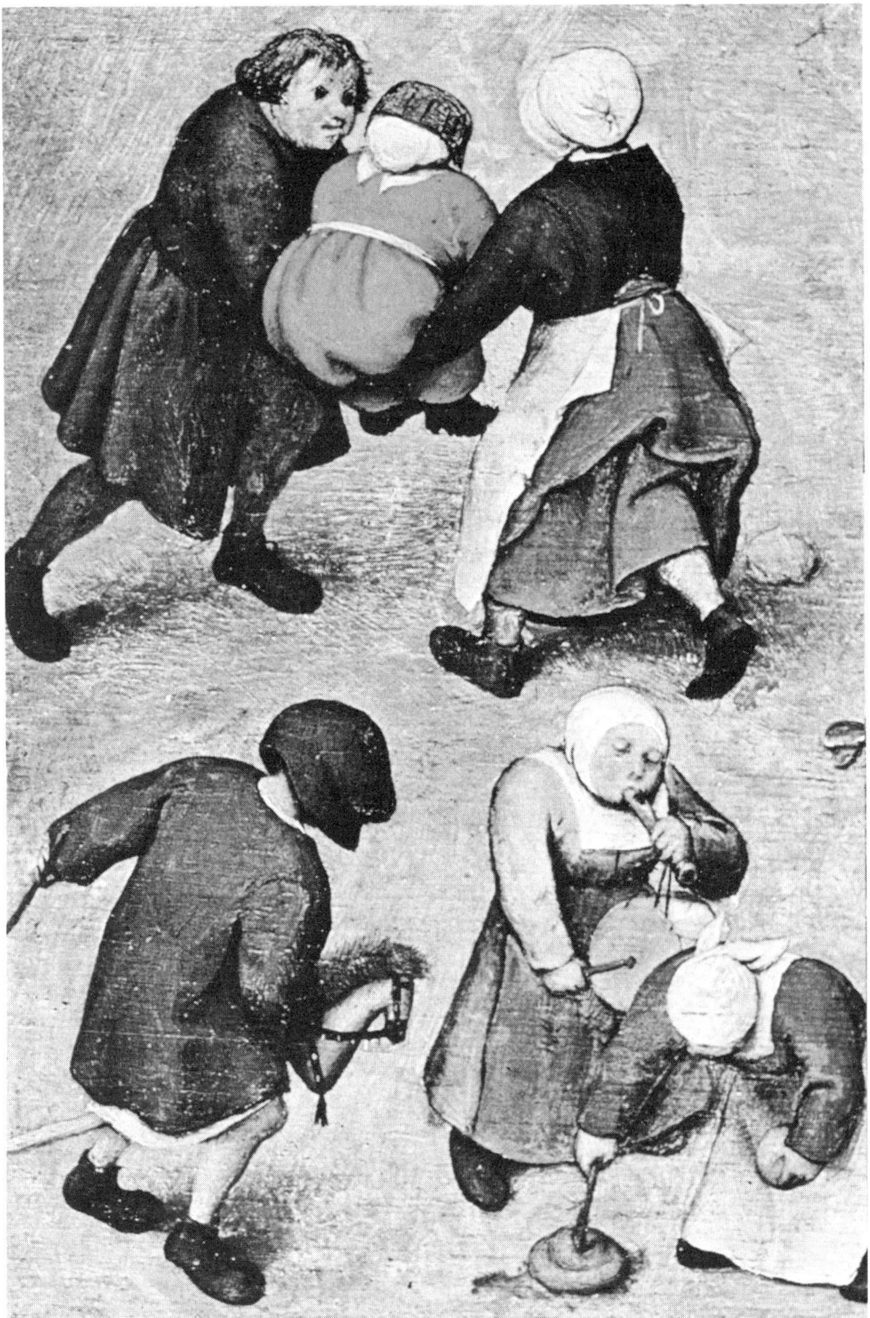

Kinder der Analkultur

Hier geht es nun ums Ganze. Als Kinder der Analkultur haben wir alle ein mehr oder weniger gestörtes Verhältnis zur eigenen Scheiße. Die Abspaltung unseres Bewußtseins von der eigenen Scheiße ist die tiefste Ordnungsdressur; sie sagt uns, was verhüllt und privat geschehen muß. Die Beziehung, die den Menschen zu ihren eigenen Ausscheidungen eingebleut wird, liefert das Modell für ihren Umgang mit sämtlichen Abfällen ihres Lebens. Man hat sie bisher regelmäßig ignoriert. Erst im Zeichen des modernen ökologischen Denkens finden wir uns gezwungen, unsere Abfälle in unser Bewußtsein zurückzunehmen. Die hohe Theorie entdeckt die Kategorie Scheiße, ein neues Stadium von Naturphilosophie wird damit fällig, eine Kritik des Menschen als eines hyperproduktiven scheißeaufhäufenden Industrietieres. Diogenes ist der einzige westliche Philosoph, von dem wir wissen, daß er bewußt und öffentlich seine animalischen Geschäfte verrichtete, und es gibt Gründe, dies als Bestandteil einer pantomimischen Theorie zu interpretieren. Sie deutet auf ein Naturbewußtsein hin, das die animalischen Seiten des Menschlichen positiv wertet und keine Abspaltungen des Niederen oder Peinlichen gestattet. Wer nicht wahrhaben will, daß er ein Abfallproduzent ist und daß er keine Wahl hat, anders zu sein, der riskiert, eines Tages an der eigenen Scheiße zu ersticken. Alles spricht dafür, den Diogenes Sinopensis in die Ahnengalerie des ökologischen Bewußtseins aufzunehmen. Die geistesgeschichtliche Großtat der Ökologie, die bis in die Philosophie, die Ethik und die Politik ausstrahlen wird, besteht darin, das Abfallphänomen zu einem »hohen« Thema gemacht zu haben. Von nun an ist es keine lästige Nebenerscheinung mehr, sondern wird als Grundprinzip erkannt. Damit werden wirklich die letzten verborgenen Stellungen des Idealismus und Dualismus aufgebrochen. Man muß der Scheiße anders begegnen. Es gilt jetzt, die Brauchbarkeit des Unbrauchbaren, die Produktivität des Unproduktiven neu zu durchdenken, philosophisch gesprochen: die Positivität des Negativen aufzuschließen und unsere Zuständigkeit auch für das Unbeabsichtigte zu erkennen. Der kynische Philosoph ist einer, der sich nicht ekelt. Darin ist er den Kindern verwandt, die von der Negativität ihrer Abfälle noch nichts wissen.

Peter Sloterdijk

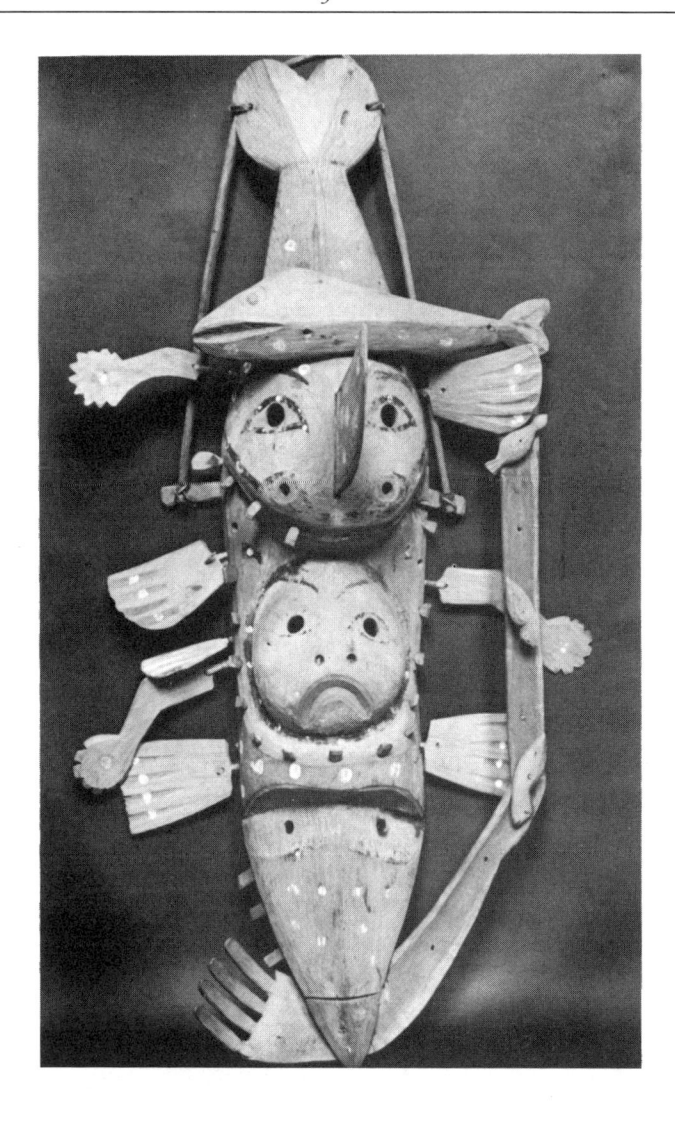

Wie Schöpfer seine Leute durch eine Zeit des Hungerns brachte

Es war zu der Zeit, als Schöpfer lebte. Alle seine Söhne gingen auf Rentierjagd. Sie führten ihre Herde zahmer Rentiere mit sich. Schöpfer hatte beim Fischen kein Glück, und seine Familie war am Verhungern. Schließlich sagte er zu seiner Frau und seinen Töchtern: »Laßt uns von hier fortziehen. Wenn wir hier bleiben, werden wir verhungern. Wir wollen keine unnützen Dinge mitnehmen, nur unsere Kleidung und unser Zelt: das genügt.«
Die Töchter des Schöpfers fragten ihn: »Wohin werden wir gehen?« –

«Nehmt nur eure Reisetaschen mit. Ich werde euch später sagen, wohin wir gehen.«
Nachdem sie ihre Reisetaschen gepackt und geschultert hatten, sagte Schöpfer zu seiner Frau und den Töchtern: »Nun muß jeder von uns den Kopf in den Anus stecken.« Schöpfer und seine Töchter taten dies, aber Miti steckte ihn statt dessen in ihre Vagina. Dann begannen sie alle, in sich selbst drin zu leben. Schöpfer richtete es so, daß sie einander sehen konnten, Miti jedoch konnten sie nicht sehen, weil sie den falschen Weg genommen hatte. Schöpfer sagte zu seiner Tochter: »Miti muß ihren Wohnort an einem andern Fluß gesucht haben.« Sie riefen: »Miti, wo bist du?« Sie antwortete ihrem Ruf: »Ich folgte einem hellen Strom!« Dann sagte Schöpfer zu seinen Töchtern: »Bleibt hier und wartet, ich will gehen und eure Mutter holen.« Er zog seinen Kopf aus dem Hintern und sah, daß Miti ihren Kopf am falschen Ort hineingesteckt hatte. Er zog ihren Kopf heraus und steckte ihn in ihren Anus und steckte sich dann seinen Kopf auch wieder in den Hintern. Dann fanden sie sich alle am selben Ort bei ihren Töchtern. Sie fingen ein paar Fische. Schöpfer befahl ihnen, den Fisch zu essen, ihn aber nicht zu räuchern. So lebten sie eine lange Zeit.
Eme'mqut und seine Brüder kehrten von der Jagd zurück. Sie führten eine große Zahl erlegter Rentiere mit sich und brachten auch die Rentierherde von Schöpfer zurück; aber niemand kam ihnen aus dem unterirdischen Haus entgegen. Eme'mqut sagte zu seinen Brüdern: »Geht und laßt die Rentiere auf die Weide, währenddessen will ich hinabgehen und sehen, was passiert ist. Es sieht so aus, als seien sie alle tot.« Eme'mqut stieg in das Haus hinunter und sah seinen Vater, die Mutter und Schwestern alle zusammengekauert dasitzen, mit Taschen auf den Schultern, und alle hatten sie ihre Köpfe in ihren Hintern. Er stieß sie an und zog ihre Köpfe hervor. Sie hatten sich von den Exkrementen in ihren Eingeweiden ernährt, und das war es, was sie ihren Fisch nannten. Miti kam heraus mit einem Stück in der Hand. Eme'mqut schaute sie an, begann auszuspeien und sagte: »Pfui! Ihr habt Scheiße gefressen!« Aber Schöpfer sagte »Hätten wir sie nicht gegessen, wären wir schon lange verhungert.«
Daraufhin aßen sie die wilden Rentiere und schlachteten die zahmen. So begannen sie, von guter Nahrung zu leben. Das ist alles.

Eskimo-Märchen

Meine gewissen Rezepte

Eines Tages sprech ich im Rundfunk
Gegen Morgen wenn niemand mehr zuhört
Meine gewissen Rezepte

Gießt Milch ins Telefon
Laßt Katzen hecken
In der Geschirrspülmaschine
Zerstampft die Uhren im Waschtrog
Tretet aus Euren Schuhen

Würzt den Pfirsich mit Paprika
Und das Beinfleisch mit Honig

Lehrt eure Kinder das Füchsinneneinmaleins
Dreht die Blätter im Garten auf ihre Silberseite
Beredet euch mit dem Kauz

Wenn es Sommer wird zieht euren Pelz an
Trefft die aus den Bergen kommen
Die Dudelsackpfeifer
Tretet aus Euren Schuhen

Marie Luise Kaschnitz

Kein Eßvorrat kann mich retten

Ich befahl mein Pferd aus dem Stall zu holen. Der Diener verstand mich nicht. Ich ging selbst in den Stall, sattelte mein Pferd und bestieg es. In der Ferne hörte ich eine Trompete blasen, ich fragte ihn, was das bedeute. Er wußte nichts und hatte nichts gehört. Beim Tore hielt er mich auf und fragte: »Wohin reitest du, Herr?« »Ich weiß es nicht«, sagte ich, »nur weg von hier, nur weg von hier. Immerfort weg von hier, nur so kann ich mein Ziel erreichen.« »Du kennst also dein Ziel?« fragte er. »Ja«,

antwortete ich, »ich sagte es doch: ›Weg-von-hier‹, das ist mein Ziel.«
»Du hast keinen Eßvorrat mit«, sagte er. »Ich brauche keinen«, sagte ich, »die Reise ist so lang, daß ich verhungern muß, wenn ich auf dem Weg nichts bekomme. Kein Eßvorrat kann mich retten. Es ist ja zum Glück eine wahrhaft ungeheuere Reise.« *Franz Kafka*

Ohne Weg ohne Brot

Ohne mich ohnehin ohne Weg kam ich dahin ohne Brot
ohne Atem aber mitnichten mitneffen mit Kaspar
mit Kuchen so rund war er etwas eckig zwar
aber ohne Grasbewuchs mit Narben mit Warzen mit Fingern
mit Stäben mit vielen O's und wenig W's
dafür mit ganz enorm wenig viel.
Oh falle du doch in dein Loch oh begrabe du dich doch selbst
und deine langatmige Hoffnung
gib deinem Ich einen Tritt deinem Es seinen Lohn
und was von dir übrig bleibt brate wie Fischlein im Öl
du kannst deine Schuhe abstreifen.

Meret Oppenheim

Anhang

Anmerkungen

Vorrede

1 Georg Christoph Lichtenberg: Sudelbücher I, S. 363, zit. n. Christiaan L. Hart Nibbrig: Warum Lesen?, Frankfurt/M. 1983, S. 197 (Lesen und Essen)
2 Christian Morgenstern: Palmström. In: Jubiläumsausgabe in 4 Bänden, Bd 1, München, Zürich 1979, S. 178
3 Christa Reinig: Gesammelte Gedichte 1960–1979, Darmstadt und Neuwied 1985, S. 185 (Montag, 24. April)

Das Denk-Mahl

Auslassungen sind nicht immer mit … gekennzeichnet. Die Orthographie ist der heutigen Schreibweise angepaßt. Satzstellung und Satzzeichen sind ohne Vermerk mitunter der Dialogform angeglichen. Es wird nicht einheitlich, also aus verschiedenen Ausgaben zitiert.

1 René Descartes: Meditationen über die Grundlagen der Philosophie, VI. Med. 12, Hamburg 1960, S. 72
2 René Descartes: Meditationen, VI. Med. 13, ebda S. 72f
3 René Descartes: Antwort auf Gassendi zur II. Med., in: Meditationen… mit sämtlichen Einwänden und Erwiderungen, Leipzig 1922, S. 328
4 Immanuel Kant: Anthropologie, A 205, A 227, Werke Bd. 6, Wiesbaden 1956ff, S. 581, 600
5 Immanuel Kant: Metaphysik der Sitten, Zweiter Teil A 68, ebda Bd. 4, S. 552
6 Johann Gottlieb Fichte: System der Sittenlehre, Akad. Ausg., Stuttgart-Bad Canstatt 1977, I, 5, S. 123, S. 121
7 Johann Gottlieb Fichte: ebda I, 5, 123
8 Ernst Bloch: Tübinger Einleitung in die Philosophie, Frankfurt a. M. 1967, S. 13, 15
9 René Descartes: zit. in: Elisabeth Badinter, Die Mutterliebe… dt. München 1984, S. 43
10 René Descartes: Discours de la Méthode, Stuttgart 1978, S. 14
11 Johann Gottlieb Fichte: Schriften zur Revolution, Frankfurt a. M. 1967, Beiträge zur Berichtigung der Urteile des Publikums, S. 167
12 Gustav Theodor Fechner: Vergleichende Anatomie der Engel, in: Imago II, 1925, S. 374f
13 Immanuel Kant: Von der Macht des Gemüts durch den bloßen Vorsatz seiner krankhaften Gefühle Meister zu sein, Leipzig 1824, S. 34f
14 Friedrich Schlegel: Theorie der Weiblichkeit (Hg. W. Menninghaus), Frankfurt a. M. 1983, S. 127
15 Novalis: ebda S. 168
16 Novalis: ebda S. 166

17 Friedrich Schlegel: ebda S. 134
18 Novalis: ebda S. 169
19 Theodor W. Adorno: Negative Dialektik, Frankfurt a. M. 1982, S. 33
20 Georg W. Fr. Hegel: Phänomenologie des Geistes, Frankfurt a. M.-Berlin 1970, S. 71 f
21 G. W. F. Hegel: ebda S. 111 f
22 G. W. F. Hegel: ebda S. 119
23 G. W. F. Hegel: ebda S. 446
24 Novalis: Philosophische Werke, Allg. Brouillon, 126, 167, Stuttgart 1968, S. 264, 270
25 Bonaventura: Nachtwachen, 14. NW, Hamlet an Ophelia, Stuttgart 1968, S. 122
26 Immanuel Kant: Nachlaß Nr. 7204, Ges. Schriften, Berlin-Leipzig 1900–1955, Bd. XIX, S. 283
27 Arthur Schopenhauer: Die Welt als Wille und Vorstellung, I,2, § 69, S. 492 f
28 E. A. Ch. Wasianski: Immanuel Kant in seinen letzten Lebensjahren, in: I. Kant. Sein Leben in Darstellungen von Zeitgenossen, Darmstadt 1978, S. 242

»Suppenlogik mit Knödelargumenten«
Eß-Störungen in Sigmund Freuds Psychoanalyse

Freud wird zitiert aus: Sigmund Freud, Gesammelte Werke, chronologisch geordnet, 18 Bde, Fischer, Frankfurt a. M. 1972–1976
1 III, 315 (Bemerkungen über die Übertragungsliebe, 1915)
2 X, 249 (Die Verdrängung, 1915)
3 XV, 104–105 (Neue Folge der Vorlesungen zur Einführung in die Psychoanalyse, 1933)
4 idem
5 XII, 4 (Eine Schwierigkeit der Psychoanalyse, 1917)
6 XVII, 76 (Abriß der Psychoanalyse, Schrift aus dem Nachlaß, 1938 begonnen)
7 wie Anm. 3 und 5
8 XI, 340 (Vorlesungen zur Einführung in die Psychoanalyse, 1917, XXI: Libidoentwicklung und Sexualorganisationen) und wie Anm. 3
9 Vgl. Chevalier, Jean; Gheerbrandt, Alain: Dictionnaire des Symboles. Laffont/Jupiter, Paris 1982, »Papillon«. – Vgl. auch Roscher, Wilhelm Heinrich: Ausführliches Lexikon der griechischen und römischen Mythologie, 9 Vol., Teubner, Leipzig 1884–1937
10 V, 82 (Drei Abhandlung zur Sexualtheorie, 1905, II: Die infantile Sexualität)
11 wie Anm. 5
12 XII, 142 (Aus der Geschichte einer infantilen Neurose, 1918)
13 IX, 170–173 (Totem und Tabu, 1912/13)
14 Vgl. Berthelsen, Detlef: Alltag bei Familie Freud. Die Erinnerungen der Paula Fichtl, Hoffmann und Campe, Hamburg 1987, S. 37 und 49
15 II/III, 136–137 (Die Traumdeutung, 1900, III: Der Traum ist eine Wunscherfüllung)

16 XI, 158 (Vorlesungen zur Einführung in die Psychoanalyse, 1917, X: Die Symbolik im Traum)
17 XII, 105, 113, 116–117 (Aus der Geschichte einer infantilen Neurose, 1918) – XIII, 397–398 (Der Untergang des Oedipuskomplexes, 1924). – XV, 107–108 (Neue Folge der Vorlesungen zur Einführung in die Psychoanalyse, 1933)
18 Vgl. Simson, John von: Kanalisation und Städtehygiene im 19. Jahrhundert. VDI-Verlag, Düsseldorf 1983 (Technikgeschichte in Einzeldarstellungen; 39)
19 I, 189 (Studien über Hysterie, 1895, Katharina...); 301 (Zur Psychotherapie der Hysterie)
20 XV, 130 (Neue Folge der Vorlesungen zur Einführung in die Psychoanalyse, 1933)
21 XI, 380 (Vorlesungen zur Einführung in die Psychoanalyse, 1917, XXIII: Die Wege der Symptombildung)
22 XIV, 527, (Über die weibliche Sexualität, 1931)
23 XV, 130 (Neue Folge der Vorlesungen zur Einführung in die Psychoanalyse, 1933, XXXIII: Die Weiblichkeit)
24 Kafka, Franz: Die Erzählungen, Fischer, Frankfurt a. M., 1953, S. 185 (Ein Hungerkünstler)
25 wie Anm. 2
26 wie Anm. 1
27 II/III, 211 (Die Traumdeutung, 1900). – V, 33 (Abhandlung zur Sexualtheorie, 1905). – VIII, 98 (Die psychogene Sehstörung in psychoanalytischer Auffassung, 1910). – X, 143 (Zur Einführung des Narzißmus, 1914). – XI, 323 (Vorlesungen zur Einführung in die Psychoanalyse, 1917). – XII, 4 (Eine Schwierigkeit der Psychoanalyse, 1917). – XIII, 55 (Jenseits des Lustprinzips, 1920); 230 (»Psychoanalyse« und »Libidotheorie«, 1923). – XIV, 227 (Die Frage der Laienanalyse, 1926). – XV, 102 (Neue Folge der Vorlesungen zur Einführung in die Psychoanalyse, 1933)
28 XVII, 70–72 (Abriß der Psychoanalyse, Schrift aus dem Nachlaß, 1938 begonnen)
29 II/III, 210–212 (Die Traumdeutung, 1900)
30 XIII, 57–59 (Jenseits des Lustprinzips, 1920)
31 wie Anm. 26
32 VIII, 232, Anm. 1 (Formulierungen über die zwei Prinzipien des psychischen Geschehens, 1911)
33 Kurz zusammengefaßt bei Meier-Seethaler, Carola: Ursprünge und Befreiungen, Arche, Zürich 1988, S. 426f
34 Interessanterweise verwenden wir dabei gerne die autistische Form: Wir stillen dann unser Bedürfnis an... / mit..

Text-Nachweise

* Sternchen hinter dem Titel = Überschrift von den Herausgeberinnen gewählt; Originaltitel sind anschließend genannt

Seite

14 Der Mund ist ein Weltorgan*, aus: Bazon Brock, Essen als Weltaneignung, in: Essen in der Arbeitswelt. Tatsachen Ursachen Hypotheken Hypothesen. Eine Ausstellung im Internationalen Design Zentrum Berlin, IDZ 3, Berlin 1972, S. 38

15 Zur Teleologie, in: Heinrich Heine, Werke, Bd. 1 Gedichte, Berlin und Weimar 1970, S. 385

16 So soll der Purpur deiner Lippen, Christian Hofmann von Hofmannswaldau, in: Curt Grützmacher, Liebeslyrik des deutschen Barock, München 1965, S. 87

17 Das Loch, in: Klaus Roehler, Ein Blick in die Zukunft jetzt gleich, im Oktober. Fünf Geschichten und eine Nacherzählung in Übereinstimmung mit dem Gesetz zum Schutze des Gemeinschaftsfriedens, Darmstadt und Neuwied 1978, S. 44

18 Mund, in: Hans Magnus Enzensberger, Die Gedichte, Frankfurt/M. 1983, S. 176

19 Der Abdruck meiner Lippen*, aus: Friederike Mayröcker, Mein Herz mein Zimmer mein Name, Frankfurt/M. 1988, S. 67

19 Striche*, aus: Heinrich Böll, Das Brot der frühen Jahre. Erzählung, Frankfurt/ M., Berlin 1963, S. 124

22 Die Entscheidung, die Welt zu nähren*, aus: Adrienne Rich, Hunger, in: A. R., Der Traum einer gemeinsamen Sprache. Gedichte 1974–77. Aus dem Amerikanischen von Verena Stefan und Gabriele Meixner, München 1982, S. 21

25 Ich bin ein Fluß aus Milch*, aus: Sylvia Plath, Three Women, in: S. P., Winter Trees, London und Boston 1978, S. 47 f (Übersetzung MLK)

26 Das Stillen, in: Platen, Die neue Heilmethode. Lehr- und Nachschlagebuch der naturgemäßen Lebensweise..., Bd. 3 Das Frauenbuch, Berlin und Leipzig 1928, S. 140 f

28 Süße Milch*, aus: Juan Rulfo, Macario, in: J. R., Der Llano in Flammen. Erzählungen, Frankfurt/M. 1976, S. 8 f

29 Glückliche Wendung, in: Karin Kiwus, Angenommen später. Gedichte, Frankfurt/M. 1979, S. 32

30 Doch halt! Wo bleibt die Milchflasche*, aus: Adolf Wölfli, Von der Wiege bis zum Graab. Oder, Durch arbeiten und schwitzen, leiden und Drangsal bettend zum Fluch. Schriften 1908–1912, hg. von der Adolf-Wölfli-Stiftung, Kunstmuseum Bern, bearbeitet von Dieter Schwarz und Elka Spoerri, Frankfurt/M. 1985, Bd. 1, S. 40 (Heft 1, Sehnsucht nach der Heimath)

31 Vor dem Essen. Vier Uhr früh, in: Michael Krüger, Reginapoly. Gedichte, München, Wien 1976, S. 36–39

34 Das runde Gespenst*, aus: Gustav Hans Graber, Psychoanalyse und Heilung eines nachtwandelnden Knaben, Baden-Baden 1931, S. 27–31

36 Ekelhaft*, aus: Jonathan Swift, Eine Reise nach Brobdingnag, in: J. S., Lemuel Gullivers Reisen in verschiedene ferne Länder der Welt, Zürich 1945, S. 133 f
37 Die emotionale Situation des Babys*, aus: Melanie Klein, Liebe, Schuldgefühl und Wiedergutmachung, in: Melanie Klein, Joan Riviere, Seelische Urkonflikte. Liebe, Haß und Schuldgefühl. München 1974, S. 74-78
40 Gestillt, in: Günter Grass, Der Butt. Roman, Darmstadt und Neuwied 1988, S. 79
42 Pfannkuchenrezept, in: Günter Eich, Gesammelte Werke, Bd. 1 Die Gedichte. Die Maulwürfe, Frankfurt/M. 1973, S. 31
43 Quarantäne, in: Karin Kiwus, Angenommen später, a.a.O., S. 55 f
44 Eine Reaktion*, aus: Sylvia Plath, Die Glasglocke, Frankfurt/M. 1980, S. 193
45 O gütige Mamadre*, aus: Pablo Neruda, Die Mamadre, in: P. N., Das lyrische Werk, Bd. 3, Darmstadt und Neuwied, 1986, S. 132 f
46 An eine Dichterin, in: Adrienne Rich, Der Traum einer gemeinsamen Sprache, a.a.O., S. 23
47 Mutterlob*, aus: Adolf Muschg, Das Licht und der Schlüssel. Erziehungsroman eines Vampirs, Frankfurt/M. 1984, S. 104 f
47 Die Zeit der Lieder ist vorbei*, aus: Maja Beutler, Vatersprache, zitiert nach: Zwischenzeilen. Schriftstellerinnen der deutschen Schweiz. Dossier Literatur 4, Zürich und Bern 1985, S. 139 f
48 Sie wird sie essen*, aus: Sylvia Plath, Three Women, in: Winter Trees, a.a.O., S. 45 (Übersetzung MLK)
49 Ach, wer heilet die Schmerzen*, aus: Johann Wolfgang von Goethe, Harzreise im Winter, in: Goethes Werke. Hamburger Ausgabe in 14 Bdn., textkritisch durchgesehen und kommentiert von Erich Trunz, Bd. 1 Gedichte und Epen 1, München 1981, S. 51
50 abgestillt, Marie-Luise Könneker, Erstveröffentlichung
53 Gespräch mit dem Giftteufel*, aus: Günther Schwab, Des Teufels Küche. Weißt Du, was Du ißt? Hameln 1964, S. 82-88
56 Hormonmilch*, aus: Wolfgang Hingst, Zeitbombe Gentechnik, Wien 1988, S. 222 ff
59 Gespräch der Substanzen, in: Hans Magnus Enzensberger, Die Gedichte, a.a.O., S. 134
60 Das Denk-Mahl, Angelica Baum, Erstveröffentlichung
65 Nicht von irdischer Kost*, aus: Friedrich Hölderlin, An den Äther (endgültige Fassung), in: F. H., Sämtliche Werke und Briefe, 1. Bd., hg. von Günter Mieth, Darmstadt 1970, S. 201
66 Das Brot, in: Lonja Stehelin-Holzing, Das Lied, eine Flamme. Gedichte und Nachdichtungen, Hamburg und Düsseldorf 1969, S. 99
66 Kulinarisches Liebeslied, in: Hermann Broch, Gesammelte Werke. Gedichte, hg. und eingeleitet von Erich Kahler, Zürich 1953, S. 112
67 Zeremonielles Essen*, aus: James Hillman, The Dream and the Underworld, New York und Cambridge 1979, S. 171 ff (Übersetzung E. F.-H.)
68 Unsere Kinder essen nicht mehr*, Rahel Hutmacher, Essen, in: R. H., Wildleute, Darmstadt und Neuwied 1986, S. 20-24

71 Wolkenfleisch*, aus: Patti Smith, Babel. Lieder und Texte zweisprachig, Hamburg 1985, S. 110 (Modifikation der Übersetzung E. F.-H. u. MLK)
72 Die alte Frau, die niemals stirbt*, aus: James George Frazer, Der goldene Zweig. Eine Studie über Magie und Religion. Deutsch von Helen von Bauer, Köln und Berlin 1968, S. 610f
73 Das Seltsamste im Westen*, aus: G. O. Oshawa, Zen Makrobiotik. Der Weg zu Langlebigkeit und Verjüngung, Hamburg 1984, S. 38
74 Kornmütter, Reisseelen*, aus: James George Frazer, a.a.O., S. 611f, 700, 701, 708, 614, 702f
77 Schnitterlied, Volkslied, in: Echtermeyer. Deutsche Gedichte. Von den Anfängen bis zur Gegenwart. Neugestaltet von Benno von Wiese, Düsseldorf 1967, S. 63
78 weh mir / o korn der welt, in: h. c. artmann, ein lilienweißer brief aus lincolnshire. gedichte aus 21 jahren, hg. und mit einem nachwort von gerald bisinger, Frankfurt/M. 1969, S. 240
79 Brotlaib – Gottleib, aus: James George Frazer, a.a.O., S. 710, 712f
79 Beseelte Speise*, ebd., S. 725, 724
82 Die feierlichen Gebräuche der Wilden, in: Hans Staden, Zwei Reisen nach Brasilien 1548–1555. In die Sprache der Gegenwart übertragen, mit einem Nachwort versehen von Karl Fouquet, Marburg a. d. Lahn 1970, S. 138–146
86 Kannibalen und Pseudokannibalen*, aus: Hans Henny Jahnn, Fluß ohne Ufer. Roman in drei Teilen, Werke in Einzelbänden, Hamburger Ausgabe, hg. von Uwe Schweikert (Bd. 1 u. Bd. 2); hg. von Uwe Schweikert und Ulrich Bitz (Bd. 3), Hamburg 1986, Bd. 1, S. 539f
87 Es ließe sich am Ende*, aus: Georg Forster, Ueber Leckereyen, 1788, in: G. F., Werke in 4 Bdn., hg. von Gerhard Steiner, Frankfurt/M. 1967–70, Bd. 3, S. 18
88 Eine Art Begräbnis*, aus: Toni Rothmund, Die kluge Feder, in: T. R., Vom Allermärchenbaum, Stuttgart o. J. (1920), S. 16
88 Eine sehr kräftige Suppe*, in: Die kluge und nützliche Köchin für jede Haushaltung, Frankfurt/M. o. J. (um 1810), zitiert nach: Barbara James, Walter Mossmann, Glasbruch 1848. Flugblattlieder und Dokumente einer zerbrochenen Revolution, Darmstadt und Neuwied 1983, S. 38
89 Gott ist eßbar*, aus: Woody Allen, Bekenntnisse eines Vollgefressenen, in: W. A., Wie du dir so ich mir, aus dem Amerikanischen von Benjamin Schwarz, Hamburg 1988, S. 81f
91 Der liebe Gott in Frankreich, in: Kurt Tucholsky, Zwischen gestern und morgen, Hamburg 1957, S. 154f
92 Mit den Toten essen*, aus: James Hillman, a.a.O., S. 172f (Übersetzung E. F.-H.)
93 Die Krüge, in: Paul Celan, Ausgewählte Gedichte. Zwei Reden, Nachwort von Beda Allemann, Frankfurt/M. 1967, S. 25
94 Ehrenmahl – Totenmahl*, aus: Achim von Arnim, Isabella von Ägypten, in: A. v. A., Sämtliche Romane und Erzählungen, Bd. 2, München 1963, S. 455f
94 Liebes-Mahl / Todes-Mahl*, aus: Milorad Pavić, Das chasarische Wörter-

buch. Lexikonroman in 100 000 Wörtern. Aus dem Serbokroatischen von Bärbel Schulte, München, Wien 1988, S. 48–53
 98 so laß dir reichen dar, in: h. c. artmann, a.a.O., S. 245
 99 Im Himmel, im Himmel, Kinderreim, in: Allerleirauh. Viele schöne Kinderreime. Versammelt von Hans Magnus Enzensberger, Frankfurt/M. 1962, S. 39
 99 Göttliches Gericht*, aus: Georg Büchner, Dantons Tod, in: G. B., Werke und Briefe, München 1965, S. 60
100 Das Ende des Goldenen Zeitalters*, aus: Karl Kerényi, Die Mythologie der Griechen, 2 Bde., München 1984 u. 1983, Bd. 1 Götter- und Menschheitsgeschichten, S. 24
101 bern, high noon, Marie-Luise Könneker, Erstveröffentlichung
103 Die Frau-im-Kopf des Mannes*, aus: Christina von Braun, Das Frau-essen, in: Ch. v. B., Nicht ich: Logik, Lüge, Libido, Frankfurt/M. 1985, S. 384
103 Verschlungene Weisheit*, aus: Karl Kerényi, a.a.O., S. 95
104 Datenbank des BKA, in: Helga M. Novak, Grünheide Grünheide. Gedichte 1955–1980, Darmstadt und Neuwied 1983, S. 103 ff
106 Der Vergeß, in: Christian Morgenstern, Gesammelte Werke in einem Band, München 1973, S. 302
107 Zuerst schlachteten sie die Engel, Lenore Kandel, in: Beat. Eine Anthologie, hg. von Karl O. Paetel, deutsch von Willi Anders, Hamburg 1968, S. 126
108 Das geschiedene Essen*, aus: Karl Kerényi, a.a.O., S. 170
109 Prometheus, in: Johann Wolfgang von Goethe, a.a.O., S. 45
109 An der Tafel der Götter, in: James Hillman, a.a.O., S. 174
110 Auch den Tantalos sah ich*, aus: Homer, Odyssee. Nach der Übertragung von Johann Heinrich Voss, München 1962, 11. Gesang, 582–590
110 Die Bestrafung des Tantalos*, aus: Karl Kerényi, a.a.O., Bd. 2: Die Heroengeschichten, S. 54f
111 Abraham und Isaac, 1. Mos. 22, 1–13, aus: Die Heilige Schrift, Verlag der Zwingli-Bibel, Zürich 1955
113 Liebe und Opfer*, aus: Sören Kierkegaard, Furcht und Zittern, in: S. K., Die Krankheit zum Tode; Furcht und Zittern, hg. von Hermann Diem und Walter Rest, Köln und Olten 1956, S. 204f, S. 262f
116 Das Fleisch ihrer Söhne und Töchter, Jer. 19, 3–11, aus: Die Heilige Schrift, a.a.O.
116 Welch ein Grausen*, aus: Friedrich Hebbel, Aus meiner Jugend, zitiert nach: Das Reich der Kindheit. Aus deutschen Lebenserinnerungen und Dichtungen des 18. und 19. Jahrhunderts, ausgewählt und zusammengestellt von Friedrich Minckwitz und Noa Kiepenheuer, Weimar 1958, S. 255
117 Gib deinen Sohn her, 2. Könige 6, 24–29, aus: Die Heilige Schrift, a.a.O.
117 Pack dich, mein Sohn*, aus: Giambattista Basile, Die drei Zitronen, in: G. B., Das Pentameron. Heiter-erotische Geschichten aus dem Neapel des 17. Jahrhunderts, übertragen von Adolf Potthoff, München o. J., S. 351
117 Im Hause des Menschenfressers*, aus: Der kleine Däumling, in: Ludwig Bechstein Märchenbuch. Mit 174 Holzschnitten nach Originalzeichnungen von Ludwig Richter, Leipzig 1853, S. 120f

119 Der Tag, an dem ich geschlachtet wurde, aus: Kurt Schwitters, Die Zwiebel. Merzgedicht 8, in: Märchen des Expressionismus, hg. von Hartmut Geerken, Darmstadt o. J., S. 376–379

124 Nachdenken über den Kriegskannibalismus*, aus: Marvin Harris, Wohlgeschmack und Widerwillen. Die Rätsel der Nahrungstabus. Aus dem Amerik. von Ulrich Enderwitz, Stuttgart 1988, S. 235, 255 ff

128 Der Hunger und die Liebe, Detlev von Liliencron, zitiert nach: Das Moritatenbuch. In Zusammenarbeit mit Mia Geimer-Stangier hg. von Karl Riha, Frankfurt/M. 1981, S. 272 ff

130 There was an Old Man, aus: A book of Nonsense (1846), in: The Complete Nonsense of Edward Lear, London 1947, S. 28

131 Wer ernährt wird, bekommt viele Vorfahren*, aus: Hans Henny Jahnn, a.a.O., Bd. 2, S. 348

133 Beim Schlachten*, aus: Leitfaden für Metzgerlehrlinge 1. Teil, hg. vom Schweizerischen Metzgereisekretariat, Zürich 1932, S. 43

135 Dies sind die Tiere, die ihr essen dürft, 5. Mose 14, 3–21, aus: Die Heilige Schrift, a.a.O.

136 Schlachten und Schlachtlokale*, in: Kantonale Verordnung betreffend das Schlachten, die Fleischschau und den Verkehr mit Fleisch und Fleischwaren (vom 24. 9. 1909), in: Sammlung kantonaler Erlasse betreffend die obligatorische Viehversicherung, Vorschriften über Gesundheitswesen, Fleischschau, Tierärzte etc. o. O. u. J., S. 242 f

137 Die Zerlegung der Hirschkühe*, aus: Lynn Andrews, Die Medizinfrau. Einweihungsweg einer weißen Schamanin, Hamburg 1986, S. 39–42

141 Liebes Schwein*, aus: Hans Henny Jahnn, a.a.O., Bd. 2, S. 349 f

142 Schlachtfest*, aus: Ludwig Richter, Früheste Erinnerungen, zitiert nach: Das Reich der Kindheit, a.a.O., S. 210 f

143 Blutwurst, Leberwurst, Bauernwurst, in: Susanna Müller, Das fleißige Hausmütterchen, 21. Aufl., Zürich o. J. (1921), S. 173 f

145 Hanswurst*, aus: Fritz von Herzmanovsky-Orlando, Maskenspiel der Genien, in: F. v. H., Das Gesamtwerk, München und Wien 1975, S. 280 f

146 Die biologische Überlegenheit der Fleischesser, in: Fritz Kahn, Das Leben des Menschen, Bd. 3, Stuttgart 1926, S. 214–217

151 Der Hecht, in: Christian Morgenstern, a.a.O., S. 198

151 Schwelgen in Schuld*, aus: Otto Jägersberg, Für eine Feinschmeckerin, in: O. J., Der letzte Biß. Erzählungen, Zürich 1977, S. 16 f

153 wunsch-programm, Marie-Luise Könneker, Erstveröffentlichung

154 Wer aber nicht ißt, Röm. 14, 2–23, aus: Die Heilige Schrift, a.a.O.

156 Privates Veto*, aus: Hans Henny Jahnn, a.a.O., Bd. 3, S. 386 f

157 Nur eine kleine elegische Szene*, aus: Bettina von Arnim, Clemens Brentanos Frühlingskranz. Aus Jugendbriefen ihm geflochten, wie er selbst schriftlich verlangte, Leipzig 1974, S. 189 f

161 Fleischkeller*, aus: Adolf Wölfli, a.a.O., S. 238 f (Heft 2, Schloß Seefels [Keller])

162 Unser Hausstand*, aus: Fanny Lewald, Bürgerliche Frugalität, in: Hermann

Glaser (Hg.), Von der Kultur der Leute. Ein Lesebuch, Frankfurt/M., Berlin, Wien 1983, S. 174 f
165 Die Speisekammer, in: Walter Benjamin, Berliner Kindheit um Neunzehnhundert, Frankfurt/M. 1975, S. 42 f
166 Küchenzettel, in: Hans Magnus Enzensberger, a. a. O., S. 167
167 Stinas Küche*, aus: Hans Henny Jahnn, a. a. O., 2.1, Bd. 1, S. 742 f
169 Sieben Häute, Sarah Kirsch, zitiert nach: Deutsche Dichterinnen vom 16. Jahrhundert bis zur Gegenwart. Gedichte und Lebensläufe, hg. und eingeleitet von Gisela Brinker-Gabler, Frankfurt/M. 1978, S. 406
169 Küchenhaushaltebuch*, Paula Modersohn-Becker, Tagebucheintrag 31. 3. 1902 Ostermontag, in: P. M.-B., Briefe und Tagebuchblätter, hg. von Sophie Dorothee Gallwitz, München o. J., S. 172
170 Ihre unentwegt regen Arme*, aus: Iwan Alexandrowitsch Gontscharow, Oblomov, Roman, Leipzig 1961, S. 626 f
170 Sie kochte schlecht und recht*, aus: Gottfried Keller, Der grüne Heinrich. Roman, München 1961, S. 24 f
172 Um den Herd herum, in: Friedrich Güll, Franz Pocci, Kinderheimat in Liedern und Bildern, Frankfurt/M. 1975 (Erstauflage 1846), S. 49
173 Grausige Speisen*, aus: Italo Calvino, Der Baron auf den Bäumen. Aus dem Italienischen von Oswalt von Nostiz, München, Wien 1986, S. 13 f
174 Kein Zwiespalt, Elfriede Jelinek, in: Aus aller Frauen Länder: Gerichte, Gelüste, Geschichten, hg. von Sue O'Sullivan, Berlin 1989, S. 116
174 Die Wirklichkeit der Hausfrau, in: Helge Pross, Die Wirklichkeit der Hausfrau. Die erste repräsentative Untersuchung über nichterwerbstätige Ehefrauen: Wie leben sie? Wie denken sie? Wie sehen sie sich selbst? Hamburg 1976, S. 80–85
179 Der Wasserkessel pfeift, Hannah Höch, in: Hannah Höch, Werke und Worte, Berlin 1982, S. 58
180 Zeit vertreiben, in: Hannelies Taschau, Wundern entgehen. Gedichte 1957–1984, Darmstadt und Neuwied 1986, S. 75
181 Großküche, in: Marie Luise Kaschnitz, Gesammelte Werke, hg. von Christian Büttrich und Norbert Miller, Bd. 3: Steht noch dahin, Frankfurt/M. 1982, S. 387
182 Das Kochbuch des Anarchisten, Herbert Rosendorfer, zitiert nach: Gertrud Frank (Hg.), Da nahm der Koch den Löffel. Ein kulinarisches Lesebuch, Salzburg 1974, S. 96 ff
184 Die proletarische Mutter*, aus: Bertolt Brecht, Die Mutter. Regiebuch der Schaubühnen-Inszenierung, hg. von Volker Canaris, Frankfurt/M. 1971, S. 95
185 Koche mit Sorgfalt*, ebd., S. 14 f
186 Das proletarische Kochbuch*, aus: Günter Grass, Der Butt, a. a. O., S. 512 f
188 Die Kochbuchsammlung*, aus: Hanna Johansen, Trocadero, Roman, München, Wien 1980, S. 10, 14 f
190 Zu viel Pfeffer*, aus: Lewis Carroll, Alice im Wunderland. Mit 42 Illustrationen von John Tenniel, übersetzt und mit einem Nachwort von Christian Enzensberger, Frankfurt/M. 1974, S. 60–63

192 Von dem Mäuschen, Vögelchen und der Bratwurst, in: Kinder- und Hausmärchen gesammelt durch die Brüder Grimm. Mit den Zeichnungen von Otto Ubbelohde und einem Vorwort von Ingeborg Weber-Kellermann, Frankfurt/M. 1974, Bd. 2, S. 165 ff

194 Sonny-Boy, in: Karin Kiwus, Von beiden Seiten der Gegenwart. Gedichte, Frankfurt/M. 1976, S. 56 f

195 Prinz Mandelwandel*, aus: Clemens Brentano, Das Märchen von Komanditchen, in: C. B., Märchen. Hg. von Wolfgang Frühwald und Friedhelm Kemp. Mit dem Aufsatz »Clemens Brentano und seine Märchen« (1847) von Joseph von Eichendorff sowie Kommentar, Bibliographie und Zeittafel von Wolfgang Frühwald, München 1978, S. 595–599

203 Eine seltsame Kaffeegesellschaft, in: Heinrich Hoffmann, Besuch bei Frau Sonne. Lustige Geschichten und drollige Bilder vom Verfasser des »Struwwelpeter«, Freiburg i. Br. 1964, unpaginiert

203 Mein Besitz, in: Christa Reinig, Gesammelte Gedichte 1960–1979, Darmstadt und Neuwied 1985, S. 46

204 Tischordnung, in: Paul Martin Blüher (Hg.), Meisterwerk der Speisen und Getränke (Blühers Sammel-Ausgabe von Gasthaus- und Küchenwerken, Bd. 22), Leipzig 1901, S. 143 f

207 Dinerabend, in: Robert Walser, Das Gesamtwerk, hg. von Jochen Greven, Bd. 1, Fritz Kochers Aufsätze. Geschichten. Aufsätze, Genf und Hamburg 1972, S. 295–298

209 Viel der Schwalben Gesellen*, aus: Anna Ovena Hoyers (1584–1655), Liedlein von den Gelt-liebenden Welt-Freunden, zitiert nach: Gisela Brinker-Gabler, a. a. O., S. 80

210 Anton Reiser: Freitische*, aus: Karl Philipp Moritz, Anton Reiser. Ein psychologischer Roman, München 1961, S. 106–109, 123 f

214 Die Fabel von dem Fuchs und dem Storchen, in: Aesop, Vita et Fabulae. Lateinisch-Deutsch. Übersetzt von Heinrich Steinhöwel, Ulm um 1476, zitiert nach: Early Children's Books and Their Illustration, New York und Boston 1975, Abb. 4 (Übertragung in modernes Deutsch MLK)

215 Der Revolutionär*, aus: Bertolt Brecht, a. a. O., S. 55

215 Wenn ich nichts schmecke, Oktay Rifat, in: Luchterhands Loseblatt Lyrik, hg. von Elisabeth Borchers, Günter Grass, Klaus Roehler. Eine Auswahl. Bd. 2: 1968–1970, Darmstadt und Neuwied 1983, S. 55

215 Eine Feinschmeckerin*, aus: Otto Jägersberg, a. a. O., S. 10, 15

216 Das dicke Kind, in: Marie Luise Kaschnitz, Lange Schatten. Erzählungen, Hamburg 1961, S. 144–147

218 Fettfleck, aus: Diana Kempff, Fettfleck. Roman, Hamburg 1984, S. 8 f

219 Alles unter Kontrolle*, aus: Liliane Studer, Mit meinem Körper im Krieg, in: Frauezitig, Nr. 18/1986, S. 13

220 Essen und ich*, aus: Maria Erlenberger, Der Hunger nach Wahnsinn. Ein Bericht, Hamburg 1977, S. 50 f

221 Wie paradox, Corinna, in: Edda und Horst-Alfred Klessmann, Heiliges Fasten, heilloses Fressen. Die Angst der Magersüchtigen vor dem Mittelmaß, Bern, Stuttgart, Toronto 1988, S. 27

222 Miss Norris*, aus: Sylvia Plath, Glasglocke, a.a.O., S. 184f
225 Allein schreiben, allein essen, aus: Franz Kafka, Brief an Felice, zitiert nach: Elias Canetti, Der andere Prozeß. Kafkas Briefe an Felice, München und Wien 1984, S. 38
226 Spruch, Friedrich Güll, a.a.O., S. 67
227 Alltag bei Familie Freud, aus: Detlef Berthelsen, Alltag bei Familie Freud. Die Erinnerungen der Paula Fichtl, Hamburg 1987, S. 37
227 Nicht die Knochen zerbeißen*, aus: Franz Kafka, Brief an den Vater. Mit einem Nachwort von Wilhelm Emrich, Frankfurt/M. 1986, S. 16f
228 Aberwitz und Fünf-Uhr-Tee, in: Lewis Carroll, a.a.O., S. 70f
230 Nicht rülpsen*, aus: Miguel de Cervantes, Don Quijote von der Màncha, München 1956, S. 868
231 Table Manners, in: Gelett Burgess, Goops and how to be them. A Manual of Manners for Polite Infants..., London 1900, zitiert nach: Early Children's books, a.a.O., Abb. 39
233 Tische, in: Hans Arp, Gesammelte Gedichte, Bd. 2: 1939–1957, Zürich 1974, S. 224f
234 Mein Rahmtisch, aus: Hannelies Taschau. Wie ich es mag, in: H. T., a.a.O., S. 86f
235 Speisehaus Pródromos, in: Das große Peter Altenberg Buch, hg. von Werner J. Schweiger, Wien und Hamburg 1977, S. 287f
237 Speise-Automaten, in: Marie Luise Kaschnitz, a.a.O., Bd. 3: Tage, Tage, Jahre, S. 98f
238 Der Aromat, in: Christian Morgenstern, a.a.O., S. 252
241 Frühstück*, aus: Kenneth Koch, Aus einem langen Gedicht: Frühstück, Beat. Eine Anthologie, a.a.O., S. 132f
243 Zum Frühstück Dolche*, aus: Günter Bruno Fuchs, Totenrede, in: Das Lesebuch des Günter Bruno Fuchs, München, Wien 1970, S. 98
244 Das Brötchen, Gedicht der sechsjährigen Margarethe Susmann, zitiert nach: Der Zauber jener Welt. Erste Kindheitserinnerungen deutschsprachiger Schriftsteller. Ausgewählt und kommentiert von Elisabeth Ammann, Zürich und München 1974, S. 107
245 Frisches Brot*, aus: Hans Henny Jahnn, a.a.O., Bd. 2, S. 84f
245 Schlankheitstorte*, aus: Christa Reinig, Müßiggang ist aller Liebe Anfang. 5. August, in: Ch. R., Gesammelte Gedichte a.a.O., S. 204
247 Das Brot der frühen Jahre, aus: Heinrich Böll, a.a.O., S. 25, S. 19f
248 Die Semmelschuhe, in: Gebrüder Grimm, Deutsche Sagen, hg. von Adolf Stoll, Leipzig o. J. (1911), S. 263
248 Brot, in: Julian Schutting, Am Morgen vor der Reise. Die Geschichte zweier Kinder, Salzburg und Wien 1978, S. 70ff
249 Da entfiel der Bissen meinem Munde*, Adolf Lepp (*1847), Autobiographische Skizze, in: Arbeiter über ihr Leben, hg. von Ursula Münchow, Berlin 1976, zitiert nach: Carola Lipp, ›Uns hat die Mutter Not gesäugt an ihrem dürren Leibe‹. Die Verarbeitung von Hungererfahrungen in Autobiographien von Handwerkern, Arbeitern und Arbeiterinnen, in: Beiträge zur historischen Sozialkunde, 2/85, S. 57

250 Wo ist der Brotlaib?*, aus: Bertolt Brecht, a.a.O., S. 30f
252 Steine statt Brot, in: Christian Morgenstern, Palmström, in: Jubiläumsausgabe in 4 Bdn., Bd. 1, München und Zürich 1979, S. 232
253 Mehlgrütt*, J. C. Steube, Wanderschaften und Schicksale, Gotha 1791, zitiert nach: Helmut Möller, Die kleinbürgerliche Familie im 18. Jahrhundert. Verhalten und Gruppenkultur, Berlin 1969, S. 126
254 Schwadengrütze*, aus: Günter Grass, a.a.O., S. 92f
255 Der süße Brei, in: Kinder- und Hausmärchen, a.a.O., Bd. 1, S. 202f
256 Der süße Brei, in: Sarah Kirsch, Irrstern. Prosa, Stuttgart 1986, S. 44
256 Die Welt ist nicht..., Johann Wolfgang von Goethe, a.a.O., S. 317
257 Schimmliger Brei*, aus: Marianne Herzog, Nicht den Hunger verlieren, Berlin 1980, S. 141
258 Ofenkatzenbreiauflauf*, aus: Barbara Frischmuth, Amoralische Kinderklapper, Frankfurt/M. 1975, S. 29f
259 Lied der falschen Suppenschildkröte, in: Lewis Carroll, a.a.O., S. 109
260 Die Kurve der Zivilisation*, aus: Norbert Elias, Über den Prozeß der Zivilisation, Bd. 1: Wandlungen des Verhaltens in den weltlichen Oberschichten des Abendlandes, Basel 1939, S. 143f
260 Die Sieben Schwarten, in: Giambattista Basile, a.a.O., S. 243ff
262 Die Rumfordsuppe, Benjamin Graf von Rumford, zitiert nach: Die Freud' des Essens. Ein kulturgeschichtliches Lesebuch vom Genuß der Speisen aber auch vom Leid des Hungers. Zusammengestellt, erläutert und mit vielen zeitgenössischen Bildern illustriert von Herbert Heckmann, München 1979, S. 332
264 Das Wasser ist zu dünn*, aus: Hans Fallada, Kleiner Mann – Was nun? Roman, Rastatt 1980, S. 69f, 72f
266 Ärwese, Bohne, Linse, in: Allerleirauh, a.a.O., S. 37
266 Zibelesuppe, in: Allerleirauh, a.a.O., S. 35
266 Von der Brühe des Fleisches, in: Karl Friedrich von Rumohr, Geist der Kochkunst, München 1922, S. 98–103
268 Lieber Gott, gib mir Suppe*, aus: Wolfgang Borchert, Die lange lange Straße lang, zitiert nach: Deutsche Prosa. Erzählungen seit 1945, hg. von Horst Bingel, München 1969, S. 123
270 Leibgericht Schwarzsauer*, aus: Hans Henny Jahnn, a.a.O., Bd. 2, S. 65f
270 Gefängnissuppe*, aus: Marianne Herzog, a.a.O., S. 146
270 Erleuchtung, in: Heinrich Heine, a.a.O., S. 157
272 Appetit, in: Marie Luise Kaschnitz, Steht noch dahin, a.a.O., S. 353
273 mahlzeit, in: Ernst Jandl, Der gelbe Hund. Gedichte. Darmstadt und Neuwied 1980, S. 196
274 Bratkartoffeln, in: Günter Grass, a.a.O., S. 500f
275 Das Blutgericht, Weberlied, anonym, zitiert nach: Walter Grab, Uwe Friesel, Noch ist Deutschland nicht verloren. Eine historisch-politische Analyse unterdrückter Lyrik von der Französischen Revolution bis zur Reichsgründung, München 1970, S. 195f
277 Abendnachrichten, in: Hans Magnus Enzensberger, a.a.O., S. 169
278 Hunger, in: Adrienne Rich, a.a.O., S. 20ff

280 Durch Hunger Nahrung beschwören*, aus: Franz Kafka, Forschungen eines Hundes. Die Erzählungen, Frankfurt/M. 1961, S. 361–366
286 Suppenlogik mit Knödelargumenten, Esther Fischer-Homberger, Erstveröffentlichung
296 Der Traum von Sigmund Freud, in: Franz Fühmann, Unter den Paranyas. Traumerzählungen und Notate. Mit einem Nachwort versehen und hg. von Ingrid Prignitz, Rostock 1988, S. 72 ff
298 Räucherlachs*, aus: Hans Fallada, a.a.O., S. 102 ff
300 Kaviar bei Ladies' Day*, aus: Sylvia Plath, Glasglocke, a.a.O., S. 28–32
304 Stockfisch*, aus: Miguel de Cervantes, a.a.O., S. 32 f
306 Fischbrötchen*, aus: Marianne Herzog, a.a.O., S. 97
306 Über das Essen von Fleisch, in: Norbert Elias, a.a.O., S. 157–161
310 Prager Schinken*, aus: Marianne Herzog, a.a.O., S. 144 f
312 Abgepacktes Schmalz mit Preisschild*, aus: Bertolt Brecht, Kuhle Wampe. Protokoll des Films und Materialien. Hg. von Wolfgang Gersch und Werner Hecht, Frankfurt/M. 1969, S. 34–37
315 Corned beef*, aus: Heinrich Böll, a.a.O., S. 26–30
317 Beefsteak und Pommes frites, in: Roland Barthes, Mythen des Alltags. Deutsch von Helmut Scheffel, Frankfurt/M. 1964, S. 36 ff
321 Ansprache des Küchenmeisters, in: das Lesebuch des Günter Bruno Fuchs, a.a.O., S. 99
321 Fett und Öl von Mikroorganismen, in: Sabine Rosenbladt, Fett und Öl von Mikroorganismen und Industriepflanzen, in: Gen-ethischer Informationsdienst, 3. Jahrgang, Dez. 1987, Nr. 28, S. 20
324 Fett*, aus: Lynn Andrews, a.a.O., S. 123 f
325 PSE-Fleisch*, aus: Wolfgang Hingst, a.a.O., S. 225
325 Joghurt light*, aus: Isolde Schaad, Spaziergang durch die Bewußtseinsindustrie, in: Hoch-Parterre, Zeitschrift für Design, Architektur und Umwelt, Nr. 4, April 1989, 2. Jahrgang, S. 43 ff
328 Nebenwirkung, in: Karin Kiwus, Angenommen später, a.a.O., S. 24 f
330 Das Ende der Freier*, aus: Homer, Odyssee, a.a.O., 20. Gesang, 345–358, 21. Gesang, 390–394
331 Die letzte Gunst, in: Hans von Hentig, Vom Ursprung der Henkersmahlzeit, Tübingen 1958, S. 24–32
335 Das letzte Gericht*, aus: Herbert Rosendorfer, Das Kochbuch des Anarchisten, zitiert nach: Gertrud Frank, a.a.O., S. 99
335 Countdown einer Hinrichtung, in: Hannelies Taschau, weg mit dem Meer. Gedichte, Frankfurt/M. 1990
338 Wo sind die Stunden der süßen Zeit, Christian Hofmann von Hofmannswaldau, zitiert nach: Curt Grützmacher, a.a.O., S. 90 f
339 Götterspeise*, aus: Helga Schütz, Festbeleuchtung. Erzählung, Darmstadt und Neuwied 1982, S. 66
340 Turrón und Garajillo, Helmut Eisendle, zitiert nach: Gertrud Frank, a.a.O., S. 43–47
342 Vanillen-Eis, Heinrich Hoffmann, Das Mammut, a.a.O., unpaginiert
343 Süßer Balsam der Natur*, aus: Georg Forster, a.a.O., S. 301 ff

348 Lob der schwarzen Kirschen, Anna Louisa Karsch (1722–1791), zitiert nach: Gisela Brinker-Gabler, a.a.O., S. 137
350 Mehrmals im Jahr wird er fett und süß, in: Hannelies Taschau, Wundern entgehen, a.a.O., S. 86
351 Ich sah mein Leben so verzweigt*, aus: Sylvia Plath, Die Glasglocke, a.a.O., S. 78
351 Kartoffeln statt Äpfel*, aus: Bettina von Arnim, a.a.O., S. 127
352 Der Apfel, in: Marieluise Fleißer, Gesammelte Werke, Bd. 3, Gesammelte Erzählungen, Frankfurt/M. 1972, S. 18–24
358 wenn diese Birnen, Ernst Jandl, a.a.O., S. 209
359 Früchte des Zornes, John Steinbeck, aus: J. St., Früchte des Zorns. Roman, Konstanz und Stuttgart 1940, S. 396–399
363 obst und gemüse-marterl, Thomas Kling, zitiert nach: Luchterhand Jahrbuch der Lyrik 1986, hg. von Christoph Buchwald und Elke Erb, Darmstadt und Neuwied 1986, S. 52f (Auszug)
364 Kurze Geschichte der Bourgeoisie, in: Hans Magnus Enzensberger, a.a.O., S. 365
365 Alle Herrlichkeit auf Erden, in: Karin Kiwus, Von beiden Seiten der Gegenwart, a.a.O., S. 23
366 Die Mundwinkel (Die Erzählung), in: I Ging. Das Buch der Wandlungen, Düsseldorf und Köln 1976, S. 112–115
371 Kotbeschau*, Eskimo-Märchen, zitiert nach: Rabe. Eine Sammlung von Mythen und Geschichten aus Nordamerika und Sibirien, hg. und übersetzt von Thomas Kaiser, Hamburg 1983, S. 149
372 Wie überschaubar etwa*, aus: Karin Kiwus, Kunst und Leben, in: K. K., Angenommen später, a.a.O., S. 69
372 Zur Hintertür hinaus*, Dr. Mises (Gustav Theodor Fechner), zitiert nach: Herbert Heckmann, Gastronomische Fragmente eines Löffeldilettanten, der solcherart seine Freunde traktiert. Mit Zeichnungen von Hannelore Köhler, Düsseldorf 1975, S. 6
373 Es ist ja der gantze Leib so voller Unrath*, aus: Christian Friedrich Richter, Die höchst-nöthige Erkenntniss des Menschen, sonderlich nach dem Leibe und natürlichem Leben, o. O. 1741, S. 465, 174f, 468
373 die verdauung, in: Ernst Jandl, a.a.O., S. 91
374 Gott schiß*, aus: Günter Grass, a.a.O., S. 217
374 klebend, in: Ernst Jandl, a.a.O., S. 208
374 Die Scheiße, in: Hans Magnus Enzensberger, a.a.O., S. 300
375 Wie Eulenspiegel sein Testament macht, in: Till Eulenspiegel. Die deutschen Volksbücher, hg. von Richard Benz, Jena 1912 (Neudruck der Ausgabe von 1515, ergänzt und berichtigt nach dem Druck von 1519), S. 210ff
378 Kinder der Analkultur, in: Peter Sloterdijk, Scheiße, Abfall, in: P. S., Kritik der zynischen Vernunft, Bd. 1, Frankfurt/M. 1983, S. 288ff
380 Wie Schöpfer seine Leute durch eine Zeit des Hungerns brachte, in: Rabe, a.a.O., S. 130f
382 Meine gewissen Rezepte*, aus: Marie Luise Kaschnitz, Frauenfunk, zitiert nach: Gisela Brinker-Gabler, a.a.O., S. 375

382 Kein Eßvorrat kann mich retten*, aus: Franz Kafka, Der Aufbruch, in: F. K., Die Erzählungen, a. a. O., S. 329
383 Ohne Weg ohne Brot*, in: Meret Oppenheim, Husch, husch, der schönste Vokal entleert sich, Gedichte, Zeichnungen, Frankfurt/M. 1984; zitiert nach: Bice Curiger, Meret Oppenheim, Spuren durchstandener Freiheit, Zürich 1984, S. 112

Bild-Nachweise

Seite
7 Vignette, in: Universal-Lexikon der Kochkunst, 1. Bd. A–K, Leipzig 1913, S. 62
9 Meret Oppenheim, Für Irène Zurkinden, 1932, in: Bice Curiger, Meret Oppenheim. Spuren durchstandener Freiheit, Zürich 1984, S. 19
13 Park von Bomarza 1971, Dia Gernot Bubenik
Filmplakat für »Urteil von Nürnberg«, 1961, in: John Kobal (Hg.), 50 Years of Movie Posters, London, New York, Sydney, Toronto o. J., S. 173
15 Ein diplomatisches Gesicht im Februar 1848, Fliegende Blätter Bd. 6/1848, S. 120, Foto: Herzog August Bibliothek Wolfenbüttel
16 Filmplakat für »Hotel Imperial«, in: Movie Posters, a. a. O., S. 109
17 Topor, Beißendes Lächeln 1967, in: Topor, Tagträume. Zeichnungen 1964–1974, Zürich 1975, Nr. 15
21 Felszeichnung, in: Das Bild der Bronzezeit. Aufnahmen von Felszeichnungen aus Bohuslän in Schweden, Göteborg 1960
23 Paula Modersohn-Becker, Mutter und Kind, 1906/07, in: Christa Murken-Altrogge, Paula Modersohn-Becker. Leben und Werk, Köln 1980, S. 78
24 Giorgio de Chirico, The Painter's Family, 1926, Tate Gallery
26 Berthe Morisot, Die Wiege, 1872, in: Charles F. Stuckey und William P. Scott, Berthe Morisot. Impressionistin, Stuttgart 1988, Farbtafel 16
28 Moderne Papua-Frau, ein Kind und ein kleines Schwein säugend (nach einer Photographie von A. A. Vogel), in: Don und Patricia Brothwell, Food in Antiquity, London 1969, S. 36
29 Renate Bertlmann, Zärtliche Berührungen, Foto-Zyklus, 1976, in: Arbeitsgruppe Frauen in der Kunst (Hg.), Künstlerinnen international 1877–1977, Berlin 1977, S. 318
30 Flaschen, in: Platen, Die Neue Heilmethode. Lehr- und Nachschlagebuch der naturgemäßen Lebensweise..., Bd. 3, Das Frauenbuch, Berlin und Leipzig 1928, S. 146f
31 Refrigerator, Werbeanzeige, in: The National Geographic Magazine, Juli 1927
33 Roy Lichtenstein, Eddie Diptych 1962

35 Das runde Gespenst, Zeichnung Till Könneker, 1990
36 Alfred Kubin, Der Busenfreund, 1911, in: Hans Bisanz, Alfred Kubin. Zeichner, Schriftsteller und Philosoph, München 1980, S. 20
41 Hans Sebald Beham, Tochter säugt Vater, 1544, in: Die gesellschaftliche Wirklichkeit der Kinder in der bildenden Kunst (Ausstellungskatalog), Berlin 1979, S. 341, Foto: Veste Coburg
49 Heinrich Barz, Die schwarze Milch der frommen Denkungsart, in: H. B., Momente. Tagebuch eines Architekten, Basel 1986, S. 84
51 Vegumine, Werbeanzeige, in: Stricken für Bébés, Zürich o. J. (um 1954)
51 Flaschenpost. Informationen zum Ehrverletzungsprozeß Nestlé Alimentana SA gegen Arbeitsgruppe 3. Welt, Bern 1975
55 Apotheke, Illustration zum Artikel »Gift im Körper: Je dicker, desto schlimmer«, Berner Tagwacht 14. 7. 1988
65 Pfifferling, in: H. Blücher, Praktische Pilzkunde 1. Teil, Leipzig o. J., Nr. 18
68 Anasazi bowl (700–1750 AD), in: Sacred Circles. Two Thousand Years of North American Indian Art (Ausstellungskatalog), London 1977, S. 17
71 Mutterkorn, in: Hans Flück, Unsere Heilpflanzen, Thun 1941, S. 1
72 »slamenik« aus der Gemeinde Omšenie, Slowakei, in: Robert Wildhaber (Hg), Masken und Maskenbrauchtum aus Ost- und Südosteuropa, Basel 1968, Abb. 73
74 Indianische Strohmaske, Nordamerika, in: Über Land und Meer, 1910, Nr. 10, S. 485
74, 75 Mask representing an old man, Iroquois, in: Masks. The Many Faces of Man, Toronto o. J., A7, A8, A9
77 Illustration Grandville zu »Reise nach Brobdingnag«, in: Jonathan Swift, Lemuel Gullivers Reisen in verschiedene ferne Länder der Welt, Zürich 1945, S. 125
78 Brotfrau, Dia MLK
80 Bemalte Schale, Sawwan, Samara-Kultur, um 5000 AD, in: Der Garten in Eden. 7 Jahrtausende Kunst und Kultur am Euphrat und Tigris (Ausstellungskatalog), Berlin 1978, S. 86
81 Head pot, 1200–1600 AD, Arkansas, Mississipian period, in: Sacred Circles, a. a. O., S. 66
82-85 Hans Staden, Die feierlichen Gebräuche der Wilden, in: H. St., Zwei Reisen nach Brasilien 1548–1555, Marburg a. d. Lahn 1970, S. 138–146, Fotos: Herzog August Bibliothek Wolfenbüttel
87 Joan Miró, Der Tisch – Stilleben mit Kaninchen, 1920, in: Tendenzen der Zwanziger Jahre. 15. Europäische Kunstausstellung Berlin 1977, Berlin 1977, Kat. 4/122
88 Toni Rothmund, Vom Allermärchenbaum, Stuttgart o. J. (1920), S. 17
90 Verena Stummer, Abendmahl, Collage: in: WOZ-Extra Nr. 52, 23. 12. 1987, S. 28/29, zum Thema Essen
91 Daniel Spoerri, »Fallenbild von der Hammerausstellung 1978 in Basel, ›angereichert, verschlimmbessert und illuminiert nach zehn Jahren Schlaf bei Jeannot (Tinguely)‹, 1988«, Ausschnitt, in: du, Heft Nr. 1, 1989, Faltbeilage

93 Judy Chicago, Dinner Party, in: Judy Chicago, The Dinner Party, Frankfurt/M. 1987 (Titelbild)
 99 Heinrich Hoffmann, in: Heinrich Hoffmann, Besuch bei Frau Sonne. Lustige Geschichten und drollige Bilder vom Verfasser des »Struwwelpeter«, Freiburg i. Br. 1964, unpaginiert
101 Gernot Bubenik, Der Struwwelpeter, in: Staatliche Kunsthalle Berlin (Hg.), Gernot Bubenik, Berlin 1985, S. 88
103 Meret Oppenheim, Bon appétit, Marcel! (Die weiße Königin), 1966, in: Bice Curiger, a. a. O., S. 187
105 Bürgerblock nein danke, Zaffaraya-Plakat (Marianne Siegrist, Jürg Schiess, Chrigu Jann und viele andere in Bern), Bern 1988
107 Bram Stoker, The annotated Dracula, Introduction, Notes and Bibliography by Leonard Wolf, Titelbild, New York 1976
108 Essen in Deutschland, ein Mad-Mini-Poster, in: Mad. Das vernünftigste Magazin der Welt, Nr. 164
109 Elfenbeinlöffel und -gabel, vor 1906, in: Dorothy Jean Ray, Aleut and Escimo Art. Tradition and Innovation in South Alaska, Washington 1981, S. 156
112 Die Kölner Bibel 1478/79, Kp. IX 520/1, Nachdruck, Hamburg 1979
115 Giuseppe Arcimboldi, Herodes, in: Benno Geiger, Die skurrilen Gemälde des Giuseppe Arcimboldi 1527–1593, Wiesbaden 1960, Abb. 90
118 Ludwig Richter, Illustration zu »Der kleine Däumling«, in: Ludwig Bechstein's Märchenbuch, Leipzig 1853, S. 121
122 Des Teufels Garküche, in: Eugen Holländer, Die Karikatur und Satire in der Medizin, Stuttgart 1905, S. 124
123 James Ensor, Les cuisiniers dangereux, 1896, in: Jacques Janssens, James Ensor, Paris 1978, S. 20
125, 127 Daniel Defoe, Robinson Crusoe, in: Detlev Droese, Robinson Crusoe in seiner Zeit, in: du, atlantis, Mai 1966, S. 375 f
130 Edward Lear, A Book of Nonsense (1846), in: The Complete Nonsense of Edward Lear, London 1947, S. 28
131 Spargeln, in: Ernst Mühlethaler, Der rationelle Gemüsebau, Bern 1916, S. 93
133 Jost Amman, Metzger, Holzschnitt aus dem Ständebuch von 1568, in: Hans Wiswe, Kulturgeschichte der Kochkunst, München 1970, S. 32
135 »Hoden, Eüter, Hertz...«, Zierleiste aus: »Schachtaffeln der Gesundheit«, Strassburg 1553, in: Hans Wiswe, a. a. O., S. 136.
136 Schwein mit Messer, in: Joachim Camerarius, Symbolorum et emblematum... Nürnberg 1595, nach: Herbert Heckmann, Die Freud' des Essens. Ein kulturgeschichtliches Lesebuch vom Genuß der Speisen aber auch vom Leid des Hungers, München 1979, S. 91
140 Die neue Linie für Ihre Küche, Werbeanzeige 1989
142 Schweineschlachten, Photo Max Pomblitz, ca. 1928, Bildersammlung M. L. Könneker
146 Buchstabe K, in: Universal-Lexikon der Kochkunst, Bd. 1 A–K, Leipzig 1913, S. 490
150 Du sollst nicht töten! Programmgemälde für die vegetarische Lebensweise von

Dieffenbach, in: Fritz Kahn, Das Leben des Menschen, Bd. 3, Stuttgart 1927, S. 217

151 Heath Robinson, Erziehung zum Konsumverzicht, in: Die verrückt perfekte Welt des Heath Robinson. Ausgewählte Cartoons, Oldenburg und Hamburg 1975, S. 22

152 Restaurant, in: Männerberufe im Gastgewerbe, hg. von der Städtischen Berufsberatung Zürich in Zusammenarbeit mit dem Schweizerischen Wirteverein und dem Schweizerischen Hotelier-Verein, Zürich 1966, S. 23

156 Grandville, »Zusammenrottungen von mehr als einem Tier werden gewaltsam auseinandergetrieben; dieser Beschluß betrifft besonders Gänse, Enten und andere sozialistische Tiere, die die Eigenart haben, sich in Gruppen zusammenzuschließen«, in: Grandville, Das gesamte Werk, Bd. 2, Zürich 1972, S. 952

157 Huhn, in: Susanna Müller, Das fleißige Hausmütterchen, 21. Auflage, Zürich o. J. (1921), S. 593

159 Küche, Werbeanzeige 1989

161 Essen in der Arbeitswelt. Tatsachen Ursachen Hypotheken Hypothesen. Eine Ausstellung im Internationalen Design Zentrum Berlin, Berlin 1972 (Titelbild)

165 Seite aus: Heinrich Hoffmann, Im Himmel und auf der Erde, nach: Klaus Doderer, Helmut Müller (Hg.), Das Bilderbuch. Geschichte und Entwicklung des Bilderbuchs in Deutschland von den Anfängen bis zur Gegenwart, Weinheim und Basel 1973, S. 149

168 Küche, Mitte 19. Jh., in: Anne Willan, Kochkünste aus sieben Jahrhunderten. Berühmte Köchinnen und Köche von Taillevent bis Escoffier, Bern und Stuttgart 1979, S. 157

169 Werbeanzeige, Ausschnitt, in: Susanna Müller, Hausmütterchen, a. a. O. (Innentitel)

172 Bildersammlung MLK

176, 177 Küche, in: Der große Duden, Bd. 3, Bildwörterbuch der deutschen Sprache, Mannheim und Zürich 1958, S. 86 f

180 Hannah Höch in ihrer Küche, 1976, in: Hannah Höch, Werke und Worte, Berlin 1982, S. 58

181 Koch, in: Berufsbild Koch, Hg.: Schweizerischer Verband für Berufsberatung (78), Zürich 1981, S. 4

182 Werbe-Anzeige, in: Nat. Geographic, a. a. O., März 1924

184 Adolf Wölfli, Der Engel des Herrn im Küchenschurz, Ausschnitt aus der Zweiblattkomposition »Liseli Bieri, Tood«, 1904, Kunstmuseum Bern (Photo)

187 Praktisches Kochbuch, in: Sigrid und Volker Jacubeit, Illustrierte Alltagsgeschichte des deutschen Volkes. Mit einem Vorwort von Jürgen Kuczynski, Bd. 2, 1810–1900, Köln 1987, S. 203

189 Werbeanzeige für Maggi, in: Susanna Müller, a. a. O.

191 Fliegender Saucen-Topf, Arthur Rackham, in: Lewis Carroll, Alice's Adventures in Wonderland. Illustrated by Arthur Rackham, London 1930 (1. Auflage 1907), zu S. 70

193 Illustration zu »Von dem Mäuschen, Vögelchen und der Bratwurst« von Otto

Ubbelohde, in: Kinder- und Hausmärchen gesammelt durch die Brüder Grimm. Mit den Zeichnungen von Otto Ubbelohde, Frankfurt/M. 1979, Bd. 1, S. 166

194 Kochen zu zweit, Werbeanzeige 1989

197 Teig auswallen, in: Larousse ménager. Dictionnaire illustré de la vie domestique, Paris 1926, S. 1 (»abaisse«)

201 Tischgäste, in: Heinrich Hoffmann, Besuch bei Frau Sonne, a.a.O.

204, 206 Sitzordnung, Bedienungsplan, in: Meisterwerk der Speisen und Getränke, hg. von Paul Martin Blüher, Leipzig 1901, S. 144

212 Otto Günther, Tagelöhner in Thüringen, 1875, in: Die gesellschaftliche Wirklichkeit der Kinder, a.a.O., S. 84

214 Illustration zu: Aesop, Vita et fabulae, übersetzt von Heinrich Steinhöwel, Ulm 1476, in: Early Children's Books and Their Illustration, New York und Boston 1975, Nr. 4

219 Santorio Santorio bei seinen Stoffwechsel-Bilanzversuchen, Frontispiz zu einer späteren Auflage seines Werks »De statica medicina« (erstmals 1614), aus: Esther Fischer-Homberger, Geschichte der Medizin, Berlin, Heidelberg, New York 1977, S. 58

220 Was ist eine Kalorie?, in: Fritz Kahn, a.a.O., S. 188

223, 225 Robinson, Illustration 19. Jh., Bildersammlung Klaus Roehler

226 Hasenfamilie bei Tisch, in: Fritz Koch-Gotha, Albert Vietus, Die Häschenschule, Leipzig o. J. (1. Auflage 1924), unpaginiert

229 Aberwitz und Fünf-Uhr-Tee, Illustration von John Tenniel, in: Lewis Carroll, Alice im Wunderland, o. O. (Frankfurt/M.) 1974, S. 71

231 Table Manners, in: Gelett Burgess, Goops and how to be them. A Manual of Manners for Polite Infants... London 1900, zitiert nach: Early Children's Books, a.a.O., Nr. 39

232 Hieronymus Bosch, Trittico delle tentazioni, in: Dino Buzzati, L'opera completa di Hieronymus Bosch, Milano 1966, Tafel XLVII

235 Ballhaus Resi, Berlin, Postkarte um 1928

237 Getränke-Supermarkt, Hauszeitschrift Kaspar und Esther Fischer-Homberger, um 1970

239 Meret Oppenheim, Déjeuner en fourrure, 1936, in: Bice Curiger, a.a.O., S. 38

244 Kuchen und Brot, Fabel Nr. 27, in: Wilhelm Hey, Otto Speckter, Fünfzig Fabeln für Kinder, Hamburg 1908 (1. Auflage 1837), S. 31

245 »Simelbrot, Kleyenbrot...«, Zierleiste aus: »Schachtaffeln der Gesundheit«..., in Hans Wiswe, a.a.O., S. 143

246 Der älteste Kuchen, in: Berner Rundschau, 8. 2. 1989

249 Carl Meffert, Erwerbslose Jugend, 1928, in: Die gesellschaftliche Wirklichkeit der Kinder, a.a.O., S. 236

251 I. Simakov, Denkt an die Hungernden, Plakat, Moskau 1921, in: Max Gallo, Geschichte der Plakate, Herrsching 1975, S. 212

253 Pieter Bruegel d. Ä., Bauernhochzeit, um 1568, Kunsthistorisches Museum Wien

254 Schwadengras, in: Ernst Klapp, Taschenbuch der Gräser, Berlin und Hamburg 1957, S. 116

255 Illustration zu: Der süße Brei, von Hans Ubbelohde, in: Kinder- und Hausmärchen, a.a.O., Bd. 2, S. 203
257 Kantinengeschirr, Werbeanzeige, in: Essen in der Arbeitswelt, a.a.O.
259 Grandville, »An den kochenden Topf wagt sich keine Fliege«, in: Grandville, a.a.O., Bd. 2, S. 1396
263 Versuch über die Rumfordsche Suppe, in: S. u. V. Jacubeit, Illustrierte Alltagsgeschichte..., Bd. 1, 1550–1810, a.a.O. 1986, S. 209
266 Werbeanzeige, in: Nat. Geographic, a.a.O., März 1924
268 Käthe Kollwitz, Zeichnung 1924, in: Max Gallo, a.a.O., S. 213
271 Grandville, Gargantua in der Wiege, in: Grandville, a.a.O., Bd. 1, S. 288
272 Suppentopf, Vignette, Bildersammlung MLK
273 Illustration, in: Fernando Krahn, Ein fliegender Teller voll Spaghetti, Reinbek 1972, unpaginiert
275 Theodor Heine, Wieviel Kartoffel..., in: Ingeborg Weber-Kellermann, Die deutsche Familie, Versuch einer Sozialgeschichte, Frankfurt/M. 1975, S. 135
276 Seite aus: Raphaëlle Brice, Kartoffeln wachsen nicht im Keller, Ravensburg 1984, unpaginiert
277 Bildersammlung MLK
288 Lucas Cranach, Der Werwolf, um 1510–1515 (in: Die ges. Wirklichkeit d. Kinder, a.a.O., S. 340, Foto: Veste Coburg
295 Silberne Hochzeit 1911, in: Ernst Freud, Lucie Freud, Ilse Grubrich-Simitis (Hg.), Sigmund Freud. Sein Leben in Bildern und Texten, Frankfurt/M. 1977, S. 193
298 »Fisch«, Zierleiste aus: »Schachtaffeln der Gesundheit«..., in: Hans Wiswe, a.a.O., S. 75
301 Grandville, Ein Bankett, in: Grandville, a.a.O., Bd. 2, S. 1485
305 Langer Fisch, in: Universal-Lexikon der Kochkunst, a.a.O., Bd. 1, S. 579
307 Messer, in: Larousse, a.a.O., S. 443 (»couteau«)
308 Das Tranchieren des Fleisches, in: Susanna Müller, a.a.O., zu S. 496
311 In 70 Jahren..., in: Kahn, a.a.O., S. 261
312 Potage Oxtail, Hauszeitschrift, a.a.O.
318 Biologie des Bratenduftes, in: Kahn, a.a.O., Tafel XV zu S. 97
320 Otto Dix, Fleischerladen, 1920, Italien, Privatbesitz, in: Otto Bauer, Bestiarium humanum. Mensch-Tier-Vergleich in Kunst und Karikatur, München, Gräfelfing 1974, S. 133
323 Joseph Beuys, Fettstuhl, 1964, in: Götz Adriani, Winfried Konnertz, Karin Thomas: Joseph Beuys. Leben und Werk, Köln 1981, S. 142
327 Joghurt light, Werbeanzeige, in: Meine Familie und ich, Heft 6, Juni 1989
330 Maske, wahrscheinlich Yukon oder Kuskokwim, 1880 oder 1890, in: Aleut and Escimo Art, a.a.O., S. 176
333 Und das zum gleichen Preis, Hauszeitschrift, a.a.O.
334 Georg Grosz, Vor dem Schlaganfall, in: Simplicissimus, 1929
337 Jell-o-Pudding, Werbeanzeige, in: Nat. Geogr., Jan. 1923
342 Heinrich Hoffmann, Besuch bei Frau Sonne, a.a.O., unpaginiert
345 Honiggewinnung, Miniatur der »Exultetrolle«, Rom, Ende 12. Jh. in: Lerner,

Franz, Blüten, Nektar, Bienenfleiß. Die Geschichte des Honigs, München 1984, S. 78
348 Kirschen (Ostheimer Weichsel), in: Lauche, W. (Hg.), Deutsche Pomologie, Bd. 3, Berlin 1882, Tafel III, 21
350 Zweigstück vom Feigenbaume, in: Otto Schmeil, a. a. O., S. 115
352 Apfel (Geflammter Kardinal), Deutsche Pomologie, a. a. O., Bd. 1, Tafel I, 7
358 Charles Philipon, Les Poires, Karikatur auf Louis Philippe, 1853, in: Marie-Luise Könneker, Dr. Heinrich Hoffmanns »Struwwelpeter«, a. a. O., S. 71
365 Friedrich Karl Waechter, Ralfi (Ausschnitt), in: F. K. W., Glückliche Stunde, Zürich 1986, S. 18
371 Klobrille: Werbeanzeige 1989
372 Klistier in Seitenlage, in: Anna Fischer-Dückelmann, a. a. O., S. 575
377 Pieter Bruegel d. Ä., Kinderspiele, 1660 (Ausschnitt), in: P. B., Die Kinderspiele, Bern 1961, Tafel 6
378 Gabriele Imhof, Geldbüffet, in: Titanic-Kalender 1989 (Deckblatt), Berlin 1988
379 Gulliver, in: Jonathan Swift, a. a. O., S. 189
380 A large and complex mask from Goodnews Bay, obtained in 1912, in: Aleut and Escimo Art, a. a. O., Abb. S. 173
383 Meret Oppenheim, Baumwurzeln 1962, in: Bice Curiger, a. a. O., S. 68

Rechte-Nachweise

Die Autorinnen und der Luchterhand Literaturverlag danken allen Autorinnen, Autoren, Künstlern, Fotografen, Verlagen und Nachlaßverwaltern für die freundliche Genehmigung zum Abdruck. In einigen Fällen ist es uns trotz intensiver Nachforschung nicht gelungen, die heutigen Rechte-Inhaber zu ermitteln. Wir bitten diese, sich mit dem Luchterhand Literaturverlag, Frankfurt am Main, in Verbindung zu setzen.

Texte: Ansata-Verlag, Interlaken (Lynn Andrews); Arche Verlag AG Raabe + Vitali, Zürich (Hans Arp); Artemis Verlags-AG, München (Margarethe Susmann); Aufbau-Verlag, Berlin und Weimar (Helga Schütz); Angelica Baum; Bazon Brock; Claassen Verlag, Düsseldorf (Lonja Stehelin-Holzing, Marie Luise Kaschnitz S. 216 ff.); Deutsche Verlags-Anstalt, Stuttgart (Paul Celan, Sarah Kirsch); Diana-Verlag, Zürich (John Steinbeck); Diogenes Verlag, Zürich (Otto Jägersberg); DuMont Buchverlag, Köln (Kurt Schwitters); Helmut Eisendle; Eremiten-Presse, Düsseldorf (Christa Reinig); S. Fischer Verlag, Frankfurt am Main (Franz Kafka, Adolf Wölfli); Franckh'sche Verlagshandlung, Stuttgart (Fritz Kahn); Frauenoffensive Verlag, München (Adrienne Rich); Barbara Frischmuth; Peter Fritz AG, Zürich/Kindler Verlag, München (Melanie Klein); Franz Greno, Nördlingen (Hans von Hentig); Carl Hanser Verlag, München (Italo Calvino, Günter Bruno Fuchs,

Hanna Johansen, Michael Krüger, Milorad Pavić); Emma D. Hey, Braunschweig (Hans Fallada); Hinstorff Verlag, Rostock (Franz Fühmann); Hoffmann und Campe Verlag, Hamburg (Detlef Berthelsen, Hans Henny Jahnn); Hans Huber Verlag, Bern (Edda u. Horst-Alfred Klessmann); Heinrich Hugendubel Verlag, München (I-Ging); Insel Verlag, Frankfurt am Main (Lewis Carroll, Marie Luise Kaschnitz S. 181, 237, 272); Kellner Verlags KG, Hamburg (Eskimo-Märchen); Verlag Kiepenheuer & Witsch, Köln (Heinrich Böll, James George Frazer); Klett-Cotta, Stuttgart (Marvin Harris); Thomas Kling; Langen Müller Verlag, München (Fritz von Herzmanovsky-Orlando, Karl Kerényi); Luchterhand Literaturverlag, Frankfurt am Main (Günther Grass, Rahel Hutmacher, Ernst Jandl, Pablo Neruda, Klaus Roehler, Hannelies Taschau); Nymphenburger Verlag, München (Herbert Rosendorfer); Orac Buch- und Zeitschriftenverlag, Wien (Wolfgang Hingst); Residenz Verlag, Salzburg (Diana Kempff, Julian Schutting); Rogner & Bernhard Verlag, Hamburg (Woody Allen); Sabine Rosenbladt; Rotbuch Verlag, Berlin (Marianne Herzog, Helga M. Novak); Rowohlt Verlag, Reinbek (Wolfgang Borchert, Maria Erlenberger, Kurt Tucholsky); Adolf Sponholtz Verlag, Hameln (Günther Schwab); Suhrkamp Verlag, Frankfurt am Main (H. C. Artmann, Roland Barthes, Walter Benjamin, Bertolt Brecht, Hermann Broch, Günter Eich, Norbert Elias, H. M. Enzensberger, Marieluise Fleißer, Karin Kiwus, Friederike Mayröcker, Adolf Muschg, Sylvia Plath S. 44, 222, 300, 351, Juan Rulfo, Peter Sloterdijk, Robert Walser); Zweitausendeins Verlag, Frankfurt am Main (Patti Smith); Zytglogge Verlag, Gümlingen (Maja Beutler).

Bilder: Heinrich Barz; Bibliographisches Institut, Mannheim (S. 176, 177); Gernot Bubenik; Diogenes Verlag, Zürich (Topor, Friedrich Karl Waechter); Otto-Dix-Stiftung, Vaduz (Otto Dix); Sigmund Freud Archives/Library of Congress, Washington D.C. (S. 295); Gabriele Imhof; Kunstmuseum Bern (Adolf Wölfli); Liepmann AG, Zürich (Judy Chicago); Limmat Verlag, Zürich (Carl Meffert); Ravensburger Buchverlag Otto Maier, Ravensburg (S. 276); Daniel Spoerri; Verena Stummer; Verwertungsgesellschaft Bild-Kunst, Bonn (Joseph Beuys, Giorgio de Chirico, James Ensor, Hannah Höch, Käthe Kollwitz, Roy Lichtenstein, Joan Miró, Meret Oppenheim).

Inhalt

Vorrede 7

Prolog: Der Mund als Weltorgan

Der Mund ist ein Weltorgan *Bazon Brock* 14
Zur Teleologie *Heinrich Heine* 15
So soll der Purpur deiner Lippen *Christian Hofmann von Hofmannswaldau* 16
Das Loch *Klaus Roehler* 17
Mund *Hans Magnus Enzensberger* 18
Der Abdruck meiner Lippen *Friederike Mayröcker* 19
Striche *Heinrich Böll* 19

Vorspeise in Himmel, Hölle und Frühzeit

1. Mutterkuchen / Muttermilch
Die Entscheidung, die Welt zu nähren *Adrienne Rich* 22
Ich bin ein Fluß aus Milch *Sylvia Plath* 25
Das Stillen *Platen* 26
Süße Milch *Juan Rulfo* 28
Glückliche Wendung *Karin Kiwus* 29
Doch halt! Wo bleibt die Milchflasche *Adolf Wölfli* 30
Vor dem Essen. Vier Uhr früh *Michael Krüger* 31
Das runde Gespenst *Gustav Hans Graber* 34
Ekelhaft *Jonathan Swift* 36
Die emotionale Situation des Babys *Melanie Klein* 37
Gestillt *Günter Grass* 40
Pfannkuchenrezept *Günter Eich* 42
Quarantäne *Karin Kiwus* 43

Eine Reaktion *Sylvia Plath* 44
O gütige Mamadre *Pablo Neruda* 45
An eine Dichterin *Adrienne Rich* 46
Mutterlob *Adolf Muschg* 47
Die Zeit der Lieder ist vorbei *Maja Beutler* 47
Sie wird sie essen *Sylvia Plath* 48

2. Giftmilch
Ach, wer heilet die Schmerzen *Johann Wolfgang von Goethe* 49
abgestillt *Marie-Luise Könneker* 50
Gespräch mit dem Giftteufel *Günther Schwab* 53
Hormonmilch *Wolfgang Hingst* 56
Gespräch der Substanzen *Hans Magnus Enzensberger* 59

Zwischenstück: **Denk Mahl**
Das Denk-Mahl *Angelica Baum* 60

3. Götter speisen
Nicht von irdischer Kost *Friedrich Hölderlin* 65
Das Brot *Lonja Stehelin-Holzing* 66
Kulinarisches Liebeslied *Hermann Broch* 66
Zeremonielles Essen *James Hillman* 67
Unsre Kinder essen nicht mehr *Rahel Hutmacher* 68
Wolkenfleisch *Patti Smith* 71
Die alte Frau, die niemals stirbt *James Frazer* 72
Das Seltsamste im Westen *G. O. Oshawa* 73
Kornmütter, Reisseelen *James Frazer* 74
Schnitterlied *Volkslied* 77
weh mir/o korn der welt *h. c. artmann* 78

Brotlaib – Gottleib *James Frazer* 79
Beseelte Speise *James Frazer* 79
Die feierlichen Gebräuche der Wilden *Hans Staden* 82
Kannibalen und Pseudokannibalen *Hans Henny Jahnn* 86
Es ließe sich… *Georg Forster* 87
Eine Art Begräbnis *Toni Rothmund* 88
Eine sehr kräftige Suppe von Raben zu machen *Kochbuch 1810* 88
Gott ist eßbar *Woody Allen* 89
Der liebe Gott in Frankreich *Kurt Tucholsky* 91
Mit den Toten essen *James Hillman* 92
Die Krüge *Paul Celan* 93
Ehrenmahl – Totenmahl *Achim von Arnim* 94
Liebes-Mahl / Todes-Mahl *Milorad Pavić* 94
so laß dir reichen dar *h. c. artmann* 98
Im Himmel, im Himmel *Kinderreim* 99
Göttliches Gericht *Georg Büchner* 99
Das Ende des goldenen Zeitalters *Karl Kerényi* 100
bern, high noon *Marie-Luise Könneker* 101
Die Frau-im-Kopf des Mannes *Christina von Braun* 103
Verschlungene Weisheit *Karl Kerényi* 103
Datenbank des BKA *Helga M. Novak* 104
Der Vergeß *Christian Morgenstern* 106
Zuerst schlachteten sie die Engel *Lenore Kandel* 107
Das geschiedene Essen *Karl Kerényi* 108
Prometheus *Johann Wolfgang von Goethe* 109

An der Tafel der Götter *James Hillman* 109
Die Bestrafung des Tantalos *Homer / Karl Kerényi* 110
Abraham und Isaac *1. Buch Mose* 111
Liebe und Opfer *Sören Kierkegaard* 113

4. Menschenfraß
Das Fleisch ihrer Söhne und Töchter *Prophet Jeremia* 116
Welch ein Grausen *Friedrich Hebbel* 116
Gib deinen Sohn her *2. Buch der Könige* 117
Pack dich, mein Sohn *Giambattista Basile* 117
Im Hause des Menschenfressers *Ludwig Bechstein* 117
Der Tag, an dem ich geschlachtet wurde *Kurt Schwitters* 119
Nachdenken über den Kriegskannibalismus *Marvin Harris* 124
Der Hunger und die Liebe *Detlev von Liliencron* 128
There was an Old Man of Peru *Edward Lear* 130
Wer ernährt wird, bekommt viele Vorfahren *Hans Henny Jahnn* 131

Schlachtordnung

Beim Schlachten *Leitfaden für Metzgerlehrlinge* 133
Dies sind die Tiere, die ihr essen dürft *5. Buch Mose* 135
Schlachten und Schlachtlokale *Zürcher Verordnung 1909* 136
Die Zerlegung der Hirschkühe *Lynn Andrews* 137
Liebes Schwein *Hans Henny Jahnn* 141
Schlachtfest *Ludwig Richter* 142

Blutwurst, Leberwurst, Bauernwurst
Susanna Müller 143
Hanswurst *Fritz von Herzmanovsky-Orlando* 145

Zwischenstück: Die biologische Überlegenheit der Fleischesser und einige andere Überlegungen zum Vegetarismus
Die biologische Überlegenheit der Fleischesser *Fritz Kahn* 146
Der Hecht *Christian Morgenstern* 151
Schwelgen in Schuld *Otto Jägersberg* 151
wunsch-programm *Marie-Luise Könneker* 153
Wer aber nicht ißt *Römerbrief* 154
Privates Veto *Hans Henny Jahnn* 156
Nur eine kleine elegische Szene *Bettina von Arnim* 157

In Küche und Keller

Fleischkeller *Adolf Wölfli* 161
Unser Hausstand *Fanny Lewald* 162
Die Speisekammer *Walter Benjamin* 165
Küchenzettel *Hans Magnus Enzensberger* 166
Stinas Küche *Hans Henny Jahnn* 167
Sieben Häute *Sarah Kirsch* 169
Küchenhaushaltebuch *Paula Modersohn-Becker* 169
Ihre unentwegt regen Arme *Iwan Gontscharow* 170
Sie kochte schlecht und recht *Gottfried Keller* 170
Um den Herd herum *Friedrich Güll* 172
Grausige Speisen *Italo Calvino* 173
Kein Zwiespalt *Elfriede Jelinek* 174
Die Wirklichkeit der Hausfrau *Helge Pross* 174

Der Wasserkessel pfeift *Hannah Höch* 179
Zeit vertreiben *Hannelies Taschau* 180
Großküche *Marie Luise Kaschnitz* 181
Das Kochbuch des Anarchisten *Herbert Rosendorfer* 182
Die proletarische Mutter *Bertolt Brecht* 184
Koche mit Sorgfalt *Bertolt Brecht* 185
Das proletarische Kochbuch *Günter Grass* 186
Die Kochbuchsammlung *Hanna Johansen* 188
Zu viel Pfeffer *Lewis Carroll* 190
Von dem Mäuschen, Vögelchen und der Bratwurst *Gebrüder Grimm* 192
Sonny-Boy *Karin Kiwus* 194
Prinz Mandelwandel *Clemens Brentano* 195

Vorstellung der Tisch-Gäste

Eine seltsame Kaffee-Gesellschaft *Heinrich Hoffmann* 203
Mein Besitz *Christa Reinig* 203
Tischordnung *Paul Martin Blüher* 204
Dinerabend *Robert Walser* 207
Viel der Schwalben Gesellen *Anna Ovena Hoyers* 209
Anton Reiser: Freitische *Karl Philipp Moritz* 210
Fuchs und Storch *Aesop* 214
Der Revolutionär *Bertolt Brecht* 215
Wenn ich nichts schmecke *Oktay Rifat* 215
Eine Feinschmeckerin *Otto Jägersberg* 215
Das dicke Kind *Marie Luise Kaschnitz* 216

Fettfleck *Diana Kempff* 218
Alles unter Kontrolle *Liliane
 Studer* 219
Essen und ich *Maria Erlenberger* 220
Wie paradox *Corinna* 221
Miss Norris *Sylvia Plath* 222

Essens-Orte, Essens-Zeiten

Allein schreiben, allein essen *Franz
 Kafka* 225
Spruch *Friedrich Güll* 226
Alltag bei Familie Freud *Detlef
 Berthelsen* 227
Nicht die Knochen zerbeißen *Franz
 Kafka* 227
Aberwitz und Fünf-Uhr-Tee *Lewis
 Carroll* 228
Nicht rülpsen *Miguel de Cervan-
 tes* 230
Table Manners *Gelett Burgess* 231
Tische *Hans Arp* 233
Mein Rahmtisch *Hannelies
 Taschau* 234
Speisehaus Pródromos *Peter Alten-
 berg* 235
Speise-Automaten *Marie Luise
 Kaschnitz* 237
Der Aromat *Christian Morgen-
 stern* 238

Menu à la carte: Hauptgericht

1. Frühstück
Frühstück *Kenneth Koch* 241
Zum Frühstück Dolche *Günter
 Bruno Fuchs* 243

2. Brot und Kuchen
Das Brötchen *Margarethe
 Susmann* 244
Frisches Brot *Hans Henny
 Jahnn* 245
Schlankheitstorte *Christa
 Reinig* 245

Das Brot der frühen Jahre *Heinrich
 Böll* 247
Die Semmelschuhe *Gebrüder
 Grimm* 248
Brot *Julian Schutting* 248
Da entfiel der Bissen meinem Munde
 Adolf Lepp 249
Wo ist der Brotlaib? *Bertolt
 Brecht* 250
Steine statt Brot *Christian Morgen-
 stern* 252

3. Brei
Mehlgrütt *J. C. Steube* 253
Schwadengrütze *Günter Grass* 254
Der süße Brei *Gebrüder Grimm* 255
Der süße Brei *Sarah Kirsch* 256
Die Welt ist nicht aus Brei *Johann
 Wolfgang von Goethe* 256
Schimmliger Brei *Marianne
 Herzog* 257
Ofenkatzenbreiauflauf *Barbara
 Frischmuth* 258

4. Suppe
Lied der falschen Suppenschildkröte
 Lewis Carroll 259
Die Kurve der Zivilisation des Suppe-
 Essens *Norbert Elias* 260
Die sieben Schwarten *Giambattista
 Basile* 260
Die Rumfordsuppe *Benjamin Graf
 von Rumford* 262
Das Wasser ist zu dünn *Hans
 Fallada* 264
Ärwese, Bohne, Linse *Kinder-
 reim* 266
Zibelesuppe *Kinderreim* 266
Von der Brühe des Fleisches im
 allgemeinen *Karl Friedrich von
 Rumohr* 266
Lieber Gott, gib mir Suppe *Wolfgang
 Borchert* 268
Leibgericht Schwarzsauer *Hans
 Henny Jahnn* 270

Gefängnissuppe *Marianne
  Herzog* 270
Erleuchtung *Heinrich Heine* 270
Appetit *Marie Luise Kaschnitz* 272

*5. Beilagen: Teigwaren, Kartoffeln,
  Reis*
mahlzeit *Ernst Jandl* 273
Bratkartoffeln *Günter Grass* 274
Das Blutgericht *Weberlied,
  anonym* 275
Abendnachrichten *Hans Magnus
  Enzensberger* 277
Hunger *Adrienne Rich* 278
Durch Hunger Nahrung beschwören
  Franz Kafka 280

Zwischenstück: »**Suppenlogik mit
Knödelargumenten**«
Suppenlogik mit Knödelargumenten.
  Eß-Störung in Sigmund Freuds
  Psychoanalyse *Esther Fischer-
  Homberger* 286
Der Traum von Sigmund Freud *Franz
  Fühmann* 296

6. Fisch, Fleisch und Fett
Räucherlachs *Hans Fallada* 298
Kaviar bei ›Ladies' Day‹ *Sylvia
  Plath* 300
Stockfisch *Miguel de Cervantes* 304
Fischbrötchen *Marianne
  Herzog* 306
Über das Essen von Fleisch *Norbert
  Elias* 306
Prager Schinken *Marianne
  Herzog* 310
Abgepacktes Schmalz mit Preisschild
  Bertolt Brecht 312
Corned beef *Heinrich Böll* 315
Beefsteak und Pommes frites *Roland
  Barthes* 317
Ansprache des Küchenmeisters
  Günter Bruno Fuchs 321
Fett und Öl von Mikroorganismen
  Sabine Rosenbladt 321

Fett *Lynn Andrews* 324
PSE-Fleisch *Wolfgang Hingst* 325
Joghurt light *Isolde Schaad* 325
Nebenwirkung *Karin Kiwus* 328

Zwischenstück: Henkers Mahlzeit
Das Ende der Freier *Homer* 330
Die letzte Gunst *Hans von
  Hentig* 331
Das letzte Gericht *Herbert Rosen-
  dorfer* 335
Countdown einer Hinrichtung
  Hannelies Tschau 335

7. Süßigkeiten
Wo sind die Stunden der süßen
  Zeit *Christian Hofmann von
  Hofmannswaldau* 338
Götterspeise *Helga Schütz* 339
Turrón und Garajillo *Helmut
  Eisendle* 340
Vanillen-Eis *Heinrich Hoff-
  mann* 342
Süßer Balsam der Natur *Georg
  Forster* 343

8. Etwas Obst
Lob der schwarzen Kirschen *Anna
  Louisa Karsch* 348
Mehrmals im Jahr wird er fett und
  süß *Hannelies Taschau* 350
Ich sah mein Leben so verzweigt
  Sylvia Plath 351
Kartoffeln statt Äpfel *Bettina von
  Arnim* 351
Der Apfel *Marieluise Fleißer* 352
wenn diese birnen *Ernst Jandl* 358
Früchte des Zornes *John Stein-
  beck* 359
obst und gemüse-marterl *Thomas
  Kling* 363
Kurze Geschichte der Bourgeoisie
  Hans Magnus Enzensberger 364
Alle Herrlichkeit auf Erden *Karin
  Kiwus* 365

Zwischenstück: **Befragung des I-Ging**
Die Mundwinkel (Die Ernährung) *I-Ging* 366

Epilog: Nach Tisch

Kotbeschau *Eskimo-Märchen* 371
Wie überschaubar etwa *Karin Kiwus* 372
Zur Hintertür hinaus *Gustav Theodor Fechner* 372
Es ist ja der gantze Leib so voller Unrath *Christian Friedrich Richter* 373
die verdauung *Ernst Jandl* 373
Gott schiß *Günter Grass* 374
klebend *Ernst Jandl* 374
Die Scheiße *Hans Magnus Enzensberger* 374
Wie Eulenspiegel sein Testament macht *Volksbuch* 375
Kinder der Analkultur *Peter Sloterdijk* 378
Wie Schöpfer seine Leute durch eine Zeit des Hungerns brachte *Eskimo-Märchen* 380
Meine gewissen Rezepte *Marie Luise Kaschnitz* 382
Kein Eßvorrat kann mich retten *Franz Kafka* 382
Ohne Weg ohne Brot *Meret Oppenheim* 383

Anhang
Anmerkungen 387
Text-Nachweise 390
Bild-Nachweise 401
Rechte-Nachweise 407